U0366353

李 零

简帛古书与
学术源流

修订本

生活·讀書·新知 三联书店

Copyright ⓒ 2020 by SDX Joint Publishing Company.
All Rights Reserved.

本作品版权由生活·读书·新知三联书店所有。

未经许可，不得翻印。

图书在版编目（CIP）数据

简帛古书与学术源流 / 李零著. 一修订本. 一北京：
生活·读书·新知三联书店，2020.6
ISBN 978 - 7 - 108 - 06797 - 5

Ⅰ.①简…　Ⅱ.①李…　Ⅲ.①简（考古）-研究-中国②帛书-研究-中国
Ⅳ.① K877.04

中国版本图书馆 CIP 数据核字（2020）第 022352 号

特邀编辑	孙晓林
责任编辑	冯金红
装帧设计	蔡立国
责任印制	宋　家

出版发行　**生活·讀書·新知** 三联书店
　　　　　（北京市东城区美术馆东街 22 号 100010）

网　　址　www.sdxjpc.com

经　　销　新华书店

印　　刷　河北鹏润印刷有限公司

版　　次　2020 年 6 月北京第 1 版
　　　　　2020 年 6 月北京第 1 次印刷

开　　本　635 毫米 × 965 毫米　1/16　印张 29.5

字　　数　397 千字　图 37 幅

印　　数　00,001 - 10,000 册

定　　价　88.00 元

（印装查询：01064002715；邮购查询：01084010542）

1993 年，作者在美国华盛顿史密森学院

1995 年，作者在北京蓟门里寓所整理上博楚简

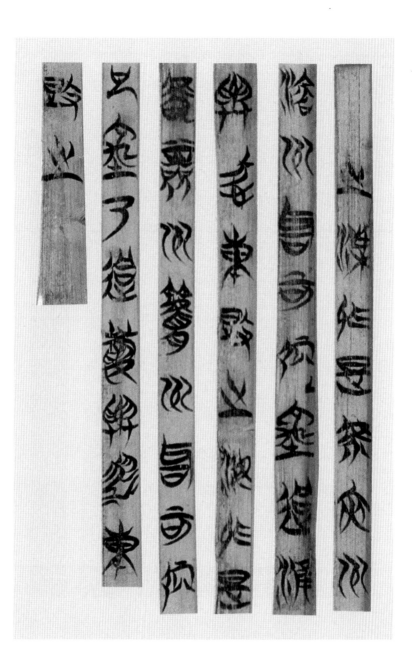

图版一　战国竹简（上博楚简《容成氏》）

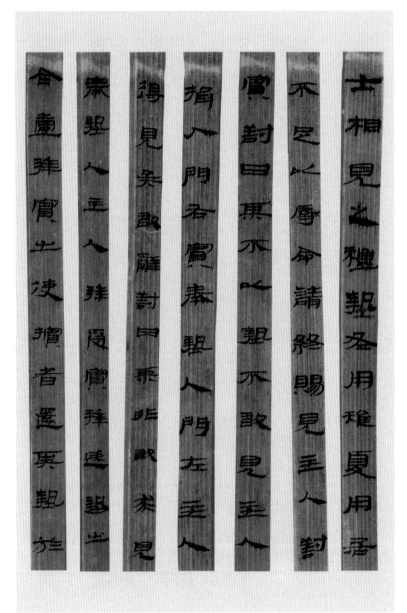

图版二　汉代竹简（磨咀子汉简《仪礼·士相见之礼》）

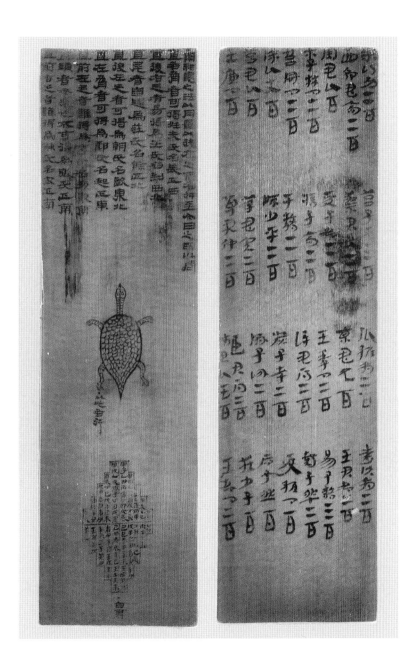

图版三　汉代木牍（尹湾汉牍《神龟占》和《六甲占雨》）

图版四　战国帛书（子弹库帛书）

图版五　子弹库帛书的书箧和尚未揭开的残帛

图版六 a. 子弹库帛书残片之一（朱栏黑字）

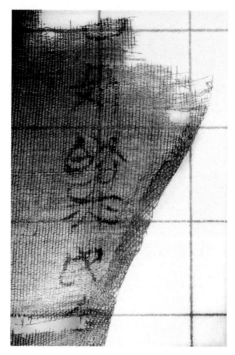

图版六 b. 子弹库帛书残片之二（无栏黑字）

图版七　子弹库帛书残片

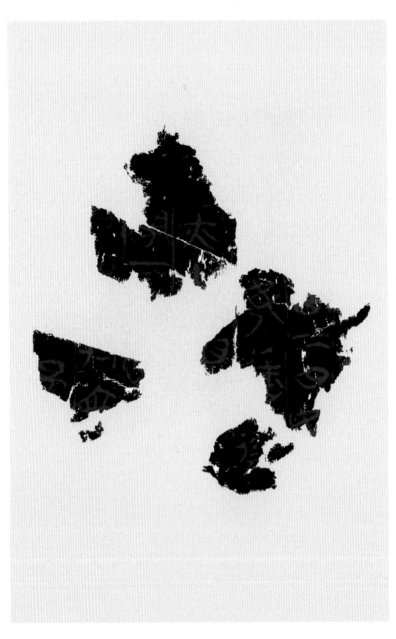

图版八　子弹库帛书残片之三（红色大字）

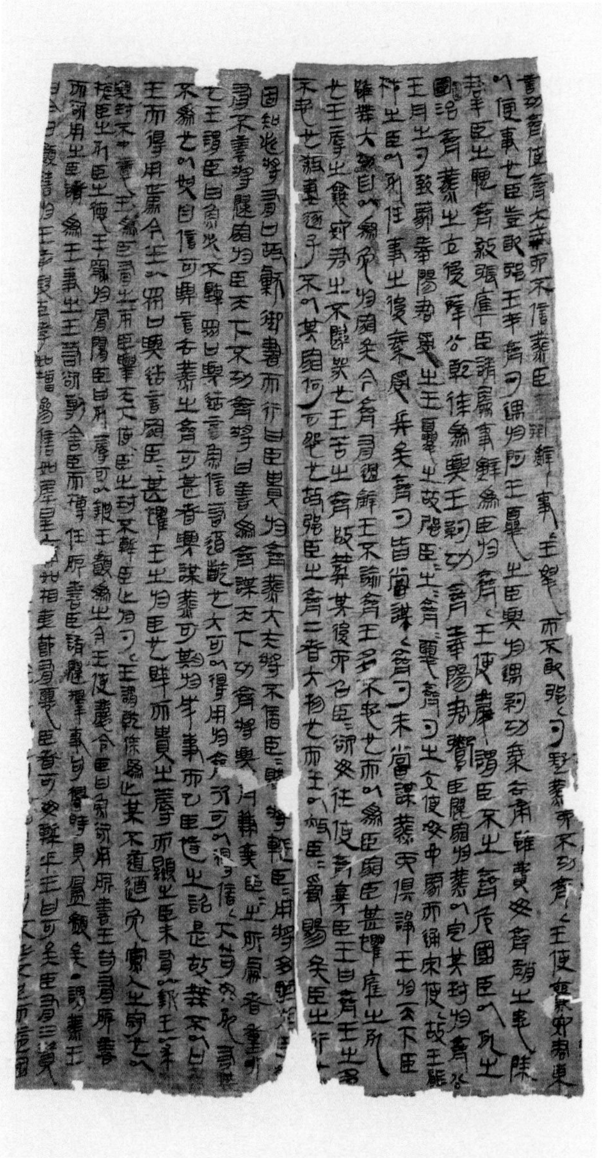

图版九　汉代帛书之一

（马王堆帛书《战国纵横家书》，无界栏）

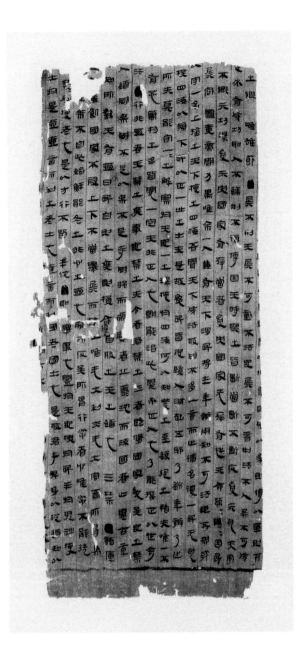

图版一〇　汉代帛书之二（马王堆帛书《兵容》，有界栏）

目 录

下 篇　导　读

图版、插图目录

图 版

1993 年，作者在美国华盛顿史密森学院
1995 年，作者在北京蓟门里寓所整理上博楚简

插　图

修订版说明

时间过得真快，这本书，从出版到现在，已经三年了。

这次再版，我把三年来改过的原书交给三联，请他们彻底改一遍。校样出来，又看了一遍。

我特别喜欢改文章，我是说，我自己的文章。不但写的时候反复改，就是印出来，只要看，也改。既包括疏忽错误，也包括表达上的问题。

这些年，我吸取同行学者的意见，吸取身边学生的意见，吸取读者来信的意见，加上自己发现的问题，有很多修正。不过，这些修正，主要是个别字句的修改，大的方面，没有修改。修改，是发现一点改一点。没有发现的问题，肯定还有。现在，我只能说，暂时告一段落。

这次再版，我只增加了一篇讲话，即我在清华大学历史系的演讲：《从简帛古书看古书的经典化》。这篇讲话的起因，是现在美国佛罗里达大学艺术史系执教的来国龙先生说，我在这本书中多次提到"古书的经典化"，但没有集中讨论。这篇讲话，是个必要的补充。

　　应该说明的是，原书提到的拙作，有些是待刊稿，我在书中随文加了案语（用【 】表示），说明现已发表的出处。

　　还有四本参考书，讲兵书和方术的参考书，是我写的，现在有新的版本，这里也顺便说一下。

　　（1）《孙子古本研究》，北京：北京大学出版社，1995年。

　　（2）《吴孙子发微》，北京：中华书局，1997年。

　　（3）《中国方术考》（修订本），北京：东方出版社，2000年。

　　（4）《中国方术续考》，北京：东方出版社，2000年。

　　这四本书，前两本，现已合为一书：《〈孙子〉十三篇综合研究》，北京：中华书局，2006年；后两本，也有中华书局2006年的新版本：《中国方术正考》和《中国方术续考》。

　　另外，第一讲的附录，《论语》敦煌本，除郑注本，还有集解本。前者，有王素先生的书：《唐写本论语郑氏注及其研究》，北京：文物出版社，1991年，我们已提到。这里还应补充：李方录校《敦煌〈论语集解〉校证》，南京：江苏古籍出版社，1998年。

　　感谢我的责任编辑孙晓林先生，也感谢所有提供意见的读者。

2007年8月23日写于北京蓝旗营寓所

前言

这是一本教材，用以记录我在北京大学中文系的讲授。

我的课，在注册表上，本来是叫"出土文献与学术源流"。"出土文献"这个词，学界的用法比较宽，既指古文字研究（包括甲骨文和金文），也指古文书研究（如居延汉简和敦煌汉简），还指出土古书的研究（即这里说的"简帛古书"）。比如，中国文物研究所出的《出土文献研究》，就是三种文章都收，和中华书局出的《古文字研究》差不多。而且从事古文字研究的人，也理所当然地把这一概念当他们的世袭领地。至少到目前，一直是这样。

但我的课，从一开始就不是这样。它的讨论范围只是上述三种的最后一种。说起这门课的讲授，我要感谢前不久刚去世的倪其心教授，我们中文系古文献专业的领导。这个教研室分两摊，古文字研究室是一摊，其他从事古文献研究的是另一摊。自1985年，裘锡圭先生调我来北大，有十年多的时间，我一直是在他领导下的古文字研究室工作。1996年，为了躲避是非，我主动提出离开古文字研究室，转到古文献方面来工作。当时，倪先生是教研室的领导，他批准了我的申请，并为我做了新的安排。他的课程规划，其中有一条，是要我开设这门新课，帮古文献专业的研究生开阔视野，开拓领域。而且他说，这应该是古文献专业的基础课。我们这个专业，包括我们的研究所，虽然有古文字这一摊，但我的同事，绝大多数都是从事传世古书的研究，其他高校的有关专业和研究所也是如此。学科调整时，古文字虽然还在我们专业，但作为学科，却被划归汉语专业，很多人都是把它当语言专业的学问，而不是当历史、文献方面的学问。我们的古文献研究和上面说的出土文献研究，虽然都有"文献"二字，但含义却根本不同，谁也包括不了谁。有时，为了印名片，我的同事会来问我，"古文献"翻成英文应该是什么，这是个麻烦问题，因为英文里的"古书"，就我所知，好像可以有很多译法，册页类，他们叫 book；手卷类，他们叫 manuscript。此外，还有 text、document 和 literature 等许多随上下文可以选择的翻译，好像没有十分贴切的词汇。有趣的是，近年来，我们专业成立基地（在教委开大船的鼓舞下，我们都成了"基地分子"），北京大学中国古文献研究中心，其金字招牌，下面的翻译，经教委指定，是 Center for Ancient Chinese Classics & Archives of Peking University，直译是"北京大学中国古代经典和档案中心"，其中还包括档案。所以，为了避免误会，本书要花两讲的篇幅，讲本书的主题和讨论范围，整本书的题目，也改了一下，叫"简帛古书与学术源流"。材料是"简帛古书"，不是所有古文字，不是文书档案，也不是传世古书；内容则侧重于"学术源流"，不是个别词句的文字考证，不是某种文本的纠谬订错，也不是汉代那样的今古文互校，而是像章学诚所说，属于"辨章学术，考镜源流"。我更关心的是古书承载的学术发展，以及其中带有规律性的问题。古文字学，对我只是工具性的东西。

1998 年，我开这门课，学生来得太多，满满坐了一大教室，让我有点紧张，因为我的设想是把这门课变成一门讨论课，边教边写，边写边教，逐步完善，自己也是学生。但人这么多，根本无法讨论，大家来了，只是仰而受之，由我两个小时，唇焦口燥满堂灌，让我很难受。当时，课是临时上马，很多书还来不及细读，很多材料还来不及消化。我觉得，自己都没把自己教好，何以教人，惭愧呀。1999 年，我改变授课方式，找了间小屋，只能容十个人，上讨论课。结果，又是来了很多人，在我劝说下离去。最近一次是去年，我还想开讨论课，来的人仍很多，除本校的学生，还有外校的学生，劝也劝不走，仍然讨论不成。但满堂灌，没有书在手，总是心里发慌。学生听这门课，不知从哪儿找材料，也难以下手。它逼迫我，还是早点拿出讲义好。因为，对于讲课，对于口头的东西，我越来越不自信，这里面有学与思的矛盾，有写与讲的矛盾，很难掌握。思而不学，求之太深，浮想联翩，东拉西扯，会表达不清，我是北京长大，说话短平快，容易语无伦次，满嘴跑舌头。学而不思，什么都掉书袋，一张嘴，就照本宣科，或者板书，一堂课抄不了几个字，还满头大汗，学生提不起神，我也鼓不起劲。有些擅长此道者，他们总结说，没有讲义，学生爱听，有了书，他们就自己看书，不听你讲，好像是没书更好。但我觉得，课堂讲授，容量太小，听者甭管多过瘾，都留不下什么记忆，就像从电影院走出来，刚才轰轰烈烈，现在空空荡荡。所以，我反复考虑，还是得有本讲义，给他们提供基本的思路和基本的材料。只不过写时，尽量保持口语风格，让听者易于接受。我的讲授都是再三斟酌，反复推敲，控制讲课时间，避免重复啰唆，在电脑上炮制的假口语。我更相信我的笔。这门课，到现在为止，只讲过三次，成熟自然是谈不上了，但写作却拖了差不多五年的时间。我听说，有尊贵长者曰，你们年轻人，千万别急着写书，最好少写或不写，写书可是白纸黑字，一旦出错，那是活着有人骂，死了也有人骂，这是讲慎言的道理。但我比较欣赏，还是孙子的两句话，叫"进不求名，退不避罪"。对我来说，写作是日常生活，有如呼吸吐纳，只是尽量多学，小心下笔，知道什么说什么而已。我不是烈女，活着比牌坊更重要。为求谨严，什么都不写，对我来说，身体轻松，心理紧张。

这里，我想说明的是，我这本书，它的结构是分上下两部分，上编是简帛古书的基础知识，分六讲。下编是简帛古书的分类导读，也分六讲。每一讲，又分两部分，一部分是讲授本身，侧重的是思想脉络和发凡起例，以及有关发现本身；另一部分是参考资料，包括参考书目，补充说明的概念，有关的研究背景，以及某些阅读材料。我希望读者能注意，出土发现和传世文献，两者各有各的作用，都很重要。第一，我并不因为出土材料古老，就贬低传世文献的价值，认为出土发现的作用只是推翻和代替它们，相反，倒是以传世文献做讨论框架和理解背景。第二，我也并不因为出土材料的数量和覆盖面远不如传世文献，就以为出土发现没有重读和改写学术史的价值，相反，总是以这些发现做理解线索，重新考虑传世文献中很多被忽略和曲解的地方。第三，我认为，出土发现和传世文献，两者都是管中窥豹，全局还在两者之外，无论哪一方面，都有已知和未知，只有放入学术史的框架，虚实结合，才能发挥两方面的作用。

另外，还应说明的是，我这样做，是有一点模仿王力先生的教材。他的教材，每节前面是正面讲授，后面是参考资料。比如他的《汉语音韵学》（北京：中华书局，1956年）和《汉语诗律学》（上海：上海世纪出版集团和上海教育出版社，2002年），都是这样（当然，它们的篇幅要大得多）。说到教材的编写，有时我会想起某些旧教材，1949年以前的教材。我所见有限，并不知道当时的情景和发展脉络。但我有个印象，这些教材，很多都是资料长编，抄书，大段地抄书。它和解放后的教科书相比，系统性好像差了点，但比后者做条块切割，平均分配，完全是概念化的写法还是要好。我希望讲道理，就要把道理讲清楚，不疙疙瘩瘩；摆事实，就要把材料和盘托出，不遮遮掩掩。两个方面都要有，但分成两块。学生上课听讲，用前一半；下课看书，用后一半。

最后，应当说明的是，本书的写成，还同我参与竹简帛书的整理工作和投入大量时间跟踪最新发现的研究直接有关。比如1993年以来，我参加了弗利尔—赛克勒美术馆的楚帛书整理；1994年以来，又参加了上博楚简的整理工作。1998 年和 2001 年，我还花了不少时间校读郭店楚简和上博楚简。这些工作都透支了我的很多精力，耽搁了本书的写作，有些还是无谓的消耗，不值得（我这一辈子，当过好几次"杨白劳"）。但它们对我的研究确实提供了帮助，甚至可以说，是起了非常关键的作用。对本书来说，这都是基础性的工作。现在，简帛研究是时髦，不断掀起新高潮，写这个题目的书，最近出版很多。我没有想去凑热闹。因为忙、懒，拖了很久，现在才写出，这只是巧合。

很多年前，当老师曾经是我的一个梦，不是当大学老师，而是中小学老师。后来，生活教育了我。插队农村，当"孩子王"，我才明白，我根本不是当老师的料，特别是教中小学。1966 年，我到北京大学看第一张大字报，围着未名湖转过一圈，曾惊叹天下还有这等美丽所在。万万没有想到的是，后来我竟跑到这里教书，而且是教大学生。

古人云：观天下书未遍，不得妄下雌黄（颜之推《颜氏家训·勉学篇》），我根本不信这种话（余嘉锡先生说"此语亦谈何容易"）。我一直认为，学者的命就是替人读书，因而常常无法享受阅读的愉快。如果他受毕生之苦，甘之如饴，非要别人和他一起吃二遍苦，受二茬罪，而不是替人分劳省力，那是不仁之至也。所以，我更欣赏的还是老子的话：少则得，多则惑。以古书通例读古书，由博返约，执简驭繁（精读的书总是有限，很多书都是靠查），是余嘉锡先生教我们的法则。他写《四库提要辨证》有四大本，提炼出来的东西，却只有一小册，就是本书经常引用的《古书通例》。我很怀念五六十年代的书籍篇幅，惭愧自己做不到。

本书的遗漏一定很多，错误也一定很多，还要慢慢发现。现在的写作只是告一段落，希望以后还有机会修正，通过讲授，通过读书，也通过听取别人的意见。

2003 年 6 月 6 日写于北京蓝旗营寓所

上篇：概说 一

第一讲

引言：
寻找回来的世界
——简帛古书的发现与
中国学术史的改写

　　最近几年，由于郭店楚简的发现，上博楚简的发现，很多文史学科都来参与讨论，本来没有多少人注意的简帛古书，突然间成了显学，成了时髦话题。很多人都在谈论，我们是不是能用简帛古书改写中国学术史，或重写中国学术史。[1] 我记得，几年前，李学勤先生到北大演讲，他曾说，现在这些发现，它们对学术史的研究，影响非常深远，恐怕一时半会儿还看不清，或至少在我们的有生之年还看不清。[2] 我很赞同他的说法。但我想补充的是，简帛古书的发现，现在就在改变着我们的学术史，我们现在就处于一场非常深

----

〔1〕　参看：李学勤《重写学术史》，石家庄：河北教育出版社，2002 年。李先生的说法是"重写"。这是现在引起争论的问题。我知道，很多人都不同意"改写学术史"，更不用说"重写学术史"。他们认为，现在的发现，就数量而言，还不足以"改写"（但什么时候就"足以"了呢？好像谁也不知道）。我猜想，他们最忌讳的就是推倒重来，或者认定，任何历史都只有"续写"，没有"改写"，即把学术史的发展仅仅看作史料的增加和细节考证的转密加详，而不是学术范式的转变。所以，在本书中，我想着重讨论一下，它的"改写"可能在哪几方面，特别是学术范式的转变。

〔2〕　李学勤《中国简牍帛书的新发现及其研究方法》，法国远东学院北京中心举办的"历史，考古与社会"讲座，1997 年 9 月 26 日，北京大学考古系。

刻的转变之中。

　　说到学术史，我个人认为，做各门具体研究的人，每个人都该心里有数，或至少有大致的感觉。它的作用，就像 GPS（即全球卫星定位系统），可以随时随地让你知道，你现在处于什么位置，以免迷失方向，"找不到北"。但现在的学术史，本身就有许多误导，必须加以改写。我理解，研究学术史，也像研究其他历史，我们最容易犯的错误，不是别的，就是"以今人之心度古人之腹"，特别是以"现代化"的短见和偏见去曲解漫长的古代历史，而且这种错误，还根本无法避免。因为，我们总是从今天的材料，今天的立场，看待古人，看待过去。这是无可奈何的事。我记得 80 年代，很多人都喜欢讲，每一代有每一代的史学，今人立足点高，有这种理论，那种方法，优越性大得不得了，而完全看不到其负面影响，老把"迫不得已"视为"理所当然"。这是很成问题的。因为，今人的看法，不管对不对，并不是"死无对证"，而是可以"开棺验尸"，检验和修正。而检验修正的手段，其中有一条，而且是很重要的一条，是考古学。古人说"山川而能语，葬师食无所。肺腑而能语，医师色如土"（《相冢书》）。简帛古书的发现，在我看来，其重大意义就在，它不仅可以改变我们对古代知识体系的认识，而且可以调整现代研究的心理定式。眼睛和眼睛看到的东西是一起变化。

　　为什么呢？我想讲三点理由：

　　第一，简帛古书的研究是一门非常新也非常重要的学问。这从现代学术史可以看得很清楚。近百年的学术史，最初是和"五大发现"及"罗王之学"有关。这"五大发现"，主要是世纪之交、庚子前后的发现，"地不爱宝"，是因为国运不昌。它们是：

　　（1）殷墟甲骨文字（1899 年发现）；

　　（2）敦煌、塞上及西域各地之简牍（1901 年发现）；

　　（3）敦煌千佛洞之六朝唐人所书卷轴（1900 年发现）；

　　（4）内阁大库之书籍档案（1909 年始为世人所知）；

（5）中国境内之古外族遗文（1901年发现）。[1]

这100年，前50年和后50年大不一样。前50年，学者倡言"新史学"，其"新"不一（有各种各样的"新史学"，就像汉代以"新"为时髦，什么都喜欢加上个"新"字，[2]"新"是现代化的意思，卓别林的电影把它叫做"摩登时代"），固然是借西学引入的"新概念"，但研究基础是中国自己的"新发现"。其学凡历四变。1900—1911年，是"五大发现"为世人瞩目的时期。但当时，以学而言，还只有"罗"，没有"王"，王国维尽弃前学，转向古史研究，是始于辛亥东渡。这是第一变。然后，1911—1927年，才是"罗王之学"和《古史辨》先后问世的时期。"罗王之学"是清室逊位的产物，《古史辨》是五四运动的产物，两者都是应运而生。罗、王政治思想虽旧，所用材料则新；顾颉刚政治思想虽新，所用材料则旧。前者侧重铭刻史料，后者侧重文献史料，都是转变时期的产物。但当时，还没有考古研究。这是第二变。再下来，1927—1937年，是国共两党"新史学"问世的时期。1927年的史语所成立，1928年的郭沫若东渡，是标志性事件。其间，史料学的开拓，新学科的创立，在于中央研究院的十五次发掘。中研院的史语所，"史"是以西方的考古学改造中国的经史之学，"语"是以西方的比较语言学改造中国的小学和考据方法。这是它之所谓"新"。马克思主义史学的"新"，则是引入唯物史观和社会演进学说，用这类方法重建中国历史，立场观点完全不同，但它也关注考古发现和铭刻史料，史料学的基础其实差不多。考古学的引入，其重要性在于，它增加了"第三重史证"。这是第三变。再下来，1937—1945年，1945—1949年，都是

---

〔1〕 王国维《最近二三十年中中国新发见之学问》（作于1925年），收入《王国维遗书》，上海：上海古籍书店，1983年，第五册：《静安文集续编》，65页正—69页背。案：王氏所说"新发现之学问"是关于"新发现"的学问。1922年，王氏作《库书楼记》收入《王国维遗书》，第四册：《观堂集林》卷二三，34页背—36页背），只讲"四大发现"，于此增出第五种。今世所称，则去第四、第五种不数，只剩"三大发现"。

〔2〕 廖伯源《说新——兼论年号的起源》，台湾"中研院"第三届国际汉学会议（2000年6月29日—7月1日）论文。

战争时期，没有大变化。关键一变是1949年。因为，我们都知道，1949年以前，中国虽有考古发掘，但主要限于新石器时代和商代，其他时段的发现，几乎都是来自探险、盗掘和地面调查。1949年后，史语所迁台，只能整理过去的发掘资料和在台湾做原住民考古，中国考古的重镇在大陆，考古的"当朝"和"在野"，彼此换了位。这第四变是天崩地裂。它在台海之间划了一条线，在世纪当中划了一条线。20世纪的后50年，考古学突飞猛进，在广度和深度上，要远远超过前50年。比如，西周和东周，秦代和两汉，几乎可以说，已是全新的领域；战国文字研究、出土古书研究，都是50年代以来的新学问。虽然简牍发现很早，"五大发现"中的第二项和第五项，都和它有关。但前50年，主要发现是文书；后50年，才有大批古书出土。特别是近30年，它的发展特别快。我们应该明白，简帛古书的研究，完全是一门新学问。当年，王国维写《古史新证》，[1]他的"二重史证"，地下史料完全是铭刻，只有甲骨文和金文，没有简帛，更没有地下发现的古书。研究早期中国，无论国内还是国外，过去，大家看重的主要是甲骨文和金文。学者都是拿甲骨文当"商代史料"，金文当"西周史料"。这是前50年的史料给我们造成的格局。虽然到今天，托考古之福，我们对商代、西周的知识比以前有更多了解，但认真讲，这种研究还是粗活，没法和战国秦汉相比，社会史的研究，学术史的研究，都是勉为其难。简帛发现，包括文书和古书，过去重视不够。其实，文书是研究早期社会史的史料，古书是研究早期学术史的史料。它们提供的信息虽晚，但重要性一点不差，其实是史料的主体。特别是写学术史，出土古书才是第一手资料。它所涉及的图书种类，各个方面都有标本，支点性的东西已经大致齐全。我们甚至可以说，有志改写中国学术史者，此其时也。现在不写，更待何时。

　　第二，过去我们读的古书，主要是传世古书，宋以来的古书，

────────────

〔1〕 王国维《古史新证》，北京：清华大学出版社，1994年，1—4页。

近代多了一点，是敦煌发现的古书（参看本讲附录）。简帛古书的发现，不仅是数量的补充，品种的补充，文本年代的提前，个别字句的修正。在我看来，更重要的是，它使我们对古书，年代最早的古书，开始有了直接的感受，可以从中归纳很多一般性的原理，对古书的创作、古书的构成、古书的阅读、古书的解释，古书的选取和淘汰，古书的传播和保存，开始有了比较深入的理解。特别是对图书分类，与之有关的知识体系和知识结构，改变尤大。因为过去的图书分类，甲乙部目之中，历史漏斗之下，有意识形态存焉，很多藏匿掩盖、窜改歪曲，以及后来居上、冠履倒置，在所难免。比如，《汉志》六类，"尊经抑子"；《隋志》四部，"尊学抑术"，就是导向性的东西。这种结构一定，很多想法也就固定下来。其后果是阅读趣味的偏废，大家只读一半半或只读一种书，"有学无术"（只读六艺、诸子、诗赋，不读兵书、数术、方技）或"不学无术"（只读经书，不读诸子、诗赋和其他书），无异焚书坑儒。这个历史包袱太沉重。近代以来，学者喜欢说"中国之道德文章将大行于天下"（如王国维先生，还有很多文化保守主义者，他们都有这种论调），但毕竟技不如人，气不如人，连从前的崇拜者，如日本、朝鲜，都白眼相向，看不起我们。这不仅是近代历史的嘲讽，也是早期历史的耻辱。简帛古书的发现，它有一个作用，就是可以帮助我们，对倒读的历史倒读，把很多压在下面的东西翻到上面来（考古的地层关系和发掘程序正符合这一逻辑）。这本身就是革命。还有，像对《礼》大小戴记和"七十子"的看法，像对《老子》和先秦道家的看法，很多具体认识，和以前也是大不一样。

　　第三，简帛发现的另一个意义是，它对近百年的学术思想是一个巨大冲击。因为我们都知道，近百年的学术史，是旧学不旧，新学不新，所有学问，不管个人的态度向背，都是"古今中外一锅粥"，阵脚大乱。王国维倡言"学不分古今中外"，[1] 当然很有胸襟，

---

[1] 王国维《国学丛刊》序，收入《王国维遗书》第四册：《观堂集林》卷四，6页背—9页背。

但从当时的形势看，从当时的心理看，实在是无奈。因为，它的背后有很多激烈冲突（今天也一样），"古"与"今""中"与"外"，总是陷于二元对立：后者对前者有优越感，前者对后者不服气，"古今中外摆不平"。[1]其实，这些在"现代一言堂"里没法对话的事，如果放到古代，反而易于沟通，不仅古人和今人易于沟通，中国和外国也易于沟通。我们甚至可以这么说，它对双方，都是必要的校正（而且是从根子上的校正）。比如，中国和西方，双方的政教结构不一样，有根本不同，但西方的"教皇"对理解中国的"皇帝"有帮助，中国的"皇帝"对理解西方的"教皇"也有帮助。互相比较，彼此的理解都会加深，既看到其人心同理的起点相似，又看到其分道扬镳的选择不同。简帛古书，表面看，只对研究"古""中"有用，对研究"今""外"无用，但实际上，它对调整我们对"古今中外"的看法有帮助，对调整我们的心理结构有帮助。因为，这种返本溯源的探讨，对中外双方都是解毒剂。它对恢复"古今中外"的平等对话，对重建有中国自信的世界眼光有革命意义。

我们这门课，题目叫"简帛古书与学术源流"，目的是想帮助同学，开发资源，开拓想象。为了讲述的方便，我想把这门课程的题目解释一下，把咱们讨论的范围介绍一下。

（一）"简帛古书"的考古内涵和考古意义

我们人，或多或少都有点"忘本"，现代人，特别是身处现代化旋涡的中国人，更是如此。他们对古代的优越感很大，动不动

---

[1] 国学之起，是因西学之入，它是为了同西学作对才产生，因此，从一开始就是"国将不国"之学。当时，旧学对西学有拒斥态度，但往往明着不学偷着学；新学对西学有欢迎态度，但请神又是为了送神，如傅斯年先生的"新史学之路"就是以与法国汉学争胜为枢机。

就讲同传统决裂，同它划清界线。比如（20世纪）80年代，这个气氛就很浓，而且完全是一边倒。现在，对多数人来说，新旧视如水火的二元化思维也还是压倒一切。大家都说，这个界线是理所当然。其实这个界线是划不了的。我记得，很多年前，有个电视剧，叫"寻找回来的世界"，内容是讲少年犯的改造，题目很有意思。我们研究历史也有这种心情，就是总想把已经失去的世界再找回来。陈子昂登幽州台，发思古之幽情，因为"前不见古人，后不见来者"，眼泪唰唰往下掉。古人死掉了，没有录音机，没有录像机，怎么办？碰到这类问题，考古的作用就显出来了。因为它能把"古""今"的距离缩小，把它们一下子拉到一块，让我们重见古代，触摸古代，作用就像科幻小说讲的"时空隧道"。

考古和历史的关系很微妙。历史如大浪淘沙，有些东西冲走了，有些东西留下来（我们研究的都是"历史碎片"）。我们用剩下的东西研究丢掉的东西，很难，有如凭蛛丝马迹破无头公案，故事层出不穷。美国电视有一种节目，叫"mystery"，就是讲这类"疑案"和"悬案"，国内的流行说法是"谜团"。西方的很多考古文物展也喜欢用这个词。比如前几年，不列颠博物馆举办过一个中国出土文物展，名字叫"中国古代之谜"（Mysteries of Ancient China），它所谓的"谜"也是这个词。这个展览，《泰晤士报》是赞助者。它的主编给图录作序，说它不仅展现了中国远古时代的丰富多彩，还让人们在绵延不绝的中国文明背后可以窥见其"深藏的灵魂"。[1]探索中国文明背后"深藏的灵魂"，这是考古学家视为畏途的神秘领域，也是他们心向往之的最高境界。历史是"疑案"或"谜团"，考古是破案和解谜的手段，它使历史成为一门开放的学问。王国维说"古来新学问起大都由于新发现"，[2]用新材料做新学问，常做常

---

〔1〕 Jessica Rawson ed., *Mysteries of Ancient China*, London: British Museum Press 1996, p.9.

〔2〕 王国维《最近二三十年中国新发见之学问》，《王国维遗书》第五册：《静庵文集续编》，65页正—69页背。

新，可以有大成就，也容易犯大错误（而且错误和成就是与时俱进）。在这个领域中，谁也别想"功德圆满"，谁也别想当"学术霸王"，我看考古学伟大就伟大在这里。

考古发现的世界是"寻找回来的世界"。过去我们讲王国维了不起，总是说他发明了一个"二重证据法"，[1]把考古引进了历史研究，大家一点都不怀疑。后来，读罗泰（Lothar von Falkenhausen）教授的文章，[2]我才发现，这个讲法并不正确。因为王国维讲的"二重证据法"，所谓"纸上之史料"是指《诗》《书》等古书；"地下之材料"是指殷墟甲骨和商周金文。即使时间扩大一点，再加上西域汉简、敦煌卷子，其研究也还是以文字为中心。这些发现基本上都是非发掘品，或者虽经发掘（如斯坦因发掘的西域汉简），也不是从考古学的角度去研究。它和后来的考古发掘有缘，但严格讲，还是属于金石学的范围，只能叫"新金石学"，还不是"真考古学"。后来的考古学，其实是外来的学问。它提供的是又一种证据，即第三重证据。[3]

---

[1] 王国维《古史新证》，1—4 页。

[2] Lothar von Falkenhausen，"On the historiographical orientation of Chinese archaeology," *Antiquity* no.67.257（1993），pp.839—849.

[3] 饶宗颐先生说的"三重证据法"是以传世古书为第一种，考古实物为第二种，古文字材料为第三种，和这里的说法还不太一样。见李学勤《走出疑古时代》〔《中国文化》第七期（1992 年秋季号），北京：生活·读书·新知三联书店，1—7 页〕引述。案：这种三分的史料，其实也可以说是两种史料，一种是按考古、非考古（"地上""地下"）分，一种是按有字、没字分。一般说，西方学者比较喜欢强调前一种，我国学者比较喜欢强调后一种。过去，大家之所以会把王氏的"地下之材料"混同于广义的考古材料，主要是从我们的学术传统和我们的学术习惯看问题，即我们是以传世古书为本，进而求诸古文字材料，进而求诸考古实物，以前之所见解释后之所出，以后之所出印证前之所见（这有一定合理性，但也有很多弊病）。我们是把古文字材料当传世古书的延伸，把考古材料当古文字材料的延伸（比如殷墟发掘是导源于殷墟甲骨的发现，这就是很好的理由）。饶先生的"三重证据法"，是把由古文字材料延伸但早已突破也早已覆盖了它的"考古"概念再做析分，重张古文字材料的重要性。其实，传世古书是第一种，古文字材料是第二种，考古材料是第三种，这才是近代史学的认识过程。

　　从考古学的眼光看出土古书，出土书只是出土文字的一部分，出土文字只是古代遗物的一部分，古代遗物只是古代遗址的一部分，在考古学的知识系统中，它的重要性并不一定比其他出土物更大，时间也比较晚和比较短。这点考古系的同学都知道。但对中文系、历史系和哲学系的同学来说，情况可不太一样。因为我们这些系都是以文字材料为主。在文字材料中，这些古书，它们出现的时间比较早，涉及的范围比较广，地位很突出。如果我们把古书的发展比作一条龙，那么战国秦汉的简帛古书就是"龙头"，魏晋隋唐的纸本古书就是"龙身"，宋元以来刻版印刷的古书就是"龙尾"（参看附录）。过去我们的知识非常可怜，看见的只是"龙尾巴"。前人也知道"龙脑袋"和"龙身子"还藏在云里头，但在没有考古发现的情况下，只能靠古书的引文（包括佚文）。例如清代学术的最大贡献之一就是搜辑古书引文，并利用它们考订传世古书。出土发现使古书变成了一门新学问，既救活了以版本为依托的传世古书，也救活了这些古书中的早期引文和佚文。[1] 对于古书的研究，它的重要性非常明显。

（二）"学术史"的概念和研究范围

　　简帛古书来自考古发现。考古发现包括实物资料和文字资料。实物资料主要归考古学研究。文字资料分两种，文书档案对研究社会史最有用，古书对研究学术史最有用。对于重建古代，这些资料都重要。但要谈中国"深藏的灵魂"，要谈学术史和思想史，大家还得靠古书，特别是出土的古书。过去《读书》杂志组织过一场

---

[1]　"出土古书"，本来还应包括敦煌等地出土的中古时期的抄本，但因时间有限，能力有限，不能涉及。这里所讲只限简帛古书。我希望以后有人再开一门课，接着讲敦煌出土的古书。

"考古'围城'"的讨论，我是参加者。[1]平原、兆光呼唤考古界"芝麻芝麻开门"，但有些考古学家说，对不起，我们有太多的局限性，这个门开不了，我们不打算出去，你们也甭想进来。这里面有人为的学术壁垒，也有实际上的沟通困难。我是学考古的，当然知道"开门"很难，特别是用考古材料讲社会史和思想史，很难，但并不是事无可为。中国考古界，不是所有人，但也不是一两个人，过去是有"刘项原来不读书"的毛病（我听说，宿白先生对考古专业的学生不读书也是很有批评）。他们以为，除年代早晚，地理分布，文化关系，其他都是"伪问题"。这个毛病是跟考古学一起从西方传过来的。但西方也不是铁板一块。西方的学术传统，老汉学（20世纪上半叶的法国汉学），他们的"philology"跟我们的考据学有点接近，就很重视文字和文献，但研究艺术史（在西方是一种类似金石学或古物学的学问）或考古的，他们对文字和文献确有拒斥态度，有人干脆说，他（或她）是"用眼睛研究中国"。这种态度可能有一定道理，比如全靠眼睛，可以突出直观感受；不懂文字，也少受成见干扰。[2]但谁要说他是"用眼睛研究学术史"，我看是门儿也没有。

现在我们说的"学术史"，它的概念很值得研究。因为古代用它是什么意思，现在用它是什么意思，两者并不一样。古人说的"学术"，本来只是模糊字眼。后来有些校雠学家用它指图书分类，才把它变成古代知识的总汇，古代学问的总汇。如郑樵"类例既分，学术自明"（《校雠略》），章学诚"辨章学术，考镜源流"（《校雠通义》），其实都是这个意思。这种概念的"学术"，和中国传统的图书分类法关系非常大，我们既可按经、史、子、集各讲各的"学"，也可按数术、方技、兵书各讲各的"术"，无论四分还是

---

〔1〕李零《说考古"围城"》、陈平原《文史学家的考古学视野》、葛兆光《栏外人说栏内事》、陈星灿《公众需要什么样的考古学》，《读书》1996年12期，3—31页。

〔2〕研究新石器的人这么讲，还情有可原。研究商周汉唐的人也这么讲，就很不应该。

六分，和西方的概念都不太一样。西方的分类，比如近代，他们有文、史、哲三分法（出自培根）。文学有"文学史"，史学有"史学史"，哲学有"哲学史"，现在也成了我们的分类概念。此外，他们还有很多细类，如"宗教史""科学史""思想史"。这些"史"和我们的"学术史"，当然会有某种重叠，如很多人都以为子部是哲学类，史部是史学类，集部是文学类，数术、方技是科学类（或宗教、迷信类？），农学是技术类，兵书是军事类，释、道是宗教类，但很多方面没法"对号入座"（我国的图书分类法，现在是两者并存）。近年来，陈平原先生提倡"重写学术史"，对"学术史"的概念又有讨论。它们确实值得讨论。[1]中国近代，我们引进了一大堆西方的概念、西方的术语（而且往往是经日文借中国古书中的词汇转译）、西方的规范，语言和思想被搞得一团乱，这个过程很值得研究，也很值得反省。[2]几乎所有领域都要查病和消毒，特别是文艺复兴和18、19世纪的毒（很多西方学者也在消这个毒）。比如"哲学史"的概念就很成问题（其实"科学史"和"宗教史"的概念也有问题），不但让人觉得削足适履，而且显得过于狭窄。[3]现在的"思想史"，有些只是"哲学史"的别名，或大号"哲学史"。所谓"大号"，就是在"哲学史"之上，再加上"经学史""宗教史"（主要是道教史和佛教史）、"科技史""政治思想史"，等等。其实是大杂烩。最近，葛兆光先生写了一部《中国思想史》（上海：复旦大学出版社，第一卷，1998年；第二卷，2000年），

[1] 见《学人》第1辑（南京：江苏文艺出版社，1991年）1—48页所载陈平原等人的《学术史研究笔谈》。

[2] 李零《汉语中的外来语》，收入所著杂文集《放虎归山》，沈阳：辽宁教育出版社，1996年，70—76页；Lidia H.Liu, *Translingual Practice*, Stanford：Stanford University Press 1995。案：此书现在有中文译本，刘禾《跨语际实践》，宋伟杰等译，北京：生活·读书·新知三联书店，2002年。

[3] 李零《道家与中国古代的"现代化"》，收入所著《李零自选集》，桂林：广西师范大学出版社，1998年第二版，299—311页。葛兆光《中国思想史》，上海：复旦大学出版社，1998年，5—6页。案："哲学史"的概念早在引进之初，就有人怀疑，参看葛书，5页注②。

他不喜欢"哲学史",更偏爱"思想史",所以是用"思想史"为自己的著作题名。[1]他说的"思想史",和我一样,也很强调被遗忘和被忽略的东西,特别是压在正统学术和主流学术下面的东西;强调要把某些经自然淘汰或有意删削,注定要被遗忘或丢掉的东西(不是所有,也不可能是所有),通过狭义和广义的"考古发掘",把它们重新找回来,加上去。[2]但这里,我不想用"大传统"和"小传统"的理论来解释它,也不想用 common religion 式的概念去说明它。[3]我说的"学术史",其实是再简单不过。前两年,在美国达慕思学院(Dartmouth College)开会,法国的马克(Marc Kalinowski)教授跟我讨论,他说,中国的"学术史"这个词,要想译成西方语言是大问题。因为他们是用"Chinese intellectual history"指咱们的"学术史",但"intellectual history"是偏重心智的历史,即有别于各种社会史的历史,其实是个相当模糊,也没有什么复杂含义的字眼。葛兆光先生使用的"思想史",按他自己的说法,正是对应于英文的这个词。[4]我觉得,我提倡的研究目的,

---

[1] 葛兆光《中国思想史》,6 页:"相比起来,'思想史'(History of Thought 或 intellectual history)在描述中国历史上的各种学问时更显得从容和适当,因为'思想'这个词语比'哲学'富有包孕性质。"

[2] 葛兆光《思想史:既做加法,也做减法》,《读书》2003 年 1 期,3—10 页。

[3] common religion 是源自法国汉学的概念,原来并没有明确界说,但近来则被某些西方学者用来解构"民间宗教"说和"大小传统"说。前两年,在香港召开的"宗教与中国社会"国际学术讨论会(香港中文大学祖尧堂,2000 年 5 月 29 日—6 月 2 日)上,我和蒲慕洲教授、马克教授和夏德安(Donald Harper)教授分为一组,曾专门讨论过这一问题。我认为,大小传统的划分虽有抹杀共同性的一面,但一味强调上下共享,认为官方只是民间信仰的接纳者或改造者(只是将其书面化、精致化),这对中国历来都是国家大典与杂祠淫祀并存,国家有意投民所好,但另辟场所(如近代的各种庙会),加以羁縻节制,即宗教是受国家控制的特点是抹杀。这里只是提一句,无法详谈。

[4] 同上页注 4 的引文。案:一般所谓的"思想史"和"学术史"有两点不同:第一,它不涉及科技,比一般的"学术史"要窄;第二,它不按学科划分,又比"学术史"要宽。其实,科技史和思想史也有关系。比如中国近代史上,达尔文进化论的影响很大,其影响主要不在生物学方面,而在社会思想和政治思想方面,要讲"思想史",就不应忽略。另外,类似的学问,除"思想史"和"学术史",还有所谓"文化史"。"文化史"包括物质文化,比"学术史"要宽。

也许还不在于为思想的空中楼阁提供下面的地基，而是在于恢复古代的知识系统和知识结构，用以解构层累形成的意识形态，戳穿很多"倒写的历史"。因此，加来加去，也许不是把原来的房子扩大，而是把原来的房子拆掉。虽然我个人的能力有限，拼了老命，也做不了多少事情。

　　我要讲的"学术史"，并没有什么深文奥义，范围可能比较接近章学诚的说法，也是属于"即类求书，因书求学"的研究（《校雠通义·互著》）。只不过，我更强调古代知识结构和文化心理的探讨。我是从古书的分类入手，研究古代的知识系统和知识结构；在它的基础上，再研究古人的思想特点和心理特点。中国的"学术"，"学"是出于"书"，"术"也是出于"书"，它与中国语汇中的"书"直接有关。"书"的范围有多大，它也有多大。所以，下面要讲的第一个问题，就是"书"的概念。

【参考书】

1. 中国古籍善本书目编辑委员会《中国古籍善本书目》，上海：上海古籍出版社，1989—1998 年。

2. 上海图书馆编《中国丛书综录》，上海：上海古籍出版社，1959—1962 年。

3. 上海图书馆编《中国丛书综录补正》，上海：上海古籍出版社，1986 年。

4. 阳海清《中国丛书综录补正》，扬州：江苏广陵古籍刻印社，1984 年。

5. 阳海清《中国丛书广录》，武汉：湖北人民出版社，1999 年。

6. 施廷镛《中国丛书综录续编》，北京：北京图书馆出版社，2003 年。

7. 严可均《全上古三代秦汉三国六朝文》，北京：中华书局，1958 年。

8. 马国翰《玉函山房辑佚书》，上海：上海古籍出版社，1990 年。

9. 王仁俊《玉函山房辑佚书续编三种》，上海：上海古籍出版社，1989 年。

10. 孙启治、陈建华《古佚书辑本目录，附考证》，北京：中华书局，1997 年。

11. 刘殿爵、陈方正主编《先秦两汉古籍逐字索引丛刊》，台北：商务印书馆，1992 年以来陆续出版。

12. 鲁惟一主编的《古代中国典籍导读》，沈阳：辽宁教育出版社，1997 年（译自：Michael Loewe ed., *Early Chinese Texts, a Bibliographical Guide*, the Society for the Study of Early China and the Institute of East Asian Studies, Berkley: University of California 1993）〔案：此目是与上书配套，共64 种〕。

13. 王重民《敦煌古籍叙录》，北京：中华书局，1979 年。

14. 商务印书馆《敦煌遗书总目索引》，北京：商务印书馆，1962 年。

15. 敦煌研究院《敦煌遗书总目索引新编》，北京：中华书局，2000 年。

16. 荣新江《英国图书馆藏敦煌汉文非佛教文献残卷目录》（S. 6981-13624），台北：新文丰出版公司，1994 年。

17. 荣新江《海外敦煌吐鲁番文献知见录》，南昌：江西人民出版社，1996 年。

18. 王素《敦煌吐鲁番文献》，北京：文物出版社，2002 年。

19. 李学勤《简帛佚籍与学术史》，台北：时报出版公司，1994 年；南昌：江西教育出版社，2001 年。

20. 李学勤《重写学术史》，石家庄：河北教育出版社，2002 年。

附录：现存先秦两汉古书一览表[1]

古人讲博览群书，每举万卷为说，而且往往贵古贱今，以为后世之书，虽百万不能当三代秦汉之一（见胡应麟《经籍会通》卷四、张之洞《𫐓轩语·语学》）。而先秦两汉时期的典籍，据《汉书·艺文志》著录，恰好有一万多卷（13269 卷），如果都留下来，是够咱们研究一气的。这些古书，历乱经劫，大多散亡，下文所列，只是其幸存者。书虽不多，只有一百多种（115 种，其中先秦 60 种，秦 1 种，汉 54 种），但文本情况十分复杂，研究注释之作，更是浩如烟海，求学当知执简驭繁之道。为了和简帛古书对照参看，知其虚实存佚，我们编了这个"现存先秦两汉古书一览表"。以宋以来的传世古书为主，包括出土发现的纸本古书和少数石刻本。[2] 每种后面列有

---

[1] 为以后各讲做准备，我在下面拉了个书单，希望大家对我们的家底，即简帛古书以外的现存古书，有一个大致了解，便于查找有关资料。我理解，每种古书的研究，都要先做版本调查。通过调查，画出版本的系谱图。借助系谱图，淘汰次要版本，保留典型版本。最后，是以这些典型版本为上勾下联的基础，上勾是与出土文本和古书引文比较，下联是用以控制次生版本的演变。参看：李零《〈孙子〉古本研究》，北京：北京大学出版社，1995 年。但这里的目录只是个简目，无法把典型版本一一列出，读者要想对版本问题进一步摸底，可以利用本讲参考书第一种，中国古籍善本书目编辑委员会编《中国古籍善本书目》。

[2] 本表所列石刻本极少，其中不包括石经本。关于熹平石经，可参看马衡《汉石经集存》，北京：科学出版社，1957 年。关于正始石经，可参看《王国维遗书》第三册：《观堂集林》卷二十《魏石经考》和第九册：《魏石经残石考》（后附录《〈隶释〉所录魏石经碑图》）；孙海波《魏三字石经集录》，北京：考古学社，1937 年；丘德修《魏石经初探》，台北：学海出版社，1979 年；吕振端《魏三体石经残字集证》，台北：学海出版社，1981 年。唐以来的石经，蜀石经、嘉祐石经亡，存者为开成石经、绍兴石经和清石经，参考价值相对较小。

最低限度的参考书：首先是敦煌、吐鲁番、楼兰和其他地点发现的纸写本古书，除英、法两国保存的斯坦因和伯希和所获本，也包含日、德、俄等国以及国内（如中国国家图书馆）收藏的古写本；[1] 其次是质量较高的底本，[2] 再是有代表性的校注本，[3] 尽量选易得本、排印本和标点本。[4] 其中也包括某些辑佚本。[5] 但此表不包括简帛本（将于下编各讲分别介绍）。这里的分类与传统分类不尽相同，主要是为了便于与我们对简帛古书的分类对照参看（详下第六讲）。每种古书后面标注★号者，有索引见于刘殿爵、陈方正编《先秦两汉古籍逐字索引丛刊》，可用于字句检索。当然，现在很多古书索引都有电子文本，大家也可以利用电子文本进行检索。

一　先秦古书（60 种）

（一）六艺类（13 种）

（甲）经传类

（1）《诗经》。敦煌本：P.2129、2506、2514、2529、2538、2570、2660a、

---

[1] 编号是据参考书 13—18，并请荣新江先生详为核对，修改补充。目中 P 指伯希和，S 指斯坦因，"大谷"指大谷光瑞，"北图"指中国国家图书馆，"历博"指中国历史博物馆，"上博"指上海博物馆，"北大"指北京大学图书馆，"敦研"指敦煌研究院。

[2] 斟酌去取，多据参考书 1—6 和 12。

[3] 斟酌去取，多据参考书 1—6 和 12。

[4] 下文所列，多据通行本，如：（1）阮元校刻《十三经注疏》，北京：中华书局，1980 年；（2）标点本《史记》《汉书》，北京：中华书局，1959、1962 年；（3）国学整理社编《诸子集成》，北京：中华书局，1954 年；（4）张元济等辑《四部丛刊》，上海：商务印书馆，1919 年；（5）张元济等辑《四部丛刊》续编，上海：商务印书馆，1934 年；（6）《四部丛刊》三编，上海：商务印书馆，1935—1936 年；（7）《四部备要》，上海：中华书局，1936 年；（8）《丛书集成初编》，上海：商务印书馆，1935—1937 年；（9）《景印文渊阁四库全书》，上海：上海古籍出版社，1987 年；（10）阮元编《清经解》，上海：上海书店出版社，1988 年；（11）王先谦编《清经解续编》，上海：上海书店出版社，1988 年；（12）《十三经清人注疏》，北京：中华书局，1983—? 年（未出完）；（13）《新编诸子集成》，北京：中华书局，1983—? 年（未出完）。凡此，下文不再重复说明其出版社和出版时间。

[5] 下文所列，斟酌去取，多据参考书 7—10，并注明参考书 10（下简称《辑目》）的有关页码。

2669、2978、3383、3737、4072d、4634b、4636、4994，S.10、134、
498、541v、789、1442、1722v、2049、2729b、3330、3951、5705、
6196、6346v，北图新 836（现编号：BD14636）；吐鲁番本：Ch.121、
2254，66TAM59：4/1［a］、73TAM524：33，大谷 3326，历博藏本（黄
文弼所获）；俄藏本：Дx.1068、1366A（《毛诗音》）、1640；《四部丛
刊》本；《十三经注疏》本；朱熹《诗集传》，上海：中华书局上海编
辑所，1958 年；陈奂《诗毛传疏》，《清经解续编》本；马瑞辰《毛诗
传笺通释》，陈金生点校，北京：中华书局，1987 年；王先谦《诗三
家义集疏》，吴格点校，北京：中华书局，1987 年。★

（2）《**尚书**》。敦煌本：P.2516、2523（piece 3）、2533、2549、2630、
2643、2748、2980、3015、3169、3315、3462a、3469、3605、3615、
3625、3628、3670、3752、3767、3871va、3871vb、4033、4509、
4874、4900a、5522、5543、5557，S.799、801、2074、3111vb、5626、
5745、6017、6259、8464、9935、10524A、11399，北图新 881（现
编号：BD14681）；吐鲁番本：Ch.3698，历博藏本（黄文弼所获），
72TAM179：16，S.Toy.044，S.Toy.III.ii03［f］；俄藏本：Дx.10698；
《四部丛刊》本、《四部丛刊》三编本；《十三经注疏》本；蔡沈《书
集传》，《四库全书》本；孙星衍《尚书今古文注疏》，陈抗、盛冬铃
点校，北京：中华书局，1986 年；皮锡瑞《今文尚书考证》，盛冬铃、
陈抗点校，北京：中华书局，1989 年；杨筠如《尚书覈诂》，西安：
陕西人民出版社，1959 年；曾运乾《尚书正读》，北京：中华书局，
1964 年；李民、王健《尚书译注》，上海：上海古籍出版社，2000
年；屈万里《尚书集释》，台北：联经出版公司，1983 年。★

（3）《**仪礼**》。俄藏本：Дx.3452；《四部丛刊》本；《四部丛刊续编》本；
《十三经注疏》本；张尔岐《仪礼郑注句读》，《四库全书》本；胡培
翚《仪礼正义》，《四部备要》本，又段熙仲点校本，南京：江苏古籍
出版社，1993 年；凌廷堪《礼经释例》，彭林点校，台北："中研院"
中国文哲研究所，2002 年。★

（4）《**礼记**》。敦煌本：P.2500、3106va、3311、3380，S.575、621、2053va、

2590；吐鲁番本：Ch.2068，73TAM222：54；《四部丛刊》本；《四部
丛刊三编》本；《十三经注疏》本；北图殷44；俄藏本：Дx.2173v、
3016、6753、17463；朱熹《四书章句集注》：《大学集注》《中庸集注》，
北京：中华书局，1983年；朱彬《礼记训纂》，饶钦农点校，北京：中
华书局，1996年；孙希旦《礼记集解》，沈啸寰、王兴贤点校，北京：
中华书局，1989年。★

（5）《**大戴礼记**》（**卢辩注**）。《四部丛刊》本；《丛书集成初编》本；孔广
森《大戴礼记补注》，《清经解》本；王聘珍《大戴礼记解诂》，王文锦
点校，北京：中华书局，1983年。★〔案：此书与子书儒家类有交叉，
其《盛德》《明堂》即《汉志》著录《明堂阴阳》三十三篇之遗文，《千
乘》《四代》《虞戴德》《诰志》《小辨》《用兵》《少间》即《汉志》著录
《孔子三朝》七篇之遗文，《主言》和《曾子立事》等十篇即《汉志》著
录《曾子》十八篇之遗文〕

（6）《**周礼**》。《四部丛刊》本；《十三经注疏》本；孙诒让《周礼正义》，
王文锦、陈玉霞点校，北京：中华书局，1987年。★

（7）《**周易**》（**包括**《**易传**》）。敦煌本：P.2530、2532、2616、2617、2619、3640、
3683、3872v，S.5735、5992、6162、9212、12282；俄藏本：Дx.12653；
《四部丛刊》本；《十三经注疏》本；李道平《周易集解纂疏》，潘雨庭
点校，北京：中华书局，1994年；高亨《周易大传今注》，济南：齐
鲁书社，1979年；高亨《周易古经今注》（重订本），北京：中华书局，
1984年；徐芹庭《周易异文考》，台北：五洲出版社，1975年。★

（8）《**春秋**》。《四部丛刊续编》本；《十三经注疏》本，在下册《春秋》三
传内。★

（9）《**左传**》。敦煌本：P.2489、2499、2509、2523、2540、2562、2764、
2767、2973、2981、3611、3634、3635a、3729、3806、4058b、4636、
4904，S.85、133、1443、1943、2984、3354、5625、5743、5857、
6070、6120、6227、6258va、11563，北图8155（吕009）；楼兰本：
LM.I.i.016（斯坦因所获晋写本残纸）；吐鲁番本：Ch.1044、1246、
1298v、2432，李鸣南藏本；书道博物馆藏本；静嘉堂文库藏本；俄藏

本：φ356，Дх.362A、1252、1263、1367、1456、1463、1712、2945、2975、4512；《四部丛刊》本；《十三经注疏》本；刘文淇《左传旧注疏证》，中国科学院历史研究所第一、二所资料室整理，北京：科学出版社，1959 年；洪亮吉《春秋左传诂》，李解民点校，北京：中华书局，1987 年；杨伯峻《春秋左传注》，北京：中华书局，1990 年第二版。★

（10）《**公羊传**》。《四部丛刊》本；《十三经注疏》本；孔广森《春秋公羊通义》，《清经解》本；陈立《公羊义疏》，《四部备要》本。★

（11）《**穀梁传**》。敦煌本：P.2486、2535、2536、2590、4905，北图新 1545（现编号：BD15345）；《四部丛刊》本；《十三经注疏》本；钟文烝《春秋穀梁经传补注》，骈宇骞、郝淑慧点校，北京：中华书局，1996 年。★

（乙）**小学类**

（1）《**尔雅**》。敦煌本：P.2661、3719、3735、5522；吐鲁番本：Ch.1246v、1577v、2917v、Ch/U.6779、6783、7111、U.560、U.564a、564b、564c，大谷 8095；《四部丛刊》本；《四部丛刊续编》本；《古逸丛书》本；《十三经注疏》本；邵晋涵《尔雅正义》，《清经解》本；郝懿行《尔雅义疏》，《四部备要》本。★

（2）《**史籀篇**》。辑本：《王国维遗书》第六册：《史籀篇疏证》；《辑目》，89 页。

（二）史书类（6 种）

（1）《**逸周书**》（**孔晁注**）。《四部丛刊》本；《四部备要》本；黄怀信等《逸周书汇校集注》，上海：上海古籍出版社，1995 年〔案：近有 2007 年修订本〕；黄怀信《逸周书校补注译》，西安：西北大学出版社，1996 年。★

（2）《**国语**》（**韦昭注**）。《四部丛刊》本；《四部备要》本；上海古籍出版社点校本（上海师范大学古籍整理组和上海市五七干校六连历史组点校，1978 年）；徐元诰《国语集解》，王树民、沈长云点校，北京：中华书

局，2002年；张以仁《国语斠证》，台北：商务印书馆，1969年。★

（3）《战国策》（**高诱注**）。楼兰本：LA.II.ii、C.1.a、b（斯文赫定所获晋写本残纸）；姚宏注：《四部备要》本（《士礼居丛书》本）；鲍彪注（吴师道校）：《四部丛刊》本；上海古籍出版社点校本（整理者不详，1978年）；缪文远《战国策考辨》，北京：中华书局，1984年；诸祖耿《战国策集注汇考》，南京：江苏古籍出版社，1985年；缪文远《战国策新校注》，成都：巴蜀书社，1987年；何建章《战国策注释》，北京：中华书局，1990年。★〔案：晋孔衍《春秋后语》是《战国策》的改编本，旧有辑本多种，见《说郛》《青照堂丛书》《汉魏遗书钞》《汉学堂丛书》《玉函山房辑佚书续编》等书。又有敦煌本：P.2569、2589、2702、2872、3616、5010、5034、5523、S.713、1439，罗振玉旧藏本，北图新865；吐鲁番本：Ch.734，P.t.1291（藏译本）。看看：王恒杰《春秋后语辑考》，济南：齐鲁书社，1993年；荣新江《德藏吐鲁番出土〈春秋后语〉残卷考释》，《北京图书馆馆刊》1999年2期，71—73页（附图）〕。

（4）《穆天子传》（**郭璞注**）。《四部丛刊》本；《四部备要》本；顾实《穆天子传西征讲疏》，上海：商务印书馆，1934年；王贻梁、陈建敏《穆天子传汇校集释》，上海：华东师范大学出版社，1994年。★

（5）《竹书纪年》。今本：《四部丛刊》本（明天一阁本，即带沈约注的今本）。古本：《王国维遗书》第十三册：《今本竹书纪年疏证》和《古本竹书纪年辑校》；范祥雍《古本竹书纪年辑校订补》，上海：上海人民出版社，1957年；方诗铭、王修龄《古本竹书纪年辑证》，上海：上海古籍出版社，1981年；《辑目》，148—149页。★

（6）《世本》。辑本：王谟等《世本八种》，北京：商务印书馆，1957年；《辑目》，141—142页。

（三）子书类（26种）

（甲）儒家

（1）《论语》。敦煌本：P.2123、2496、2548、2597、2601、2604、2618、

2620、2628、2663、2664、2676、2677、2681、2687a、2699、2716、2766、2904、3192、3193、3194、3254、3271、3305、3359、3402、3433、3441、3467、3474、3534、3573、3606、3607、3643、3685vb、3705、3745、3783、3962、3972、4643、4732、4742、4875，S.618、747、782、800、966、1586、3011、3992、4696、5726、5756、5781、5789、5792、6023、6079、7002、7003（1）；吐鲁番本：72TAM169：83，67TAM67：14，S.Toy.Ⅲ.032［i］b，书道博物馆藏本，静嘉堂文库藏本；俄藏本：Дx.953、1399、1460、2144、2174（摘抄）、2666、2844B、18286；《四部丛刊》本；《十三经注疏》本；朱熹《四书章句集注》：《论语集注》，北京：中华书局，1983年；刘宝楠《论语正义》，高流水点校，北京：中华书局，1990年；程树德《论语集释》，程俊英、蒋见元点校，北京：中华书局，1990年；杨树达《论语疏证》，北京：科学出版社，1955年；杨伯峻《论语译注》，北京：中华书局，1990年第2版。★

（2）《曾子》。辑本：《曾思二子全书》本（汪晫辑）、《圣门十六子书》本（冯云鹓辑）、《曾子四种》本（严世海辑）、《武陵山人遗稿》本（顾观光辑）；贾庆超主编《曾子校释》，济南：山东大学出版社，1993年；《辑目》，206页。

（3）《子思子》。辑本：《曾思二子全书》本（汪晫辑）、《圣门十六子书》本（冯云鹓辑）、《问经堂丛书》本（洪颐煊辑）、《意林逸子》本（黄以周辑）、《武陵山人遗稿》本（顾观光辑）；《辑目》，207—208页。

（4）《孝经》。敦煌本：P.2545、2674、2715、2746、2757v、3243（piece 15）、3274、3369a、3372、3378、3382、3416b、3428、3698、3816、3830、4628、4775、4897，S.707、728、1368、3824va、3993、5545、5739、5821、6165、6177、9213、9956、12911、10056A、10060A、10312、10726A；吐鲁番本：历博藏本（黄文弼所获），72TAM169：26［a］，66TAM67：15，60TAM313：07/3，交河古城出土68TGI：1，Ch.2547；俄藏本：Дx.838、1318、2784、2979；《四部丛刊》本；《十三经注疏》本；皮锡瑞《孝经郑注疏》，《四部备要》本；胡平生《孝经

译注》，北京：中华书局，1996 年。★〔案：旧隶六艺孝经类，今改隶于此〕

（5）《孟子》（**赵岐注**）。古写本：北大 D224；《四部丛刊》本；《十三经注疏》本；朱熹《四书章句集注》：《孟子集注》，北京：中华书局，1983 年；焦循《孟子正义》，沈文倬点校，北京：中华书局，1987 年；杨伯峻《孟子译注》，北京：中华书局，1960 年。★

（6）《荀子》（**杨倞注**）。《四部丛刊》本；《四部备要》本；王先谦《荀子集解》，沈啸寰、王星贤点校，北京：中华书局，1988 年；梁启雄《荀子简释》，北京：古籍出版社，1956 年；李涤生《荀子集释》，台北：学生书局，1979 年。★

（乙）墨家

《墨子》。明嘉靖陆氏本；《四部丛刊》本；《道藏》本；孙诒让《墨子间诂》，孙启治点校，北京：中华书局，1958 年；吴毓江《墨子校注》，孙启治点校，北京：中华书局，1993 年；张纯一《墨子集解》，成都：成都古籍书店，1988 年；梁启超《墨经校释》，上海：商务印书馆，1922 年；岑仲勉《墨子城守各篇简注》，北京：中华书局，1958 年；高亨《墨经校诠》，北京：科学出版社，1958 年；谭戒甫《墨辩发微》，北京：中华书局，1964 年；王叔岷《墨子校正》，《历史语言研究所集刊》第 30 本第 1 分册，1959 年，71—102 页；Robin David Sebastian Yates, *The City under Siege: Technology and Organization as Seen in the Reconstructed Text of the Military Chapters of Mo-Tzu*, Dissertation, Harvard University Cambridge, Massachusetts, June, 1980。★

（丙）道家

（1）《老子》。敦煌本：P.2255、2329、2335vb、2347a、2350、2353、2370、2375、2417、2420、2421、2435、2456b、2456c、2517、2577、2584、2594、2599、2735、2823、2864、3235v、3237、3277、3592、3725、3895、4781、S.189、602、783、792、798、2060、2267、4365、4430、

5920、5887、6453，北图 8446(昃 041)，罗振玉藏本（6 件）；吐鲁番本：
大谷 8111；俄藏本：Дx.1111、1113、3334；《四部丛刊》本；傅奕《道
德经古本篇》，《道藏》本；王弼《老子道德经注》，《诸子集成》本；石
刻本：易龙本、易玄本、邢玄本、焦山本、易福本、庆阳本、杭州本、
楼古本、磻溪本、孟颖本、楼正本、遂州本（参看：何士骥《古本道
德经校刊》，国立北平研究院史学研究会考古组编《考古专报》第一卷
第二号，1936 年）；高亨《老子正诂》，北京：古籍出版社，1956 年；
朱谦之《老子校释》，北京：中华书局，1963 年；马叙伦《老子校诂》，
北京：中华书局，1974 年；高明《帛书老子校注》，北京：中华书局，
1996 年。★

（2）《庄子》。敦煌本：P.2456b、2495b、2508a、2508b、2531、2563、2688、
3204、3602、3789、4988，S.77、615、796、1603、3395v、9987C（1）；
吐鲁番本：书道博物馆藏品；罗振玉藏本；俄藏本：Дx.178；《古逸丛
书》本；《续古逸丛书》本；郭庆藩《庄子集释》，王孝鱼点校，北京：
中华书局，1961 年；王先谦《庄子集释》，沈啸寰点校，北京：中华书局，
1987 年；刘武《庄子集解内篇补正》，沈啸寰点校，北京：中华书局，
1987 年；王叔岷《庄子校注》，台北：历史语言研究所，1988 年。★

（3）《文子》。敦煌本：P.2456b、2456c、2456d、2810a、2810b、3768、
4073，S.2506；《四部丛刊三编》本；铁华阁影宋本；王利器《文子疏
义》，北京：中华书局，2000 年。

（4）《列子》（张湛注）。敦煌本：P.2495，S.777、9928、10799、11422、
12087、12124、12285、12288（1）、12288（2）、12295、12710、12728、
12951、12971、12991、13219、13441、13496、13624，北图 L.2464；
《四部丛刊》本；杨伯峻《列子集释》，北京：中华书局，1979 年。★

（5）《鹖冠子》（陆佃解）。《四部丛刊》本、《四部备要》本、《丛书集成初
编》本、《道藏》本；吴世拱《鹖冠子吴注》，《九鹤堂丛书》本，1927
年；王心湛《鹖冠子集解》，上海：广益书局，1939 年；张金城《鹖
冠子笺疏》，《国立台湾师范大学国文研究所集刊》，第 19 辑（1975
年），641—793 页。★

（丁）法家

（1）《**慎子**》。辑本：《四部丛刊》本；《诸子集成》本；P.M.Thompson, *The Shen Tzu Fragments*, Oxford：Oxford University Press 1979，pp.227–303；《辑目》，212 页。★

（2）《**申子**》。辑本：《全上古三代秦汉三国六朝文》本（《全上古三代文》卷四）；《玉函山房辑佚书》本；Herrlee G.Creel, *Shen Pu-hai, A Chinese Political Philosopher of the Fourth Century B.C.*,Chicago and London：Chicago University Press 1974，pp.343–413；《辑目》，212—213 页。★

（3）《**商君书**》。《四部丛刊》本；严万里（可均）《商君书校》，《四部备要》本、《诸子集成》本；孙星衍《商君书校》，《问经堂丛书》本；陈启天《商君书校释》，上海：商务印书馆，1935 年；朱师辙《商君书解诂》，北京：中华书局，1956 年；蒋鸿礼《商君书锥指》，北京：中华书局，1986 年；高亨《商君书注释》，北京：中华书局，1974 年；章师同《商君书》，上海：上海人民出版社，1974 年；山东大学《商子译注》编写组《商子译注》，济南：齐鲁书社，1982 年。★

（4）《**韩非子**》。《四部丛刊》本；《四部备要》本；《道藏》本；《四库全书》本；王先慎《韩非子集解》，钟哲点校，北京：中华书局，1998 年；陈奇猷《韩非子集释》，上海：上海人民出版社，1984 年；陈奇猷《韩非子新校注》，上海：上海古籍出版社，2000 年。★

（戊）名家

（1）《**邓析子**》。《四部丛刊》本；《四部备要》本；马叙伦《邓析子校录》，收入《天马山房丛著》。

（2）《**尹文子**》。《四部丛刊》本。

（3）《**公孙龙子**》。《说郛》本；《道藏》本；谭戒甫《公孙龙子形名发微》，北京：中华书局，1963 年；王琯《公孙龙子悬解》，北京：中华书局，1971 年；栾星《公孙龙子长笺》，郑州：中州古籍出版社，1982 年；吴毓江《公孙龙子校释》，吴兴宇标点，上海：上海古籍出版社，2001 年。★

（己）纵横家

《鬼谷子》（陶宏景注）。《道藏》本、《四部备要》本。〔案：《鬼谷子》在
　　《汉志》之《苏秦》内〕

（庚）杂家

（1）**《尸子》**。辑本：《心斋十种》本（惠栋辑，任兆麟补遗）；《四部备要》
　　本（孙星衍辑）；《湖海楼丛书》本（汪继培辑）；《辑目》，216 页。

（2）**《吕氏春秋》（高诱注）**。《四部备要》本；陈奇猷《吕氏春秋校释》，
　　上海：学林出版社，1984 年；陈奇猷《吕氏春秋新校释》，上海：
　　上海古籍出版社，1990 年；王利器《吕氏春秋注疏》，成都：巴蜀
　　书社，2002 年；张双棣《吕氏春秋译注》，北京：北京大学出版社，
　　2000 年。★

（辛）小说家

《燕丹子》。《四部备要》本、《丛书集成初编》本；《燕丹子》，程毅中点
　　校，北京：中华书局，1985 年。

（壬）其他

（1）**《鹖子》**。今本（逢行珪注本）：《道藏》本、《四库全书》本。辑本：
　　《守山阁丛书》本（钱熙祚辑）、《全上古三代秦汉三国六朝文》本
　　（严可均辑）、《观古堂所著书》本（叶德辉辑）；《辑目》，209 页。

（2）**《管子》（尹知章注）**。《管子》，《四部丛刊》本、《四部备要》本；戴
　　望《管子校正》，《诸子集成》本；郭沫若、闻一多、许维遹《管子集
　　校》，北京：科学出版社，1956 年；马非百《管子轻重篇新诠》，北
　　京：中华书局，1979 年。★

（3）**《晏子春秋》**。《四部丛刊》本；《四部备要》本；张纯一《晏子春秋校
　　注》，《诸子集成》本；吴则虞《晏子春秋集释》，北京：中华书局，
　　1962 年；王叔岷《晏子春秋斠证》，《历史语言研究所集刊》第 28 本
　　（1965 年），55—105 页。★

（四）诗赋类（1 种）

《**楚辞**》。敦煌本：P.2494；王逸《楚辞章句》，《丛书集成初编》本；洪兴祖《楚辞补注》，北京：中华书局，1983 年；朱熹《楚辞集注》，蒋立甫校点，上海：上海古籍出版社，2002 年；金开诚等《屈原集校注》，北京：中华书局，1996 年。★

（五）兵书类（5 种）

（1）《**司马法**》。今本：《平津馆丛书》本；《续古逸丛书》本；李零《司马法译注》，收入《兵家宝鉴》，石家庄：河北人民出版社，1991 年，229—314 页。辑本：《二西堂丛书》本、《指海》本、《南菁书院丛书》本、《汪仲伊所著书》本；《辑目》，228 页。

（2）《**六韬**》。敦煌本：P.3454；今本：《续古逸丛书》本。辑本：周凤五《太公六韬佚文辑存》，收入《毛子水先生九五寿庆论文集》，台北：幼狮文化事业公司，1987 年，275—311 页；盛冬铃《六韬译注》，收入《兵家宝鉴》，657—924 页。

（3）《**孙子**》。吐鲁番本：大谷 8093；《平津馆丛书》本；《续古逸丛书》本；宋本《十一家注孙子》，上海：中华书局上海编辑所，1961 年影印本和 1962 年排印本〔此书又有简体字版：《十一家注孙子》（附郭化若今译），上海：上海古籍出版社，1978 年〕；孙星衍《孙子十家注》，《诸子集成》本；杨炳安《孙子集校》，北京：中华书局，1959 年；杨炳安《孙子会笺》，郑州：中州古籍出版社，1986 年；吴九龙主编《孙子校释》，北京：军事科学出版社，1990 年；李零《〈孙子〉古本研究》，北京：北京大学出版社，1995 年；李零《吴孙子发微》，北京：中华书局，1997 年；杨炳安《十一家注孙子校理》，北京：中华书局，1999 年。★

（4）《**吴子**》。《平津馆丛书》本；《续古逸丛书》本；《诸子集成》本。

（5）《尉缭子》。《续古逸丛书》本；李解民《尉缭子译注》，收入《兵家宝鉴》，439—597 页。

（六）数术类（4 种）

（1）《甘石星经》。辑本：王谟《重订汉唐地理书钞》，北京：中华书局，1961 年，40—42 页；《辑目》，236 页。

（2）《连山》。辑本：《玉函山房辑佚书》本（朱彝尊辑，马国翰校补）；《辑目》，17 页。

（3）《归藏》。辑本：《玉函山房辑佚书》本（朱彝尊辑，马国翰校补）；《辑目》，17—18 页。

（4）《山海经》（郭璞注）。《四部丛刊》本；《道藏》本；《经训堂丛书》本；郝懿行《山海经笺疏》，《四部备要》本；袁珂《山海经校注》，上海：上海古籍出版社，1980 年。★

（七）方技类（5 种）

（1）《黄帝内经太素》。小曽户洋监修《东洋善本医学丛书》影印仁和寺本，1981 年。

（2）《黄帝内经素问》。俄藏本：Дx.613、17453；山东中医学院、河北医学院《黄帝内经素问校释》，北京：人民卫生出版社，1982 年。郭霭春《黄帝内经素问校注语译》，天津：天津科学技术出版社，1981 年。★

（3）《黄帝内经灵枢》。河北医学院《灵枢经校释》，北京：人民卫生出版社，1982 年；郭霭春《黄帝内经灵枢校注语译》，天津：天津科学技术出版社，1989 年。★

（4）《黄帝八十一难经》。南京中医学院《难经校释》，北京：人民卫生出版社，1979 年。

（5）《**黄帝甲乙经**》。山东中医学院《针灸甲乙经校释》，北京：人民卫生
出版社，1980 年。

〔案：以上各书是与《黄帝内经》有关的几种不同传本。关于《黄帝内经》
的年代，学者有战国说和汉代说，这里暂用战国说〕

二　秦代古书（1 种）

李斯《苍颉篇》（内含赵高《爰历》、胡毋敬《博学》）。辑本：《王国维遗
书》第七册：《重辑苍颉篇》；《辑目》，94—97 页。

"居延新简"与"敦煌汉简"中小学资料。胡平生曾辑成论文发表于《简
帛研究》第三辑及《文物》1983 年 2 期。

三　汉代古书（54 种）

（一）经传小学类（10 种）

（甲）经传类

（1）**韩婴《韩诗外传》**。《四部丛刊》本；陈士珂《韩诗外传疏证》，《文渊
楼丛书》本；许维遹《韩诗外传集释》，北京：中华书局，1980 年；
《韩诗外传考征》，台北：师范大学出版社，1963 年；赖炎元《韩诗外
传今注今译》，台北：商务印书馆，1972 年。★

（2）**伏生《尚书大传》**。辑本：《雅雨堂藏书》本（卢见曾、卢文弨辑）；
《郑学十八种》本（孔广林辑）；《丛书集成初编》本（陈寿祺辑）；
《郑氏佚书》本（袁钧、袁尧年辑）；《清经解续编》本（皮锡瑞辑）；
《汉学堂丛书》本（黄奭辑）；《灵鹣阁丛书》本（王闿运辑）；《辑
目》，19—21 页。

（3）**京房《京氏易传》（陆绩注）**。《四部丛刊》本；《津逮秘书》本（汲古

阁本）；《汉魏丛书》本。

（4）**《论语郑氏注》**。敦煌本：P.2510，S.3339、6121、7003（2）、11910；
　　吐鲁番本：阿斯塔那 TAM19、27、85、184、360、363 所出；上博
　　24579；日本书道博物馆藏本；大谷 8088（b）、8110（b）；俄藏本：
　　Дx.5919〔参看：王素《唐写本论语郑氏注及其研究》，北京：文物出
　　版社，1991 年〕。

（5）**班固《白虎通》**。《四部丛刊》本；《两京遗编》本；《丛书集成》本；
　　陈立《白虎通疏证》，吴则虞点校，北京：中华书局，1994 年；刘师
　　培《白虎通义斠补》《白虎通义定本》《白虎通义源流考》《白虎通德
　　论补释》，收入《刘申叔遗书》，南京：江苏古籍出版社，1997 年，上
　　册，1060—1134 页。★

（6）**汉代纬书**。辑本：安居香山、中村璋八《纬书集成》，石家庄：河北
　　人民出版社，1994 年；《辑目》，109—139 页。

（乙）小学类

（1）**史游《急就篇》**。吐鲁番本：60TAM337：11/1；松江石刻本；王国维
　　《校松江本急就篇》，收入《王国维遗书》，第六册；高二适《新定急
　　就章及考释》，上海：上海古籍出版社，1982 年。

（2）**扬雄《方言》（郭璞注）**。《四部丛刊》本；戴震《方言疏证》，《四部
　　备要》本；王念孙《𬨎轩使者绝代语释别国方言疏补正》，《高邮王氏
　　遗书》本；钱绎《𬨎轩使者绝代语释别国方言笺疏》，《广雅书局丛书》
　　本；周祖谟《方言校笺》，北京：中华书局，1993 年；《方言笺疏》，
　　李发舜、黄建中点校，北京：中华书局，1991 年。

（3）**许慎《说文解字》**。唐写本：日本大阪武田医药工厂杏雨书屋藏本
　　（莫友芝旧藏）；莫友芝《唐写本说文解字木部残卷笺异》，《丛书集成
　　初编》本；《新修恭仁山庄善本书影》，京都：临川书店，1985 年；梁
　　光华《唐写本说文解字木部笺异注评》，贵阳：贵州人民出版社，1998
　　年；宋本：大徐本有《续古逸丛书》本、《四部丛刊》本、《平津馆丛
　　书》本，小徐本有《四部丛刊》本、《四部备要》本、《丛书集成初

编》本；段玉裁《说文解字注》，上海：上海古籍出版社，1981 年；
桂馥《说文解字义证》，北京：中华书局，1984 年；王筠《说文解字
句读》，上海：上海古籍书店，1983 年；朱骏声《说文通训定声》，北
京：中华书局，1984 年；丁福保《说文解字诂林》，北京：中华书局，
1988 年。★

（4）**刘熙《释名》**。《四部丛刊》本；毕沅《释名疏证》，收入《广雅书局
丛书》；王先谦《释名疏证补》，上海：上海古籍出版社，1984 年。★

（二）史书类（12 种）

（1）**赵晔《吴越春秋》**。十卷本：中国国家图书馆藏元大德十年绍兴路儒
学刻明修本（与《越绝书》合刻）、明弘治十四年邝廷瑞本（与《越
绝书》合刻，即《四部丛刊》续编本所本）、明万历十四年冯念祖本
（与《越绝书》合刻，即《四部丛刊》本、《四部备要》本所本），《随
盦徐氏丛书》本等；六卷本：《丛书集成初编》本等；薛耀天《吴越
春秋译注》，天津：天津古籍出版社，1992 年；周生春《吴越春秋辑
校汇考》，上海：上海古籍出版社，1997 年；《吴越春秋》，吴庆峰点
校，济南：齐鲁书社，2000 年。★

（2）**袁康《越绝书》**。中国国家图书馆藏元大德十年绍兴路儒学刻明修本
（与《吴越春秋》合刻）、明弘治十四年邝廷瑞刻本（与《吴越春秋》
合刻，即《四部丛刊续编》本所本）、明万历十四年冯念祖刻本（与
《吴越春秋》合刻，即《四部丛刊》本、《四部备要》本所本）；《越绝
书》，张宗祥校注，北京：商务印书馆，1956 年；《越绝书》，乐祖谋
点校，上海：上海古籍出版社，1985 年；李步嘉《越绝书校释》，武
汉：武汉大学出版社，1992 年；《越绝书》，吴庆峰点校，济南：齐鲁
书社，2000 年。★

（3）**陆贾《楚汉春秋》**。辑本：《问经堂丛书》本（洪颐煊辑）、《十种古逸
书》本（茆泮林辑）、《汉学堂丛书》本（黄奭辑）；《辑目》，157 页。

（4）**司马迁《史记》**。敦煌本：P.2627；吐鲁番本：Ch.938v；俄藏本：
　　Дx.2663、2670、2724、5341、5784；水泽利忠等编印《史记》（日本
　　国立历史民俗博物馆藏黄善夫本），东京：汲古书院，1998 年；《百衲
　　本二十四史》所收宋黄善夫本，北京：商务印书馆，1958 年；明本：
　　南北监刻《二十一史》本、汲古阁刻《十七史》本；清本：武英殿刻
　　《二十四史》本（据明监本，即《四部备要》本所据）、金陵书局本
　　（据汲古阁本，即中华书局标点本《史记》所据）；泷川资言、水泽利
　　忠《史记会注考证附校补》，上海：上海古籍出版社，1986 年；王叔
　　岷《史记斠证》，台北："中央研究院"历史语言研究所专刊第 78 号，
　　1983 年。★

（5）**班固《汉书》**。敦煌本：P.2485、2513、2973、3557、3669、5009、
　　S.20、2053、10591；吐鲁番本：Ch.938、80TBI：001［a］；俄藏本：
　　Дx.3131；宋本：《百衲本二十四史》所收宋景祐本，北京：商务印书
　　馆，1958 年（《四部丛刊》本和《四部备要》本所据）、庆元本；明
　　本：南北监刻《二十一史》本、汲古阁刻《十七史》本；清本：武英
　　殿刻《二十四史》本（据明南监本）、金陵书局本（据汲古阁本）；王
　　先谦《汉书补注》，北京：中华书局，1983 年（即中华书局标点本《汉
　　书》所据）。★

（6）**荀悦《前汉纪》**。《四部丛刊》本；《两汉纪》，张烈点校，北京：中华
　　书局，2002 年，上册。★

（7）**刘珍等《东观汉记》**。辑本：《四部备要》本；《丛书集成》本；吴
　　树平《东观汉记校注》，郑州：中州古籍出版社，1987 年；《辑目》，
　　142—143 页。★

（8）**佚名《汉官》**。辑本：孙星衍等辑《汉官六种》，周天游点校，北京：
　　中华书局，1990 年，1—10 页；《辑目》，181 页。

（9）**王隆《汉官解诂》**。辑本：《汉官六种》同上，11—28 页；《辑目》，
　　181—182 页。

（10）**卫宏《汉旧仪》**。辑本：《汉官六种》同上，29—114 页；《辑目》，
　　182 页。

（11）应劭《汉官仪》。辑本：《汉官六种》同上，115—200 页；《辑目》，
　　183 页。

（12）蔡质《汉官典职仪式选用》。辑本：《汉官六种》同上，201—216 页；
　　《辑目》，182 页。案：《汉官六种》217—220 页还收有吴丁孚《汉仪》
　　辑本（见《辑目》，183 页）。

（三）子书类（21 种）

（甲）解老类

（1）河上公《老子道德经河上公章句》。敦煌本：P.2639，S.477、3926、
　　4681；吐鲁番本：日本出口常顺藏本；石刻本：镇江焦山寺唐刻河上
　　本道德经幢；《四部丛刊》本（铁琴铜剑楼藏宋建安虞氏刻本）；《天
　　禄琳琅丛书》本（影宋刘氏麻沙本）；《道藏》本；《老子道德经河上
　　公章句》，工卡点校，北京：中华书局，1993 年。

（2）严遵《老子指归》。《道藏》本；《怡兰堂丛书》本；《丛书集成初编》
　　本；《潜园总集》本（陆心源校本）；《老子指归》，王德有点校，北
　　京：中华书局，1994 年。

（3）张陵《老子想尔注》。敦煌本：S.6825；饶宗颐《老子想尔注校证》，
　　上海：上海古籍出版社，1991 年。

（乙）汉代诸子类

（1）陆贾《新语》。《四部丛刊》本；《浮溪精舍丛书》本；《龙谿精舍丛
　　书》本；王利器《新语校注》，北京：中华书局，1986 年。★

（2）贾谊《新书》。《四部丛刊》本、《两京遗编》本；《四部备要》本；
　　刘师培《贾子新书斠补》，收入《刘申叔遗书》，南京：江苏古籍出版
　　社，1997 年，上册，986—1006 页。阎振益、钟夏《新书校注》，北
　　京：中华书局，2000 年。★

（3）刘安《**淮南子**》（**高诱注**）。俄藏本：Дx.00236；[1]《四部丛刊》本；《道藏》本；《诸子集成》本；刘文典《淮南鸿烈集解》，冯逸、乔华点校，北京：中华书局，1989 年；张双棣《淮南子校释》，北京：北京大学出版社，1997 年；何宁《淮南子集释》，北京：中华书局，1998 年。★

（4）董仲舒《**春秋繁露**》。《四部丛刊》本；《四部备要》本；《清经解续编》本；刘师培《春秋繁露斠补》，收入《刘申叔遗书》，南京：江苏古籍出版社，1997 年，上册，1007—1036 页；苏舆《春秋繁露义证》，钟哲点校，北京：中华书局，1992 年。★

（5）桓宽《**盐铁论**》。《四部丛刊》本；《诸子集成》本；《四部备要》本；《丛书集成》本；郭沫若《盐铁论读本》，北京：科学出版社，1957 年；马非百《盐铁论简注》，北京：中华书局，1984 年；王利器《盐铁论校注》（定本），北京：中华书局，1992 年。★

（6）刘向《**新序**》。《四部丛刊》本；《丛书集成初编》本；石光瑛《新序校释》，陈新整理，北京：中华书局，2001 年；赵仲邑《新序详注》，北京：中华书局，1997 年。★

（7）刘向《**说苑**》。古写本：敦研 328；《四部丛刊》本、《四部备要》本；《丛书集成初编》本；刘文典《说苑斠补》，昆明：云南大学出版社，1928 年；向宗鲁《说苑校证》，北京：中华书局，1987 年；左松超《说苑集证》，台北：文史哲出版社，1961 年。★

（8）刘向《**列女传**》。《四部备要》本。

（9）扬雄《**太玄经**》。范望注本：《四部丛刊》本、《绍兴先正遗书》本；司马光集注本：《道藏》本等；胡次和集注本：宋刻本、《永乐大典》本；郑万耕《太玄校释》，北京：北京师范大学出版社，1989 年；刘韶军《太玄校注》，武汉：华中师范大学出版社，1996 年；司马光《太玄经集注》，刘韶军点校，北京：中华书局，1998 年；刘韶军《太玄

---

〔1〕 残片，只有两行半。参看：陈昊《俄藏 Дx.00236 号〈淮南子〉写本考释》（待刊，承荣新江先生提供）。

集注》，北京：中华书局，1998 年。★

（10）**扬雄《法言》**。李轨注本：《四部丛刊》本、《四部备要》本、《诸子
集成》本；宋咸注本：《丛书集成初编》本；司马光集注本：《四库全
书》本；刘师培《扬子法言斠补》《法言补释》，《刘申叔遗书》，南
京：江苏古籍出版社，1997 年，上册，1037—1059 页；汪荣宝《法言
义疏》，陈仲夫标点，北京：中华书局，1987 年；韩敬《法言注》，北
京：中华书局，1992 年。★

（11）**刘歆《西京杂记》**。《四部丛刊》本；《西京杂记》，程毅中点校，北
京：中华书局，1985 年；向新阳、刘克任《西京杂记校注》，上海：
上海古籍出版社，1991 年。〔案：旧题刘歆撰，葛洪集，或说葛洪撰，
此仍其旧〕

（12）**桓谭《新论》**。辑本：《四部备要》本（孙冯翼辑）；《指海》本；《全上
古三代秦汉三国六朝文》本（严可均辑）；《新论》，黄霖、李力校点，上
海：上海人民出版社，1977 年；Timoteus Pokora, *Hsin-lun (New Treatises)
and Other Writings by Huan T'an (43B.C.-28A.D.)*, Ann Arbor: Center for Chinese
Studies, the University of Michigan 1975, pp.271-272。★

（13）**王充《论衡》**。《四部丛刊》本、《汉魏丛书》本、《广汉魏丛书》本
等；黄晖《论衡校释》，附刘盼遂《论衡集释》，北京：中华书局，
1990 年；北京大学历史系《论衡》注释小组《论衡注释》，北京：中
华书局，1979 年。★

（14）**王符《潜夫论》**。《四部丛刊》本；《两京遗编》本；汪继培《潜夫论
笺》，彭铎校正，北京：中华书局，1979 年；胡楚生《潜夫论集释》，
台北：鼎文书局，1979 年。★

（15）**蔡邕《独断》**。《百川学海》本；《四部丛刊》本；《汉魏丛书》本；
《说郛》本；《古今逸史》本；《抱经堂丛书》本（卢文弨校本）。★

（16）**应劭《风俗通义》**。《四部丛刊》本；吴树平《风俗通义校释》，天
津：天津人民出版社，1980 年；王利器《风俗通义校注》，北京：中
华书局，1981 年。★

（17）**荀悦《申鉴》**。《子汇》本（书名作《小荀子》）；《四部备要》本；

《丛书集成初编》本。★

（18）**徐干《中论》**。严灵峰藏本（现存台北"中央图书馆"）；明弘治黄纹刻本；《四部丛刊》本；《丛书集成初编》本；骆建人《徐干〈中论〉研究》，台北：商务印书馆，1973 年；梁荣茂《徐干〈中论〉校释》，台北：牧童出版社，1980 年；池田秀三《徐干〈中论〉校注》，《京都大学文学部研究记要》23 期（1984 年），1—62 页，24 期（1985 年），73—112 页，25 期（1986 年），117—200 页。★

（四）诗赋类（2 种）

（1）**汉诗**。逯钦立辑校《先秦两汉魏晋南北朝诗》，北京：中华书局，1983 年。

（2）**汉赋**。费振刚等辑校《全汉赋》，北京：北京大学出版社，1993 年。

（五）数术类（2 种）

（1）**《周髀算经》**。《宋刻算经六种》，北京：文物出版社，1980 年；《算经十种》本，钱宝琮点校，北京：中华书局，1963 年，1—80 页。★

（2）**《九章算术》**。《宋刻算经六种》，北京：文物出版社，1980 年；《算经十种》本，钱宝琮点校，北京：中华书局，1963 年，81—258 页；郭书春《九章算术》，沈阳：辽宁教育出版社，1990 年；白尚恕《〈九章算术〉注释》，北京：科学出版社，1983 年。★

（六）方技类（3 种）

（1）**《神农本草经》**。敦煌本：龙谷大学藏本；吐鲁番本：大谷 8097，Ch.1036v；马继兴《神农本草经辑注》，北京：人民卫生出版社，1995 年。

（2）**张仲景《伤寒论》**。北京：人民卫生出版社，1956 年（影印本）。

（3）**张仲景《金匮要略》**。北京：人民卫生出版社，1956 年（影印本）。

（七）兵书类（1 种）

黄石公《三略》。俄藏本：Дx.17449；《续古逸丛书》本。吴树平《黄石公三略译注》，收入《兵家宝鉴》，石家庄：河北人民出版社，1991年，599—655 页。

（八）农书类（2 种）

（1）**氾胜之《氾胜之书》**。辑本：石声汉《氾胜之书今释》，北京：科学出版社，1956 年；《辑目》，230 页。

（2）**崔寔《四民月令》**。辑本：石声汉《四民月令校注》，北京：中华书局，1965 年；缪启愉《四民月令辑释》，万国鼎审订，北京：农业出版社，1981 年；《辑目》，184 页。

（九）道教类（1 种）

《太平经》。王明《太平经合校》，北京：中华书局，1960 年。

三种不同含义的『书』

在进入正式讨论之前，我想把"书"的概念做一点交代。我们说的"书"有三种不同含义：

（一）作为文字的"书"（包括铭刻和书籍）

这是本来意义上的"书"。中国古代的"书"既可指书写的动作或行为，也可指写下来的东西。这种含义的"书"，其实是文字，英文叫 writing。我们中国人特别看重文字，传统看法是，有没有文字，这是区别文明、野蛮的标志，就像衣冠是区别人类、禽兽的标志（《千字文》是把"始制文字"与"乃服衣裳"并举）。中国的古文字学是在汉晋古文之学和宋代金石学的基础上发展起来，解读线索是连续的（无须双语对读），学术传统也是连续的，这是它的优点。但缺点是，研究古文字的人往往只看文字，不看东西，对文字依托的书写材料和书写工具不关心，对文字的物质形式和社会功能不关心。比如以书写材料分，现在的古文字大约有十个门类：甲骨文、金文，以及石器、陶器、货币、玺印、封泥、砖瓦、简牍、帛书上的文字（此外，还有漆木器上的文字）。这里面，学者对器物注意最多的是金文，其他，很多是靠墨本和钤本（我们的传拓技术，西方没有，但他们有用铅笔或蜡笔擦拓的类似办法），从纸上研究。为什么呢？因为中国的金石学家，他们关心的是两条，一是值钱不值钱（商业价值），二是好看不好看（艺术价值）。铜器为什么受重视：不但过去重视，现在也重视，这是因为它商业价值高，艺术价值也高。现在中国的文物研究，外国的艺术史研究，比起金石学或古物学，在研究方法上有很大改善（主要是得益于考古学），但仍未摆脱这种眼光。比如什么叫"文物研究"，或说是"精品研究"，这和考古学的眼光就不太一样。因为考古研究不能讲精品不精品，只要是发掘品，都有一定价值。如果不值钱不好看就不要，那是非常可惜的。比如竹简、帛书，历史上发现很多，但这样的东西，烂糟糟，稀糊糊，样子不好看，也难以保存，很多都被毁弃。还有陶文，陶器本来是器物排队的强项，搞考古的都知道，但对玩古董的来说，它也不是东西。陶器，若非墓葬所出，多非完器，若是完器，本来很难得，但陶器在文物中最不值钱，只有上面的字才有人要，收陶文的都是论字称金，卖者投其所好，总是把器物打碎，只把有字的地方留下来，这给研究造成不少麻烦。现在讲战国陶文，比如齐国陶文，它的豆、区、釜、钟是什么样，很多人都不清楚（不像楚、秦等国的陶器，有详细的器形排队，很多器形，找张照片都困难）。学者光看铭文，不看器形，曾把最低一级的升当最高一级的钟，就是吃了这个亏。[1] 当然，现在陶器和竹简、帛书，它们的身价提高了，也有人造假了（这完全是考古学的抬举），但

---

[1] 吴振武《试说齐国陶文中的"钟"与"镒"》，《考古与文物》1991 年 1 期，67—75 页。魏成敏、朱玉德《山东临淄新发现的战国齐量》，《考古》1996 年 4 期，24—28 页。

如何从文字的物质形式研究文字，如何从考古学的眼光研究文字，这还是一个值得开掘的领域（参看附录一）。

研究古文字的分类（参看附录一），《墨子》的说法值得注意：

> 古者圣王，既审尚贤，欲以为政，故书之竹帛，琢之盘盂，传以遗后世子孙，于先王之书《吕刑》之书然……（《尚贤下》）

> 吾非与之并世同时，亲闻其声，见其色也，以其所书于竹帛，镂于金石，琢于盘盂，传遗后世子孙者知之。《泰誓》曰：……（《兼爱下》）

> 书于竹帛，镂之金石，琢之盘盂，传遗后世子孙。（《天志中》）

> 又书其事于竹帛，镂之金石，琢之盘盂，传遗后世子孙。（同上）

> 则夫好攻伐之君，有（又）重不知此为不仁不义也，有（又）书之竹帛，藏之府库。为人后子者必且欲顺其先君之行，曰何不发吾府库，视吾先君之法美，必不曰文武之为正者如此矣。（《天志下》）

> 又恐后世子孙不能知也，故书之竹帛，传遗后世子孙。咸恐其腐蠹绝灭，后世子孙不得而记，故琢之盘盂，镂之金石以重之。有（又）恐后世子孙不能敬若以取羊，故先王之书，圣人一尺之帛，一篇之书，语数鬼神之有也。（《明鬼下》）

> 圣王之患此也，故书之竹帛，琢之金石，于先王之书《仲虺之告》曰：……（《非命中》）

> 先圣王之患之也固在前矣，是以书之竹帛，镂之金石，琢之盘盂，传遗后世子孙。曰何书存焉？《禹之总德》有之曰：……（《非命下》）

> 古之圣王，欲传其道于后世，是故书之竹帛，镂之金石，传遗后世子孙，欲后世子孙法之也。（《贵义》）

> 子墨子谓鲁阳文君曰："攻其邻国，杀其民人，取其牛马
> 粟米货财，则书之于竹帛，镂之于金石，以为铭于钟鼎，传遗
> 后世子孙，曰莫若我多。今贱人也，亦攻其邻家，杀其人民，
> 取其狗豕食粮衣裘，亦书之竹帛，以为铭于席豆，以遗后世子
> 孙，曰莫若我多，亓可乎？"（《鲁问》）[1]

《墨子》的这些话，文字非常简短，但理解却很深刻。如《兼
爱下》说"吾非与之并世同时，亲闻其声见其色也"，就是讲
"前不见古人"，没有录音机，没有录像机的烦恼。"声"是 oral
language，"色"是 body language，二者只能通过声像传感来交换信
息，当时做不到，古人想超越时空，"传遗后世子孙"，除了图画，
只有文字，即所谓"书于竹帛，镂于金石，琢于盘盂"，或"以为
铭于钟鼎"，"以为铭于席豆"。文字的作用是什么？主要是两方面，
一是它的记录性，二是它的纪念性。关于前者，大家注意较多，其
实后者也很重要。因为西方介绍古文字的书，经常会说，某些文
字或文献是纪念性的（monumental）。中国的"纪念文字"是什么，
这个问题很重要。因为"纪念性"和"记录性"还不太一样。"纪
念性"是为了"永垂不朽"，常常是用"硬材料"，或刻铭于丰碑，
或垂言于鼎彝，[2]有开放的空间，强烈的视觉效果，让你看见了就
忘不了；而"记录性"则不一样，它记下来是为了藏起来（"藏之
府库"）。不但材料往往是"软材料"，要靠誊抄翻印，才能传之后
世，而且有些还"秘不示人"，只是需要了才查一查，不需要了，
该销毁就销毁。中国的记录文字主要是简帛类的文字，纪念文字主

〔1〕 "席豆"，《大戴礼·武王践阼》有在"席之四端""机""鉴""盥盘""楹""杖""带"
"履屦""觞豆""户""牖""剑""弓""矛"上书写或刻写铭文之说，其中有"席"和
"觞豆"。
〔2〕 西方传统概念的"纪念物"是指在开放空间中巍然高耸、赫然可见的神庙、方尖碑、
凯旋门一类建筑遗存，但巫鸿先生把商周时代的青铜器也归入"纪念物"（monument）
的范畴，这在美国学术界曾引起争论。见 Wu Hung, *Monumentality in Early Chinese Art
and Architecture*, Stanford: Stanford University Press 1996。

要是金石类的文字（但战国秦汉时期"物勒工名"的工匠题铭也属"记录性"，却使用"硬材料"，应作别论）。[1]如两周金文和秦汉碑铭，就是中国纪念文字的典型。

另外，《墨子》把"书于竹帛"和"镂于金石"或"琢于盘盂"分为两类[2]，还有其他一些区别值得注意。因为世界各国的古文字和我们一样，也是刀笔并用、软硬兼施。比如两河流域，它的楔形文字分两种，一般记录商务和政务的文字，是用削尖的木棍和芦苇（属硬笔类，类似欧洲后来的鹅毛笔和铅笔、钢笔）书于泥版；而纪念性的文字，则是用刀凿刻于石头、象牙、金属和玻璃等坚硬材料上。古埃及，它的圣书体（Hieroglyphic）是宗教礼仪性的文字，主要用于庙堂或陵墓，也是刻在石头上（或刻在陶器上），字体比较规整（或译"碑铭体"）；而僧侣体（Hieratic）和人民体（Demotic），多用于政务、商务或私人通信，以及科学讨论、文学创作，则主要是用毛笔或芦苇做成的笔，蘸黑墨或红墨抄在纸草（papyrus）上，字体比较潦草。玛雅文字，也是分为两类，一类是碑铭，一类是用毛笔写在树皮纸（用无花果的树皮制成）上。这些都和《墨子》的说法有类似之处。只不过，中国的文字，是为政府服务，"僧""俗"的差别倒并不突出，突出的不同是，官方的字比较规矩，民间的字比较随便，有"正""俗"之别。[3]

---

〔1〕 商周金文多是纪念家族（王族和贵族）光荣的私人题记，而战国秦汉金文多是反映器物制作和使用的工官题记，前后发生革命性变化。这里，不但所有工官题记不宜称为"纪念文字"，前者中族徽加死者日名式的短铭，也不宜称为"纪念文字"。

〔2〕 《墨子》六言"盘盂"而一称"钟鼎"，似以"盘盂"为铸载铭文的主要器种。案："盘盂"连言，"盂"者，当指水盂或鉴（汉以来的"盂"就是宋以来称为"洗"的器物）。西周铜器，长铭多见鼎、簋，盘铭长者惟兮甲盘、史墙盘、散氏盘、虢季子白盘，以及最近出土的逨盘。而虢季子白盘实为方鉴，当时有铭之盂多为食盂。春秋战国铜器，长铭的盘只有蔡侯盘，有铭之盂多为食盂，水盂只有齐侯盂，铭文虽自名为"盂"，而器形实为圆鉴。

〔3〕 文字可以超越语言，起统一作用。但汉字的统一作用主要在政治方面（我们只有统一国家，没有统一宗教），不像拉丁文在欧洲，主要起宗教统一的作用（他们只有统一宗教，没有统一国家）。因此"僧""俗"差别在中国并不重要。中国会写字的人分两种，一种是官员，一种是民间的读书人。后者是以前者为榜样。官方的职业抄手是胥吏，即所谓"刀笔吏"，抄书是他们的专长。始皇焚书，有"以吏为师"的说法。汉《尉律》（转下页）

　　研究文字的书写材料和书写工具（"文房四宝"一类东西），讲文字的书不太关心，讨论较多反而是讲书史的书。但可惜的是，国内讲书史的书经常不能分辨铭刻（inscriptions，epigraph，glyph）和书籍（manuscript，books），常常把甲骨、铜器混同于书籍。和这类著作相比，美籍华裔学者钱存训先生的《书于竹帛》是不太一样的（此书是钱先生的名山之作，是研究这类问题的经典之作，它有许多不同版本，详下参考书目）。他的书，不但书名是取自《墨子》，而且立论也是从《墨子》而来。在该书结论（这是他研究了一辈子的结论）中，钱先生说：

> 　　中国古代用以书写和记录的材料种类很多，包括动物、矿物和植物。有的是自然产品，有的是人工制品；有些是坚硬耐久的，有的是柔软易损的。刻在甲骨、金属、玉石等坚硬物质上面的文字，通常称为铭文；而文字记载于竹、木、帛、纸等易损的材料，便通常称为书籍。竹木虽然质地坚硬，但不及金石能永久保存。[1]

我觉得，这种划分很必要，也很符合古人的想法。如许慎《说文解字》序说"著于竹帛谓之书"，卷三下说"书，箸也"，古文字也常用"箸"字代替"书"字（图一），不但用作动词的"书"，也用作名词的"书"（后世用作撰作之义的"著"，其实就是前一含义的"书"）。如郭店楚简就把"诗书"的"书"写成"箸"，包山楚简有表示文件汇编或摘抄之义的"集箸"，也应读为"集书"（尹湾汉简

也规定，学童只有经考试，能够认 9000 个汉字才能为吏。中国的僧侣抄手和商业抄手似乎不是主流。陈梦家引《后汉书·王充传》《法言·吾子》等文献，说汉代已有书肆和雇佣书手，见所著《由实物所见汉代简册制度》（收入该氏《汉简缀述》，北京：中华书局，1980 年，291—315 页）299 页。当然，它们的出现到底有多早，这个问题还值得研究。

〔1〕钱存训《书于竹帛》（第四次增订本），上海：上海书店出版社，2002 年，153 页。案：李学勤先生也指出，甲骨文和金文都不是"书"，就像我们不能把石刻叫做"书"，见所著《古文字学初阶》，北京：中华书局，1985 年，53 页。

有"集簿"一词，是类似名称）。[1] 它们说的"书"，都是有别于铭刻的"书"，即用毛笔写在竹帛上的"书"。"书"字从聿者声，"聿"像手持毛笔，本来就是"笔"字的初文（《说文》卷三下说汉代的楚方言仍称"笔"为"聿"）。字形本身也有助于说明这一概念。

（二）作为档案的"书"（文书）

钱存训先生说真正的"书"都是"书于竹帛"，这很正确。但严格讲起来，"书于竹帛"的"书"本来却是指作为档案或文件的"书"，现在一般叫"文书"。比如上引《墨子》提到的"书"，后面往往要接引《尚书》，《尚书》本来就是指这种含义的"书"（先秦只叫书，汉代才称"尚书"）；萧何入咸阳接收的秦"图书"，还有兰台石室收藏的汉"图书"，它们也是这样的"书"（"图"主要指地图，但也包括其他的图，当时的书籍也多有插图）。当时只有档案馆，没有图书馆，典籍、档案和地图是收于一处。后世所说的"书"本来是包括在档案之中（就连明清内阁大库的档案也有典籍在内）。这样的"书"，英文叫 documents。它和铭刻有交叉，但书写工具和书写材料不同，使用目的和内容形式不同，区别非常明显，我们不能把铭刻（包括工匠题铭）也叫文书档案。

过去研究简帛，大家是把档案和典籍放在一起研究，学界只有笼统的"简牍研究"或"简帛研究"。现在，由于材料山积，已经到了不得不分开的地步。比如包山楚简的《集书》《集书言》《受期》《胥狱》等篇，云梦睡虎地和龙岗出土的秦代法律文书，江陵张家山出土的汉代法律文书，以及西北边塞遗址（如敦煌、居延）出土的汉晋边塞文书，还有最近发现的尹湾汉简、走马楼三国简和里耶秦简，都是

---

〔1〕"集簿"，见《续汉书·百官志五》刘昭注引胡广《汉官解诂》，参看：谢桂华《尹湾汉墓简牍和西汉行政制度》，《文物》1997 年 1 期，42—48 页。

文书档案，数量很大，特别是走马楼三国简和里耶秦简，数量动以万计，现在必须辟为专门领域，即社会史的研究领域。中国的"地官"系统即文官政治特别发达，网络大而分工细，如何对照文献，从管理系统分析文件系统，还是一个有待开拓的领域（参看附录二）。另外，古代文件还有一些是私人文件。它和官方文件有相同的地方，但又不完全一样，也应加以区别。这里不妨粗做分类：

（1）官文书（administrative documents）。分仪典类、占卜类、法令类、文告类、案例类、簿籍类、契约类、书信类等多种。

（2）私文书（personal documents）。分占卜类、簿籍类、契约类、书信类、遣册类等多种。

古代文书，主要是写在竹简或木牍上，但商周卜辞是官方的占卜记录，却是直接刻在甲骨上。另外，西周铜器也有转载册命文书（数量很大）和个别契约（散氏盘）的例子；文献记载，春秋战国时期还有把法律文书范铸于铜器的例子（如郑铸刑书，晋铸刑鼎），"凡人约剂，书于宗彝"（《周礼·秋官·司约》）；西北地区也出土过一些写在帛上的书信（如斯坦因所获，及 1990 年甘肃敦煌悬泉置遗址所出）。[1]

文书类的简牍，不是以下各讲要讨论的对象，但文书和古书，书写材料相同，毕竟有密切关系，讲古书起源，讲形制特点，还是离不开它。

（三）作为典籍的"书"（古书）

即历代史志著录的"书"，古人叫"艺文"或"经籍"。[2] 这样

---

[1] Aurel Stein, *Serindia*, Oxford 1921, Vol.II, pp.726–763；《中国文物精华》编辑委员会《中国文物精华》，北京：文物出版社，1997 年，图版 111。

[2] 我理解，"艺文"的"艺"指"六艺"，和"经籍"的"经"含义相似；"文"指"文学"，汉代多以"文学"指经艺，泛言则包括诸子、诗赋等学术著作，也和"籍"的概念有关。

的"书"，现在一般叫"古书"或"古文献"。[1]中国古代的"书"
是以源出诗书礼乐的人文学术为主，并涉及天文历算和医卜农桑
等实用技术（不一定都是"科学技术"，但也不一定都是"封建迷
信"）。战国秦汉时期，前者叫"文学"，后者叫"方术"，有点类似
今天的文科和理科之分。比如，秦始皇养在身边的"士"，就是分
为"文学士"和"方术士"（《史记·秦始皇本纪》），汉武帝和魏武
帝的身边，也有这两类"士"。上面讲的"学术"，其实就是由这样
的"学"和"术"构成。这里讲的"书"，和上面讲的"书"，两者
有什么不同？第一，它不是官方办事的记录，而主要是私人著述；
第二，它的内容也与各种政务、商务的"俗事"无关，无论是思想
上的"盘根究底"，还是文采上的"踵事增华"，都得和这类事保持
一定距离，有点超然的态度。它对上面讲的"书"是个革命。私人
著述，在今天很平常，但在古代却不容易。它需要个人的"独立"
和思想的"自由"。当年，王国维先生跳昆明湖自杀，陈寅恪先生
说他是为追求思想自由而死（这是他的理想之辞，不一定对）。他
说，"士之读书治学，盖将以脱心志于俗谛之桎梏，真理因得以发
扬。思想而不自由，毋宁死耳"，"先生之著述或有时而不章，先生
之学说或有时而可商，惟此独立之精神，自由之思想，历千万祀
与天壤而同久，共三光而永光"。他写的《海宁王静安先生纪念碑
文》，这块非常有名的碑，现在还立在清华大学的校园里，内容就
是讲学术自由的重要性。我们现在说的"古书"，是第三种意义的
"书"。这种"书"的出现，是以前两种"书"做前提，但它对前两

---

[1]　"文献"，本来是指档案类的古书和熟知掌故的贤人，如《论语·八佾》"文献不足征
也"的"文献"就是这种含义。但现在的"古文献"却是指经史子集类的传世古书，
只有古文字学界说的"出土文献"才比较宽泛，不但可以兼指上述第二种"书"，也可
以包括第一种"书"。中国的"古文献"，用英文表达，比较复杂：从物质形式讲，它
是 manuscripts（手抄本的书）或 books（装订成册的书）；从文字形式讲，它是 texts（文
本）；从内容上讲，它是 literature（类似我国古代使用的"文学"一词。用文字写下来
的东西都可以用这个词，并不限于我们习惯上认为的那种以诗歌、散文和小说构成的
文学），或 documents（文件或文书），或 classics（经典）。

种"书"是一种"超越"。这种"超越",没有个人的"独立性"、思想的"自由度"是不行的(当然,没有金钱和闲暇,可以堆书的房子和起码的衣食之源,也不行)。

说到第三种"书",有个问题值得研究。这就是中国最早的古书可能产生于何时?它最初是什么样子?这个问题涉及第三种"书"和第二种"书"的关系。它们之间是不是有继承性?前一种"书"里是不是已有类似的东西?这也都是大问题。因为第三种"书"的出现在世界史上是大事,大圣人、大哲学、大宗教皆赖此而生,雅斯贝尔斯称为"枢轴时代"。[1]中国的"枢轴时代",和世界其他地方也许不太一样。我们的"枢轴时代",主要不是宗教性超越,而是世俗性超越,它出的圣人,是孔子这类"神圣的俗人"(芬格莱特语),[2]不是释迦牟尼、琐罗亚斯德和以赛亚那样带有强烈宗教色彩的先知。这里的第三种"书",它和上面的第二种"书"关系很密切。它可能与早期文献中的"史官文化",与史官典守的各类文书关系更大。比如,战国时期的占书,年代最早的古书,如《诗》《书》《易》,就是直接选自古代的记府、乐府,来源是文书档案。

对古书来源的研究,现在还缺乏直接线索。因为至今我们还未发现战国以前的竹简,早期档案的面貌和内涵,我们还无从得知。但现在,有些铜器铭文值得注意,也许会有一点启发。案铜器铭文,从形式上讲,有五大类,一是祭祀类,二是媵嫁类,三是册赏类,四是战功类,五是诉讼类。所谓"铭功记德",都是颂扬家族光荣。它们和真正的档案当然有区别,但也有彼此交叉,互相接近的地方。特别是册赏类,都是时、地、人、事俱全,和史册记载(如保存于《尚书》中的某些记载)的风格比较类似。可是,在铜器铭文中,偶尔也有一些发现,很难归入这五类。比如史墙盘和

---

〔1〕 Karl Jaspers, *The Origin and Goal of History*, New Haven: Yale University Press 1953.

〔2〕 Herbert Fingarette, *Confucius: The Secular as Sacred*, New York: Harper & Row Publishers 1972. 最近,此书有中文译本发表:赫伯特·芬格莱特《孔子:即凡而圣》,彭国翔、张华译,南京:江苏人民出版社,2002 年。

述盘，还有最近保利博物馆新购的亲公盨，就是如此。特别是亲公盨，它的铭文，没有时间，没有地点，没有人物（只有类似赞语的"亲公曰"三字，可以推知说话人），没有事件，纯粹是讲道德教训。它就比较类似后世的古书。[1]

受它启发，我有两点估计，也可以说是推测吧：

第一，即使早期古书是直接脱胎于文书档案，它也不是文书档案中必然包含的种类。它之成为后世意义上的"书"，恐怕是后人删选、改编的结果（不管是不是由孔子删削），有些可能是原始记录，有些可能是后人拟作，还有些则明显是收集故老传闻改编的故事。选取标准也多是谈话、议论，有一定思想性和可读性的篇章，并不是找些流水账式的东西，硬着头皮让你读。比如，今《尚书》各篇，它们和上述铜器铭文的五大类就并不完全吻合，大部分还是借历史事件，讲道德教训。它关心的不是历史事件本身，而是由这些事件引发的历史教训，所以对话和议论很多，和纯粹记事的档案有一定区别，不但阅读方式不同（不是查书，而是读书），[2]留什么不留什么，也都是选择的结果（历代都有"选学妖孽"，"选择"对古书的传与不传起很大作用）。

第二，后世古书在形式上有进一步变化，有更大独立性和超越性，但形式上还是保留了很多文书档案的特点，留下了它的尾巴。特别是广义的史书，情况尤为明显。传统史书的各种体裁，追根溯源，都可从文书档案发现其原始形式，时间、地点、人物、事件等要素，也是文书档案所必备。相反，思想性较强的古书，则往往舍事而言语，重在议论。突出的是"语"而不是"事"。但即使是后一方面，我们也可以从某些档案记录的对话，以及史官的从旁

---

〔1〕李零《论亲公盨发现的意义》，保利艺术博物馆编《亲公盨》，北京：线装书局，2002年；又刊于《中国历史文物》2002年6期，35—45页。

〔2〕但学术分工下的知识生产，特别是现代化的知识生产，经常会把这种意义上的"书"重新变成"档案"，变成只查不读的东西（工业复制下的艺术和手工创作下的艺术，它们也有类似关系）。我觉得"学术自由"的更大意义，就在摆脱这种走不出的怪圈。

议论（类似《左传》的"君子曰"，以及后世史书的"赞"、辞赋的"乱"），看到其雏形。

我们平常讲的"学术史""思想史"，它们和这里的第三种"书"关系最大。

下面讨论的"书"，其实就是最后这种书。

【参考书】

1. 周有光《世界文字发展史》，上海：上海教育出版社，1997年。

2. Reading the Past Series，Berkeley/Los Angeles/London：University of California Press 1987–90：

   C.B.F.Walker，*Cuneiform*（楔形文字）；

   W.V.Davies，*Egyptian Hieroglyphs*（埃及圣书体铭文）；

   S.D.Houston，*Maya Glyphs*（玛雅文）。

3. David N.Keightley，*Sources of Shang History*，Berkeley/Los Angeles/London：University of California Press 1978.〔案：此书是西方汉学界讲商代甲骨文的专著。〕

4. Edward L.Shaughnessy，*Sources of Western Zhou History*，Berkeley/Los Angeles/London：University of California Press 1991.〔案：此书是西方汉学界讲西周金文的专著。〕

5. William G.Boltz，*The Origin and Early Development of the Chinese Writing System*，New Haven：American Oriental Society 1994.〔案：此书是西方汉学界讲中国文字起源和发展的专著。〕

6. Edward L.Shaughnessy ed.，*New Sources of Chinese History: an Introduction to Reading of Inscriptions and Manuscripts*，the Society for the Study of Early China and the Institute of East Asian Studies，Berkeley/Los Angeles/London：University of California 1997.〔案：此书是研究春秋战国文字的论文集，因为是对前两种"史料"的补充，所以称为"新史料"。〕

7. 钱存训《书于竹帛》（第四次增订本），上海：上海书店出版社，2002年。〔案：此书写于1957年，最初是用英文写成，即：Tsien Tsuen-hsuin，*Written on Bamboo and Silk: The Beginning of Chinese Books and Inscriptions*，Chicago：University of Chicago Press 1962（近有2002年修订本）。"第四次增订本"，是指第四个中文本。因为在上海版之前，此书还有三个中文本（并有日文版和韩文版），每次出版都有增订。它们是：

   （1）香港版：《中国古代书史》，香港中文大学出版社，1975年。

   （2）北京版：《印刷发明前的中国书和文字记录》，印刷工业出版社，

1988 年。

（3）台北版：《书于竹帛：中国古代书史》（新增订本），汉美图书公司，1996 年。

8. 钱存训《中国书籍、纸墨及印刷史论文集》，香港：香港中文大学出版社，1992 年。

9. 钱存训《纸和印刷》，收入李约瑟主编《中国科学技术史》第五卷：第一分册，北京：科学出版社和上海：上海古籍出版社，1990 年（Tsien Tsuen-hsuin, *Paper and Printing*, in Joseph Needham, *Science and Civilization in China*, Vol.V, Part I, Cambridge & New York：Cambridge University Press 1985; revised 3th printing, 1987）。

10. 李均明、刘军《简牍文书学》，南宁：广西教育出版社，1999 年。

11. 汪桂海《汉代官文书制度》，南宁：广西教育出版社，1999 年。

12. Mark Edward Lewis, *Writing and Authority in Early China*, Albany：State University of New York Press 1999.

附录一：中国古代文字的分类
（按书写材料和书写工具分类）

中国文字的书写材料有硬材料和软材料之分，书写工具也有用刀用笔之别。据此，我们可以把它分为"铭刻"和"书籍"两大类：

一　铭刻（这里也包括用毛笔在硬材料上书写的文字）

指用刀凿或硬笔（竹笔或木笔）在石、陶、金（铜器）、甲（甲骨）等材料上直接刻写，或在泥范上刻写反文（如铜器的范）或正文（如铜玺的范），然后再翻铸的文字，字体多为方笔，或按毛笔书写的字迹刻写（类似书丹后刻的碑铭）。它包括：

（一）石器上的题铭（包括玉器上的题铭和长篇的石刻题铭）[1]

主要是刻写的文字，但偶尔也有用毛笔书写者。在考古出土的器物

---

[1] 石刻题铭，现在是以汉魏以来的碑铭、墓志为主要研究对象，商代到秦代，多是石器上的短铭，则还缺乏必要的工具书。商承祚《石刻篆文编》（北京：中华书局，1996 年）所用汉以前的材料只有 9 项。

中，石器的资格最古老，玉器是石器的一种，年代也很早（如兴隆洼、河姆渡、红山、良渚所出）。但石器和玉器上的题铭，似乎并不早于商代，[1]特别是长篇的纪念性刻石，更是东周以来才有。中国的长铭石刻或纪念性石刻，早期比较贫乏，和西亚、埃及等国家的文明不同。它在秦汉之际的突然出现和数量的急剧增加，很可能与欧亚草原和中亚地区的影响有关。早期草原民族，一般没有文字，但喜欢石头是它们的传统。中国最早的长铭石刻，一是见于和匈奴密迩相处的秦国（石鼓文、秦公石磬、《诅楚文》和秦始皇刻石），一是见于可能源出戎狄的中山国（守丘刻石），更大发展是汉武帝开通西域以后。秦昭襄王、秦始皇、汉武帝三伐匈奴，三筑长城，中国才有长铭刻石，才有各种大型石雕，这不是偶然的。[2]石印、玉印，是用石料或玉料琢刻，也与这个类别有关。[3]

（二）陶器上的题铭（包括刻款、印款和用毛笔书写的陶文）

陶器的使用要晚于新石器，但在古文字中，陶文的辈分可并不低，使用也更广泛。陶器上的文字，起源很古老，如新石器时代的陶文符号，现在发现很多（如半坡陶符、马家窑陶符、大汶口陶符、龙山陶符、二里头陶符、良渚陶符、大溪陶符等）。这些陶符，有些是用尖梃刻写，有些是用毛笔书写。它们是否为文字，或者哪些是哪些不是，现在还有争论（其实，类似的符号在后世的器物上一直都有）。但它们和文字起源有关，有些可能融入后来出现的文字，还是应当肯定。[4]陶文自商周到现代一直都有，主流一直是

---

〔1〕 商代石器上的题铭，据法国学者风仪诚（Olivier Venture）统计，到 1999 年，约有 67 项，见所著《商代石文》（"Les texts sur pierre sous les Shang"），武汉大学法国研究所《法国汉学》（汉学增刊），武汉：武汉大学出版社，1999 年，109—136 页。西周、春秋、战国和秦代的材料还有待调查。

〔2〕 李零《中国方术续考》，北京：东方出版社，2001 年第二版，131—186 页。

〔3〕 近年出土的秦骃祷病玉版，也是字数较多的此类题铭，参看：李零《秦骃祷病玉版的研究》，《国学研究》第六卷，北京：北京大学出版社，1999 年，525—548 页。

〔4〕 定义的作用在于划分界限，它和过程描述经常会冲突，这是方法论上的大 （转下页）

刻款，但也有印款和用毛笔书写者。这些题铭一般都是工匠题记，很短，不像西亚的泥板文书，是在烧制和晒制的泥板上，用楔形文字（cuneiform）刻写长铭。战国陶文，流行印款，这种铭文也有较早的来源，如商代、西周已有用印模钤盖者，其实就是它的前身。[1]它和封泥有类似处，都是玺印的伴生物，其实可以归入玺印类。另外，过去说的陶文，其中含有砖瓦文字，也同样有刻款和印款之分，现在应该分出，单独列为一类。[2]

（三）铜器上的题铭（包括玺印、货币、镜鉴上的题铭）

一般是用陶范翻铸，但西周晚期，特别是东周以来，还逐渐流行用铁刀或钢刀直接刻写的铭文，[3]因此有铸铭和刻铭之分。铜器的出现，与石器和陶器都有一定关系（冶材是取自于石，模范是用陶制作），特别是与陶器，关系更大，不但制作离不开陶范，而且器种、器形，也是相互模仿（铜器有

　　问题。文字的定义是"语言的记录"，它的好处是概念明确，"要么全有，要么全无"，但对文字出现前的渐进过程却无能为力。过于强调截断，无异刻舟求剑。符号（包括某些简化或抽象的图画）和文字不同，符号的意义是看出来的，而不是读出来的，但它有文字不能代替的功能。文字出现前，它是文字的胚胎；文字出现后，它是文字的辅佐。事实上，自有文字发明，它们一直是相翼而行，不但在六书的象形、指事中存在，在工匠题铭的悠久传统中存在，也应用于道符的创造，以及现代的科学著作、商业标志和交通标志。我相信，没有符号的研究，便无法解释文字的起源。

〔1〕如：（1）安阳大司空南地出土的商代白陶残片（M.377）上的印文（现藏中国社会科学院考古研究所安阳工作站，未见正式报告发表，只有牛济普《印章起源于殷商说》（《中州古代篆刻选》，郑州：中州书画社，1987年，117—123页）一文中的介绍；（2）湖北清江香炉石遗址第四层出土的两件西周陶"印章"（《文物》1995年9期，18页：图三一，19页：图三二，23、24）；（3）中国社会科学院考古研究所藏《三代秦汉六朝古陶》拓本集著录的三件西周陶埙上的印文（高明《古陶文汇编》，北京：中华书局，1990年，29页：2.3—2.5）。此外，还应补充的是，战国时期，不仅陶器流行印款，铜器也有印款。如齐铜量就有模仿陶量的印款。

〔2〕参看：谷丰信《中国古代的纪年砖》，《東京国立博物館紀要》第34号（1999年3月31日），173—271页。

〔3〕西周铜器已有刻铭，如晋侯苏编钟，参看：关晓武等《晋侯稣钟刻铭成因试探》，收入上海博物馆《晋侯墓地出土青铜器国际学术研讨会论文集》，上海：上海书画出版社，2002年，331—345页。

仿陶铜器，陶器有仿铜陶器）。中国的铜器，种类繁多，很多都有铭文，玺印、货币、镜鉴，也以铜铸为主，可视为其亲缘分支。[1]特别是玺印，和铸铜制陶，尤有不解之缘。中国的玺印，和世界各地的印章有很多共同点，也是杂用各种材质，图形、文字并用，主要施于封泥（用以封书信、器皿、囊匣、仓门等），多数是阴文，少数是阳文（故封泥多为阳文）。但我们的印，早期所出，是以铜印为主，方印多于圆印（或椭圆形印），文字印多于肖形印，除用封泥捺押，也用印色钤盖（最早的例证是见于楚墓出土的丝织品），还是有显著特点。[2]中国的玺印，不但本身是出于冶铸，而且在铸铜制陶中，还是重要的复制手段。比如，学者盛称的所谓"商代玺印"，[3]以及近来讨论

〔1〕 镜铭的范铸值得注意，有些铭文，笔画剖面作三角形，两端如钉头，效果和楔形文字相似，估计是用尖梃戳刻。

〔2〕 世界其他地区的印章多以石材为主，既包括玉石、宝石类的坚硬材料，也包括软性石材（类似明清篆刻使用的软性石材）。其印文以图形为主，文字为辅（早期比晚期更偏重图形，特别是滚筒印）。西亚是以滚筒印（cylinder）为主，捺押印（stamp）为辅，并有以滚筒印的下端为印面的滚筒、捺押合一印。埃及是以甲虫印为主，属捺押印，但兼用滚筒印和指环印。中国只有捺押印（"印"的本义就是捺押，和 stamp 的意思是一样的），没有滚筒印。其多面印，有点类似滚筒、捺押合一印，但方圆异势，差别很明显。印色的使用，中国以外未闻。中国使用印色，是和使用帛、纸类的材料有关，过去以为是六朝才有（中国国家图书馆收藏的敦煌卷子《杂阿毗昙心论》上钤盖的朱印"永兴郡印"其实不是南齐印，而是隋印）。钱存训先生说，更早的例子是斯坦因在敦煌发现的一幅绢帛上的字迹不清的墨印（《书于竹帛》，43 页），见 Edouard Chavannes, *Les d ó cuments Chinois decouverts par Aurel Stein dans les sables du Turkestan Oriental*, Oxford: Impr. de I'Unversité 1913, p.118, no.539。但现在我们知道，湖北、湖南的楚墓都出土过钤盖朱印的丝织品，可见战国已用印色。参看：熊传新《长沙新发现的丝织物》，《文物》1975 年 2 期，49—56 页；湖南省博物馆等《长沙楚墓》，北京：文物出版社，2000 年，上册，413 页，彩版四六，3；图版一一五，4；湖北省荆州地区博物馆《江陵马山一号楚墓》，北京：文物出版社，1985 年，71 页：图六〇。又传世汉印中的"张文孟缥""大郑布""巨侯万匹"也应是盖在纺织品上。参看：裘锡圭《浅谈玺印文字的研究》，《中国文物报》1989 年 1 月 20 日第三版。案：战国印是以阴文抑于封泥为主（但也用阳文印）。陶器、砖瓦反是（但也用阴文印）。楚郭称、缯帛和漆木器上的烙印一律是用阳文印。秦汉魏晋印也是以封泥印为主，几乎都是阴文印。后世印章以印色钤盖于纸张，纸张是代替缯帛，则以阳文印为主。

〔3〕 过去曾著录于黄濬《邺中片羽》初集，北平：尊古斋，1935 年，卷上：34—35 页；于省吾《双剑誃古器物图录》，1940 年，卷下，11—13 页。这三件印模，据说是安阳所出，故亦称"安阳三玺"，其中两件合于商代族徽，学者都认为是商代玺印，现藏"台北故宫博物院"，见《故宫玺印选萃》（台北："台北故宫博物院"，1935 年）

较多的所谓"西周玺印",[1]其实都是为铜器、陶器复制铭文和花纹使用的模子,其实称为"印模"更合适。[2]特别是,春秋时期,还有以活字印模翻铸铭文的例子(如秦公簋),[3]手段更为先进。它对后来的拓印技术和印刷技术都有深远影响。[4]虽然,商周时期的印模还不是凭信之物,与后来的玺印功

(接上页)53页;一件作田字格,下落不明,裘锡圭先生怀疑是巴蜀印,与殷商无涉(见他所撰写的《浅谈玺印文字的研究》一文),问题还要做进一步研究(此印非巴蜀印)。

[1] 罗红侠、周晓《试论周原遗址出土的西周玺印》,《文物》1995年12期,76—77页。该文介绍的是陕西扶风县云塘、庄白出土的两件花纹印模,作者把庄白出土印模上的鸟纹与扶风出土陶器、铜器、玉器上的鸟纹做了对比,其中提到1978年齐家出土的一件西周陶罐,肩部有压印的鸟纹。此外,作者还从《尊古斋集印》和《滨虹藏古玺印》找到四件花纹印模的印本。案:世界各国的印章都是以图形印为主(早期更是如此),中国学者一向重视文字印,而忽视肖形印(其实应称"图形印"),其实对于印章史的研究,肖形印也非常重要。它们不仅年代复杂,有些可能是早期的印模,而且族别也复杂,其中不仅有汉族的印章,大家熟悉的巴蜀印章,也有新疆、青海、西藏和内蒙古出土的少数民族印章。特别是与西域各国有关的新疆地区,尤其值得注意。参看:王珍仁、孙慧珍《新疆出土的肖形印介绍》(《文物》1993年3期,84—91页)。该文是对旅顺博物馆藏日本大谷光瑞在新疆所获120枚印章的介绍。

[2] 学者多以为这些印模是用于铜器,并怀疑商周金文中的族徽就是用这种印模复制。但黄盛璋先生怀疑,殷代用印是以印于陶器为主要用途,见所著《我国印章的起源及其用途》(《中国文物报》1988年4月15日第三版)。案:春秋战国兵器上的铸铭也多使用印模。商周时期的铜器铭文和陶器铭文,几乎都是阴文。但铜器的印模和陶器的印模,它们的使用正好相反。上述的商代印模,如果铸造铜器,范文相反,铸文相同,所得应为相同的阳文;钤盖铜器,印文相反,所得应为相反的阴文。就一般情况而言,它们是陶器印模的可能性,要远比是铜器印模的可能性大(当然,少数铜器用阳文为铭,我们也不排除,它们有作铜器印模的可能)。

[3] 铜器铭文用活字铸铭有秦公簋,见中国社会科学院考古研究所编《殷周金文集成》,北京:中华书局,第8册(1987年):4315。又越国兵器也有用活字铸铭的例子,如香港中文大学文物馆藏越王者旨矛,见湖南省博物馆、香港中文大学文物馆编《中国古代铭刻文物》,香港:鲍思高印刷有限公司,2001年,图版4。案:西周晚期铜器,或用阳线划界格,如《殷周金文集成》第1册(1984年):246,第5册(1985年):2713、2720、2797、2801、2836,第7册(1987年):3890,第15册(1993年):9438、9601、9603、9641—9643、9661、9667、9668、9691、9694、9698、9699、9705、9710、9711、9721、9722、9731;春秋战国铜器,或用阴线划界格,如《殷周金文集成》第1册:157—170,第5册:2683—2687,第7册:4076—4087,第9册(1988年):4644、4646,第15册:9698、9699、9710、9711,第16册(1994年):10152,这些都不是用活字。

[4] 《书于竹帛》,35页。案:陶器也有以印文合成全铭者。如山东邹县纪王城出土的秦代陶量,就是以十枚四字印合成始皇诏书。参看:山东省博物馆编《山东省博物馆藏品选》,济南:山东友谊书社,1991年,图版31。

用不同，[1]但它对玺印的制造（用铜铸造）和使用（施于封泥）还是有很大影响，称为"玺印"的前身也是可以的。

（四）甲骨上的题铭

这是中国古文字中很有特色的东西，世界其他地方没有。甲骨占卜，起源很早（骨卜可上溯到5000多年前，龟卜是始于商代），延续很长（骨卜可延续到西周，龟卜可延续到明清），但甲骨文的出现，就目前的发现看，还是在商代。[2]贾湖葬龟不是卜龟，它上面的刻符不一定是文字（如果是，则是中国最早的文字），即使是，也不能叫卜辞（龟甲上没有施灼的痕迹）。史家卜骨上的刻符是否为字，也值得讨论。东周到西汉的甲骨，已有的发现都无字，文字是写在竹简帛书上。[3]甲骨，在古文字研究中地位很高，但它始终不是古文字的主体。不但与简册比，它不是主要的，而且与铜器比，也不一定是（商代，甲骨比铜器重要；西周，铜器比甲骨重要）。

上述题铭，商代甲骨比较突出，西周铜器比较突出，东周以来则逐渐形成以铜器、石器为主的铭刻体系，所以《墨子》有"镂于金石，琢于盘

---

[1] 关于印章起源，我国学术界有"陶拍（几何印文陶的陶拍）"说（那志良《玺印通释》，台北：商务印书馆，1970年，1—2页）、"商代"说和"春秋战国"说，近来以商代起源说最流行。此说由来已久，见于大陆出版物，影响最大，引述最多，是《中国文物报》1992年7月26日第三版载李学勤《中国玺印的起源》一文。国内出版的印史专著，几乎都是采用此说，反对的声音很微弱。其实，相反的意见更值得考虑，参看：新関欽哉《東西印章史》，東京：東京堂出版，1995年；王人聪《中国玺印的起源与发展》，收入所著《古玺印与古文字论集》，香港：香港中文大学文物馆，2000年，5—25页。前书是从世界印章史讨论中国印章，作者持"中国印章西来说"，值得商榷，但驳"陶拍说"和"商代起源"说则很有道理。后书论证详赡，对"商代起源"说的反驳也很有力。关于这一问题，我的看法是，陶拍和印模，虽然从形制看，很可能是后世玺印的源头，但从功用看，还不能称为玺印。因为世界各国的玺印都是用于管理行为和商业活动，起凭信作用，而不是起复制作用，我们不能把起复制作用的器具一律称为玺印，这就像我们不能把月饼模子叫"印章"是一样的道理。

[2] 《中国方术续考》，285—305页。

[3] 《中国方术考》，237—239页，《中国方术续考》，305页。案：东周甲骨无刻辞，可能是记于竹简帛书，参看：李学勤《周易经传溯源》，长春：长春出版社，1992年，189—203页。

盂"的说法。在考古发现中，刻镂陶、石、金、甲的刀凿是什么样，这个问题也值得研究。[1]

二 书 籍

指用毛笔蘸墨或朱砂在竹、木、帛、纸等材料上书写的文字，字体多为圆笔或比较草率的文字，即使是早期字体也一样可以有行、草之势。它包括：

（一）竹简、木简或木牍、竹牍上的文字（图版一至图版三）。有关材料，详下一讲。

（二）缣帛上的文字（图版四至图版一〇）。有关材料，详下一讲。

（三）纸卷或纸册上的文字。这里不做详细讨论。

在古文字材料中，竹简帛书是易耗品，轻便易得，为书写材料的主体，[2]如同地中海地区的纸草和羊皮纸，南亚的贝叶和树皮纸（用桦树皮制成），美洲的树皮纸（用无花果的树皮制成）。[3]

关于竹简使用的时间，下限是在魏晋。[4]王国维《简牍检署考》（收入《王国维遗书》第九册）说"书契之用自刻画始，金石也，甲骨也，竹木也，三者不知孰为后先，而以竹木之用为最广。竹木之用亦未识始于何时"，其上限还很难确定。

---

[1] 参看：赵铨等《甲骨文字契刻初探》，《考古》1982 年 1 期，85—91 页。其中提到安阳出土的六件铜刻刀和六件玉刻刀。又巴黎吉美博物馆也收藏有商代的青铜刻刀。

[2] 中国以外也有使用简牍的例子，参看：大庭脩《汉简研究》，桂林：广西师范大学出版社，2001 年，225—233 页；李学勤《比较考古学随笔》，香港：中华书局，210—220 页。

[3] 树皮纸（tapa）也用于中国，文献多有记载。参看：钱存训《家庭及日常用纸探源》，收入所著《中国书籍、纸墨及印刷史论文集》，香港：香港中文大学出版社，1992 年，85—108 页。又邓聪《史前蒙古人种海洋扩散研究——岭南树皮布文化发现及其意义》，《东南文化》2000 年 11 期，6—22 页；《海南岛树皮布的几个问题》，琼粤地方文献国际学术讨论会（2002 年 3 月 23 日）论文，对这一问题也有所讨论。

[4] 魏晋南北朝以后，中原地区以外的少数民族文书，仍有使用简牍的例子。参看：李均明《古代简牍》，北京：文物出版社，2003 年，2 页。

学者据典籍记载和情理判断（如甲骨文有"册"字，西周金文有大量史官"册命"的记录），认为商代、西周和春秋肯定都有竹简，但现在的发现，年代最早也不过到战国初年，实例是曾侯乙墓的遣册。这是很要命的一件事。因为我和有些西方学者讨论，他们法制观念强，疑古心理重，喜欢像法庭辩论那样提问题，他们会问，你们说商代西周有竹简，证据在哪里。我知道，这确实是个严重的问题，但搞法律的人都知道，证据虽对案情的判定很重要，很多案子也确实就是以此而定，但认真讲，证据却并不等于真相，特别是默证。上面我们讲过，中国古代的文字，每个分支来源都很早，延续都很长。它们各自的发展，在不同时期可能不太平衡，但彼此的关系是"兄弟关系"，不是"父子关系"。如果看成"父子关系"，一定要按简帛代替金文，金文代替甲骨的顺序想问题，那整个结论就会很不一样。[1]过去，由于我们对史料的理解比较狭窄，商代西周，孔子已叹"文献不足"（《论语·八佾》），晚近的辨伪和疑古，也使大家提心吊胆，慎之又慎，早的早的不可信，晚的晚的不能用，正当其时呢，又几乎是一片空白，很多人都认为，除甲骨、金文之外，我们已无可信赖。大家宁愿相信，商代的"史料"就是甲骨文，西周的"史料"就是金文。这是很自然的理解，但也包含了误解在内。比如，甲骨文是商代的占卜记录，它的内容自然离不开占卜和祭祀，从情理上讲，有占卜和祭祀，就会有神职人员，卜人是这样的人，王亲临卜问，也是这样的人，如果我们认为这就是当时的"历史"，那我们就得相信，当时的人，除了这些，什么也不干。而甲骨学研究，从一开始就有从占卜研究转向历史研究的趋势。这也加强了上述印象，它使越来越多的学者相信，当时的社会是由巫来控制，商王就是最大的巫。比如，陈梦家先生就有这种说法。[2]这种说法，后来对张光直先生有很大影响，对美国学术和西方学术

---

〔1〕 1997 年初，我曾在西雅图和鲍则岳（William G.Boltz）教授讨论这一问题，感谢他启发了我对这一问题的思考。当时我们曾谈到中国学者用来证明商周已用竹简的惟一证明，即古文字中的"册"字是像简编之形。关于甲骨文中的"册"字，学者还有不同争论，但西周金文中的"册"字指简册，应该没有多大问题。夏含夷教授也认为西周金文中的"册"是指简册，参看：Edward L.Shaughnessy, *Before Confucius*, New York: State University of New York Press 1997, p.5.

〔2〕 陈梦家《商代的神话与巫术》，《燕京学报》第 20 期（1936 年），485—576 页。

也有很大影响（他的"萨满说"非常流行）。因为，西方学者以西方的经验想问题，以西亚、埃及、印度和欧洲的情况推论，以美洲土著文化和其他人类学调查推论，他们相信，中国不能太特殊，"僧"在"俗"上，乃是理所当然。其实，这些说法都是值得商榷的。

西周金文也是如此，如果我们认为西周的史料都是铸在铜器上，这也不得了。那册命的时候，旁边还得开炉点火，这怎么可能呢？再比如说，西周铜器中有不少涉及战争的铭文，它们都是立了军功的人为家族荣誉做的纪念品。这种"报喜不报忧"的东西，当然不能反映全局。如果我们拿它当"战争史"，也会引起一些问题。比如，夏含夷（Edward L.Shaughnessy）教授曾批评中国学者过于以商王或周王的立场为中心，而忽略其他文化的感受。他说，西周晚期，周王室江河日下，处于颓势，可你读当时的铭文，情况却正好相反，不管派谁出征，那都是旗开得胜，凯旋而归，这根本不可信，因为如果周王室真是战无不胜，为什么还会土崩瓦解，夹着尾巴逃跑呢？他说，西方有个谚语：市场里的雕像都是人猎狮子，如果狮子也会雕刻，那森林里就会有另一种雕像。[1]我想，铜器铭文所见，只是当时战争的一些例子，它们并不是全局，但也未必都是虚构。此适足以说明，"没有"并不是单纯的"没有"，它在暗地里支配着"已有"，对我们的想法影响很大。[2]

木牍的发现，目前出土都是战国秦汉和魏晋时期的东西。青川木牍写于秦武王四年，即公元前307年，是比较早的例子。

帛书的发现目前还太少，只有两批，都是出自长沙。一批属于战国中晚期之交，即子弹库帛书；一批属于西汉早期，即马王堆帛书。钱存训先生说"缣帛之用于书写，至迟当在公元前6、7世纪"，纸书出现之后，帛书仍不废，只是到了"公元3、4世纪后"才"明显地减少"。前一时间主要是据《论语·卫灵公》。孔子论忠信，"子张书诸绅"，是因为没有简册

---

〔1〕夏含夷《温故知新录》，台北：稻禾出版社，1997年，前言4—5页，正文149—165页。
〔2〕夏教授和许多西方学者不同，他说"虽然有一些学者提倡所谓'纯粹的'史学观，以为传统史料在其漫长的传承过程中，难免不为后人窜改，为了避免受其影响就应该对任何旧史料弃置不用，可是这种看法实在太过分了；我们不能否认我们对西周历史的基本理解还是来源于传统史料的记载"（《温故知新录》，151页）。

在身边，只好临时写在衣带上，这种偶然发生的行为，还不足证明当时已有帛书，在没有直接证据前，只能算是推测，但后一时间大体不误。[1]

纸书，从现在的考古发现看，年代也比较早。纸的发明可上溯到西汉，但纸书的流行则稍后，大约在魏晋时期。[2]

在考古发现中，毛笔书写的痕迹发现很早。例如仰韶彩陶上的纹饰、符号就多是用毛笔画上去或写上去的，陶寺遗址也出土了用毛笔朱书的陶文，[3]小双桥遗址也有用毛笔书写的文字，[4]都是年代较早的例子。商代、西周和春秋战国，石器、陶器、铜器和甲骨，虽以铭刻为主，但也有用毛笔书写的情况，有些可能是临时急就，有些可能是书而未刻。毛笔的发明肯定很早，并不始于秦将蒙恬。现已发现的文具，笔、砚和墨，很多实物都是战国以来的东西，早期的东西，我们还在期待。[5]

综上所述，竹、木、帛、纸和石、陶、金、甲是中国书写材料的两个系统。这对理解简帛文字是古文字的主体很重要，对理解"书"的概念也很重要。

─────────────

〔1〕《书于竹帛》，95—96 页。

〔2〕西汉古纸的发现，以放马滩纸为最早，其次有灞桥纸、扶风纸、金关纸、悬泉置纸、马圈湾纸，又睡虎地秦简《日书》甲种 62 背贰出现"纸"字（其释读还有争论，但确实是"纸"字），参看：《书于竹帛》，110 和 118—120 页。

〔3〕参看：李建民《陶寺遗址出土的"文"字扁壶》，《古代文明研究通讯》第 1 期（2001年 1 月），27—29 页。

〔4〕参看：河南省文物考古研究所等《1995 年郑州小双桥遗址的发掘》，《华夏考古》1996年 3 期，1—56 页。案：不仅石器、陶器和甲骨有墨书或丹书，铜器也有。如洛阳北窑西周墓 M174 就出土了两件带墨书铭文的铅戈（M172：8、12），见洛阳市文物工作队《洛阳北窑西周墓》，北京：文物出版社，148 页：图八五，20、21。

〔5〕参看：陈家仁《近年来考古发现的书写工具》，马泰来等《中国图书文史论集》，台北：正中书局，1991 年，91—100 页；北京：现代出版社，1992 年，19—132 页。案：除去笔、砚和墨，中国的文具盒和调色器也值得研究（可同埃及文物做比较）。商周时期的调色器，就我所见，一般是四管，其中有些标本，管内还盛有青、赤、黄、白四种颜料（如清华大学所藏和中国社会科学院考古研究所安阳工作站的发掘品），这些颜料，目前尚无实验报告发表，估计是中国传统"五石"中的曾青、丹砂、雄黄、白礜，不包括黑色（疑黑色是用墨，与砚相配，属于另外的颜料）。洛阳林校西周车马坑发现的西周调色器，管内有朽木痕迹，是个例外，如何解释，还可研究。俞凉亘《铜四足器座小议》（《文物》1999 年 3 期，64—65 页），据此孤证，以为过去称为"调色器"者其实是器座，其说可商。

附录二：中国古代文书的分类

一　商代西周

　　中国早期的文书，总称是"书"，比如《尚书》《逸周书》，就是这种"书"。由于早期简牍文书现在还没有发现，我们对早期的"书"还缺乏了解，这里只能用这两本书，还有古书提到的一些官书旧典，从它们保存的书名和文体形式，试做讨论，或有助于了解早期文书的特点。

　　（1）**典、谟类（掌故类）**。"典"，本指编联成册的竹简。"谟"与"谋"通，类似汉代的"议"（取"谋议"之义）。这两类在《尚书》中都不是一般的书，而是指年代久远（或所叙之事年代久远），被人奉为经典的作品。如《左传》文公六年和《国语·楚语上》讲的"训典"（杜预注曰"先王之书"，韦昭注曰"五帝之书"，《说文》卷五上也说"典"是"五帝之书也"），《左传》昭公十二年的"三坟、五典、八索、九丘"，《周礼·春官·外史》的"三皇五帝之书"，就是这种书。古人有以历史掌故垂教训的传统，讲古史传说，当以这类最重要。《尚书·虞夏书》各篇，如《尧典》《舜典》，如《大禹谟》《皋陶谟》，都是属于这一类（《益稷》《禹贡》也属于这一类）。这一类和第二类的"诰""训"都是讲教训，彼此有共同点，但它的特点是不托空言，借助历史掌故。

　　（2）**训、诰、誓、命类（政令类）**。"训"，是教训之辞。"诰"，是布政之辞（但也含训诫之辞，有时与"训"没有多大区别）。"誓"，是誓神之辞（但在《尚书》中，多为誓军旅之辞，誓师时，也有训诫之辞）。"命"，是命官之辞（册命时，也有训诫之辞）。比如《尚书》有《伊训》《高宗之训》（即《高宗肜日》），《逸周书》有《度训》《命训》《常训》，就是所谓"训"（《尚书》的《沃丁》《洪范》《无逸》也属这一类）；有《帝告（诰）》《仲虺之诰》《汤诰》《尹诰》（即《咸有一德》）、《盘庚之诰》（即《盘庚》）、《大诰》《康诰》《酒诰》《召诰》《洛诰》《康王之诰》，就是所谓"诰"（《尚书》中的《微子》《梓材》《多士》《多方》《立政》也属这一类）；有《甘誓》《汤誓》《泰誓》《牧誓》《费誓》《秦誓》，就是所谓"誓"；有《肆命》《原命》《说命》《旅巢命》《微子之命》《贿肃慎之命》《顾命》《毕命》《冏命》《蔡仲之命》《文侯之命》，就是所谓"命"。

（3）**刑、法类（刑法类）**。"刑""法"是古代的法律规定。中国早期的法律是以刑法为主，刑法为名。"刑"即"型"的本字，是模型、模范之义，引而申之，则指可以定为标准，重复执行的东西。"法"是法度、规则的意思，含义和它相似。《左传》昭公十四年有"皋陶之刑"，昭公六年有夏"禹刑"、商"汤刑"和周"九刑"，《逸周书·尝麦》有周成王《刑书》，《尚书》有《吕刑》，就是所谓"刑"；《管子·任法》有黄帝置法之说，《左传》昭公七年有《周文王之法》，《逸周书》有《刘法》，就是所谓"法"。

（4）**箴、戒类（戒救类）**。"箴"，是劝谏之辞。"戒"是警告之辞。如《左传》襄公四年有《虞人之箴》，《逸周书·尝麦》有成王箴大正之辞，就是所谓"箴"；《大戴礼·武王践阼》提到周武王"退而为戒书"，《逸周书》有《大戒》，就是所谓"戒"。

此期的出土发现，只有甲骨卜辞，可从侧面了解当时的占卜文书。

二 春 秋

文献记载，似以法令类的文书最突出。如：

（1）**刑书类**。除书于竹简，也铸于铜鼎。当时各国皆有刑书，如《左传》昭公六年记郑铸刑书；定公四年记郑驷歂杀邓析而用其竹刑，就是郑国的刑书；《左传》昭公七年记楚文王作"仆区之法"（是惩治藏匿非法财物和逃亡奴隶的法律，"仆区"是隐匿之义，杜预注以为刑书之名），就是楚国的刑书；《左传》昭公二十九年记晋铸刑鼎，上面有范宣子写的刑书，就是晋国的刑书。

（2）**军法和军令类**。是当时有关军事制度的各种规定，军法是常法，军令是对军法的补充。当时各国皆有军法、军令，如《国语·齐语》提到管仲"作内政而寄军令"（《管子·小匡》作"作内政而寓军令"，自称是本诸西周昭、穆二王的"参国伍鄙"之法），就是齐国的军令；《左传》昭公二十九年记晋文公"为被庐之法"（杜预注："僖二十七年文公蒐被庐，修唐叔之法"），就是晋国的军法；《左传》宣公十二年提到"楚国之令典"，就是楚国的军法。又《左传》僖公二十八年、昭公二十一年有《军志》（文公七年、宣公十二年有类似的引文，但未标《军志》），晋、楚军将皆引之，恐怕也是军法、军令类的文书。《孙子·军争》引《军政》，梅尧臣注以为"军之旧典"，也是和《军志》类似的文献。

此期的出土发现，现在只有晋国的侯马盟书和温县盟书，[1] 都是写在石圭、石璧上的盟誓文书，其他文书尚未发现。

三　战　国

文献记载，也是以法令类的文书最突出。如：

（1）**法律类**。当时各国皆有自己的刑法。《晋书·刑法志》《唐律疏议》记魏李悝整理六国刑法，写成《法经》六篇，曰《盗》《贼》《囚》《捕》《杂》《具》；《战国策·魏策四》"魏攻管而不下"章提到魏"大府之宪"，引其上篇以为说，这是魏国的刑法。魏国的刑法对秦国有很大影响，

---

〔1〕　山西省文物工作委员会《侯马盟书》，北京：文物出版社，1976 年；河南省文物考古研究所《河南温县东周盟誓遗址一号坎发掘简报》，《文物》1983 年 81 期，78—89 转 77 页。

《晋书·刑法志》说商鞅受李悝《法经》；《唐律疏议》说商鞅改李悝六法为六律，仍按"盗""贼""囚""捕""杂""具"分类，则是秦国的刑法。又《史记·孙子吴起列传》记楚悼王时，吴起入楚变法；《屈原贾生列传》提到楚怀王使屈原造为宪令，则是楚国的法令。魏国的刑法叫"法"，可能是中原各国比较流行的名称。秦国的刑法叫"律"，或与律吕之义有关（参看《史记·律书》）。这也许是后起或地方性的名称。其名则异，其实则一。

（2）军法、军令类。代表作是《司马法》。此书是"齐威王命大夫追论古者《司马兵法》，而附穰苴于其中"（《史记·司马穰苴列传》），即由后人整理补充的齐国早期的兵法和春秋晚期司马穰苴的兵法而构成。我们从今本《司马法》，特别是它的佚文看，它所谓的"法"或"兵法"主要是"军法"。又今《尉缭子》一书，是魏国的兵书，其后十二篇（占全书的一半），有十篇是以"令"为名，两篇是以"教"为名，则是属于军令类的文献。

此期的出土发现有：

（1）法律类。有郝家坪秦《为田律》木牍。[1]

（2）政务、狱讼类。有包山楚简中的文书部分，是楚怀王左尹邵𫴦处理政务和狱讼的记录。[2]

（3）占卜类。有望山楚简、天星观楚简、包山楚简中的占卜部分，是与墓主私人有关的文书。[3]

（4）遣册类。有长台关楚简、望山楚简、天星观楚简、包山楚简中的遣册部分，也是与墓主私人有关的文书。[4]

但仪典类的文献尚未发现，只能参看《周礼》《仪礼》等传世文献。

---

〔1〕四川省博物馆等《青川县出土秦更修田律木牍》，《文物》1982年1期，1—21页。

〔2〕湖北省荆沙铁路考古队《包山楚墓》，北京：文物出版社，1991年，上册，348—364、371—384页。

〔3〕湖北省文物考古研究所《江陵望山沙冢楚墓》，北京：文物出版社，1996年，237—274、303—305页；湖北省荆州地区博物馆《江陵天星观一号楚墓》，《考古学报》1982年1期，71—116页；湖北省荆沙铁路考古队《包山楚墓》，上册，364—369、384—391页。

〔4〕《信阳楚墓》，67—68、124—136页；《江陵望山沙冢楚墓》，274—303、305—309页；《江陵天星观一号楚墓》；《包山楚墓》，上册，369—371、391—396页。

四 秦 代

秦代的公牍文书,见于记载,主要有律令和政令两大类。

(1)律令类。秦代的法律是继承商鞅的法律,按秦国习惯,称为"律令"。"律"是过去定下来的比较固定的法律规定,"令"则是因应时变,吸收当时政令,对"律"做出的补充规定。它们的关系有点类似经书和传注的关系。[1]

(2)政令类。早期的政令文书,多称"命书"。古文字"命""令"不分,但秦始皇统一前,秦国的文书似已区别二者,大者称"命",小者称"令",各有所职。否则,秦始皇统一后,也就不会有改"命曰制,令曰诏"之举(《史记·秦始皇本纪》)。我猜,秦之所谓"制"者,可能大体相当汉代"诏书四体"的策书和制书;"诏"者,可能大体相当汉代"诏书四体"的诏书和戒敕。

此期的出土发现,主要是法律文书,如睡虎地秦律和龙岗秦律。[2]政务、狱讼、仪典、占卜类的文书尚未发现。最近发现的里耶秦简也是属于秦文书。[3]

五 汉 代

由于文献记载详细,出土材料丰富,我们的知识相对多一点。当时的

---

〔1〕 关于律、令的区别,学者多引《史记·酷吏列传》的《杜周传》为说。传曰:"客有让周曰:'君为天子决平,不循三尺法,专以人主意指为狱?'周曰:'前主所是著为律,后主所是疏为令,当时为是,何古之法乎!'"案:批评者的意思是说,杜周不循法律规定,专以人主之意为准。杜周的回答是,"律""令"都是出于君主的规定,只不过"律"是过去的君主所定,"令"是现在的君主所定,并没有多大区别。

〔2〕 云梦睡虎地秦墓编写组《云梦睡虎地秦墓》,北京:文物出版社,1981年;中国文物研究所等《龙岗秦简》,北京:中华书局,2001年。

〔3〕 湖南省文物考古研究所等《湖南龙山里耶战国——秦代古城一号井发掘简报》,《文物》2003年1期,4—35页。

文书，种类很多，似可概括为以下几类：

（A）律令类。包括：

（1）律。在秦"六律"的基础上增加"兴""厩""户"，为九章律。

（2）令。是当朝皇帝临时制定的法令。

（3）科。是关于人的品级规定。

（4）品。是关于物的品级规定。

（5）程。是对计量标准的规定。

（6）式。是对办事程序的规定。（3）—（6）四条是法律的补充规定。

（B）狱讼类。是处理案件的各种记录。包括：

（1）爰书。是用作证词的狱讼文书（包括自诉、他诉和有关的调查、审讯记录），"爰"是"援"的意思。

（2）劾状。是举劾他人罪状的狱讼文书。

（3）奏谳书。是下级向上级请求裁决的狱讼文书，"谳"是定罪之义。

（C）诏书类。是皇帝向其臣民下达的命令。包括四种（《后汉书·光武帝纪》引《汉制度》）：

（1）策书。是皇帝册封、免除诸侯王、三公，或嘉奖、慰问诸侯王、三公的命令，起首多书"年月日"及"皇帝曰"（蔡邕《独断》）。

（2）制书。是皇帝命三公赦免天下，或任免九卿或京师近臣的命令，起首多有"制诏某官"等语（蔡邕《独断》）。案：这两类，似与《尚书》所谓"命"或西周金文所载册命之辞属于同一类。

（3）诏书。是皇帝对臣下直接发出的指示，或对臣下所上奏章的批复。前者例作"告某官某……如故事"，后者例作"群臣有所奏请，下有司（或下某官）曰'制'，天子曰'可'"，或"群臣有所奏请，天子曰'已奏，如书。本官下所当至'"（蔡邕《独断》）。案：此类也与《尚书》所谓"训""诰"有渊源关系。

（4）戒敕。是皇帝戒告刺史、太守及三边营官的命令，起首多有"有诏敕某官"等语（蔡邕《独断》）。案：此类与商周时期的"戒"也有关系。

（D）署书类。也叫"扁书"，是悬于门阙晓谕吏民的布告类文书。

（E）檄书类。是用以报警、讨伐、晓谕罪状、征召辟除等事的紧急通告。封检者叫"合檄"，公开者叫"板檄"或"露布"。

（F）章奏类。是臣民向皇帝陈事的文书。包括：

（1）章。是由公车转呈，用于谢恩陈事的奏章，起首有"稽首"等语（蔡邕《独断》）。

（2）奏。也叫"疏"，是由御史台或谒者台转呈，用于陈请、举劾、谏诤的奏章，起首言"稽首"，结尾言"稽首以闻"（蔡邕《独断》）。

（3）表。是由尚书台转呈的一种奏章，起首言"臣某诚惶诚恐顿首顿首死罪死罪"，左下方言"某官臣某甲上"（蔡邕《独断》）。

（4）议。是对某种决议提出不同意见的复议（蔡邕《独断》）。

（G）记类。"记"是官府往来文书的统称。包括：

（1）奏记。是上行文书，也叫"牋记"。

（2）教记。是下行文书，也叫"教"。

此外，这一类还因用途不同而有"举书"（举发、纠责性质的下行文书）、"除书"（任免性质的下行文书）、"遣书"（派遣性质的下行文书）、"报书"（对来文的答复）等不同名目。

（H）案卷类。是记录下来备忘备查的文书。包括：

（1）案。如今案卷。

（2）课。是附有考核案语的案卷。

（I）簿籍类。是登录实物、财务、人名、户口的文书。包括：

（1）簿。如今账簿或统计报表。案：当时的物品登记册，有时也叫"录""志""记"。古代书目或称"簿""录""志"，是同样的含义。

（2）籍。是名册类的文书。

（J）符传类。是凭信类的文书，往往刻齿合符。包括：

（1）符。如今身份证。

（2）传。如今通行证或护照。

（3）刺。是用以谒官的介绍信。其中的"名刺"，作用类似今之名片。

（K）契约类。是合同或发票类的文件，往往一式多份，以刻齿、画线合符。包括：

（1）契券。是以刻齿合符。

（2）傅别。是以画线合符。

（L）其他。包括：

（1）遗令。即今遗嘱。

（2）书信。包括官方的书信往来，也包括私人的书信往来。

此期的出土发现有：

（1）律令类。有张家山汉简。[1]

（2）边塞文书类。有西北居延、敦煌、酒泉、张掖、武威等地，以及尼雅、楼兰等地出土的汉晋简牍。[2]

仪典、占卜类的文书尚未发现。

---

〔1〕 张家山二四七号汉墓竹简整理小组《张家山汉墓竹简〔二四七号墓〕》，北京：文物出版社，2001 年。

〔2〕 劳干《居延汉简——考释之部》，台北："中研院"历史语言研究所，1960 年；中国社会科学院考古研究所《居延汉简甲乙编》，北京：中华书局，1980 年；"中研院"历史语言研究所简牍整理小组《居延汉简补编》，台北："中研院"历史语言研究所，1998 年。

简帛的埋藏与发现

在讲过"简帛古书"的概念之后，我们要介绍的是，到目前为止，简帛古书的发现都有哪些次？它们都出过什么书？但在介绍之前，我先要讲一下古代简牍帛书的埋藏有什么规律，或者说在什么地方，我们有可能发现它们。这个问题，现在还没有结论。我只能从现有材料，做一点分析和推测。

现已发现的简牍帛书，有不少都是从墓葬中出土。特别是典籍类的古书，无论是写在简牍上，还是写在缣帛上，几乎都是墓葬所出。这给我们造成一个印象，好像墓葬不出，就是当时没有。但我们千万不要忘记，古代墓葬埋什么不埋什么，这要取决于当时的随葬制度和习惯，并不是活着用什么，死了就一定埋什么；或者这一时期埋了什么，下一时期也还埋什么。在不同时期，它们可能不一样，有时会有缺环。我们不能认为，凡是墓葬中没有，就是当时也没有。因为事实上，除去墓葬，遗址也出这些东西。比如西北地区的汉晋简牍，它们就是发现于新疆、内蒙古、甘肃等地的古代屯戍遗址、烽燧遗址和邮驿遗址（楼兰、尼雅、敦煌、酒泉、居延）。[1]
这类发现的数量更大。

西北地区的简牍，主要都是遗址出土。它们有些是从要塞的房
屋里发现，推测是正在使用的文件；有些出于要塞外的垃圾堆，则
是废弃不用的文件。如 20 世纪 70 年代，汉居延塞的甲渠候官遗
址（在今内蒙古额济纳旗西南的破城子），其出土汉简有 7000 余
枚，障坞（要塞的小城堡，T1–49、T61）内所出是一半，多是年代
连续、保存完整的简册（如 F22，推测是个档案室，出土木简 900
枚，是保存完整的 40 册），就是属于前者；而障坞东门外的灰堆
（T50–59）所出是另一半，则是混杂在柴草、粪便、废弃物、烧灰
和沙砾中，就是属于后者。[2]特别有趣的是，有些被废弃了的档案，
还被用作"厕简"，相当今日的擦屁股纸。如敦煌马圈湾和悬泉置
出土的简牍，有些就是从当时的茅坑里掏出来的。[3]汉代档案，其
保存期有限，和今天类似。如有学者为这批简册编年，从排比结果
看，当时的档案，存档期似乎是 13 年；过了 13 年，除需要特别保
存者，很多都要销毁。[4]

古代处理过期档案，办法不尽相同，有些是扬弃，即把它们直
接扔掉了。比如上面的处理方法，就是属于这一种。还有一种，是

---

〔1〕 帛书在西北地区也有发现，主要是书信，如 1908 年斯坦因第二次考察就发现过两件
公元 1 世纪的帛书信件，1990 年甘肃省文物考古研究所也在悬泉置遗址发现过一件汉
成帝时期的帛书信件。参看：Mark Aurel Stein, *Serindia, Detailed Report of Explorations
in Central Asia and Westernmost China*, Carried out and Described under the Orders of H.M.
Indian Gtovernment by M. Aurel Stein, 5 Vols, Oxford: Clarendon Press 1921, Vol.II,
pp.726–763.《中国文物精华》编辑委员会《中国文物精华》，北京：文物出版社，1997
年，图版 111。

〔2〕 甘肃居延考古队《居延汉代遗址的发掘和新出土的简册文物》，《文物》1978 年 1 期，1—
11 页。

〔3〕 胡平生《敦煌马圈湾简中关于西域史料的辨证》，附录二：马圈湾木简与"厕简"，收
入吴荣曾主编《尽心集》，北京：中国社会科学出版社，1996 年，296—297 页。又参
看：陈平原《厕所文化》，收入所著《阅读日本》，沈阳：辽宁教育出版社，1996 年，
107—113 页。

〔4〕 汪桂海《汉代官文书制度》，南宁：广西教育出版社，1999 年，229—232 页。

内地的汉代遗址所出，它们是焚毁后挖坑掩埋或直接挖坑掩埋（如下述封泥）。还有些，是投在井里（如下述走马楼简）。[1] 比如研究封泥的学者都知道，古代文书用泥丸封缄，加盖玺印，如果是焚毁，简会被烧掉，但封泥反而会变硬，保存下来。反之，如果不烧，而是像上面那样，把它扔掉，或者挖坑掩埋，封泥会化在地里，很难保存。比如陕西、四川和山东都发现过不少封泥坑。这些封泥，上面还留有火烧的痕迹，就是焚毁过期档案剩下的东西。封泥、简牍化为泥土，我们难以发现的例子，其实比发现的例子要多得多。[2]

　　这些都是年代较晚的例子，但对解决早期出不出竹简的问题，启发很大。

　　研究简牍帛书的出土，到目前为止，商代、西周、春秋还是空白（现在发现最早的竹简是曾侯乙墓出土的战国早期的简册，最早的帛书是战国中晚期的楚帛书）。当时有没有这些东西，这是个值得研究的问题。前面我们已经说过，有些西方学者对早期会出简牍是不太相信的。我们要想说服他们，除非把真凭实据挖出来，否则争也徒劳，辩也无益（有空白就会有信仰，有信仰就会有争论，而信仰是不能讨论的）。但没发现是没发现，没发现的道理我们还是可以想一想。

　　早期不出简牍帛书，最常见也最简单的解释，就是保存的条件不行。因为现在的发现地点，出土最多的"风水宝地"，要不然很湿，要不然很干，好像是个规律。比如战国的竹简和帛书，很多都是发现于湖北、湖南，很多都是出土于"水坑"。这种"水坑"，对保护尸体、衣衾和漆木器，对保护比较娇嫩的东西，确实比较好。竹简、帛书很多都是出于这样的墓葬，这绝非偶然。还有发现较多，则是新疆、内蒙古、甘肃，罗振玉和王国维把它们叫做"流沙

─────────────

〔1〕 发掘者称为"窖井"，以为兼有窖藏和水井的功用。参看：长沙市文物考古研究所《长沙走马楼二十二号井发掘报告》，收入长沙走马楼吴简整理小组编《长沙走马楼三国吴简·嘉禾吏民田家莂》，北京：文物出版社，1999年，3—44页。

〔2〕 王献唐《临淄封泥文字叙目》，济南：山东省立图书馆，1936年，文字叙：6—7页。

坠简"，简埋在沙子里，风吹日晒，也行，就像当地的干尸、丝织品和木器，也比较容易保存。怕就怕不干不湿，结果全烂掉了。不过，简牍帛书的出土，虽以长江流域和西北沙漠为多，但值得注意的是，其他地方也出，不出或虽出而不见报道，反而是少数（东三省、山西、浙江、福建、台湾、广东，云南、贵州、西藏）。[1] 可见这不一定是主要原因。我们恐怕还得另辟思路。

早期不出竹简，还有一种可能是，埋藏的地点没有找对。因为这类东西，年代较早的发现，主要都是档案。档案是官方的东西，是深藏秘扃不肯轻易示人的东西，只有碰上亡国灭种的大难，才会有人抱着逃跑，或者把它藏起来，不一定会拿去随葬。比如商代和西周的甲骨卜辞，它们也主要是出于有意埋藏的窖藏，或随意丢弃的灰坑，而不是墓葬。墓葬出土甲骨，商代好像还没有。西周有，数量不多，北京昌平白浮的两座西周早期墓（M2 和 M3），[2] 陕西长安张家坡的井叔墓地，[3] 它们为什么会出甲骨，现在我们还不太明白；东周的发现，现在所知，也都是遗址所出。[4] 所以，古代竹简，如果墓葬不出，我们只好到遗址中去找；如果遗址也不出，我们只好绝望。

古代的竹简都藏在什么地方？以后世的情况推断，似有两种可能，一种可能是在私人手里，还有一种是在内阁秘府和各级衙署的收藏中。或者像司马迁说的"藏之名山"，是以名山大川为藏册之府（类似封禅的瘗埋玉册）。或者像郑思肖的《铁函心史》，是埋在

---

[1] 上述不出竹简的地方，或在汉边之北，为古肃慎、匈奴地；或在汉边之东南和西南，为古百越、滇、羌之地，都是离汉文化比较远的地方。

[2] 北京市文物管理处《北京地区的又一重要考古收获》，《考古》1976 年 4 期，246—258转 228 页。案：所出龟甲有刻辞，卜骨没有。

[3] 中国社会科学院考古研究所《张家坡西周墓地》，北京：中国大百科全书出版社，1999年，317—318 页；图版 189—191。案：所出龟甲均无刻辞。

[4] 如河南洛阳和山西侯马所出，参看：赵振华《洛阳两周卜用甲骨的初步研究》，《考古》1985 年 4 期，371—379 页；山西省文物考古研究所《侯马铸铜遗址》，北京：文物出版社，1993 年，426 页；425 页；图二二六：13；图版三〇四：3。

苏州承天寺的井里。但这里有两个问题不能忽略，即：

（1）春秋战国以前是不是有私人藏书？回答是不一定有。

（2）早期的官方藏书还能找得到吗？回答是难。

古代藏书，[1] 真正像样的书，年代早一点，当然还是官藏。我们要想把这些书找到，那是谈何容易。商代、西周的档案馆或图书馆在哪儿？好像没人讲，很渺茫。东周的档案馆或图书馆，老子工作过，孔子参观过，好像也没有什么线索。秦代的档案馆或图书馆，大概在咸阳一带，我们没发现。即使发现，恐怕也被萧何捷足先登，或项羽破了"四旧"，拿的拿，烧的烧，什么也没剩下。汉代的档案馆或图书馆，司马谈、司马迁利用过，刘向、刘歆，还有很多著名学者都工作过。当时的藏书之所，以兰台名气最大，古书提到的次数很多。可是董卓之乱，又有一帮丘八出来破坏，结果同样是一无所剩。古代藏书有所谓"石室金匮"。石室是防火的档案室和藏书室，没有木结构的梁柱门窗。金匮是用金属封裹外表的书箱，也是为了防火。比如，包山楚简就提到过用"三玺"（三合玺）封缄的"典匮"（图一），这类实物，我们要能发现就好了，但早期实物，目前只有一件，就是王莽西海郡古城（在青海海晏县）出土的虎符石匮（图二），发现时空空如也，里面的东西早就没有了。[2]再下来，就是明清的皇史宬。北京的皇史宬（图三），石室犹存，是座没有一根木头的无梁殿，里面的金匮（图四），是用镀金铜皮包裹起来的樟木箱，既可防火，又可防虫，它们东西虽晚，但作为古代制度的标本，还是非常宝贵，让我们在凭吊之余，还能想象一下早期的东西是什么样子。

---

〔1〕作为对比，我们不妨读一点西方（包括西亚、埃及和欧洲）藏书的历史。参看：莱诺·卡森（Lionel Casson）《藏书考》（*Libraries in Ancient World*），张曌菲译，台北：新闻文化事业出版股份有限公司，2003 年。

〔2〕李零《说匮》，《文物天地》1996 年 5 期，14—16 页；李零《王莽虎符石匮调查记》，《文物天地》2000 年 4 期，25—27 页。

图一　包山楚简提到用"三玺"封缄的"典匦"

（1）

（2）

图二　王莽西海郡虎符石匮（1）与摹本（2）

图三 皇史宬外景

图四 皇史宬内的金匮

古代墓葬，以简帛随葬，特别是以典籍类的古书随葬，这可能是后起的习惯，即兴起于战国秦汉的时尚。它在不同时期有不同特点。

（1）**战国**。官学破散，知识下放，私人写书、藏书的风气很盛，不仅诸子百家的书流行，各种实用之书也很流行，韩非子说，当时几乎家家都藏"商、管之法""孙、吴之书"（《韩非子·五蠹》）。爱书在当时是时髦，活着时髦，死了也时髦，随葬古书是符合时代精神的。如长台关楚简《申徒狄》和郭店楚简中的十六种古书就是出于墓葬；上博楚简的一大批古书，是盗掘流散于香港，然后才收回来，出土情况不明，但估计也是出于墓葬。

（2）**秦代**。战国晚期年纪最大学问最多的学者是荀卿，但荀卿的两个学生，韩非和李斯，他们却是禁止民间藏书的提倡者。秦禁私学，但以书下葬，旧俗不废。当时六艺诸子是禁书，不能葬，但按李斯的说法，法令就是学问，官吏就是老师，医卜农桑的书照样可以读（《史记·秦始皇本纪》），[1] 所以墓中所出全是这类书。如睡虎地秦简和龙岗秦简就是以法律文书为主，但前者还出日书；王家台秦简也是既出法律文书，也出日书和《归藏》；放马滩秦简也出日书。基本范围不出李斯《挟书令》的范围。[2]

（3）**汉代**。汉代葬书可以汉惠帝四年（前 191 年）废除《挟书令》分为前后两截。早期，高、惠、吕后时（前 206—前 180 年），是以法令为主，如张家山 M247、M336 所出，犹沿秦俗。晚期，文、景时（前 179—前 141 年），是以葬黄老之书为特点（如马王堆 M3 所出），则是新风。[3] 更晚一点（武帝以来）则是"文艺复兴"，又回到古典的风气。比如马王堆 M3 和双古堆 M1 所出，种类和郭店楚简、上博楚简相似，什么古书都有。

---

〔1〕《汉书·艺文志·六艺略》易类小序说"及秦燔书，而《易》为筮卜之事，传者不绝"。马王堆、双古堆出土的《周易》也带有卜筮色彩。

〔2〕李学勤《简帛佚籍与学术史》，台北：时报文化出版企业有限公司，1994 年，7—8 页。

〔3〕惠帝四年（前 191 年）除挟书之令，古书大批解禁，但文帝时，黄老的地位仍在儒书之上。

这是古书随葬的"正反合"。

墓中随葬文件和古书，它和墓主的关系也有待探讨。战国简，常见种类是占卜简（为墓主占卜病情）和遣册（记随葬物品），都是私文书。官文书偶尔也出，主要是墓主没有处理完的文件（如包山楚简的文书部分）。古书，现在也开始发现，主要是墓主爱读的书。当时出古书较多的墓，多半是小墓（如郭店楚墓和子弹库楚墓都是小墓），但大墓也出（如长台关楚墓就是封君墓）。汉代竹简也是大小墓都出，但大墓出的比较多（如马王堆汉墓、双古堆汉墓和八角廊汉墓都是诸侯王一级）。帛书，目前只有两批，子弹库帛书是出自小墓，马王堆帛书是出自大墓。可见出不出书，不在墓的大小。在古代墓葬中，竹简帛书是比较特殊的随葬品，它们的种类和数量同墓主的身份地位没有直接关系，不像棺椁、衣衾和铜器、玉器，可以根据其等级对号入座。特别是古书，它的出现一开始就是一件"个人化"的事情。它跟个人爱好的关系比较大，同身份地位的关系比较小。

这是我的一点开场白。

下面让我们讲一下简帛古书在历史上的发现。

我们先讲史籍中的有关记载（包括文书简在内）。

（一）西　汉

（1）张苍本《春秋左氏传》。是汉代初年张苍（？—前152年）所献（《说文解字序》）。张苍为阳武（在今河南原阳东南）人，阳武为战国魏地，他是汉代传《春秋左氏传》的第一人，其学出自荀卿（《经典释文序录》）。此本也许是战国三晋写本。

（2）河间献王所得书。是汉景帝时河间献王刘德（？—前130年）从其封国中征收到的书，包括《周官》《尚书》《礼》《礼记》

《孟子》《老子》等书（所得当不止六种）。《尚书》《礼》，又见壁中书；《周官》《礼记》，则其独有。[1] 另外，他还喜欢《毛诗》和《左传》，曾把二书立为河间国学（《汉书》本传、《经典释文序录》）。《左传》是古文，《毛诗》，一般看法也是。[2] 河间（在今河北献县东南）旧为赵邑。这批古书可能也是战国三晋写本。

（3）孔壁中书。是汉武帝（前140—前87年）末年鲁恭王拆毁孔子的宅第（在今山东曲阜市），在屋壁中得之，包括《古文尚书》《礼古经》《礼记》《论语》《孝经》《春秋左氏传》（《汉书·艺文志·六艺略》书类、《说文序》《论衡·案书》）。这批古书也许是战国鲁写本。

（4）淹中本《礼古经》。汉武帝时出土于鲁国曲阜城（在今山东曲阜市）的淹中里（《汉书·艺文志》）。此本也许是战国鲁写本。

（5）河内女子发现的古书。是汉宣帝（前73—前49年）时河内郡（在今河南武陟县）一民间女子拆除老屋时发现（《论衡·正说》），包括《易》《礼》《春秋》。这批古书也许是战国三晋写本。

（6）中书本《古文易经》。是汉成、哀之际的秘府收藏（《汉书·艺文志·六艺略》易类），国别不详。

（7）费氏本《古文易》。据说是"以古字"写成，同中书本（《汉书·艺文志·六艺略》易类、《后汉书·儒林传》），一般认为也是古文

---

[1] 《经典释文序录》引刘向《别录》称之为"古文《记》二百四篇"（盖"二百十四篇"之误）。《隋书·经籍志》以《汉书·艺文志》著录的《六艺略》礼类《记》131篇（《史记》著录的《五帝德》《帝系姓》应在其中），《明堂阴阳》33篇，《王史氏》21篇，与乐类《乐记》23篇，《诸子略》儒家《孔子三朝》7篇，合5种214篇当之（《隋志》既云献王所得为"一百三十一篇"，又引刘向"检得一百三十篇"，盖只有去其一篇，乃合214篇之数）。此书就是今大、小戴记的前身。参看：王国维《汉时古文本诸经传考》，收入《王国维遗书》，上海：上海古籍书店，1983年，第一册：《观堂集林》卷七，8页正—12页正。

[2] 《后汉书·卢植传》推崇"古文蝌蚪"，以《毛诗》与《左传》《周礼》并称，像河间献王立《毛诗》《左传》，主张三书"宜置博士，为立学官"。东汉古文家传《诗》也是以《毛诗》为宗。一般经学家都以《毛诗》为古文本，但王国维表示怀疑。参看：王国维《汉时古文本诸经传考》。案：王氏只是推测，并无坚强证据。《汗简》卷前《引用书目录》有以"古文"或"古"为名的古书12种，其中也有《古毛诗》。

本。[1]费氏名直，为西汉末年的儒家学者，东莱人（今胶东半岛北部，见《汉书·儒林传》）。东莱，旧属齐地。此本也许是战国齐写本。

（8）其他用古文传写或可能用古文传写的古书。如《史记》引用的《谍记》《春秋历谱谍》《国语》《世本》《孔子弟子籍》〔案：《经典释文序录》说"司马迁亦从安国问故，迁书多古文说"〕，[2]《汉志·六艺略》著录的《古五子》（易类）、《古杂》（易类）和《山海经》（形法类）等。[3]这些古文本，可能都是中秘所藏。王国维怀疑，后书著录的《孔子徒人图考》（论语类）即前书提到的《孔子弟子籍》；《数术略》著录的《帝王诸侯世谱》和《古来帝王年谱》（历谱类）即前书提到的《谍记》和《春秋历谱谍》，它们也是古文本。[4]

（二）东　汉

有杜林漆书本《古文尚书》。是汉光武帝（25—27 年）时杜林（？—47 年）得之西州（今甘肃陇县）（《后汉书·杜林传》）。"漆书"是指墨书。[5]东汉的古文本，不一定都是用古文字体抄写的本子，有些是用隶书转写古文的本子，这个本子也有可能是这样的本子。

---

〔1〕但王国维怀疑此说，参看：《汉时古文本诸经传考》。案：王氏只是推测，一般都以费氏《易》为古文，这里仍用旧说。

〔2〕参看：王国维《史记所谓古文说》《汉书所谓古文说》，收入《王国维遗书》第一册：《观堂集林》卷七，2 页正—5 页背。案：《终始五德之传》乃张苍所作，王氏以为古文是不对的。

〔3〕《山海经》是古文本，见刘秀（即刘歆）《上山海经表》。其他两种，是我的推测。

〔4〕又，王氏认为伏生所传《尚书》也是古文本，参看：王国维《汉时古文本诸经传考》。案：伏生为秦博士，所藏也有可能是秦官本，不能肯定是古文本，且两汉传《书》，一般都以伏生所传为今文，这里仍用旧说。

〔5〕陈梦家《由实物所见汉代简册制度》，收入所著《汉简缀述》，北京：中华书局，1980年，291—315 页。关于"漆书"的讨论，见 300 页。

（三）西 晋

（1）汲冢竹书。是晋武帝太康二年（281年），汲郡（今河南汲县）一个名叫不准的人盗掘魏墓所得，当时人以为是魏襄王墓或魏安釐王墓（《晋书·束皙传》）。据说盗得的竹书有数十车之多，包括《纪年》十三篇（"记夏以来至周幽王为犬戎所灭，以事接之，三家分，仍述魏事至安釐王之二十年。盖魏国之史书，大略与《春秋》多相应。其中经传大异，则云夏年多殷；益干启位，启杀之；太甲杀伊尹；文丁杀季历；自周受命，至穆王百年，非穆王寿百岁也；幽王既亡，有共伯和者摄行天子事，非二相共和也"）、《易经》二篇（"与《周易》上下经同"）、《易繇阴阳卦》二篇（"与《周易》略同，繇辞则异"）、《卦下易经》一篇（"似《说卦》而异"）、《公孙段》二篇（"公孙段与邵陟论《易》"）、《国语》三篇（"言楚、晋事"）、《名》三篇（"似《礼记》，又似《尔雅》《论语》"）、《师春》一篇（"书《左传》诸卜筮，'师春'似是造书者姓名也"）、《琐语》十一篇（"诸国卜梦妖怪相书也"）、《梁丘藏》一篇（"先叙魏之世数，次言丘藏金玉事"）、《缴书》二篇（"论弋射法"）、《生封》一篇（"帝王所封"）、《大历》二篇（"邹子谈天类也"）、《穆天子传》五篇（"言周穆王游行四海，见帝台、西王母"）、《图诗》一篇（"画赞之属"），又杂书十九篇：《周食田法》《周书》《论楚事》《周穆王美人盛姬死事》，共七十五篇（其中"七篇简书折坏，不识名题"），估计是战国魏写本。

（2）东汉零简。据《晋书·束皙传》说，在上一发现之后不久，晋元康年间（291—299年），"有人于嵩高山（在今河南登封）下得竹简一枚，上两行科斗书，传以相示，莫有知者。司空张华以问皙，皙曰：'此汉明帝显节陵中策文也。'检验果然，时人伏其博识"。我们从《束皙传》的描述看，此简似是奏牍类的"两行"简（详下章），内容则可能是哀册、遣册类的简文，不是古书。

（四）南北朝

（1）东汉零简。是刘宋升明二年（478 年）于延陵（在今江苏武进常州市南）吴季札庙井中出土（注意：这也是古井出简的例子），仅一枚，"上有隐起字曰：'庐山道人张陵再拜，诣阙起居。'简木坚白，字色乃黄"（《南史·齐高帝纪》）。简文似属名谒类，疑是木牍。这也不是古书。

（2）所谓的"科斗书《考工记》"。据说是南齐建元（479—482 年）初盗出于襄阳（在今湖北襄阳市）"楚王冢"，由于盗墓者燃简照明，剩下的竹简只有十几枚，简长二尺（约 47 厘米），经王虔度鉴定，乃"科斗书《考工记》"（《南齐书·文惠太子传》）。案：这批竹简是从"楚王冢"出土，不一定可靠，但襄阳多楚墓却是事实。楚墓所出遣册多用长简，如长台关所出，简长 68.5—68.9 厘米（最长者为 69.5 厘米）；[1] 望山所出，简长 63.7—64.1 厘米；[2] 包山所出，简长 72.3—72.6 厘米（有些略短），[3] 都是南齐尺两尺以上、三尺以下的长简。[4] 简文也有可能是楚遣册，因为所记内容多器物名，而被误认为是《考工记》。如果它们是楚简，所谓"科斗书"，就是战国楚文字。这也不是古书。

（3）项羽妾冢书。是北齐武平五年（574 年）彭城人盗发"项羽妾冢"所获，包括《老子》和《孝经》（傅奕《校定古本老子》、夏竦《古文四声韵序》）。此本可能是西汉写本。

（4）最早发现的居延汉简。是北周静帝（579—581 年）时居延部落勃都骨氏于古屋废墟中获得（李德裕《玄怪录》）。简文应是写于木简、木牍上，发现者是当地土著。

---

〔1〕 河南省文物考古研究所《信阳楚墓》，北京：文物出版社，1986 年，67 页。

〔2〕 湖北省文物考古研究所《江陵望山沙冢楚墓》，北京：文物出版社，1996 年，161 页。

〔3〕 湖北省荆沙铁路考古队《包山楚墓》，北京：文物出版社，1991 年，266—267 页。

〔4〕 南朝一尺约合 24.7 厘米，见丘光明《中国历代度量衡考》，北京：科学出版社，1992 年，68 页。

（五）唐 代

帛书本《古文孝经》。传唐大历（766—779 年）初李士训"带经鉏（锄）瓜于灞水之上，得石函，中有绢素《古文孝经》一部，二十二章，壹阡（仟）捌伯（佰）柒拾弍（贰）言。初传于李太白，白授当涂令李阳冰，阳冰尽通其法，上皇太子焉"（郭忠恕《汗简》卷七引李士训《记异》。夏竦《古文四声韵序》也提到此本）。这是帛书出土的最早记录。此本记数用字略同于武威汉简，也可能是东汉写本。

（六）北 宋

（1）东汉簿籍木简。是北宋崇宁初（1102—？ 年）出土于天都山（在今宁夏固原西北）。简册盛于陶器中，长约一尺，草书，或以朱书，内容是记钱米布帛，有"章和"年号（87—88 年）（《邵氏闻见录》卷二七）。

（2）东汉《永初二年讨羌檄文》。北宋政和年间（1111—1117 年）陕西人掘地得古瓮，内盛简牍，朽烂不可读，惟此文完整，字体为章草，作"永初二年六月丁未朔二十日丙寅，得车骑将军莫（幕）府文书，上郡属国都中二千石守丞、廷义县令三水，十月丁未到府受印绶发夫讨畔（叛）羌，急急如律令"，檄文所记即《后汉书·邓骘传》载邓骘讨羌事（黄伯思《东观余论》、赵彦卫《云麓漫钞》、陶宗仪《古刻丛钞》）。

上述各次发现，要以孔壁、汲冢所出最有名。而两者相比，孔壁又比汲冢更重要。

下面，为了便于同后面的讨论进行比较，我们不妨把上述发现分类列举于下（文书简除外）：

（一）经典类

（1）诗。《诗》：河间本（？）。

（2）书。《书》：孔壁本、河间本、杜林本。

（3）礼。《礼》：孔壁本、河间本、淹中本、河内本；《礼记》：孔壁本、河间本；《周官》：河间本（包括补入的《考工记》）。又《考工记》：楚王冢本（？）。

（4）乐。《乐记》：《汉志》著录本（盖河间本《礼记》之一）。

（5）易。《易》：河内本、中书本、费氏本、汲冢本。又《古五子》：《汉志》著录本；《古杂》：《汉志》著录本；《易繇阴阳卦》：汲冢本；《卦下易经》：汲冢本；《公孙段》：汲冢本。

（6）春秋。《春秋》：河内本；《左传》：张苍本、孔壁本。又《师春》：汲冢本。

（二）史书类

（1）谱牒类。《谍记》：《史记》引用本；《春秋历谱谍》：《史记》引用本；《世本》：《史记》引用本。

（2）年表类。《纪年》：汲冢本。

（3）事语类。《周书》：汲冢本（非今《逸周书》）；《穆天子传》：汲冢本；《周穆王美人盛姬事》：汲冢本；《国语》：《史记》引用本、汲冢本；《论楚事》：汲冢本。

（4）其他。《生封》：汲冢本；《周食田法》：汲冢本。

（三）诸子类

（1）儒家。《论语》：孔壁本；《孝经》：孔壁本、项羽妾冢本、灞上本；《孔子弟子籍》:《史记》引用本。

（2）道家。《老子》:项羽妾冢本。

（3）阴阳家。《大历》:汲冢本（或入数术类）。

（四）诗赋类

《图诗》:汲冢本。

（五）兵书类

《缴书》:汲冢本。

（六）数术类

《琐语》:汲冢本；《山海经》:《汉志》著录本。

下面，我们再讲一下 20 世纪内的有关发现（参看此讲附录）。这些发现可以分为四个时期，估计有三十多次，三百多种（这里不包括文书简）。[1]

（1）1901—1949 年。主要是西北汉晋简牍（尼雅东汉魏晋简、楼兰东汉魏晋简、敦煌汉简和居延汉简，1901—1944 年）中的古书，它们包括早期西方探险家和中外学者在新疆、甘肃和内蒙古的 11 次发现，但有关材料都是断简残编、零章碎句，非常有限。[2]其

---

〔1〕 这些发现的具体情况，请详见以下各章，这里从略。
〔2〕 尼雅东汉魏晋简，是斯坦因（Aurel Stein）于 1901、1907 年所获。楼兰东汉（转下页）

他地点所出，似乎只有子弹库楚帛书（1942 年）。

（2）1949—1970 年。主要有两批，即长台关楚简（1957 年）和磨咀子汉简（1959 年）。

（3）1970—1990 年。主要有 12 批，即银雀山汉简（1972 年）、旱滩坡汉简（1972 年）、马王堆帛书和竹简（1973 年）、八角廊汉简（1973 年）、新居延汉简（1973—1974 年）、睡虎地秦简（1975 年）、双古堆汉简（1977 年）、新敦煌汉简（1977、1979、1981、1986—1988 年）、九店楚简（1981 年）、张家山汉简（1983—1984 年）、放马滩秦简（1986 年）、石板村楚简（1987 年）中的古书。

（4）1990 年到现在。主要有 7 批，即周家台秦简（1992 年）、尹湾汉简（1993 年）、郭店楚简（1993 年）、上海博物馆从香港购回的楚简（下称"上博楚简"，1994 年从香港买回，估计出土年代就在郭店楚简发现后不久）、虎溪山汉简（1999 年，汉沅陵侯吴阳墓）、孔家坡汉简（2000 年）。此外，香港中文大学文物馆购藏的战国楚简（10 枚）和上博楚简是同一批东西。其他汉晋简牍，则为该馆历年在港肆蒐购（具体入藏年代不详）。

上述发现，第一个时期是以西北简牍为主，当时的研究重点是官文书，古书很少，只有楚帛书和一点汉代古书的残简；第二个时期，古书开始增多，但战国古书很少，只有长台关楚简《申徒狄》和磨咀子汉简中的《仪礼》和《日书》；第三个时期是西汉古书的大发现（以银雀山、马王堆的发现为标志），战国古书还是很少。第四个时期是战国楚简的大丰收（以郭店楚简和上博楚简为标志）。如果说"龙头"还没发现，"龙脖子"已经看到。

上述简帛书籍，如果按年代分期，可以粗分为五段：[1]

魏晋简是斯文·赫定（Sven Hedin）于 1901 年，斯坦因于 1906 年，桔瑞超于 1909 年所获。敦煌汉简（包括酒泉汉简）是斯坦因于 1907、1915 年，周炳南于 1920 年，夏鼐、阎文儒于 1944 年所获。居延汉简是柯兹洛夫（Pytro Kuzmich Kozlov）于 1908 年，贝格曼（Folke Bergman）于 1930—1931 年所获。

[1] 墓葬随葬的古书，其抄写年代和写作年代要早于墓葬的年代。

（1）战国中期至白起拔郢的楚简（约前390—前278年）。子弹库楚帛书、长台关楚简、九店楚简、石板村楚简、郭店楚简、上博楚简，以及香港中文大学文物馆收藏的10枚楚简（从字体、内容判断，应与上博楚简同出）。

（2）白起拔郢至秦代的秦简（前278—前206年）。放马滩秦简（前239年前后）、睡虎地秦简（前217年前后）、周家台秦简（前209年后）。

（3）西汉初到汉武帝时的汉简（前206—前87年）。马王堆帛书和汉简（秦汉之际到汉文帝十二年以前，约前221—前168年）、张家山汉简（汉高后时或文帝初，约前187—前179年）、双古堆汉简（汉文帝十五年左右，约前165年）、虎溪山汉简（汉高后前后至文帝后元二年，约前187—前162年）、孔家坡汉简（西汉文、景时，约前173—前142年）、银雀山汉简（汉文、景至武帝初期，约前179—前134年）。

（4）汉武帝以后到西汉末的汉简（前87—24年）。八角廊汉简（汉宣帝五凤二年前，约前56年前）、磨咀子汉简（汉成帝河平年间，约前28—前25年）、尹湾汉简（汉成帝永始、元延年间，约前16—前9年）、旱滩坡汉简（西汉末或东汉初），以及香港中文大学文物馆收藏的西汉《日书》。敦煌简（汉武帝末年至东汉中叶）和居延简（汉武帝末年至东汉中叶）中的古书是跨越此期和下一时期的古书。

（5）东汉魏晋简。楼兰简和尼雅简中的古书。

这是我们对有关发现的简短介绍。

【参考书】

1. 容肇祖《简书发现考》,《中山大学语言历史学研究所周刊》百期纪念号（1929 年 10 期）, 88—100 页。

2. 马先醒《简牍学要义》, 台北: 简牍学会, 1980 年。

3. 林剑鸣编译《简牍概述》, 西安: 陕西人民出版社, 1984 年, 第一、二章, 1—34 页。

4. 郑有国《中国简牍学综论》, 上海: 华东师范大学出版社, 1989 年, 第二、六、七、八、九章, 5—24、88—190 页。

5. 大庭脩《中国出土简牍研究文献目录》, 谢桂华译, 中国社会科学院历史研究所战国秦汉史研究室编《简牍研究译丛》第一辑, 北京: 中国社会科学出版社, 1983 年, 297—356 页。

6. 曹延尊、徐元邦《简牍资料论著目录》,《考古学集刊》第 2 集, 北京: 中国社会科学出版社, 1982 年, 203—230 页。

7. 骈宇骞、段书安《本世纪以来出土简帛概述》, 台北: 万卷楼图书有限公司, 1999 年。

8. 门田明《中国简牍研究文献目録〔1903—1997 年〕》, 收入大庭脩编《漢简の基礎的研究》, 京都: 思文阁, 1999 年, 125—212 页。

9. 胡平生、宋少华《长沙走马楼简牍概述》附: 本世纪以来历年出土简牍一览表,《传统文化与现代化》1997 年 3 期, 85—89 页。

10. 李均明《古代简牍》, 北京: 文物出版社, 2003 年。

附录：简帛分域编（1901—2003 年）[1]

一　东三省

未发现。

二　华北各省、区和直辖市

（一）北　京

大葆台零简。可能是黄肠题凑的工匠题名（竹简，1 枚），1974 年大葆台西汉墓（M1，燕王刘旦墓）出土（在黄肠题凑内），长 20.5 厘米。[2]

---

〔1〕含古书类的重要发现，前面标▲，以别于文书类的发现。每项发现后，皆注明发掘报告或发掘简报，以及有关图录。古书类，并附介绍简文概况的文章。案：目中所列"历谱"类，其正确定名还值得研究，参看第八讲的附录，这里暂用旧名。

〔2〕大葆台汉墓发掘组等编《北京大葆台汉墓》，北京：文物出版社，1989 年，13 页。

（二）河　北

1. 定州市（原定县）

▲**八角廊汉简**。古书（竹简，数量不详），1973 年八角廊村西汉墓（M40，中山怀王刘脩墓）出土，长 16.2 厘米。[1]

2. 蓟县

大安宅零牍。与道教有关（木牍，只有用碎片拼复的 1 枚），2000 年刘家顶乡大安宅村古井出土，尺寸不详，内容亦未发表。[2]

（三）内蒙古

额济纳旗（及甘肃金塔县）

（1）**旧居延汉简**。文书（木简、木牍和少量竹简，共 10000 余枚，含少量古书），包括：（A）1908 年柯兹洛夫（Pytro Kuzmich Kozlov）考察黑城遗址时所获（简牍，2 枚），简牍长度不详；[3]（B）1930—1931 年贝格曼（Folke Bergman）所获（木简、木牍和木楬 10000 余枚），简长 22.4—23.1 厘米。[4]

---

〔1〕 河北省文物研究所《河北定县汉墓发掘简报》，《文物》1981 年 8 期，1—10 页；定县汉墓竹简整理组《定县四○号汉墓出土竹简简介》，同上，11—19 页；定县汉墓竹简整理组《〈儒家者言〉释文》，同上，13—19 页；河北省文物研究所定州汉墓竹简整理小组《论语》，北京：文物出版社，1997 年；河北省文物研究所定州汉简整理小组《定州西汉中山怀王墓竹简〈文子〉释文》，《文物》1995 年 12 期，27—34 页；河北省文物研究所定州汉简整理小组《定州西汉中山怀王墓竹简〈文子〉校勘记》，同上，35—37 转 40 页；河北省文物研究所定州汉墓竹简整理小组《定州西汉中山怀王墓竹简〈六韬〉释文及校注》，《文物》2001 年 5 期，77—83 页。
〔2〕 梅鹏云等《蓟县出土国内首见道教木牍文书》，《中国文物报》2000 年 9 月 24 日第一版。
〔3〕 林剑鸣《简牍概述》，西安：陕西人民出版社，1984 年，12—13 页；郑有国《中国简牍学综论》，上海：华东师范大学出版社，1989 年，12 页。
〔4〕 劳干《居延汉简——考释之部》，台北："中央研究院"历史语言研究所，1960 年；中国社会科学院考古研究所《居延汉简甲乙编》，北京：中华书局，1980 年；谢桂华等《居延汉简释文合校》，北京：文物出版社，1987 年；"中央研究院"历史语言研究所简牍整理小组《居延汉简补编》，台北："中央研究院"历史语言研究所，1998 年。

（2）**新居延汉简**。文书（木简、木牍和少量竹简，共 19700 余枚，含少量古书），1972—1974 年甲渠候官、甲渠塞第四燧和肩水金关遗址出土（肩水金关简尚未发表），简长一般为 23 厘米，最长为 88.2 厘米。EPT57·108 号简被命名为《侯史广德坐罪行罚檄》。[1]

（四）山　西

未发现。

三　西北各省、区

（一）陕　西

1. 西安市

（1）**未央宫汉简**。似与病历、医方、人名及纪事等有关（木简 115 枚），1980 年汉未央宫遗址前殿 A 区出土，残长 13—15.6 厘米。[2]

（2）**杜陵汉牍**。《日书》（木牍 1 枚），2001 年南郊雁塔区杜陵原西汉墓（2001：XRGM）出土，长 23 厘米。[3]

2. 咸阳市

大泉零简。字迹模糊（竹简 3 枚），1975 年马泉公社大泉大队西汉墓

---

〔1〕甘肃居延考古队《居延汉代遗址的发掘和新出土的简册文物》，《文物》1978 年 1 期，1—25 页；甘肃省文物考古研究所等《居延新简——甲渠候官与第四燧》，北京：文物出版社，1990 年；甘肃省文物考古研究所等《居延新简——甲渠候官》，北京：中华书局，1994 年。

〔2〕中国社会科学院考古研究所《汉长安城未央宫》，北京：中国大百科全书出版社，1996 年，238—248 页。

〔3〕张铭洽、王育龙《西安杜陵汉牍〈日书〉"农事篇"考辨》，《陕西历史博物馆馆刊》，第 9 辑（2002 年），107—113 页。

出土，残长 6 厘米。[1]

（二）甘 肃

1. 敦煌市（及附近的安西、玉门和酒泉）

（1）**旧敦煌汉简**。文书（木简和木牍 990 枚，含少量古书），包括：
（A）1907 年斯坦因第二次中亚考察在敦煌西北汉烽燧遗址所获（708 枚，或云 704 枚，或 705 枚），简长 23—24 厘米（现藏不列颠博物馆）；[2]（B）1913—1915 年斯坦因第三次中亚考察在敦煌汉烽燧遗址所获（84 枚）及在安西、酒泉所获（105 枚）（现藏不列颠博物馆）；[3]（C）1920 年周炳南在敦煌西北小方盘城遗址附近所获（17 枚）（现藏敦煌研究院）；[4]（D）1944 年夏鼐、阎文儒在小方盘城遗址附近所获（76 枚），简长 23.1—23.3 厘米（现藏台北"中研院"史语所）。[5]

（2）**新敦煌汉简**。文书（木简、木牍 36599 枚，含少量古书），包括：
（A）新中国成立初期敦煌研究院收购收藏（16 枚），尺寸不详（现藏敦煌研究院）；[6]（B）1977 年玉门花海汉代烽燧遗址所出（91 枚），简长不详，有

---

〔1〕 咸阳市博物馆《陕西咸阳马泉西汉墓》，《考古》1979 年 2 期，125—135 页。

〔2〕 Edouard Chavannes, *Les dócuments Chinois decouverts par Aurel Stein dans les sables du Turkestan oriental*, Vol. l, Oxford: Oxford University Press 1913; Henri Maspero, *Les dócuments Chinois de la troisiéme expèdition de Sir Aruel Stein en Asie centrale*, Vol. 1, London: Trustees of the British Museum 1953; 张凤《汉晋西陲木简汇编》，上海：有正书局，1931 年；罗振玉、王国维《流沙坠简》，北京：中华书局，1993 年；林梅村、李均明编《疏勒河流域出土汉简》，北京：文物出版社，1984 年。

〔3〕 上引张凤、Henri Maspero 和林梅村、李均明书。

〔4〕 初仕宾《关于敦煌文物研究所收藏的一组汉简》，《敦煌研究》1985 年 3 期，59—62 页。

〔5〕 夏鼐《新获之敦煌汉简》，收入中国社会科学院考古研究所《夏鼐文集》，北京：社会科学文献出版社，2000 年，中册，92—113 页〔原载《历史语言研究所集刊》，19 本（1948 年），235—265 页〕；《居延汉简补编》，217—227，235—238 页。案：以上全部收入甘肃省文物考古研究所编《敦煌汉简》（北京：中华书局，1991 年）和吴礽骧等《敦煌汉简释文》（兰州：甘肃人民出版社，1991 年）。

〔6〕 《敦煌汉简释文》，148—150 页。

木觚 1 枚，长 37 厘米（现藏嘉峪关长城博物馆）；[1]（C）1979 年敦煌小方盘城西马圈湾烽燧遗址所出（1217 枚），木简、两行牍和木觚均长 23.3 厘米，木牍长 7.6 或 11 或 12 厘米（现藏甘肃省文物考古研究所）；[2]（D）1981 年敦煌酥油土汉代烽燧所出（76 枚），仅 1 枚录尺寸，长 14.5 厘米（现藏敦煌市博物馆）；[3]（E）1986—1988 年敦煌市博物馆在全市文物普查中采获（137 枚），尺寸不详（现藏敦煌市博物馆）；[4]（F）1990 年清水沟汉代烽燧遗址出土（62 枚，其中 21 枚无字（亦称素简）），历谱简（系 "27" 之讹枚）长 36—37 厘米，其他（14 枚）仅 1 枚（即 "不警符"）录尺寸，长 14.5 厘米（现藏敦煌市博物馆）；[5]（G）1990—1992 年汉代悬泉驿遗址出土（简牍 35000 枚，其中有字简 23000 枚；帛书 10 件；纸书残片 10 件），木简长 23—23.5 厘米，两行牍长 23—23.5 厘米，其他木牍长 23.5 厘米，觚最长 50、最短 23 厘米，帛书，标本 T0114 ③：611 长 34.5，宽 10 厘米（现藏甘肃省文物考古研究所）。[6]

2. 张掖市

常封零牍。书信（木牍 1 枚），1986 年在高台县常封村晋墓出土，长 23.9 厘米。[7]

3. 武威市

（1）刺麻湾汉简。文书（木简 7 枚），1945 年夏鼐、阎文儒在南山刺

〔1〕嘉峪关市文物保管所《玉门花海汉代烽燧遗址出土的简牍》，收入甘肃省文物工作队等编《汉简研究文集》，兰州：甘肃人民出版社，1984 年，15—33 页；《敦煌汉简释文》，150—158 页。

〔2〕《敦煌马圈湾汉代烽燧遗址发掘报告》，收入《敦煌汉简》，下册，附录二：51—134 页；《敦煌汉简释文》，1—125 页。

〔3〕敦煌县文化馆《敦煌酥油土汉代烽燧遗址出土的木简》，收入《汉简研究文集》，1—14 页；《敦煌汉简释文》，141—148 页。

〔4〕《敦煌汉简释文》，126—141 页。

〔5〕敦煌市博物馆《敦煌清水沟汉代烽燧遗址出土文物调查及汉简考释》，收入《简帛研究》第二辑，北京：法律出版社，1996 年，368—375 页；殷光明《敦煌清水沟汉代烽燧遗址出土〈历谱〉述考》，同上，376—385 页。

〔6〕甘肃省文物考古研究所《甘肃敦煌汉代悬泉置遗址发掘简报》，《文物》2000 年 5 期，4—20 页；胡平生、张德芳《敦煌悬泉汉简释粹》，上海：上海古籍出版社，2001 年；中国文物研究所等编《敦煌悬泉月令诏条》，北京：中华书局，2001 年。案：以上，除（A）（F）（G），均已收入《敦煌汉简》和《敦煌汉简释文》，两书所收共 2485 号。

〔7〕李均明、何双全《散见简牍合辑》，北京：文物出版社，1990 年，30 页。

麻湾发掘（现藏台北"中研院"历史语言研究所），长 22.05—22.9 厘米。[1]

（2）▲磨咀子汉简。（A）古书（木简、竹简 610 枚），1959 年磨咀子王莽时期墓葬（M6）出土，长简（601 枚）长 54—58 厘米，短简（9 枚）长 20—22 厘米；[2]（B）诏令（木简，10 枚），1959 年磨咀子东汉墓（M18）出土，长 23—24 厘米；[3]（C）诏令（木简 26 枚），1981 年磨咀子汉墓出土（武威县文物管理委员会调查搜集），长 23.2—23.7 厘米。[4]

（3）▲旱滩坡简牍。（A）医书（木简 78 枚，木牍 14 枚），1972 年旱滩坡东汉墓出土，简长 23—23.4 厘米，牍长 22.7—23.9 厘米；[5]（B）文书（木简 5 枚），1985 年旱滩坡东晋墓（M19）出土，分别长 27（两枚）、27.8、28 和 28.6 厘米；[6]（C）律令文书（木简，17 枚），1989 年旱滩坡东汉墓出土，长 20—21 厘米。[7]

（4）五坝山零牍。文书（木牍 1 枚），1984 年五坝山汉墓（M3）出土，长 25 厘米。[8]

4. 天水市

▲放马滩秦简。《日书》等古书（共竹简 460 枚），1986 年放马滩秦墓（M1）出土，《日书》甲种（73 枚）长 27.5 厘米，《日书》乙种（379 枚）长 23 厘米，《墓主记》（8 枚），尺寸不详。[9]

---

〔1〕《居延汉简补编》，228、238 页。

〔2〕甘肃省博物馆《甘肃武威磨咀子六号汉墓》，《考古》1960 年 5 期，10—12 页；中国科学院考古研究所等《武威汉简》，北京：文物出版社，1964 年。

〔3〕甘肃省博物馆《甘肃武威磨咀子汉墓发掘》，《考古》1960 年 9 期，15—28 页；考古研究所编辑室《武威磨咀子汉墓出土王杖十简释文》，同上，29—30 页。

〔4〕武威县博物馆《武威新出土王杖诏令册》，收入《汉简研究文集》，34—61 页。

〔5〕甘肃省博物馆等《武威旱滩坡汉墓发掘简报——出土大批医药简牍》，《文物》1973 年 12 期，18—21 页；甘肃省博物馆等《武威汉代医简》，北京：文物出版社，1975 年。

〔6〕《散见简牍合辑》，26—29 页。

〔7〕武威地区博物馆《甘肃武威旱滩坡东汉墓》，《文物》1993 年 10 期，28—33 页；李均明、刘军《武威旱滩坡出土汉简考述——兼论"挈令"》，同上，34—39 页。案：前文作 16 枚，后文作 17 枚。

〔8〕《散见简牍合辑》，25 页。

〔9〕甘肃省文物考古研究所等《甘肃天水放马滩战国秦汉墓群的发掘》，《文物》1989 年 2 期，1—11 转 31 页；何双全《天水放马滩秦简综述》，同上，23—31 页；（转下页）

5. 甘谷县

刘家山汉简。奏书（木牍 23 枚，两行书），1971 年刘家山东汉墓（M1）出土，长 23 厘米。[1]

6. 武都县

赵坪汉简。文书（木简 12 枚，双面书写），2000 年琵琶乡赵坪村出土，完整者长 23.1 或 22.9 厘米。[2]

（三）青　海

大通县

上孙家寨汉简。军事文书（残木简 240 枚），1979 年上孙家寨西汉墓（M115，马良墓）出土，长 25 厘米。[3]

（四）新　疆

1. 吐鲁番市

阿斯塔那零简。契约（1 枚），1966—1969 年阿斯塔那西晋墓（M53）出土，尺寸不详。[4]

秦简整理小组《天水放马滩秦简甲种〈日书〉释文》，收入甘肃省考古研究所编《秦汉简牍论文集》，兰州：甘肃人民出版社，1989 年，1—6 页。

[1] 张学正《甘谷汉简考释》，收入《汉简研究文集》，85—141 页。

[2] 周天游主编《寻觅散落的瑰宝——陕西历史博物馆征集文物精萃》，西安：三秦出版社，2001 年，126 页；王子今、申秦燕《陕西历史博物馆藏武都汉简》，《文物》2003年 4 期，48—51 页。

[3] 青海省文物考古研究所《上孙家寨汉晋墓》，北京：文物出版社，1993 年，186—194 页，图版八六至九二。

[4] 新疆维吾尔自治区博物馆《吐鲁番县阿斯塔那——哈拉和卓古墓群清理简报》，《文物》1972 年 1 期，8—29 页。

2. 若羌县和民丰县

楼兰、尼雅汉晋简。文书和古书（木简、木牍、纸书和帛书 728 件），包括：（A）1901 年斯文·赫定（Sven Hedin）所获；[1]（B）1901 年斯坦因（Aurel Stein）所获；[2]（C）1907 年斯坦因所获；[3]（D）1909 年桔瑞超所获；[4]（E）1913 年斯坦因所获；[5]（F）1930—1934 年黄文弼所获。[6]

〔案：新疆地区出土的简牍，还有许多是用非汉字系统的西域文字书写，如大量的佉卢文简牍，以及吐蕃简牍，这里不再著录〕[7]

四　华东各省和直辖市

（一）上　海

未发现。

---

〔1〕August Conrady, *Die Chinesischen Handschriften und Sonstigen Kleinfunde Sven Hedin in Lou-lan*, Vol. 1, Stockholm: Generalstabens Litografiska anstalt 1920.

〔2〕Edouard Chavannes, *Chinese Documents from the Sites of Dandan-Uilig*, *Niya and Endere*, Appendix A, Part II, "Ancient Khotan", *Les documents sur bois de Niya*（1907）.

〔3〕Edouard Chavannes, *Les dócuments Chinois decouverts par Aurel Stein dans les sables du Turkestan oriental*, Vol. 1, Oxford 1913.

〔4〕大谷光瑞《西域考古図谱》，東京：国華社，1915 年。

〔5〕Henri Maspero, *Les dócuments Chinois de la troisiéme expédition de Sir Aurel Stein en Asie central*, Vol. 1, London: British Museum 1953.

〔6〕黄文弼《罗布淖尔汉简考释》，收入黄烈编《黄文弼历史考古论集》，北京：文物出版社，1989 年，375—408 页；《居延汉简补编》，203—216、231—234 页。案：总结以上发现，可参看：林梅村《楼兰尼雅出土文书》，北京：文物出版社，1985 年。又尼雅汉简，还有 1931 年斯坦因发现的 30 枚汉简（第四次考察），以及 1993 年中日联合尼雅遗迹考察队发现的两枚汉简，参看林梅村《尼雅汉简与汉文化在西域的初传》，《中国学术》2001：2（总第 6 辑），240—258 页。后收入其文集《松漠之间》。

〔7〕参看：王尧、陈践《吐蕃简牍综录》，北京：文物出版社，1985 年；林梅村《沙海古卷》，北京：文物出版社，1988 年；李均明《古代简牍》，21—24 页。案：李书所收新疆巴楚县 1959 年脱库孜沙来古城遗址出土的木简 20 枚，也是非汉字简（参看：新疆博物馆《新疆巴楚县脱库孜沙来古城发现古代木简、带文字纸片等文物》，《文物》1959 年 7 期，2 页）。

（二）山 东

临沂市

（1）▲**银雀山汉简**。古书和历谱（竹简 4974 枚），1972 年银雀山西汉墓（M1、M2）出土，M1 所出（古书，4942 枚），长 27.6 厘米；M2 所出（历谱，32 枚），长 69 厘米。[1]

（2）**金雀山汉牍**。（A）赗方（木牍残片 8 枚），1978 年金雀山汉墓（M13 和 M11，周宽夫妇墓）出土，尺寸不详；[2]（B）字迹模糊（木牍 1 枚），1983 年金雀山汉墓（M28）出土，长 23 厘米。[3]

（三）江 苏

1. 连云港市

（1）**海州汉牍**。（A）衣物券（木牍 1 枚），1962 年海州区网疃庄焦山东汉墓出土，长 23 厘米；[4]（B）衣物券（木牍 7 枚，仅 1 枚有字），1973 年海州区小礁山猴顶西汉墓（霍贺墓）出土，长 22 厘米；[5]（C）衣物券（木牍 2 枚），1973 年海州区网疃庄西汉墓（侍其繇墓）出土，长 23 厘米；[6]（D）衣物券（木牍 1 件），1976 年海州区小礁山猴顶汉墓（戴盛墓）出土，尺寸不详；[7]（E）文书、历谱、簿籍（木牍 12 枚，竹牍 1 枚，又残片 17 枚），1978 年花果山下云台砖厂西汉墓出土，木牍分别长 13、4.2、

---

〔1〕 山东省博物馆等《山东临沂西汉墓发现〈孙子兵法〉和〈孙膑兵法〉等竹简的简报》，《文物》1974 年 2 期，15—20 页；银雀山汉墓竹简整理小组编《银雀山汉墓竹简》〔壹〕，北京：文物出版社，1985 年。

〔2〕 临沂市博物馆《山东临沂金雀山周氏墓群发掘简报》，《文物》1984 年 11 期，41—58 页。

〔3〕 临沂市博物馆《山东临沂金雀山九座汉代墓葬》，《文物》1989 年 1 期，21—47 页。

〔4〕 南京博物院《江苏连云港市海州网疃庄汉木樟墓》，《考古》1963 年 6 期，287—290 页。

〔5〕 南京博物院等《海州西汉霍贺墓清理简报》，《考古》1974 年 3 期，179—186 转 178 页。

〔6〕 南波《江苏连云港市海州西汉侍其繇墓》，《考古》1975 年 3 期，169—177 页。

〔7〕 李洪甫《江苏连云港市花果山出土的汉代简牍》《考古》1982 年 5 期，476—480 页）。

6.2、4.5、4、2.6、20、3.2、6.2、12.5、9.5、15 厘米（最长 20 厘米，其他可能残损），竹牍长 15 厘米；[1]（F）名谒（木简 5 枚），1985 年新浦南 8 公里西汉中晚期西郭宝墓出土，长 21.5 厘米。[2]

（2）**尹湾简牍**。文书（竹简 133 枚，木牍 24 枚，含少量古书），1993 年尹湾西汉墓（M2、M6）出土，简长 22.5—23 厘米，牍长 23 厘米。[3]

2. 盐城市

三羊墩零牍。赗方（木牍 1 枚），1963 年三羊墩汉墓出土，长 22.8 厘米。[4]

3. 盱眙县

东阳零牍。祷祝文书（木牍 1 枚），1979 年东阳汉墓（M7）出土，长 23.6 厘米。[5]

4. 扬州市

（1）**胡场汉牍**。神名册、告地册和赗方等（木牍 13 枚，木楬 6 枚，封检 7 枚），1980 年邗江县胡场西汉墓（M5，王奉世夫妇墓）出土，牍长 23 厘米，余不详。[6]

（2）**平山零牍**。木楬（3 枚），1983 年平山养殖场西汉墓（M3）出土，一枚长 16.5 厘米，一枚长 8.8 厘米，一枚不详。[7]

5. 仪征市（旧为扬州市属县）

胥浦简牍。遗令（竹简 17 枚）和簿记（木牍 2 枚）等，1984 年胥浦西汉墓（M101）出土，《先令券书》简长 22.3 厘米，《何贺山钱》简长 36.1 厘米，木方长 23.3 厘米，木觚长 17.3 厘米，衣物券长 23.6 厘米。[8]

---

[1] 《江苏连云港市花果山出土的汉代简牍》。

[2] 石雪万《西郭宝墓出土木谒及其释义再探》，《简帛研究》第二辑，北京：法律出版社，1996 年，386—389 页。

[3] 连云港市博物馆等《尹湾汉墓简牍》，北京：中华书局，1997 年。

[4] 江苏省文物管理委员会等《江苏盐城三羊墩汉墓清理报告》，《考古》1964 年 8 期，393—402 页。

[5] 南京博物院《江苏盱眙东阳汉墓》，《考古》1979 年 5 期，412—426 页。

[6] 扬州博物馆等《江苏邗江胡场五号汉墓》，《文物》1981 年 11 期，12—23 页。

[7] 扬州博物馆《扬州平山养殖场汉墓清理简报》，《文物》1987 年 1 期，26—36 页。

[8] 扬州博物馆《江苏仪征胥浦一○一号西汉墓》，《文物》1987 年 1 期，1—19 页。

6. 高邮市

邵家沟零牍。与道教有关（木牍，1 枚），1957 年高邮市邵家沟汉代遗址 T29H2 出土，长 28 厘米。[1]

（四）浙　江

未发现。

（五）安　徽

1. 阜阳市

▲**双古堆汉简**。古书（竹、木简数量不详，篇题木牍 3 枚），1977 年双古堆西汉墓（M1，汝阴侯夏侯灶墓）出土，简多残碎，估计原简长 25 厘米左右，余不详。[2]

---

〔1〕江苏省文物管理委员会《江苏高邮邵家沟汉代遗址的清理》，《考古》1960 年 10 期，18—23 转 44 页。

〔2〕安徽省文物工作队等《阜阳双古堆汝阴侯墓发掘简报》，《文物》1978 年 8 期，12—31 页；文物局文献室等《阜阳汉简简介》，《文物》1983 年 2 期，21—23 页；阜阳汉简整理组《阜阳汉简〈仓颉篇〉》，同上，24—34 页；胡平生、韩自强《〈仓颉篇〉的初步研究》，同上，35—40 页；阜阳汉简整理组《阜阳汉简〈诗经〉》，《文物》1984 年 8 期，1—12 页；胡平生、韩自强《阜阳汉简〈诗经〉简论》，同上，13—21 页；阜阳汉简整理组《阜阳汉简〈万物〉》，《文物》1988 年 4 期，36—47 转 54 页；胡平生、韩自强《〈万物〉略说》，同上，48—54 页；胡平生、韩自强《阜阳汉简诗经研究》，上海：上海古籍出版社，1988 年；Hu Ping-sheng, "Some notes on organization of the Han Dynasty bamboo 'Annals' found at Fuyang," *Early China*, no.14（1989），pp.1-25（中文本：胡平生《阜阳汉简〈年表〉整理札记》，《文物研究》第七期，合肥：黄山书社，1991 年，392—402 页；胡平生《阜阳双古堆汉简数术书简论》，收入中国文物研究所编《出土文献研究》第 4 辑，北京：中华书局，1998 年，12—30 页；韩自强、韩朝《阜阳出土的〈庄子·杂篇〉汉简》，陈鼓应主编《道家文化研究》第 18 辑，北京：生活·读书·新知三联书店，2000 年，10—14 页；中国文物研究所古文献研究室等《阜阳汉简〈周易〉释文》，同上，15—62 页。

2. 马鞍山市

安民东吴牍。名谒（木刺 14 枚，木谒 3 枚。），1984 年安民村东吴墓（朱然墓）出土，长 24.8 厘米。[1]

（六）江 西

南昌市

（1）**永外零牍**。名谒（木牍 5 枚）和衣物券（木牍 1 枚），1973 年东湖区永外街东晋墓（M1）出土，名谒长 25.3 厘米，赗方长 26.2 厘米。[2]

（2）**阳明简牍**。名谒（木简 21 枚）和衣物券（木牍 2 枚），1979 年阳明路东吴墓（高荣墓）出土，名谒、衣物券均长 24.5 厘米。[3]

（七）福 建

未发现。

（八）台 湾

未发现。

---

〔1〕安徽省文物考古研究所等《安徽马鞍山东吴朱然墓发掘简报》，《文物》1986 年 3 期，1—15 页。

〔2〕江西省博物馆《江西南昌晋墓》，《考古》1974 年 6 期，373—378 页。

〔3〕江西省历史博物馆《江西南昌市东吴高荣墓的发掘》，《考古》1980 年 3 期，219—228 页。

五　中南各省

（一）河　南

1. 陕县

刘家渠汉简。性质不明（木简 2 枚，1 枚残简有 3 字，1 枚无字），1956 年刘家渠汉墓（M23）出土，有字者残长 18.4 厘米，无字者残长 18 厘米。[1]

2. 新蔡县

葛陵楚简。占卜简和遣册（竹简 1571 枚），1992 年葛陵村楚墓（平夜君墓）出土，竹简残断，尺寸不详。[2]

3. 信阳市

▲长台关楚简。古书和遣册（竹简 148 枚），1957 年长台关楚墓（M1）出土，古书简长 45 厘米，遣册简长 68.5—68.9 厘米。[3]

（二）湖　北

1. 老河口市（旧光化县）

五座坟汉简。遣册（竹简 30 余枚），1973 年五座坟西汉墓出土，尺寸不详。[4]

2. 随州市（旧随县）

（1）擂鼓墩曾简。遣册（竹简 240 枚，其中有字简 215 枚，简数有

---

〔1〕黄河水库考古工作队《河南陕县刘家渠汉墓》，《考古学报》1965 年 1 期，107—168 页。

〔2〕河南省文物考古研究所编《新蔡葛陵楚墓》，郑州：大象出版社，2003 年，173、186—231 页，图版六九至一九六。

〔3〕河南省文物考古研究所《信阳楚墓》，北京：文物出版社，1986 年，67—68、124—136 页；商承祚《战国楚竹简汇编》，济南：齐鲁书社，1995 年，1—42、133—178 页。案：后书收简 137 枚，兹依前书。

〔4〕湖北省博物馆《光化五座坟西汉墓》，《考古学报》1976 年 2 期，149—169 页。

误,《报告》称:其中 26 枚系无字简(215—240 号)。竹楬 2 枚),1978 年擂鼓墩曾墓(M1,曾侯乙墓)出土,遣册简长 70—75 厘米,竹楬,一枚长 10 厘米,一枚长 11 厘米。[1]

(2)▲**孔家坡西汉简牍**。日书、历谱、赗方(竹简 460 枚,木牍 1 枚),2000 年孔家坡西汉墓(M8)出土,长 34 厘米。[2]

3. 云梦县

(1)**零牍**。赗方(木牍 1 枚),1972 年大坟头西汉墓(M1)出土,长 24.6 厘米。[3]

(2)**睡虎地秦简**。竹法律文书等(竹简 1155 枚,又残片 80 片),1975 年睡虎地秦墓(M11)出土,长 23—27.8 厘米。[4]

(3)**睡虎地秦牍**。家书(木牍 2 枚),1975—1976 年睡虎地秦墓(M4)出土,一枚长 23.4 厘米,一枚残长 16 厘米。[5]

(4)**龙岗秦简**。律令文书(竹简 293 枚,木牍 1 枚),1989 年龙岗秦墓(M6)出土,简长 28 厘米,牍长 36.5 厘米。[6]

4. 武汉市

任家湾零简。名谒(木简 3 枚,仅 1 枚可以看得清有"道士郑丑再拜……"等字),1955 年武昌任家湾六朝墓出土,长 18.8—21.5 厘米。[7]

5. 鄂州市(旧为县)

鄂城水泥厂零牍。名谒(木牍 6 枚),1980 年鄂城水泥厂东吴墓(M1)

---

〔1〕 湖北省博物馆《曾侯乙墓》,北京:文物出版社,1989 年,452—458、487—531 页。

〔2〕 张昌平《随州孔家坡墓地出土简牍概述》,《古代文明研究通讯》总第六期(2000 年 9 月),41—43 页。

〔3〕 湖北省博物馆等《湖北云梦西汉墓发掘简报》,《文物》1973 年 9 期,23—36 页。

〔4〕 云梦睡虎地秦墓编写组《云梦睡虎地秦墓》,北京:文物出版社,1981 年。

〔5〕 湖北省孝感地区文物考古训练班《湖北云梦睡虎地十一座秦墓发掘简报》,《文物》1976 年 9 期,51—61 页。

〔6〕 湖北省文物考古研究所、孝感地区博物馆、云梦县博物馆《云梦龙岗秦汉墓地第一次发掘简报》,《江汉考古》1990 年第 3 期;湖北省文物考古研究所等《云梦龙岗秦墓及出土简牍》,《考古学集刊》第 8 集,87—121 页;梁柱、刘信芳《云梦龙岗秦简》,北京:科学出版社,1997 年;中国文物研究所等《龙岗秦简》,北京:中华书局,2001 年。

〔7〕 武汉市文管会《武昌任家湾六朝初期墓清理简报》,《文物》1955 年 12 期,65—73 页。

出土，长 24—25 厘米。[1]

6. 荆州市（包括旧江陵县和沙市）

（1）**望山楚简**。（A）占卜简（207 枚），1965 年江陵望山楚墓（M1）出土，残，尺寸不详；[2]（B）遣册（66 枚），1966 年江陵望山楚墓（M2）出土，最长 64.1 厘米。[3]

（2）**藤店楚简**。遣册（竹简残简 24 枚），1973 年江陵藤店楚墓（M1）出土，残，最长 18 厘米。[4]

（3）**凤凰山简牍**。（A）遣册（竹简 176 枚），1973 年江陵凤凰山西汉墓（M8）出土，简长 22.4—23.8 厘米；[5]（B）遣册（竹简 80 枚）和文书（木牍 3 枚），1973 年江陵凤凰山汉墓（M9）出土，简长不详，牍长16.5 厘米；[6]（C）遣册（竹简 170 余枚）、赗方（木牍 1 枚）、符券（木牍1 枚）和簿籍（木牍 4 枚），1973 年江陵凤凰山汉墓（M10）出土，简长23 厘米，牍长 23—23.5 厘米；[7]（D）遣册（竹简 74 枚）和木楬（5 枚），1975 年江陵凤凰山西汉墓（M167）出土，简长 23 厘米，木楬长不详；[8]（E）遣册（竹简 66 枚，竹牍 1 枚），1975 年江陵凤凰山西汉墓（M168）出土，简长 24.2—24.7 厘米，牍长 23.2 厘米；[9]（F）遣册（竹简，数量不详），1975 年江陵凤凰山西汉墓（M169）出土，尺寸不详。[10]

---

[1]　鄂城县博物馆《湖北鄂城四座吴墓发掘报告》，《考古》1982 年 3 期，257—269 页。

[2]　湖北省文物考古研究所《江陵望山沙冢楚墓》，北京：文物出版社，1996 年，108—110 页。

[3]　《江陵望山沙冢楚墓》，161—163 页。

[4]　荆州地区博物馆《湖北江陵藤店一号墓发掘简报》，《文物》1973 年 9 期，7—17 页。

[5]　长江流域第二期文物考古工作人员训练班《湖北江陵凤凰山西汉墓发掘简报》，《文物》1974 年 6 期，41—61 页。案：简报所记简数为 175 枚，《散见简牍合辑》55 页所记简数为 176 枚。

[6]　《湖北江陵凤凰山西汉墓发掘简报》。

[7]　《湖北江陵凤凰山西汉墓发掘简报》。案：简报所记简数为 170 枚，弘一《江陵凤凰山十号汉墓简牍初探》（《文物》1974 年 6 期，78—84 页）所记简数为 172 枚，《散见简牍合辑》66 页所记简数为 170 余枚。

[8]　凤凰山一六七号汉墓发掘整理小组《江陵凤凰山一六七号汉墓发掘简报》，《文物》1976 年 10 期，31—37 页。

[9]　纪南城凤凰山一六八号汉墓发掘整理组《湖北江陵凤凰山一六八号汉墓发掘简报》，《文物》1975 年 9 期，1—8 页。

[10]　尚未发表，部分简文见于俞伟超《古史分期问题的考古学观察》（收入所著《先秦两汉考古论集》，北京：文物出版社，1985 年，1—33 页）和陈振裕《从凤凰山简牍看文景时期的农业生产》（《农业考古》1982 年 1 期，62—70 页）引用。

（4）**天星观楚简**。占卜简和遣册（竹简 70 余枚，余残断），1978 年江陵天星观楚墓（M1，邸阳君潘胜墓）出土，长 64—71 厘米。[1]

（5）**马山零简**。楬（竹简 1 枚），1982 年江陵马山 1 号楚墓（M1）出土，长 11 厘米。[2]

（6）▲**张家山汉简**。（A）遣册、历谱、法律文书（竹简 1000 余枚，含少量古书），1983—1984 年江陵张家山西汉墓（M247、M249、M258）出土，《历谱》长 23 厘米，《二年律令》长 31 厘米，《奏谳书》长 28.6—30.1 厘米，《脉书》长 34.2—34.6 厘米，《算术书》长 29.6—30.2 厘米，《盖庐》长 30—30.5 厘米，《引书》长 30—30.5 厘米；[3]（B）日书（竹简 300 余枚），1985 年江陵张家山西汉墓（M127）出土，分两种，一种长 35—36.5 厘米，一种长 17.4—17.6 厘米；[4]（C）遣册、历谱、文书、古书（竹简 184 枚），《功令》长 29.8 厘米，"却谷食气"简长 26.3 厘米，《盗跖》长 30 厘米，"宴享"简长 23.5 厘米，《七年质日》长 37.2 厘米，"汉律十五种"简长 30 厘米，"遣册"简长 25 厘米。[5]

（7）**秦家嘴楚简**。占卜简和遣册（竹简 41 枚），1986—1987 年江陵秦家嘴秦墓（M1、13、99）出土，尺寸不详。[6]

（8）▲**九店楚简**。古书（竹简 334 枚），1981—1989 年江陵九店楚墓（M56、411、621）出土，M56 所出长 46.6—48.2 厘米，M411 所出长 68.8 厘米，M621 所出，残，最长 22.2 厘米。[7]

---

〔1〕湖北省荆州地区博物馆《江陵天星观一号楚墓》,《考古学报》1982 年 1 期,71—116 页。

〔2〕湖北荆州地区博物馆《江陵马山一号楚墓》，北京：文物出版社，1985 年，89 页。

〔3〕荆州地区博物馆《江陵张家山三座汉墓出土大批竹简》,《文物》1985 年 1 期,1—8 页；张家山汉简整理小组《江陵张家山汉简概述》，同上，1—8 页；张家山汉墓竹简整理小组《江陵张家山汉简概述》，同上，9—13 页。张家山二四七号汉墓竹简整理小组《张家山汉墓竹简〔二四七号墓〕》，北京：文物出版社，2001 年。

〔4〕荆州地区博物馆《江陵张家山两座汉墓出土大批竹简》,《文物》1992 年 9 期,1—11 页。

〔5〕《江陵张家山两座汉墓出土大批竹简》。

〔6〕荆沙铁路考古队《江陵秦家嘴楚墓发掘简报》,《江汉考古》1988 年 2 期,36—43 页。

〔7〕湖北省文物考古研究所《江陵九店东周墓》，北京：科学出版社，1995 年，339—340、506—512 页；湖北省文物考古研究所等《九店楚简》，北京：中华书局，2000 年。案：前书释文收简 190 枚，后书释文收简 234 枚，均不包括 M411 的 2 枚，也不包括无字简。

（9）**▲岳山秦牍**。日书（木牍2枚），1986年江陵岳山秦墓（M36）出土，一枚长23厘米，一枚长19厘米。[1]

（10）**扬家山秦简**。遣册（竹简75枚），1990年江陵扬家山秦墓（M135）出土，长22.9厘米。[2]

（11）**高台零牍**。赗方和告地册（木牍4枚），1990年江陵高台西汉墓（M18）出土（同时发掘的M4、M5也出土了竹简和木牍），牍甲长14.8厘米，牍乙长23厘米，牍丙长23.2厘米，牍丁长23.1厘米。[3]

（12）**萧家草场汉简**。遣册（竹简35枚），1992年沙市萧家草场汉墓（M26）出土，长23.7—24.2厘米。[4]

（13）**▲周家台秦简**。历谱、日书、医方及其他（竹简381枚，木牍1枚），1993年沙市周家台秦墓（M30）出土，历谱简和日书简长29.3—29.6厘米，医方及其他简长21.7—23厘米。[5]

（14）**▲王家台秦简**。法律文书、日书和《归藏》（竹简813枚，竹牍1枚），1993年江陵王家台秦墓（M15）出土，竹简，一种长45厘米，一种长23厘米；竹牍，残长21厘米。[6]

7. 荆门市

（1）**包山楚简**。遣册、占卜和法律文书（竹简448枚，其中有字简278枚，竹牍1枚），1986—1987年包山楚墓（M2）出土。遣册简长72.3—72.6厘米。占卜简，有三种长度，一种是69.1—69.5厘米，一种是68.1—68.5厘米，一种是67.1—67.8厘米。文书简，一般长62—69.5厘米，

---

〔1〕湖北省江陵县文物局、荆州地区博物馆《江陵岳山秦汉墓》，《考古学报》2000年4期，537—563页。

〔2〕荆州地区博物馆《江陵扬家山一三五号秦墓发掘简报》，《文物》1993年8期，1—11转25页。

〔3〕荆州地区博物馆《江陵高台一八号墓发掘简报》，《文物》1993年8期，12—20页。

〔4〕湖北省荆州市周梁玉桥遗址博物馆《关沮秦汉墓简牍》，北京：中华书局，2001年，138—142页。

〔5〕《关沮秦汉墓简牍》，104—126页。

〔6〕荆州地区博物馆《江陵王家台一五号秦墓》，《文物》1995年1期，37—43页；王明钦《王家台秦墓竹简概述》，《古代文明研究通讯》总第六期（2000年9月），36—39页。

少数长 55 厘米。[1]

（2）▲**郭店楚简**。古书（竹简 804 枚），1993 年郭店楚墓（M1）出土，最长简，长 32.3—32.5 厘米；其次，长 30.6 厘米；其次，长 28.1—28.3 厘米；其次，长 26.4—26.5 厘米；其次，长 17.2—17.7 厘米；最短简，长 15.1—15.2 厘米。[2]

8. 枣阳市

九连墩楚简。性质不详（竹简 1000 余枚），2002 年九连墩楚墓（M2）出土，"有明显的编联痕迹，其上有漆书图案"。[3]

（三）湖　南

1. 长沙市

（1）▲**子弹库楚帛书**。古书（至少 3 件），1942 年子弹库楚墓出土（该墓于 1973 年被重新发掘，标号 73 长子 M1），长 47 厘米、宽 38.7 厘米。[4]

（2）**五里牌楚简**。遣册（竹简 18 枚，由 38 个碎片拼成），1951 年五里牌楚墓（M406）出土，残，最长 13.2 厘米。[5]

（3）**伍家岭零牍**。封泥匣（10 枚，质地不详，其中 1 枚有字，其他字迹模糊），1951—1952 年伍家岭西汉墓（M203）出土，长 5.8 厘米、宽 2.05 厘米、厚 1.35 厘米。[6]

---

[1] 湖北省荆沙铁路考古队《包山楚墓》，北京：文物出版社，1991 年，上册，265—277、348—399 页。

[2] 湖北省荆门博物馆《荆门郭店一号楚墓》，《文物》1997 年 7 期，35—48 页；荆门市博物馆《郭店楚墓竹简》，北京：文物出版社，1998 年。

[3] 湖北省文物考古研究所《湖北枣阳市九连墩楚墓》，《考古》2003 年 7 期，10—14 页。案：此种青面有纹饰，黄面无文字，是否为竹简，不能肯定。

[4] 湖南省博物馆《长沙子弹库战国木椁墓》，《文物》1974 年 2 期，36—40 页；李零《楚帛书的再认识》，收入《李零自选集》，桂林：广西师范大学出版社，1998 年第二版，227—262 页。

[5] 中国科学院考古研究所《长沙发掘报告》，北京：科学出版社，1957 年，54—57 页。

[6] 《长沙发掘报告》，图版捌伍，1；124 页，图一○四。

（4）**徐家湾零牍**。楬（木质1枚），1951—1952年徐家湾西汉墓（M401）出土，长11.8厘米。[1]

（5）**仰天湖楚简**。遣册（竹简43枚），1953年仰天湖楚墓（M25）出土，长22厘米。[2]

（6）**杨家湾楚简**。遣册（竹简72枚，其中27简无字，10简模糊不清），1954年杨家湾楚墓（M6）出土，长13.5厘米。[3]

（7）▲**马王堆帛书和竹简**。（A）遣册（竹简312枚）和木楬（49枚），1972年马王堆汉墓（M1）出土，简长27.6厘米；[4]（B）古书（帛书30件）、医书（竹简200枚；木简11枚）、遣册（竹简410枚）和赗方（木牍7枚），1973年马王堆汉墓（M3）出土，帛书分两种，一种为48×18厘米，一种是24×18厘米；简长27.4—27.9厘米，牍长28厘米。[5]

（8）**走马楼三国简**。文书（竹简、木牍约9万枚［粗估］），1996年走马楼古井（J22）出土，券书类（大木简）长49.8—54.3厘米，官府文书和司法文书类（木牍）长23.4—25厘米，户籍类（竹简）长23.2—23.5厘米。[6]

2. 常德市

夕阳坡零简。文书（竹简2枚），1983年夕阳坡楚墓（M2）出土，一

〔1〕《长沙发掘报告》，图版捌伍，2。
〔2〕湖南省文管会《长沙仰天湖第二五号木椁墓》，《考古学报》1957年2期，85—94页。
〔3〕湖南省文管会《长沙杨家湾六号墓清理简报》，《文物参考资料》1954年12期，20—46页；《长沙出土的三座大型木椁墓》，《考古学报》1957年1期，93—101页。
〔4〕湖南省博物馆等《长沙马王堆1号汉墓》，北京：文物出版社，1973年，上册，112—118、130—155页。
〔5〕湖南省博物馆等《长沙马王堆二、三号汉墓发掘简报》，《文物》1974年7期，39—48转63页；晓菡《长沙马王堆汉墓帛书概述》，《文物》1974年9期，40—44页；马王堆汉墓帛书整理小组编《马王堆汉墓帛书》〔壹〕〔叁〕〔肆〕，北京：文物出版社，1980、1983、1985年。
〔6〕胡平生、宋少华《长沙走马楼简牍概述》，《传统文化与现代化》1997年3期，79—89页；长沙走马楼吴简整理小组编《长沙走马楼三国吴简·嘉禾吏民田家莂》，北京：文物出版社，1999年，3—44页。案：李均明《古代简牍》所记不同，简牍总数作14万（包括无字简）。简牍尺度，大木简长49.8—56厘米；小木简长24.2厘米；竹简有多种尺寸，已见赋税简，一种长25—29厘米，一种长22.2—23.5厘米；木牍，已见者长23.4—24.5厘米；木楬长7.5—11.2厘米；封检长12—17.5厘米。

长 67.5 厘米，一长 68 厘米。[1]

3. 慈利县

▲**石板村楚简**。古书（竹简残简 4557 枚），1987 年石板村楚墓（M36）出土，长 45 厘米左右（推测）。[2]

4. 沅陵县

▲**虎溪山西汉简**。包括《黄簿》《阎氏五胜》（原作《日书》）、《美食方》三种（竹简残简 1336 片，推测整简约 800 枚），1999 年虎溪山西汉墓（M1）出土，《黄簿》（残简 241 片，其中整简 120 枚）长 14 厘米，《阎氏五胜》（残简 1095 片，其中整简 500 枚）长 27 厘米，《美食方》（残简 300 片，推测整简在 300 枚以上）长 46 厘米。[3]

5. 龙山县

里耶秦简。包括极少量战国楚文书（竹简），其他多是秦文书（木简和木牍 36000 余枚），2002 年里耶战国、秦代古城 1 号井（J1）出土，一般长 23 厘米，但也有长 46 厘米以上的异形简牍。[4]

（四）广　东

未发现。

---

〔1〕　杨启乾《常德市德山夕阳坡二号楚墓竹简初探》，收入《楚史与楚文化研究》（《求索》杂志社 1987 年增刊），335—348 页。

〔2〕　湖南省文物考古研究所等《湖南慈利石板村三六号战国墓发掘简报》，《文物》1990 年10 期，37—47 页；张春龙《慈利楚简概述》，《古代文明研究通讯》总第六期（2000 年9 月），31—32 页。案：简数是据后文。

〔3〕　湖南省文物考古研究所等《沅陵虎溪山一号汉墓发掘简报》，《文物》2003 年 1 期，36—55 页。

〔4〕　湖南省文物考古研究所等《湖南龙山里耶战国、秦代古城一号井发掘简报》，《文物》2003 年 1 期，4—35 页。

（五）广　西

贵县

零简和零牍。文书（木简 10 余枚，木牍 5 枚，封检 2 枚），1976 年罗泊湾西汉墓（M1）出土。木简尺度不详。木牍，《从器志》长 38 厘米，《东阳田器志》残长 9 厘米，又一枚记田器牍长 25.2 厘米，其他两枚不详。[1]

六　西南各省、区

（一）四　川

青川县

郝家坪秦牍。法律文书（木牍 2 枚），1979—1980 年郝家坪战国秦墓（M50）出土，长 46 厘米。[2]

（二）云　南

未发现。

（三）贵　州

未发现。

---

〔1〕 广西壮族自治区文物工作队《广西贵县罗泊湾一号墓发掘简报》，《文物》1978 年 9 期，25—42 页。
〔2〕 四川省博物馆等《青川县出土秦更修田律木牍》，《文物》1982 年 1 期，1—21 页。

（四）西　藏

未发现。

又，流散简牍：

1. **▲上海博物馆藏楚简**。古书（1200 余枚），1994 年从香港古玩市场购回，推测是从荆门郭家岗墓地盗出，长短不一，最长简，长 56 厘米；最短简，长 20 厘米。[1]

2. **▲香港中文大学文物馆藏简牍**。古书、文书（240 枚），系该馆历年在香港古玩市场蒐购，具体入藏年代不详。其中战国楚简（10 枚，皆残片），从内容看，与上博楚简是同一批东西；汉代简牍（229 枚）5 种，其中记录尺寸，只有《奴婢廪食粟出入簿》（27 枚），长 22.6—23.4 厘米，晋代木牍（1 枚）长 35.8 厘米。[2]

---

〔1〕 马承源主编《上海博物馆藏战国楚竹书》，目前只出版了其中的第（一）、（二）两册（上海：上海古籍出版社，2001 年和 2002 年）。案：关于这批竹简的出土来源和入藏经过，请参看该书序言。

〔2〕 陈松长编著《香港中文大学文物馆藏简牍》，香港：香港中文大学文物馆，2001 年。

第四讲

简帛的形制与使用

清代学者讨论这类问题，多半只是根据文献记载。结合实物的讨论，都是 20 世纪范围内的东西，都是根据这一百年的发现。比如王国维的《简牍检署考》，[1] 就是这方面的经典之作。此文写于 1912 年，当时材料很少，只有旧敦煌汉简一类发现。但王氏对文献很熟，对考古发现的悟性很高，他的论述，就是今天看来，也还是入门必读（参看此讲附录）。其次重要，当推陈梦家的《由实物所见汉代简册制度》。[2] 他的文章写于 1962 年，比王氏晚了整整 50 年。王氏的知识主要是来自文书简，对出土古书，他还缺乏深入了解。陈氏的讨论基础是 1959 年出土的磨咀子汉简，主要是古书，所见文书简也比王氏多得多，可以补充王说，修正王说。但大批的竹简帛书，特别是战国秦汉古书的两次出土浪潮，他们都没赶上。

〔1〕 王国维《简牍检署考》，收入《王国维遗书》，上海：上海古籍书店，1983 年，第九册。
〔2〕 陈梦家《由实物所见汉代简册制度》，收入所著《汉简缀述》，北京：中华书局，1990 年，291—315 页。

这些文章只能反映 70 年代以前的认识水平。70 年代后，出土日增，材料山积，很有必要做重新总结。

我们先讲"简牍"。简牍始于何时，现在还苦无证明。但战国有简有牍，这点不成问题。《论衡·量知》说"夫竹生于山，木长于林，未知所入。截竹为简，破以为牒，加笔墨之迹，乃成文字，大者为经，小者为传记。断木为椠，析之为板，力加刮削，乃成奏牍"，就是讲"简牍"。"简"是竹简，但也包括木简；"牍"是木牍，但偶尔也有竹牍。

（一）竹简和木简

竹简是截竹为筒，破筒为片，编联成册，用以书写。单片称"牒"（本指竹简），[1] 称"札"（本指短小而轻薄的木简），[2] 称"策"（以其类于"筹策"），[3] 统称曰"简"（或说长曰"策"，短曰"简"）。[4] 联简成编则称"篇"（"篇"与"编"通），称"册"（字像编简成册，或假"策"字为之），[5] 称"卷"（以其可以舒卷）。竹材多出东南（尤以楚越为著），[6] 西北无竹，或用木（多为松、柏、杨、柳）。木简大概是从椠木（详下）截取，形式则与竹简同。它

---

〔1〕 王国维以"牒"为竹木简之统称，但《论衡·量知》说"截竹为简，破以为牒"，则"牒"之本义当与"断木为椠"的"椠"相似，是指最长的竹材。

〔2〕 "札"字从木，《汉书·司马相如传》"上令尚书给笔札"，颜师古注："札，木简之薄小者也。"陈梦家已指出"札"是木简。

〔3〕 疑"策"与作筹算用的"策"有关。详王氏对"策"与"算"之关系的讨论。

〔4〕 见孔颖达《尚书正义》引顾彪说。

〔5〕 唐贾公彦、孔颖达以"策"为连编诸简之义，混"册"为"策"，学者多从之。其实"册"与"策"是有区别的。比如孟子说"吾于《武成》取二三策而已矣"，这样的"策"就是单简。甲骨、金文只有"册"，未见"策"，"策"字见于中山王方壶。

〔6〕 银雀山汉简《奇正》："形胜，以楚越之书之而不足。"见银雀山汉墓竹简整理小组《孙膑兵法》，北京：文物出版社，1975 年，121 页。

们的形式特点对研究整理竹木简是必要知识。下请分别述之：

（1）**取材和修治**。竹简用于书写，除按一定尺寸截取其材，还要经过"杀青"，即用火烤去水分，变湿为干。如据《别录》佚文，向、歆校书是以"杀青"简缮写其书，所谓"杀青"简就是烤干的简。五代郭忠恕作《汗简》，所谓"汗简"就是这样的简。木简，陈梦家怀疑，"书写之前，似经过一道用特殊液体涂染的手续"，类似纸书的"染黄"，"出土木简表面有光亮，似涂胶质者"。[1]近来，通过对尹湾简牍的鉴定，确实如此。[2]

（2）**简形**。竹简经修治，一般作长条状，简端等齐，作平头，但也有些简，简端是作梯形或圆形（如郭店楚简和上博楚简就有这样的简）。竹简有两面：青面和黄面，《说文》称前者为"筤"，后者为"笨"。书写多在黄面，为简之正面（帛书、纸书也是一面书写），但简背有时也写字。特别是篇题，常常都是写在卷首第二简或卷尾第二简（倒数第二简）的简背（卷轴式纸书和册页式纸书的书题仍留下它的痕迹）。

（3）**简长**。研究竹简的尺寸，长短、宽窄、厚薄，"三维"都重要。但在古代的"开本"概念中，简长更重要。前人讲竹简制度，对此注意最多。王氏讲简牍"开本"，有"简六牍五"说。[3]他认为标准简长是以"六"为基数，长简二尺四寸（为"四六"，以汉尺 23.5 厘米计，约 56 厘米），当周三尺（汉尺一尺，当周八寸），抄经典（古书称"典"）或律令、仪典；[4]中简一尺二寸（为"二六"，约 28 厘米，为长简之半），当周尺半，抄传记或簿籍；短

---

〔1〕《汉简缀述》，295 页。

〔2〕参看：石雪万《尹湾竹木简缀述》，连云港市博物馆、中国文物研究所《尹湾汉墓简牍综述》，北京：科学出版社，1999 年，169—174 页。

〔3〕王国维推测秦数用六，汉数用五，简为秦制，牍为汉制，说甚详，然觉例外较多，不自信。

〔4〕《盐铁论·诏胜》有"二尺四寸之律"，《汉书·酷吏传》和《朱博传》有"三尺律"，王国维以"周尺八寸"说之，以为是一回事，陈梦家以为恐不足据。疑"三尺律"者或书于牍，"二尺四寸律"则书于简。又王氏提到汲冢竹书中的《穆天子传》也是二尺四寸简，则子书也有书于长简，并非全是短书。

简八寸（约 19 厘米，为长简的三分之一），当周一尺，钞子书；最短简六寸（为"一六"，约 14 厘米，为长简的四分之一），是作符算（"符"是通行证，"算"是算筹，汉代的算筹是六寸长）〔案：其说没有"三六"，也没有"二八"，陈梦家说六寸简是《说文》的"专"，并以"传记"之"传"从此来〕。二尺四寸简和一尺二寸简可能是最基本的长度。另外，古代册祝、册命之书，还有用两种不同长度的简，一长一短编联成册。比如《说文》对"册"字的解释就是根据这样的"册"。王国维说，从文献记载看，长短相间的册命简，不但从西汉到北齐一直用，而且有类似的书籍。比如《战国策》一书，据刘向《别录》，它有一个别名叫"长短"（唐代赵蕤的《长短经》就是取典于此），王国维推测就是这种编法。[1]可惜这样的实物，我们还没发现。我很怀疑，古人所说的"长短相间"，大概属于版式的安排，即类似上博楚简《子羔》篇，在满写的简文中再插入若干上下留白的简。[2]关于出土竹木简的长度，恐怕要做全面统计，文书是文书，典籍是典籍，分门别类，各录尺寸。我的印象，战国简的尺寸似乎还很不固定，汉初简也未必合于王氏所考，东汉简虽可能存在王氏所考的标准，但更多的简则与他说的牍制（详下）相近，二者似有合流的趋势。汉代牍制是以"五"为基数，或三尺，或二尺，或一尺，特别是以"尺牍"最流行。这个时期的简也是以"尺简"为多。王氏所考，所据文献多出武帝以后或东汉魏晋（如桓谭《盐铁论》《孝经钩命决》、王充《论衡》、郑玄《论语序》、《汉书》应劭注、荀勖《穆天子传序》），有可能是西汉晚、东汉早才确立的制度。陈梦家以磨咀子《仪礼》简验证王氏所考，甲、丙两本皆二尺四寸，书经；乙本二尺一寸半，为单册的经传。这只能证明西汉晚期和东汉以来的制度是如此。战国、秦代和西汉

---

〔1〕 陈梦家不取此说。

〔2〕 参看：李零《上博楚简三篇校读记》，台北：万卷楼图书有限公司，2002 年。又古人或以小竹片系之于简，用以解释原文，叫"笺"，参看余嘉锡文。

早期的情况，其实还要调查。

（4）**编联**。竹简编联通常用丝纶，如向、歆校书、荀勖校书，就有"素丝绳""青丝绳"和"缥丝绳"等区别。西北地区的木简也用麻绳（如《永元兵物簿》），简文本身称为"绳"。其编联方式通常分两种，三道编是分一简为简端、简尾和上、下两段，两道编是分一简为上、中、下三段。有些大简还有四道或五道编（磨咀子《仪礼》）。为了固定编绳，有时还在简的右侧刻三角形契口（王国维以为即魏晋律令所说的"款缝"）。出土竹简，编绳多断朽无存，但留下痕迹。编痕是拼联竹简的重要依据。《史记·孔子世家》说孔子读《易》，"韦编三绝"，前人以为是以皮绳编简，难以置信，恐怕还是读为"纬编三绝"（即三道编绳都断了）更合适。这和我们翻书，翻得太多，书会掉开来、散开来是一样的。

（5）**收卷**。古书联缀成篇，篇尾或有赘简，如同帛书和纸书的空白。联起来的简可能长短会有误差，编好后要用刀切齐，如同后世的裁切书根，《说文》叫"等"。切齐的简有如画轴，可以随意舒卷。如果以首为心，则卷首收在里面，卷尾露在外面，用尾题；如果以尾为心，卷尾收在里面，卷首露在外面，用首题。卷起来的简，当有扣结之绳（"带"，子弹库帛画有这种绳，可供参考），与卷轴的收卷大同小异。收起来的简外面有套，叫"帙"（或一帙一卷，或一帙数卷）。陈梦家说杨家湾楚简和磨咀子汉简似有"帙"，情况还有待调查。

（6）**卷长**。出土竹木简，完册比较少见（只有居延汉简中的《永元兵物簿》等少数几件），故学者于卷长不太留心。古人所说的"卷"和"篇"概念不完全一样。"篇"是按内容起讫自为长短，而"卷"则是竹简编联成册的一种长度规格。古人著书，可以一篇一卷（长篇还可再分上下），也可以数篇合钞，本无所谓长短。但向、歆校书，这个问题就很突出，长则一书数卷，短则数书一卷，卷与卷的分量比较接近，才便于上架庋藏。"批量化"导致"规格化"。当然，汉代的"卷"有多长，恐怕只能以握持之便定其大概，实际上也不是固定的（今之卷、册仍如此）。[1]

（**7**）**缮写**。简文有先编后写（在编好的册上直接写），也有先写后编（先写单简，然后合编），前者最普遍。其书体，各个时期有各个时期的特点。从道理上讲，不但应分期断代，还应分国分域。但现在的战国简，目前发现全在河南、湖北、湖南三省，除曾侯乙墓所出是战国早期的曾简，其他都是战国中晚期的楚简。早期字体和晚期字体差别在哪儿，恐怕还要比较，我们的知识很不够。研究战国文字，过去对国别十分强调，现在看来，典型区别字固有，但总体特征不能讲得太过分。我们不能设想，楚国人跟齐国人或秦国人通信，他们彼此看不懂。相反，我们倒是应当对书手的差异给予更多重视。因为出土简本经常是由不同的书手来抄写，个体差异很大，一人一个样，简文的分类和拼联，这是重要依据。另外，古人抄书，有些抄得比较好，有些抄得比较差。后世古书有删削、涂改、配抄、补抄，早期也有这些情况。如郭店楚简《缁衣》就是把脱文补在简背，《语丛四》就是把脱文补在篇末。古书有错字，用墨笔书写，很难擦掉（古代颜料中，墨的固着力最强），当时人改字，没有橡皮和涂改液（有了也擦不掉、盖不住），他们用的是书刀即削。[2]古代书吏（现在叫"书记员"）总是把这两样工具带在身边，所以也叫"刀笔吏"。

（**8**）**版式和容字**。简文书写一般为竖写左行（古人以左行为顺势，右行为逆势），从上到下，从右到左。个别情况，也有分栏书写（如郭店楚简《语丛三》的末尾），甚至像现在的报纸那样，干脆是一块块往起拼（如睡虎地秦简《日书》）。另外，竹简是一条条拼起

---

〔1〕 古书初无长篇，而多短帙。长篇都是短篇纂起来的。《老子》说"少则得，多则惑"，短篇的东西经常比长篇更有生命力。比如汉籍西传，《易经》《老子》《孙子》是"三大奇书"。这些古书都在"五千言"左右（还不及现在一篇文章长），可迷倒的人却无其数，能量超过大部头（《论语》的字数，不包括重文，也只有15000多字）。现在我们发现的古书，多半都是短篇，因此大家对篇长不太注意。如果我们能看到向、歆校雠的西汉官本，情况可能就不一样了（现在的大部头，如《管子》《庄子》《墨子》《韩非子》《吕氏春秋》等书可能都是后来纂起来的）。

〔2〕 书简用刀用笔，王国维尚存犹疑，但已指出"刀笔吏"之"刀"是用以削牍而非刻字。

来的，画图不太方便。但古人在这样的书写材料上偶尔也画图（如睡虎地《日书》就有图）。这是版式。版式定下来就有容字的问题，即版本家说的"行大多少字"，"行小多少字"（现在电脑的 layout 也包括这类问题）。竹简容字多少是随简长、字体大小而有所不同，数字并不固定。但同一书手抄写的同一书则每简字数大体相近，缺字脱字、缺简脱简，都是据此推算。过去王国维说，竹简或两行，或一行；字数则视简之长短，自四十字至八字不等，所据为文献记载。现在从出土情况看，则简皆一行书，[1]字之长短很不统一。[2]

（9）符号。古代竹简可能不用符号，如同宋以来的古书；有，可能用法也并不固定，要视情况而定。这些符号，可按功能粗分为四类：a）篇号。作 ∟、√ 等形，用来分篇，多在篇尾（下面往往空字）；b）章号。作□、■、○、●、△、▲等形，用来分章，有时只在章首，有时章首、章尾都有；c）句读。作小点、小横，用来断句（特别是韵文）或区分专名；d）重文号和合文号。作两小横或一小横，表示文字重复或合两字为一字。这些符号，有些可能有读音，如上面的篇号，或说即《说文》训为"钩识也"的"∟"字（音义如"绝"），或说即《史记·滑稽列传》"止，辄乙其处"的"乙"字（即校勘家所谓"乙正"的"乙"）；[3]句读，则可能

---

〔1〕 出土竹简皆一行书。《晋书·束皙传》提到的嵩山出土简，简虽竹制两行书，而用实同于牍（为汉明帝显节陵册文），不可视为常例。

〔2〕 如：（1）包山楚简（战国中期简）。多数为 67—72 厘米（以战国尺一尺为 23.1 厘米计，为二尺九、三尺或三尺一寸简），少数为 55 厘米（为二尺四寸简），今以长简计，一简约可容 50—70 字；（2）郭店楚简（战国中期简）。多为 26.4—32.5 厘米（为一尺一至一尺四寸简），少数为 15.1—17.7 厘米（为六寸或七寸简），今以长简计，一简约可容 25—30 字；（3）银雀山汉简（西汉中期简）。多数为 27.6 厘米（以汉尺一尺 23.5 厘米计，为一尺二寸简），少数为 18 厘米（为八寸简），今以长简计，一简约可容 35 字；（4）磨咀子汉简《仪礼》，为 50.5—56.2 厘米（为二尺二至二尺四寸简），一简约可容 60 字。

〔3〕 陈梦家文认为此类符号有三类用法，一作句读，一作章号，一作并列重文的间隔。他把《说文》训为"钩识"的"∟"和"乙正"的"乙"，还有"轧"字所从的"乙"混为一谈，并否认此字与"甲乙"之"乙"有关（309 页）。其实这几个字的古音并不相同（"∟"是月部字，"乙"是质部字，"轧"是物部字）。高大伦文认为此类符号有些是抄写原文时就已加入，不是阅读时才补加（291—301 页）。他们都未把此类（转下页）

是《说文》训为"有所绝止"的"丶"字（音义如"住"）。前者是 end（终止），后者是 stop（停止），一个是"大喘气"，一个是"小喘气"，因为都是表示停止，所以有时会换用。它们对分析简文结构非常重要。古书是联字成句，联句成章，联章成篇（参看《论衡·正说》）。篇和句的活跃性不如章。汉人讲"章句之学"，章句和章句组合不同，对文义理解有再创造。前人对此不明，每把"章句蒙太奇"叫"错简"，这是校勘学上的大谬（西方的"文献批评学家"也用此说）。因为整过竹简的人都知道，一条简和一条简拼错，正好文通字顺，那可太不容易（除非不顾文义，强行突破），简直就是 lottery（彩票）。[1]

（10）**题记**。前人讲古书制度，经常要讲大、小题。大题是书题或类似书题的总名（如《尚书》中的《虞书》《夏书》《商书》《周书》），小题是篇题。陈梦家据磨咀子《仪礼》指出，该书并无大题。现已出土的简帛古书也都没有书题。但没发现并不等于没有。因为这些竹简都是民间藏本，我们从《汉志》看，官本还是有大题的。出土竹简的篇题，有的有，有的没有。如果有，多半都是抄在篇末或第一、二简的简背。简背的顺序是反过来的。章题少见（传世古书也少见）。另外，古人抄书，对字数统计比较重视，就像我们的版权页要标字数一样。他们有时会在简尾标注字数（如马王堆《老子》乙本和银雀山《孙子兵法》的篇题木牍，陈梦家叫"计字尾题"），有时会在简尾标注章数（如郭店楚简《缁衣》）。但古人计字与今人略有不同，就是他们对重文都是作一字而非两字计，这点不能忽略。比如古人讲"《老子》五千言"，

符号理解为篇号。其实楚简除用此类符号作句读，还有书于篇尾，下面空字不书的一种，其实就是篇号。此类符号见于包山楚简，与"甲乙"之"乙"写法相似，郭店楚简出土后，西方学者对这个问题又有所讨论，见 Sarah Allan and Crispin Williams ed., *The Guodian Laozi*, Berkeley: The Society for the Study of Early China and the Institute of East Asian Studies, University of California 2000, p.137.

[1] 李零《银雀山简本〈孙子〉校读举例》，第三节，收入所作《〈孙子〉古本研究》，北京：北京大学出版社，1995 年，224—238 页。

"《孙子》五千言"就都是这样计算的。[1]还有，古人偶尔会在每简的下端标注简序，如同后世的页码（如磨咀子《仪礼》甲本）。但这样的例子比较少。

（二）木　牍

木牍是断木为板（多用松木制成，叫"椠"），刮削而成。这种木板多半是长方形的薄板，或称"方"，或称"版"，但最普通的名称是"牍"。"牍"常用于官方通信或文件移送。如作书信，通常要在写字的一面上再加一块板，叫"检"（相当信封）；然后外面用绳捆扎，叫"缄"（相当粘贴信封）；然后加封泥，在封泥上钤盖寄信人之玺印，叫"封"（相当欧式信件的火漆）；然后写收信人的地址和姓名，叫"署"。[2]此外，与"牍"类似，还有一种叫"觚"的多棱形木牍（图五）。牍的形式特点，陈梦家没怎么讲（因为他是围绕磨咀子汉简讲，磨咀子汉简是以古书为主），考证最详还是王国维（因为他所接触的是西域汉简，这些简主要都是文书简，牍在里面很突出）。下面是几点归纳：

（1）取材。木牍，顾名思义，当然是用木板写成，但偶尔也有竹制品发现，皆出土于长江流域。如包山 M2 出土的竹牍（图六：a），是作三面刮削，三行书，尺寸不详，内容是记下葬车辆，性质同于遣册和赗方，为战国中期的实例；[3]江陵王家台 M15 出土的竹牍，"残甚，字迹模糊，内容不详"，残长 21 厘米，宽 4 厘米，为

---

[1] 马王堆《老子》乙本为 5467 字，唐代通行本是 4999 字。银雀山《孙子兵法》估计有 5700 字左右，今本在 6000 字左右。参看《座谈长沙马王堆汉墓帛书》（《文物》1974 年 9 期，45—57 页）中张政烺先生的发言及拙作《〈孙子〉古本研究》248—251 页。案：马王堆帛书《六十四卦》，字数为 4900 余字，与前两种书相近。

[2] 王国维对此讨论甚详，除以检为封，还提到以囊、函为封。

[3] 湖北荆沙铁路考古队《包山楚墓》，北京：文物出版社，1991 年，上册，276—277 页；下册，图版二——。

战国末年到秦代的实例；[1]凤凰山 M168 出土的竹牍（图六：b），是作五面刮削，五行书，长 23.2、宽 4.1—4.4 厘米，性质属于告地册，为西汉早期的实例；[2]连云港花果山汉墓出土的竹牍，残长 6.2 厘米、宽 4.5 厘米，性质属于案例类的文书，则是西汉晚期的实例。[3]其形式与节（鄂君启节）和觚有相近之处。

此外，古人还把重要文件或地图铸在铜上。叫"金版"，如中山王墓的《兆域图》就是"金版"的实物。[4]

（2）牍长和牍宽。木牍的长度，据王国维考证，是以"五"为基数，三尺（为"六五"，约 70 厘米）为"椠"（也叫"牍朴"，意思是制牍的板材，可见其板材是以三尺下料），[5]用以书法令（汉人所谓的"三尺之法"疑即书于牍）；二尺（为"四五"，约 47 厘米）为"檄"（一种用以传告的重要文件，急件插羽，叫"羽檄"，相当后世的"鸡毛信"），用以征召、晓谕、申讨；一尺五寸（为"三五"，约 35 厘米）为"传信"，是通知沿途驿站的介绍信；一尺（为"二五"，约 23.5 厘米）为常见之"牍"；五寸（为"一五"，约 12 厘米）为"门关之传"，是出入关口的通行证。此外，汉代还以尺一牍为天子诏书（约 27 厘米），并有疑非常制的尺二、尺三牍（约 28 或 30 厘米），以及二尺五寸牍（约 59 厘米，可补上"五五"之缺）。木牍的宽度，据王国维考证，通常为长度的三分之一（如尺牍之宽为三寸三分，约合 8 厘米）。宽者可容字五行（如果写小字，甚至可以到七行、九行），用以写短文，多用单版，称为"牍"；窄者可容字两

---

[1] 荆州地区博物馆《江陵王家台 15 号秦墓》，《文物》1995 年 1 期，37—43 页。

[2] 纪南城凤凰山一六八号汉墓发掘整理组《湖北江陵凤凰山一六八号汉墓发掘简报》，《文物》1975 年 9 期，1—8 转 22 页，图版叁：1。

[3] 李洪甫《江苏连云港市花果山出土的汉代简牍》，《考古》1982 年 5 期，476—480 页，477 页：图二，3。

[4] "金版"，见《群书治要》卷三一引《逸周书·大聚》《六韬·武韬》《庄子·徐无鬼》。金版地图非寻常之物，但木版地图却比较常见，如放马滩秦地图就是画在长 26.5—26.8 厘米、宽 15—18.2 厘米的木牍上。

[5] 《释名》以"渐"训"椠"，包山楚简简 140、140 反提到"渐木"，以"先"为计，不知是否与此有关。

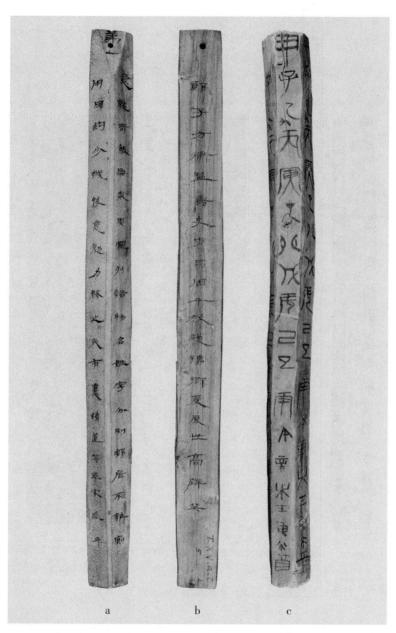

图五　木觚（敦煌烽燧遗址出土。a、b 为《急就篇》，c 为六十甲子）

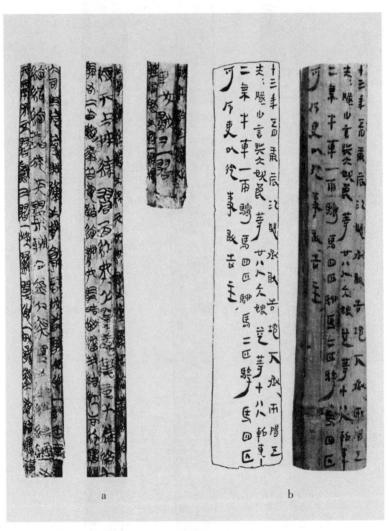

图六 竹牍：a. 包山 M2 出土；b. 凤凰山 M168 出土

行，连编成册，用以写长文，称为"奏"（用于奏事，也叫"两行牍"）。[1]出土木牍，其尺寸也应汇总统计，这里只能举例。现已发现的木牍，年代最早可能是青川木牍。青川木牍共两方，一方长46厘米、宽2.5厘米、厚0.4厘米（M50：16），一方长46厘米、宽3.5厘米、厚0.5厘米（M50：17），前者是记律令，后者字迹不清。这是二尺的长牍。其次，汉代木牍，用写公文，典型标本是尹湾木牍。尹湾汉墓出土的木牍，都是22.5—23厘米、宽7厘米的尺牍，一下子就出了24方。其中除一方出于M2，其他都是M6所出。M6的墓主是汉成帝时东海郡的功曹史，叫师饶。这个百石小吏留下的木牍，主要是东海郡上计的统计报表（集簿）、官员名册和兵器登记（兵车器集簿），以及名谒（类似名片）。还有，最近出土的走马楼三国简，其中所谓"木简"，其实是奏牍，标本见于《中国文物精华》（北京：文物出版社，1997年），长度为47.6—53.6厘米，合二尺到二尺三寸。另外发现的汉晋木牍，它们的长度多在一尺左右。

（3）版式和容字。木牍和竹简不同，竹简多为合编，而木牍常常单用（当然也有用窄牍合编）。竹简的篇长可以任意扩展，而木牍单用则大小有限。《仪礼·聘礼》说"百名以上书于策，不及百名书于方"，前人多认为，这是说超过一百个字就写在竹简上，不够一百字则写在木方（即木牍）上。但上面提到的青川木牍，其中写有《为田律》的一方（M50：16），字数却有151字；尹湾木牍字如粟米，两面书写，密密麻麻，字数可达1600多字（如6号墓的二号木牍）。高大伦先生说，《聘礼》的"名"不是字而是物品的种类，字数可能不止100字。历史上，汉光武帝提倡节约，"于五行之牍，书十行之字"，字数也比较多。但像尹湾木牍写这么多字（可以一面写24行），我们还是想不到。

木牍所书，多为文书，如居延等烽燧遗址出土的诏令、符传、

---

[1] 陈梦家说"两行牍"的宽度是汉尺四寸，即约9厘米。

簿记、书信和墓葬出土的告地册（与阴间官吏的通信）、赗方（也叫"从器志"，类似遣册），这些都是文书。[1]但最近出土的尹湾木牍，其中有几种占卜类的古书，却是例外，可以归入我们的研究范围。汉人以"三仓"书"觚"，也是古书。此外，古人还以木牍写书籍篇目（分栏书写，形式如今目录），如银雀山汉简有五方篇题木牍，其《守法守令》十三篇，木牍最完整，就是用尺牍书写（长23厘米、宽4.5厘米），上面还保存着系联的绳索，和我们的研究也有关系。所以对木牍的制度，我们也得懂一点。

其他如缮写、符号、题记等项，情况多同竹简，这里不再多谈。

（三）帛　书

帛书是从竹书到纸书的过渡环节，和前后两截都有关系。中国的丝织品起源很古老，传播范围很广（据说在埃及也有发现），是西方贵妇"一旦拥有，别无他求"的东西。中国人用缣帛作书写材料，当然可能很早。因为商代肯定有毛笔也有丝绸。但现已发现的帛书，最早的实物仍未超出战国中期。其形式特点，过去讨论较少，这里试作归纳：

（1）取材和修治。战国秦汉的丝织品种类繁多（据清汪士铎考，有60多种），[2]"帛"是它们的总称。"帛"字从白，本来应指白绸子，但实际却有生熟、疏密、粗精、色泽之不同（和纸的分类有类似之处），各有专名。过去子弹库帛书刚发表，有人称之为"绢画"或"缯书"（"绢"是后世俗称，"缯"是"帛"的同义词），但现在"帛书"这个名称已被大家接受。古人用白色的帛写字，叫

---

〔1〕 广西贵县罗泊湾一号汉墓出土的此类木牍，自称"从器志"。见广西壮族自治区文物工作队《广西贵县罗泊湾一号墓发掘简报》，《文物》1978 年 9 期，25—42 转 54 页。
〔2〕 见《汪梅村先生集》卷一。

"素书"（如宋张商英注的所谓黄石公兵书就是以"素书"为名）；
黄色的帛写字，叫"黄书"（如东汉张陵传授房中仪轨的书就是以
"黄书"为名）。"黄书"的"黄"是因蚕丝发黄，还是经过"染黄"
（参看《齐民要术》卷三，纸书有这种处理工艺），这只有在对现存
帛书做过科学鉴定之后，我们才有答案。[1]

（2）**幅宽**。帛书的幅宽是据纬线长度而定。《汉书·食货志下》
有"布帛广二尺二寸为幅"之说，但子弹库帛书的幅宽是 48 厘米
（现在只有 47 厘米），马王堆帛书的幅宽分两种，一种是 48 厘米
（整幅），一种是 24 厘米（半幅）。它们或为二尺帛，或为一尺帛，都不
够二尺二寸，反而跟东汉简牍和后来的纸书比较接近。古纸也有两
种尺度，一种是二尺（41—48.5 厘米），一种是一尺（24 厘米）。[2]

（3）**幅长**。帛书的幅长是据经线长度而定。现已发现的帛书，
多半都是短篇，即使合钞，也长不到哪儿去，不能据以判断原帛的
长度。汉代制度，一匹完整的帛，据说是四丈长（《汉书·食货志
下》），合以今制，当有 9 米多长。但实际发现，都是从完帛裁下。
帛书的幅长也可以和纸书比较。纸书，据说展开长度可达 9—12 米
（最长甚至有 32 米）。[3] 二者或许有关。

（4）**版式和容字**。帛书无须编联，版式比较自由。不但文字行
款想朝哪儿拐就朝哪儿拐（如子弹库帛书的行款），而且可以插附
图表（如马王堆帛书《阴阳五行》《刑德》）。这是它和竹简不太一
样的地方。相似处是，比较考究的帛书会画乌丝栏或朱丝栏。子弹
库帛书，过去大家熟知的那件没有界栏，但新揭帛书有，不但有朱
丝栏，也有乌丝栏，甚至有朱书的残片。马王堆帛书也分两种，一
种无栏（年代较早），一种有栏（年代较晚）。帛书的横栏是模仿
简册的编绳，竖格是模仿简册的接缝，天头、地脚则相当简端和简

---

〔1〕 子弹库帛书（通常所说的楚帛书）和马王堆帛书多呈褐色，与宋元绢画情况类似。前
　　　者经去霉处理的部分是呈灰白色，新揭子弹库帛书也是这种颜色。

〔2〕 参看：钱存训《书于竹帛》，上海：上海书店出版社，2002 年，128 页。

〔3〕 同上。

尾。这是竹简的遗产，后世纸书也继承了这种遗产。帛书容字，亦无一定，需要有人做统计。纸书，宋人有"十七字为行，二十五行一纸"的说法，[1] 马衡说和出土纸书也不尽吻合。

（5）折叠式帛书和卷轴式帛书。出土帛书可分两大类，一类是折叠式，一类是卷轴式。折叠式是像叠手绢那样，横折一下，再竖叠一下（或顺序相反），最后叠成一小块（现在的地图还采用此式）。比如子弹库帛书就是属于这一种，马王堆帛书中的二尺帛也是属于这一种。它和竹简很不一样。而卷轴式则是像竹简那样，卷起来放。比如马王堆帛书中的一尺帛，就是以木板为芯，把帛缠在上面，好像布店卖布那样。这样的木板，其实是起卷轴的作用。帛书的收卷为什么要加轴，道理很简单，因为帛软竹子硬，竹简没轴可以舒卷自如，但帛就不行。帛书的轴，像后世书画那样的轴，过去在长沙楚墓中曾有发现，可惜没有保存下来。[2] 帛书分为两种形式很重要，因为后世纸书也有两种形式。卷轴式流行于魏晋隋唐，后来成为古董；折叠式则流行于宋元明清，为各种册页式古书（经折装、旋风装、蝴蝶装、包背装、线装）所本。

（6）盛具。陈梦家先生说竹简除有书衣保护，还有筐箧为盛。但他所引古书中的"书箧"都只说用来放"书"，并没说是帛书还是竹书。现在发现的帛书，子弹库帛书是放在一个约 20 厘米 ×11 厘米 ×5 厘米的竹盒子中，马王堆帛书是放在一个约 60 厘米 ×37 厘米 ×21 厘米的漆木盒子中。两次发现都有盛具。但竹书有没有呢？我们一次都未发现。我很怀疑，帛书柔软易损，盛具不可或缺，但竹书就不一定那么需要。

其他如缮写、符号、题记等项基本与竹简类似，这里不再讨论。

---

[1] 马衡《中国书籍制度变迁之研究》，收入所著《凡将斋金石丛稿》，北京：中华书局，1977 年，261—275 页。

[2] 商承祚《长沙古物闻见记续记》，北京：中华书局，1996 年，91 页。

【参考书】

1. 汪继培《周代书册制度考》，收入阮元《诂经精舍文集》，见《清经解》，第七册，上海：上海书店出版社，1988 年，861—862 页。

2. 徐养源《周代书册制度考》，同上，862—863 页。

3. 金鹗《汉唐以来书籍制度考》，同上，863 页。

4. 叶德辉《书林清话》，北京：中华书局，1957 年。

5. 王国维《简牍检署考》，收入所著《王国维遗书》，上海：上海古籍书店，1983 年，第九册。

6. 马衡《中国书籍制度变迁之研究》，收入所著《凡将斋金石丛稿》，北京：中华书局，1977 年，261—275 页。

7. 余嘉锡《书册制度考》，收入所著《余嘉锡论学杂著》，北京：中华书局，1963 年，下册，539—559 页。

8. 黄文弼《罗布淖尔汉简考释》，第九节：释简牍制度和书写，收入《黄文弼历史考古论集》，北京：文物出版社，1989 年，397—402 页。

9. 陈梦家《由实物所见汉代简册制度》，收入所著《汉简缀述》，北京：中华书局，1990 年，291—315 页。

10. 石雪万《尹湾竹木简缀述》，收入连云港市博物馆等编《尹湾汉墓简牍综论》，北京：科学出版社，1999 年，169—174 页。

11. 高大伦《"遣册"与"赙方"》，《江汉考古》1988 年 2 期，106—108 转 85 页。

12. 高大伦《释简牍文字中的几种符号》，收入甘肃省文物考古研究所《秦汉简牍论文集》，兰州：甘肃人民出版社，1989 年，291—301 页。

13. 李零《楚帛书的再认识》，收入所著《李零自选集》，桂林：广西师范大学出版社，1998 年第二版，227—262 页〔原载《中国文化》第 10 期（1994 年 8 月），42—62 页〕。

14. 李均明《简牍符号考述》，收入《华学》第二辑，广州：中山大学出版社，1996 年，93—107 页。

15. 李均明、刘军《简牍文书学》，南宁：广西教育出版社，1999 年。

16. 胡平生《简牍制度新探》，《文物》2000 年 3 期，66—73 页。

17. 李均明《古代简牍》，北京：文物出版社，2003 年。

附录：王国维《简牍检署考》[1]

一　简

简牍释名：书契之用自刻画始，金石也，甲骨也，竹木也，三者不知孰为后先，而以竹木之用为最广。竹木之用，亦未识始于何时，以见丁载籍者言之，则用竹者曰册，《书·金縢》"史乃册祝"，《洛诰》"王命作册逸祝册"，《顾命》"命作册度"。"册"字或假鞭策之"策"字为之，《聘礼》"百名以上书于策"，《既夕礼》"书遣于策"，《周礼·内史》"凡命诸侯及公卿大夫，皆策命之"，《左传》"灭不告败，克不告胜，不书于策"，又"名藏在诸侯之策"是也。曰简，《诗·小雅》"畏此简书"，《左传》"执简以往"，《王制》"太史执简记"是也。用木书者曰方，《聘礼》"不及百名书于方"，《既夕礼》"书赗于方"，《周礼·内史》"以方出之"，《硩蔟氏》"以方书十日之号"是也。曰版，《周礼·小宰》"听闾里以版图"，《司书》"掌邦人之版"，《大胥》"掌学士之版，《司士》"掌群臣之

---

〔1〕原书分节，但不断句，也无标题。这里，为方便阅读，我为王氏原书做了标点断句，并根据内容，加上提示性的标题。王氏文中有双行夹注，或注卷数，或注出处，或是正文字，或考证评论。这里把前两项括注文中，后两项改为脚注。为检查标点断句，我核对过书中引文，发现王氏引用只是略存大意，几乎句句都有错误，或系作者记忆有误，或系抄写刊刻有误，皆旧式引文所常见，仍无害于大师思想之表达。原文中的错误，本来应细为笺注，引准确的原文，以为参照，但那样一来，篇幅会很大，将会影响本书的结构安排。这里悉遵原样，不烦改正。

版"，《司民》"掌民之数，自生齿以上，皆书于版"是也。曰牍，《韩诗外传》（七）周舍见赵简子云"墨笔操牍"是也。竹木通谓之牒，亦谓之札，司马贞《史记索隐》"牒，小木札也"，颜师古《汉书》注"札，木简之薄小者也"，此谓木牒、木札也。《说文》（六）"简，牒也"，又（七）"牒，札也"，《论衡》（十二）《量知》篇"截竹为筒，破以为牒"，《文心雕龙》（五）"短简编牒"，此谓竹牒也。《左传》疏"单执一札谓之简"，此谓竹札也。殷周制度虽不可得而详，然战国以降，则可略述焉。

简策之别：简策之别，旧说不一，郑康成《仪礼》《记》注，杜元凯《左传》注，皆云"策，简也"，贾公彦《仪礼》疏谓"简据一片而言，策是连编之称"，孔颖达《左传》疏亦曰"单执一札，谓之为简；连编诸简，乃名为策"，是贾、孔二君均以简为策中一札。然孔氏于《尚书》疏又引顾彪说，曰"二尺四寸为策，一尺二寸为简"，则又以长短别之。前说是也。

简策长短：古策有长短，最长者二尺四寸，其次二分而取一，其次三分取一，最短者四分取一。《论衡》（十二）《量知》篇"截竹为筒，破以为牒，加笔墨之迹，乃成文字，大者为经，小者为传记"，又（十二）《谢短》篇"二尺四寸，圣人文语，朝夕讲习，义类所及，故可务知。汉事未载于经，名为尺籍短书，比于小道，其能，非儒者之责也"。案《说文》（五）引庄都说"典，大册也，而五帝之书名典"，则以策之大小为书之尊卑，其来远矣。周末以降，经书之策，皆用二尺四寸，《仪礼》疏引郑注《论语》序云"《诗》《书》《礼》《乐》《春秋》策，皆长尺二寸；《孝经》谦，半之；《论语》八寸策，又谦焉"。案"尺二寸"当作"二尺四寸"。《左传》疏云"郑元注《论语》序，以《孝经钩命决》云'《春秋》二尺四寸书，《孝经》一尺二寸书'，故知《六经》之策皆长二尺四寸"。《通典》（五十四）《封禅》使许敬宗等奏："案《孝经钩命决》云'六经策长二尺四寸，《孝经》策长一尺二寸。'"则贾疏之尺二寸，为二尺四寸之讹，无疑也。以上三说，贾、孔二君仅见康成《论语》序，未见《钩命决》原文，而所引郑序，又仅撮其意，不尽举其辞，细绎之，则郑之所以知六经策皆二尺四寸者，亦第据《钩命决》所云《春秋》策推之，并未亲见六经策。盖郑君生年后于王仲任，其时中原简策制度已有变易。《后汉书·周磐传》磐遗令"编二尺四寸简,写《尧典》一篇,……以置棺前",盖其时旧制渐废,故磐特用之,史亦著之云尔。且不独古六经策为二尺四寸也,荀勖《穆天子传》序"古文《穆天子传》者,太康二年汲县民不准盗发古冢所得书也,皆竹简,素丝纶,以臣勖前所考定古尺度其简,长二尺四寸,以墨书,一简四十字",则周时国史记注,策亦二尺四寸也。礼制、法令之书亦然。《后汉书·曹褒传》褒撰"天子至于庶人冠昏吉凶终始制度,以为五十篇,写以二尺四寸简",则礼书之制也。《盐铁论》(下)《贵圣》篇"二尺四寸之律,古今一也",则律书之制也。此上所云尺寸,皆汉尺,非周尺。周尺二种,一以十寸为尺,一以八寸为尺。[1] 其以八寸为尺者,汉之二尺四寸,正当周之三尺。故《盐铁论》言"二尺四寸之律",而《史记·酷吏传》称"三尺法",《汉书·朱博传》言"三尺律令",盖犹沿用周时语也。《南齐书·文惠太子传》"时襄阳有盗发古冢者,相传云是楚王冢,大获宝物,玉屐、玉屏风,竹简书,青丝纶,简广数分,长二尺,皮节如新,盗以把火自照。后人有得十余简,以示抚军王僧虔,僧虔云是科斗书《考工记》,《周官》所阙文也",案齐尺长短,史无明文,《隋书·律历志》谓宋氏尺比晋前尺[2] 一尺六分四厘,梁朝俗间尺比晋前尺一尺七分一厘,齐尺当在宋、梁之间,南齐二尺,大抵当汉二尺一寸有奇,则《考工记》竹简,殆亦为汉二尺四寸,而史特举其成数耳。此最长之简也。二分取一,则得一尺二寸,《钩命决》所云《孝经》策是也。汉以

---

[1] 原注:案,周尺之制,其说不一,《隋书·律历志》以周尺与汉尺为一种,汉人则多用八寸为尺之说。今以经传考之,则《考工记》言"琬圭九寸,琰圭九寸,璧琮九寸,大璋、中璋九寸",不云尺一寸也。《国语》"其长尺有咫",不云二尺二寸也。《左传》"天威不违颜咫尺",咫尺并言,明咫自为咫,尺自为尺也。《礼·檀弓》"榱以为笋,长尺,而总八寸",明尺自为尺,八寸自八寸也。然《说文》尺部:"咫,中妇人手长八寸,周尺也",又夫部"夫,丈夫也。周制八寸为尺,十尺为丈。人长八尺,故曰丈夫",《论衡》二十八《正说》篇"周以八寸为尺",《独断》"夏十寸为尺,殷九寸为尺,周八寸为尺",《通典》五十五引《白虎通》"夏十寸为尺,殷十二寸为尺,周八寸为尺",《礼·王制》"古者以周尺八寸为步,今以周尺六寸四分为步",郑注:"周尺之数未详闻也。据礼制,周犹以十寸为尺。"盖六国时多法变度,或言周尺八寸,则步更为八八六十四寸,则周时自有八寸尺。郑君之解,可谓明通。至周代,此二种尺用于同时,或用之有先后,则不可考也。

[2] 原注:与汉尺同。

后，官府册籍亦用一尺二寸，《汉书·元帝纪》注"应劭曰：籍者为尺二竹牒，[1]记其年纪、名字、物色，悬之宫门"，《续汉书·百官志》亦云"凡居宫中者，皆有口籍于门之所属。宫名两字，为铁印文符，案省符乃纳之"，注引胡广曰"符用木，长尺二寸"，盖始用竹，而后改为木也，《太平御览》（六百六）引《晋令》"郡国诸户口黄籍，皆用一尺二寸札，已在官役者载名"，疑亦用汉制也。三分取一为八寸，《论语》策是也。《论衡》（二十八）《正说》篇"说《论》者皆知说文解语而已，不知《论语》本几何篇，但周以八寸为尺，不知《论语》所独一尺之意。夫《论语》者，弟子共纪孔子之言行，敕记之时甚多，数十百篇，以八寸为尺，纪之约省，怀持之便也。以其遗非经，传文纪识恐忘，故以但八寸尺，不二尺四寸也"，又《书解》篇云"秦虽无道，不燔诸子。诸子尺书，文篇具在"，此"尺书"当亦以八寸尺言，则诸子亦八寸策也。四分取一为六寸，符筭是也。《说文》（五）"符，信也。汉制以竹，长六寸，分而相合"，又"筭，长六寸，纪历数者"，此种短简，连编不易，故不用于书籍，唯符信之但需二印相合者始用之，筭筹则本分别用之，亦以短为便。故周时用一尺二寸者，汉亦用六寸。此周秦两汉间简策种类之大略也。

筭为策之一种： 筭之为策，或颇疑之。然由其制度及字形观之，则为策之一种，无可疑也。《礼·投壶》"筭长尺有二寸"，《乡射礼》则云"箭筹八十，长尺有握，握素"，郑注："箭，篠也。筹，筭也。握，本所持处也。素，谓刊之也。刊本一肤"，贾疏："长尺复云有握，则握在一尺之外。则此筹，尺四寸矣。"其尺寸与《投壶》不同。盖此以周八寸尺言，而《投壶》以十寸尺言，其实一也。若计历数之筭，则长半之。此当由便于运算之故。《汉书·律历志》"筭法，用竹六寸，径一分，长六寸"，《说文》亦云"筭，长六寸"，尺二寸与六寸，皆二尺四寸之分数，其出于策之遗制明矣。又古者史官一名作册，其于文字，从手执中，中者册也。故册祝、册命及国之典册，史实掌之。而《大射礼》"实筭""释筭"，亦太史之事，明策之与筭非异物也。故古筭字往往作筴。筴者，策

---

〔1〕 原注：今本作"二尺竹牒"，从《玉海》八十五所引及崔豹《古今注》下改正。

之别字也。《既夕礼》"主人之史请读赗，执筭从。枢东"，郑注："古文
筭，皆作筴。"《老子》"善计者不用筹策"，意谓不用筹筭也。《史记·五
帝本纪》"迎日推筴"，集解引晋灼曰："筴，数也。迎，数之也。"案《说
文》"算，数也"，则原文当作"迎日推筭"，又借筭为算也。汉张迁碑
"八月筴民"，亦以筴为算之证。又古者筮亦用筭以代蓍，故言龟策者多于
言蓍龟。《易·系辞传》言"乾之策""坤之策"，《曲礼》言"龟筴敝则埋
之""倒筴侧龟于君前，有诛""龟筴……不入公门""龟为卜，筴为筮"，
《秦策》言"错龟数策"，《楚辞》言"端策拂龟"，《韩非子》言"凿龟数
策"，《史记》有《龟策传》，皆以"龟""策"并称。"筮"字从竹，当亦
由此。愚意此字或竟从筴，而《周礼》之"筶"，小篆之"筭"，均非其本
字，本字当从筴从冂，[1]或从筴从廾，[2]一象筴在下韇中，一象两手奉筴之
形，于义为长。是以古筭、筴互相通假，筮、筴二字亦然。《士冠礼》"筮
人执筴抽上韇，兼执之，进受命于主人"，是言筮仪也。而《特牲馈食礼》
则云"筮人取筮于西塾，执之，东面，受命于主人"，《少牢馈食礼》则云
"史朝服，左执筮，右抽上韇，兼于筮执之，东面，受命于主人"，又云
"抽下韇，左执筮，右兼执韇，以击筮"，又云"吉，则史韇筮，史兼执筮
与卦，以告于主人"，郑注《特牲馈食礼》之"筮人取筮"曰："筮人，官
名也。筮，问也。取其所用问神明者，谓蓍也。"其实"取筮""执筮""击
筮""韇筮"之"筮"，均当作"筴"。郑君于《士冠礼》《既夕礼》注亦皆云
"韇者，藏筴之器"，而此独云"筮，问也"，殊为迂曲，必为"筴"字无疑。
然则筮也，筴也，筭也，实非异物也。故知筭为策之一种也。

册有长短参差之编：制策之始，所以告鬼神，命诸侯，经所谓"册
祝""策命"是也。《说文》（二）"册，符命也，诸侯进受王于者也。象
其札一长一短，中有两编之形"，此言"王"言"诸侯"，殆谓周制。《史
记·三王世家》褚先生曰"孝武帝之时，同日而俱拜三子为王，为作策以
申戒之。……至其次序分绝，文字之上下，简之参差长短，皆有意，人

---

[1] 原注：《周礼》"筶"字所从出。
[2] 原注：小篆"筭"字所从出。

莫之能知"，则汉策亦有长短也。后汉犹然，《独断》云"策书，策者简
也。……其制长二尺，短半之，[1]其次一长一短，两编，下附篆书，起年
月日，称皇帝曰，以命诸侯王、三公"。自是以降，迄于北齐，仍用此
制，《隋书·礼仪志》后齐"诸王、三公、仪同、尚书令、五等开国、太
妃、妃、公主封拜册，轴长二尺，以白练衣之。用竹简十二枚，六枚与轴
平，六枚长尺二寸。文出集书，皆篆字。哀册、赠册亦同"是也。《释名》
（六）"简，间也。编之篇篇有间"，殆亦长短相间，故云"篇篇有间"也。
初疑此制，惟策命之书为然，未必施之书籍。然古书之以策名者有《战国
策》，刘向《上战国策书序》"中本号，或曰《国策》，或曰《国事》，或曰
《长短》，或曰《事语》，或曰《长书》，或曰《修书》"，窃疑周秦游士甚
重此书，以策书之，故名为策；以其札一长一短，故谓之《短长》；比尺
籍短书，其简独长，故谓之《长书》《修书》。刘向以战国时游士辅所用之
国，为之策谋，定其名曰《战国策》。以策为策谋之义，盖已非此书命名
之本义。由是观之，则虽书传之策，亦有一长一短，如策命之书者。至他
书尽如此否，则非今日所能臆断矣。

简册容字：若一简行数，则或两行，或一行；字数，则视简之长短以
为差，自四十字至八字不等。《晋书·束皙传》"有人于嵩高山下得竹简一
枚，上两行科斗书，传以相示，莫有知者。司空张华以问皙，皙曰：'此
汉明帝显节陵中策文也'"。《穆天子传》，简长二尺四寸，而一简四十字，
恐亦两行，然以一行为常。《左传》疏云"简之所容，一行字耳。《尚书》
本二尺四寸策"，《聘礼》疏引郑注云"《尚书》三十字一简"，《汉书·艺
文志》"刘向以中古文（《尚书》）校欧阳、大小夏侯三家经文，《酒诰》脱
简一，《召诰》脱简二。率简二十五字者，脱亦二十五字；简二十二字者，
脱亦二十二字"，以二尺四寸策，而每简二三十字，则一行可知。《左传》
之策当短于《孝经》，或用八寸策。《聘礼》疏引服虔注《左氏》曰"古
文篆书，一简八字"，当亦每简一行也。此外，《易》《诗》《礼》经、《春
秋》策之长短与《尚书》同，则字数亦当如之。《礼记》为释经之书，其

---

〔1〕 原注：此或较古制稍短，或举成数，不可考。

策当视《左传》。今考《记》中错简，则《玉藻》错简六，计三十五字、三十一字者各一，二十九字者二，二十六字者一，八字者一；《乐记》错简二，一为五十一字，一为四十九字；《杂记》错简四，一二十一字与十九字相错，一二十九字与十八字相错。唯《玉藻》之"王后袆衣，夫人揄狄"一简，独为八字，由此推之，则五十一字、四十九字者，当由五简相错；三十五字、三十一字、二十九字者，当由三简相错；其二十六字者，简末"天子素带朱里终辟"与下简之首"而朱里终辟"五字不接。其下常脱滥"诸侯□□"四字，并脱字计之，共三十字，则亦三简也。其二十一字、十九字、十八字者，当为二简，则每简一行可知也。

简册书体　上古简策书体自用篆书，至汉晋以降，策命之书，亦无不用篆者。《独断》云"策书篆书，三公以罪免，亦赐策，文如上策而隶书，以尺一木两行，惟此为异"，《通典》（五十五）"晋博士孙毓议曰：今封建诸王，裂土树藩，为册告庙，篆书竹册，执册以祝，讫，藏于庙（中略），四时享祀祝文，事讫不藏，故但礼称祝文尺一白简[1]隶书而已"，然则事人者用策，篆书；事小者用木，隶书，殆为通例。《隋志》言北齐封拜册用篆字，盖亦用汉晋之制也。孔安国《尚书》序云"以所闻伏生之书考论文义，定其可知者为隶古定，更以竹简写之"，则汉时六经之策似用隶书。然孔传赝作不足信，又汉经籍虽有古今文之分，然所谓今文，对古籀言之，亦不能定其为篆为隶。唯汉时宫籍狱辞，亦书以简，则容有用隶书之事。又书传所载，似简策亦有用草书者，则殊不然。《史记·三王世家》"褚先生曰：臣幸得以文学为侍郎，好览观太史公之列传。列传中称《三王世家》文辞可观，求其世家，终不能得。窃从长老好故事者，取其封策书，编列其事而传之（中略），谨论次其真草诏书，编于左方"，顾氏炎武《日知录》（二十一）据此，遂谓褚先生亲见简策之文，而孝武时诏已用草书，然褚先生所谓"真草诏书"，盖指草稿而言，封拜之册，诸王必携以就国，则长老好故事者所藏，必其草稿无疑，未足为草书策之证也。宋

---

[1]　原注：此简字，谓木简，犹《独断》之以尺一木为策也。

黄伯思《东观余论》（上）《汉简辨》云"近岁关右人，[1]发地得古瓮，中有东汉时竹简甚多，往往散乱不可考，独永初二年讨羌符文字尚完，皆章草书，书迹古雅可喜，其词云云"，则汉时似真有草书之简。然据赵彦卫《云麓漫钞》（七）所记，则不云竹简，而云木简，且谓吴思道亲见之于梁师成所，其言较为可据，则以章草书简，均无确证，或竟专用篆隶矣。

刀笔之用：至简策之文，以刀书，或以笔书，殊不可考。《考工记》"筑氏为削"，郑注："今之书刀。"贾疏："古者未有纸笔，则以削刻字，至汉虽有纸笔，仍有书刀。"案汉之书刀，殆用以削牍，而非用以刻字，故恒以刀、笔并言。虽殷周之书，亦非尽用刀刻。《大戴礼·践阼》篇师尚父谓黄帝、颛顼之道"在丹书"，《周礼·司约》"小约剂书于丹图"，《左传》"斐豹隶也，著于丹书"，郑注《周礼》云"丹书未详"，杜注《左传》云"以丹书其罪"。案《越绝书》（十三）云"越王以丹书帛，致诸枕中，以为国宝"，则杜说殆是也。至周之季年，则有墨书。《管子》（九）《霸形》篇"令百官有司削方墨笔，明日皆朝于太庙之门，朝定令于百吏"，《韩诗外传》（七）周舍见赵简子曰"臣愿为谔谔之臣，墨笔操牍，从君之后，伺君之过而书之"，此足为周时已有墨书之据。且汲冢所出《穆天子传》，必书于魏安釐王以前，而为墨书（见上），则战国以后，殆无有用刀刻者矣。[2]

简册编联：策之编法，用韦或丝，《史记·孔子世家》"孔子晚而喜《易》，读《易》韦编三绝"，此用韦者也。《穆天子传》以素丝纶，《考工记》以青丝纶（并见上），《孙子》以缥丝纶（见《御览》引刘向《别录》），此用丝者也。至编次之状，则《说文》所谓"中有二编"，《独断》所谓"两编"者是，观篆文册字之形可悟矣。

款缝：汉魏以后，两简相连之处，并作鏃缝。颜师古《匡谬正俗》

---

〔1〕原注：上条《记与刘无言论书》云"政和初，人于陕右发地，得竹木简一瓮"。

〔2〕原注：古又有漆书之说，《后汉书·杜林传》"林前于西州得漆书《古文尚书》一卷"，又《儒林传》"有私行金货，定兰台漆书经字，以合其私文"。案周末既有墨书，则汉时不应更有漆书。盖墨色黑而有光，有类于漆，故谓之漆书，且杜林所得《古文尚书》云卷而不云篇，则其书当为缣帛，而非简策。简策用漆，殊不足信也。

（六）"款缝，此语言元出魏晋律令，《字林》本作镂，刻也。古未有纸之时，所有簿领皆用简牍，其编连之处恐有改动，故于缝上刻记之，承前以来，呼为镂缝"，此即六朝以后印缝、押缝之所由出，未必为周秦汉初之制也。[1]

二　牍（并及帛书）

版牍长短：周时方版尺寸，盖不可得而详。若秦汉以降之牍，则其制度可略言焉。牍之未成者为椠，《说文》（七）"椠，牍朴也"，《论衡·量知》篇"断木为椠，析之为板，力加刮削，乃成奏牍"，此椠之本义也。牍之未制者，必长于常牍。故牍之长者，亦称为椠。《西京杂记》（三）"杨子云好事，常怀铅提椠，从诸计吏，访殊方绝域四方之语"，《释名》（六）"椠，板之长三尺者也。椠，渐也，言其渐渐然长也"。颜师古《急就篇》注（三）小云"此后起之义也。牍之最长者为椠，其次为檄，长二尺"，《说文》（六）："檄，二尺书。"段氏玉裁注据《韵会》所引《说文系传》及《后汉书·光武纪》注所引《说文》改为"尺二书"，然宋本《说文系传》实作"二尺书"，又《史记索隐》于《张仪》《韩信》二传中两引《说文》，《艺文类聚》（二十八）、《太平御览》（五百九十七）、元应《一切经音义》（十）所引《说文》，与颜师古《汉书·申屠嘉传》《急就篇》注，均作"二尺"，不作"尺二"，段改非是。其次为传信，长一尺五寸，《汉书·孝平纪》"一封轺传"注："如淳曰：律，诸当乘传及发驾置传者，皆持尺五寸木传信，封以御史大夫印章"是也。其次为牍，长一尺，《汉书·游侠传》陈遵"与人尺牍，主皆藏弄之以为荣"，《说文》（七）"牍，书版也"，《后汉书·北海靖王兴传》《蔡邕传》注皆云"《说文》曰：

---

[1] 原注：《说文》刀部"券别之书，以刀判契其旁，故曰书契"，此为古制或汉制，许君不言，郑玄《周礼·质人》注"书契，取予市物之券也，其券之象，书两札，刻其侧"，此亦与魏晋之镂缝略同，然恐许、郑二君以契字为刊刻之义，故望文训之，未必周制如是也。

'牍，书版也'，长一尺"，盖通行之制也。唯天子诏书，独用尺一牍，《史记·匈奴传》"汉遗单于书牍以尺一寸"，《汉旧仪》之"尺一板"（《续汉志》注、《大唐六典》《通典》诸书引），《汉仪》之"尺一诏"（《御览》五百九十三引），《独断》之"尺一木"皆是也。汉人又单谓之尺一。《后汉书·杨赐传》云"断绝尺一"，《李云传》云"尺一拜用"，《儒林传》云"尺一出升"，《续汉书·五行志》云"尺一雨布"皆是。《魏志·夏侯玄传》"先是有诈作尺一诏书，以玄为大将军"，则魏制犹然。汉时以长牍为尊，故臣下用一尺，天子用尺一。至中行说教单于用尺二寸牍，乃用以夸汉，非定制。惟封禅玉牒，其制仿牍为之，而长尺三寸，此又非常大典，不能以定制论也。魏晋以后，寝以加侈，有至一尺二寸者。《通典》（五十八）注"晋六礼版，[1] 长尺二寸，以象十二月；博四寸，以象四时；厚八分，以象八节，皆真书"。又有至一尺三寸者，《隋书·礼仪志》"后齐正旦，侍中宣诏慰劳州郡国使。诏牍长一尺三寸，广一尺，雌黄涂饰，上写诏书三"。又有二尺五寸者，《隋志》后齐"颁五条诏书于诸州郡国使人，写以诏牍一版，长二尺五寸，广一尺三寸，亦以雌黄涂饰，上写诏书，正会，依仪宣示使人，归以告刺史二千石"。此二事，殆因所书非一诏，又或因宣示使人，故书以大牍，自非常制。若汉时之牍，则仅只有一尺、尺一两种，此外别无所闻。又其次，则为五寸门关之传是也，《汉书·孝文帝纪》"除关无用传"。案传信有二种，一为乘驿者之传，上所云"尺五寸"者是也；一为出入关门之传，郑氏《周礼》注所谓"若今过所文书"是也。其制，则崔豹《古今注》云"凡传，皆以木为之，长五寸，书符信于上。又以一板封之，皆封以御史印章"，此最短之牍也。此二者，一为乘传之信，一为通行之信；一长尺五寸，一长五寸；一封以御史大夫印章，一封以御史印章，尊卑之别显然可知。由是观之，则秦汉简牍之长短，皆有比例存乎其间。简自二尺四寸而再分之，三分之，四分之。牍则自三尺（棨），而二尺（檄），而五寸（传信），而一尺（牍），而五寸（门关之传），一均为二十四之分数，一均为五之倍数，此皆信而可征者也。

---

[1] 原注：聘皇后用。

简牍尺度之不同（简六牍五说）：简之长短皆二十四之分数，牍皆五之倍数，意简者秦制，牍者汉制欤。案《史记·秦始皇本纪》"数以六为纪，符、法冠，皆六寸"，六寸之符，本为最短之策，自是而一尺二寸，正得其二倍；二尺四寸，正得其四倍。又以秦一代制度推之，无往而不用六为纪。秦刻石文，以三句为一韵，一句四字，[1] 三句十二字。十二字者，六之一倍也。故碣石刻石文，九韵，一百八字，为六之十八倍；泰山、之罘、东观、峄山诸刻，皆十二韵，一百四十四字，为六之二十四倍；会稽刻石，二十四韵，二百八十八字，为六之四十八倍。唯琅琊台刻石颂文，二句一韵，然用三十六韵，二百八十八字，亦六之四十八倍也。不独字数为然，以韵数言之，则九者，六之一倍有半；十二者，六之二倍；二十四者，六之四倍；三十六者，又六之自乘数也。此外，如上虞罗氏所藏秦虎符文，曰"甲兵之符，右在皇帝，左在阳陵"，凡十二字；阿房宫址所出瓦当文，曰"惟天降灵，延元万年，天下康宁"，亦十二字。秦之遗物，殆无一不用六之倍数，则简策之长短，亦何必不然？然《穆天子传》，出于魏安釐王冢，而已用二尺四寸策。又八寸为尺，是周末之制。若简策长短自秦制出，则二尺四寸之律，不应称三尺法。且《论语》八寸策，又何以不以六为纪也？牍亦如之，据《史记·封禅书》"武帝太初元年，始更印章以五字，数以五为纪"，此后，汉之符传皆用五寸，颇疑牍之制，或出于此。然当文帝时，遗单于书已用尺一牍，天子用尺一，则臣下自用一尺，余牍当以此差之。则牍用五之倍数，亦不自武帝始矣，恐后人必有以余之所疑为疑者，故附辨之。

版牍容字：周时方版尺寸虽不可考，然《聘礼》云"不及百名书于方"，则一方固可容八九十字。《既夕礼》"知死者赠，知生者赙，书赗于方，若九若七若五"，郑注："方，板也。书赗奠赙赠之人名与其物于板，若九行，若七行，若五行。"夫一方之字数可至八九十，而行数可至于九，则其制不得过狭。所谓方者，或即以其形制名欤。至汉时之牍，则分

---

[1] 原注：《史记》所录文中，"二十有六年""二十有九年""三十有七年"，皆当作"廿有六年""廿有九年""卅有七年"，观峄山刻石可知。

广狭二种。广者为牍，狭者为奏。《释名》（六）"奏，邹也。邹，狭小之言也"，《论衡》（十三）《效力》篇"书五行之牍、十奏之记，其才劣者，笔墨之力犹难"。案记之为言书也，"十奏之记"犹言十牍之书也。《史记·滑稽列传》"东方朔至公车上书，用三千奏牍"，盖奏事之书以狭牍连编之，故得奏之名。《魏志·张既传》注引《魏略》云"既常蓄好刀笔及版奏，伺诸大吏有乏，辄给予"，则版与奏明为二物。《释名》（六）"画姓名于奏上曰画刺"，以刺但需写爵姓里名，故用牍之狭者也。至诸牍广狭之制，则常牍之广，大抵三分其袤而有其一。《续汉书·祭祀志》"玉牒书，长尺三寸，广五寸"，《通典》"晋六礼版，长尺二寸，广四寸，其式可以此推，牍上之字以五行为率"，《论衡》云"五行之牍"，《独断》云"表文多以编两行，少以五行"，盖文多者，编两行牍若干书之，而少者以五行牍一，与周之"百名以上书于策，不及百名书于方"同意。广四五寸者，容五行之字，于形制亦宜。若以小字细书之，则得书十行。《后汉书·循吏传》"初，光武长于民间，颇达情伪，见稼穑艰难，百姓病害。至天下已定，务用安静（中略），其以手迹赐方国者，皆一札十行，细书成文，俭约之风，行于上下"，此于五行之牍，书十行之字，乃光武示民以俭之意，初非常制如斯也。至狭牍之书，则容两行，《独断》云"表文多以编两行"，又云"三公以罪免，亦赐策文，隶书，尺一木，两行"。案前后《汉书》所载策免三公之文，多者至数百字，断非一牍两行所能容，当亦编众牍为之也。匈牙利人斯坦因于敦煌西北长城址所得木札，长汉尺一尺，广半寸许，余所见日本桔瑞超所得于吐峪沟者，大略相同。[1]其书或一行，或二行，此当为最狭之牍矣。[2]

版牍书体：周秦以上自用篆书，汉后多用隶书。《独断》言"隶书，尺一木"，《通典》载晋博士孙毓议，亦以篆书竹册与尺一白简隶书并称。此所谓"尺一白简"即指尺一木而非竹简。李善注《文选》引萧子良《古

─────────

[1]　原注：未及以汉尺量之。
[2]　原注：《南齐书·祥瑞志》："延陵令戴景度称所领季子庙泉中得一根木简，长一尺，广二寸，隐起文曰：'庐山道人张陵谒诣起居。'"此牍出方士伪造，盖无可疑，然其文实名刺之体裁，或足征古代奏之广狭也。

今篆隶文体》云"鹤头书、偃波书，俱诏板所用"，汉时谓之尺一简，上云诏板，下云尺一简，亦简板互文也。鹤头书，谓隶书之一体，《隋书·百官志》之鹤头板，指鹤头书所书之板也。偃波书，亦同《初学记》（二十一）引挚虞《决疑要》注云"尚书台，召人用虎爪书，告下用偃波书，皆不可卒学，以防诈伪"，盖官省所用隶书变体也。晋纳后六礼版文用真书，则通行版牍自以真行为主。《后汉书·北海靖王传》"作草书尺牍"，蔡邕《答诏问灾异八事》亦云"受诏书各一通，尺一木版草书"，宋时所得汉永初二年讨羌符，亦用草书，则汉牍固亦通用章草矣。

籥、笘、觚：简牍之外，古人所用以书字者，尚有一种，则曰籥曰笘曰觚是也。《说文》（三）"籥，书僮竹笘也"，又云"颍川人名小儿所书写为笘"，《礼》所谓"呻其占毕"是也。又谓之觚，《广雅》云"笘，觚也"，至其形制如何，殊不可确知。《急就篇》云"急就奇觚与众异"，颜师古注："觚者，学书之牍，或以记事，削木为之，其形或六面，或八面，皆可书"，今以《仓颉》《训纂》诸篇每章之字数计之，然后知颜氏之说之足据也。《汉书·艺文志》"汉时间里书师合《仓颉》《爱历》《博学》三篇，断六十字以为一章，凡五十五章，并为《仓颉》篇"，又云"元始中征天下通小学者以百数，各令记字于廷中，扬雄采其有用者，以作《训纂篇》，顺续《仓颉》，又易《仓颉》中重复之字，凡八十九章"，而许氏《说文解字》序则云"黄门侍郎扬雄采以作《训纂篇》，凡《仓颉》以下十四篇，凡五千三百四十字"，以八十九章，而得五千三百四十字，则《训纂篇》亦以六十字为一章也。《急就篇》则每章六十三字，求其所以六十字为一章之故，则此种字书必书于觚，而以一觚为一章，故《急就篇》首句即云"急就奇觚与众异"也。其觚既为六面形或八面形，则每面必容一行，每行必容十字或八字。凡小学诸书皆如是。故他书每章字数无一定，而字书独整齐如是也。古人字书，非徒以资诵读，且兼作学书之用，[1]故书以觚。觚可直立，亦可移转，皆因便于临摹故也。至小儿所书之笘，势无即仿其制之理，或即以所学之牍之名，加诸学之之牍，亦未可

---

〔1〕原注：观皇象《急就篇》可知。

知。此实由简牍而变者，故附著之。

帛书： 简策版牍之制度略具于上。至简牍之用，始于何时，讫于何代，则无界限可言。殷人龟卜文字及金文中已见册字，则简策之制古矣。方版二字始见《周礼》，然古代必已有此物。又世或有以缣帛之始为竹木之终者，则又不然。帛书之古，见于载籍者，亦不甚后于简牍。《周礼·大司马》"王载太常（中略），各书其事与其号焉"，又《司勋》"凡有功者，铭书于王之太常"，《士丧礼》"为铭，各以其物（注：'杂帛为物'），亡则以缁，曰某氏某之柩"，皆书帛之证。《墨子》（八）《明鬼》篇"古者圣王必以鬼神为其务，又恐后世子孙不能知也，故书之竹帛，传遗后世子孙。咸恐其腐蠹绝灭，后世子孙不得而纪，故琢之盘盂，镂之金石，以章之。有[1]恐后世子孙不能敬若以取羊，故先王之书，圣人一尺之帛，一篇之书，语数鬼神之有也，重又重之"，《墨子》之书虽作于周季，然以书竹帛，称先王，则其来远矣。《晏子春秋》（七）"昔吾先君桓公予管仲狐与谷，其县十七，著之于帛，申之于策，通之诸侯"，《论语》"子张书诸绅"，《越绝书》（十三）"越王以丹书帛"，《韩非子·安危》篇亦云"先王致理于竹帛"，则以帛写书，至迟亦当在周季。然至汉中叶，而简策之用尚盛。《汉书·公孙贺传》朱安世曰："南山之竹不足尽我辞"，是狱辞犹用简也。刘向《序录》诸书皆云"定以杀青"，是书籍多用简也。《汉书·艺文志》所录各书，以卷计者不及以篇计者之半，至言事通问之文，则全用版奏。少竹之处，亦或用以写书，虽蔡伦造纸后犹然。晋时户口黄籍，尚用一尺二寸札，至晋末始废。《初学记》（二十一）引《桓元伪事》曰"古无纸，故用简，非敬也。今诸用简者，皆以黄纸代之"，至版牍之废，则尚在其后。晋人承制拜官，则曰版授；抗章言事，则曰露版。《南史·张兴世传》"宋明帝即位，四方反叛，时台军据赭圻，朝廷遣吏部尚书褚彦回就赭圻行选。是役也，皆先战授位，檄板不供，由是有黄纸札"，盖简牍时代肇于缣素之先，而尚延于谷网等纸之后，至南北朝之终，始全废矣。

---

〔1〕 原注：毕注"当为犹"。国维案"有"即"又"字。

三 检 署

检署：既知简牍之制，则书记所用之版牍，亦略可识矣。至书牍之封缄法，则于牍上复加一板，以绳缚之。《古今注》（下）"凡传，皆以木为之，长五寸，书符信于上，又以一板封之，皆封以御史印章"，此虽言符传，然可以见书函之制。其所用以封之板，谓之检。《说文》（六）"检，书署也"，此为检字之本义。其所书署之物，因亦谓之检。徐锴《说文系传》（十一）"检，书函之盖也。玉刻[1]其上，绳封之，然后填以金泥，题书而印之也。大唐开元封禅礼，为石函以盛玉牒，用石检也"，戴侗《六书故》亦云"检，状如封箧，盖以木为之"，其说盖从《系传》出。今案徐说颇确，当有所本。惟由封禅所用玉检、石检，遂谓通用之检如是，未免小误。然欲明检之制度，亦舍封禅之检末由矣。《汉书·孝武纪》注："孟康曰：王者功成治定，告成功于天。……刻石纪号，有金策石函金泥玉检之封"，案历代东封泰山者，有秦始皇、汉武帝、光武帝、唐高宗、元宗、宋真宗，凡六次。秦制不可考，汉武封禅之礼，史亦不详，惟光武所用，尚为元封故事。其典物，具详《续汉书·祭祀志》，曰"有司奏当用方石再累置坛中，皆方五尺，厚一尺，用玉牒书藏方石。厚五寸，长尺三寸，广五寸，有玉检。又用石检十枚，列于石旁，东西各三，南北各二，皆长三尺，广一尺，厚七寸。检中刻三处，深四寸，方五寸，有盖。检用金缕五周，以水银和金为泥。玉玺一方寸二分，一枚方五寸"，又云"尚书令奉玉牒简，皇帝以寸二分玺亲封之，讫，太常令人发坛上石，尚书令藏玉牒已，复石覆讫，尚书令以五寸玺封石检"云云，此仅言玉检，未言其用，石检十枚，但云列于石旁，未言其嵌石之道也。凡诸疑窦，览唐制而始明。唐封禅玉石检制度，见于《开元礼》（六十三）、《通典》（五十四）、《旧唐书·礼仪志》《唐书·礼乐志》者大略相同，而《旧

---

[1] 原注：今祁氏重刊宋本作"玉刻"，疑"三刻"之讹。

志》之文尤明，文曰"造玉策三枚，皆以金绳编玉简为之。每简长一尺二分，广寸二分，厚三分，刻玉填金为字。又为玉匮一，以藏正座玉策，长一尺三寸。并玉检方五寸。当绳处刻为五道，当封玺处刻深二分，方一寸二分。又为金匮二，以藏配座玉策。又为黄金绳以缠玉匮、金匮，各五周，为金泥以泥之。为玉玺一枚，方一寸二分，文同受命玺，以封玉匮、金匮。又为石礷，以藏玉匮。[1]用方石再累，各方五尺，厚一尺，刻方石令容玉匮。礷旁施检处，[2]皆刻深三寸三分，阔一尺，当绳处皆刻深三分，阔一寸五分。为石检十枚，以检石礷，皆长三尺，阔一尺，厚七寸；皆刻为印齿三道，深四寸。当封玺处方五寸，当通绳处阔一寸五分。皆有小石盖，……以检撅封泥。其检立于礷旁，南方、北方各三，东方、西方各二，礷隅皆七寸。又为金绳以缠礷，各五周，径三分，为石泥以泥石礷，其泥，末石和方色土为之"。宋祥符封禅制度，见于《宋史·礼志》者，亦与此同，皆足补《汉志》之简略者也。汉封禅玉牒检，《祭祀志》不详其制，惟唐贞观十一年，左仆射房玄龄议制封禅玉牒，曰"今请玉牒，长一尺三寸，广厚各五寸，玉检厚二寸，长短阔，一如玉牒。其印齿，请随玺大小，仍缠以金绳五周"（《通典》及《旧志》）。此略同于《续汉志》所云而稍详明，盖从汉制。后麟德封禅，从许敬宗等议，废牒用策，其藏策玉匮之检，又与此不同（见上所引），亦当别有所本。然则检之为制，自有长短，其与底同广袤者，玉牒之检是也；其广同而袤少杀者，玉匮之检是也。若石检，则形制全异，随石礷之形而变通之者也。此二者不必尽同，而其加于封物之上，刻数线以通绳，刻印齿以容泥，以受玺，以完封闭之用，则所同也。建武封禅用元封故事，而唐复用建武故事，则视《唐志》所云为汉制，无不可也。由汉玉牒石礷之检，以推书函之检，亦无不可。书函之上既施以检，而复以绳约之，以泥填之，以印按之，而后题所予之人，其事始毕。故《论衡》（十二）《程材》篇曰"简绳检署"，然则署为最后之事，许君所释，仅以最后之用言，未为赅也。若以徐、戴之说为不

---

〔1〕 原注：此二字，据《通典》补。
〔2〕 原注：《开元礼》"处"作"篆"，《新志》无"处"字，皆误。

足，请征诸汉唐人之说。《释名》（六）"检，禁也。禁闭诸物，使不得开露也"。又"书文书简曰署。署，予也，题所予者官号也"，明检与署为二事也。《急就篇》"简札检署槧牍家"，颜师古注"检之言禁也。削木施于物上，所以禁闭之，使不得辄开露也。署谓题书其检上也"，此即用《释名》之说。《广韵》云"检，印窠封题也"，此语当为陆法言、孙缅旧文，其实印窠封题皆检之附属物，而非检，其说之不赅备，亦略与许君等也。若犹以汉唐人之说为不足，则请引汉人之检以明之。《汉书·王莽传》梓潼人哀章"见莽居摄，即作铜匮，为两检，署其一曰'天帝行玺金匮图'，其一署曰'赤帝行玺某传予黄帝金策书'，'某'者，高皇帝名也"。"赤帝行玺某"，盖封泥之文。而"传予黄帝金策书"，则所署之字也。如以书籍所记者为不足，则请征诸实物以明之。近斯坦因于于阗所得书牍有二种，其一种刻上者，检与牍同大小，与唐房玄龄所议玉牒检同。其作长方形者，则检略短于牍，与唐玉匮之玉检同。其嵌于牍中，又与唐石礋之检同。至其刻线以通绳，刻印齿以容泥，则二种并同。则检之为书函之盖，盖一定而不可易也。

检柙：检之与牍同大小者，亦谓之椟，又谓之检柙。《说文》（六）"椟，检柙也"，《说文系传》（十一）"臣锴曰：'谓书函封之上，恐摩灭文字，更以一版于上柙护之，今人作柙。古封禅玉检上用柙也，今人言文书柙署是也。'"案徐说似是而非。古封禅石检当玺处有盖，玉检未尝用柙。唯玉牒上之检，与牒之长短广狭均同，与椟之字义合。若检则大小之通称。椟可云检，而检不必尽为椟。如唐封禅金玉匮之检，其广与匮同，而其袤减匮之八寸，不能相夹，则不得命之为椟矣。

斗检封：检之为制，有穿窾其背，作正方形，如覆斗，而刻深其中以通绳，且容封泥者。汉时谓之斗检封。《周礼·司市》"凡通货贿，以玺节出入之"，注："玺节，印章，如今斗检封矣"，贾疏："案汉法，斗检封，其形方，上有封检，其内有书，则周时印章，上书其物，识事而已"，疏语不明，余观斯坦因所得之刻上书牍，而悟其为汉斗检封之制，然后知阮文达、张叔未诸公，以汉不知名之铜器为斗检封者，失之远矣。今传世铜器，有方汉尺一寸一分许，高二分许，南北二边，正中有孔。底面有篆文四，曰"官律所平"。底背亦有篆文四，曰"鼓铸为职"。文达《积古斋钟鼎彝器款识》（十）及鲍昌熙《金石屑》（一）均摩其形制文字，今传世尚多。余所见一枚，仅有底背铭四字，曰"官律所平"，其余形制皆同。初疑边上二孔为通绳之处，或施于检上，以容封泥，然玩其篆文，当为嘉量上之附属物，决非作封检之用者。且苟用诸封检，则底面之文适在封泥下，而底背之文又紧附于检上，均为赘设。若以斯氏所得剡上书椟之封检当之，则无乎不合。斗以言乎其形，检以言乎其物，封以言乎其用，盖秦汉之遗物，而留传于西域者也。

　　书囊：汉时书椟，其于椟上施检者，则椟、检如一，所谓检、柙是也。然大抵以囊盛书而后施检。《汉书·东方朔传》"文帝集上书囊，以为殿帷"，则汉初已用之。天子诏书用绿囊，《汉书·赵皇后传》"中黄门田客持诏记，盛绿绨方底，封御史中丞印"，《西京杂记》（四）"中书以武都紫泥为玺室，加绿绨其上"，《汉旧仪》玺"以武都紫泥封，青布囊，白素里，两端无缝，尺一板，中约署"是也。亦用皂囊，《后汉书·公孙瓒传》"皂囊施检，文称诏"是也。臣下章表，则用皂囊，《独断》云"凡章表皆启封，其言密事，得皂囊盛"。亦用绿囊，《汉书·赵皇后传》"许美人以苇箧一合盛所生儿，缄封，及绿囊报书"是也。亦用赤白囊，《汉书·丙吉传》吉驭吏"见驿吏持赤白囊，边郡发犇命书驰来"是也。通用函椟，亦用皂囊，《通典》（五十八）"东晋王堪《六礼辞》，裹以皂囊，白绳缄之，如封章"。至囊之形制，则《汉书》谓之"方底"，师古曰："方底，盛书囊，形若今之算縢耳。"唐算縢之制不可考，《旧书·舆服志》"一品以下，带手巾算袋"，算袋即算縢，亦不言其制。《玉篇》"两头有物，谓之縢担"，《广韵》"縢，囊可带者"，合此二条，及《汉旧仪》所纪观之，其制亦不难测。《旧仪》云"青布囊，白素里，两端无缝，尺一板，中约署"，[1] 两端无缝，则缝当纵行，而在中央，约署之处即在焉，则其形当略

---

［1］　原注：《唐六典》引作"两端缝，尺一板"，然《续汉志》《通典》诸书所引"缝"上皆有"无"字，殆《六典》误也。

如今之捎马袋。[1] 故两头有物，则可担，其小者可带，亦与滕之制合也。唯中央之缝，必与囊之长短相同，否则书牍无由得入耳。以上所引书牍之封，恒在囊外，惟《西京杂记》所云"中书以武都紫泥为玺室，加绿绨其上"，似又封而后加囊者。案汉诏皆重封，《独断》"凡制书，有竹使符，下远近，皆玺封，尚书令重封"，殆玺封在囊内，而尚书令印封在囊外。宫中书，御史中丞印，封亦在囊外。观《赵皇后传》语，可知皂囊施检，亦施于囊外之证也。囊用布帛为之，故其检亦或用帛。《说文》（六）"检，书署也"，又（七）"帖，帛书署也"，知用木谓之检，用帛谓之帖。至后汉之末，始见书函。《初学记》（二十一）引《魏武令》曰"自今掾属，治中别驾，常以月朔，各进得失，纸书函封，主者朝，常结纸函各一"，此函以何物为之，亦不可考，然东晋六礼版文尚用皂囊而如封章，则江左之初，犹有存焉者矣。

古之书牍，所以兼用梜与囊者，盖有故焉。盖用梜，则每书仅能一牍，惟短文为宜。若用数牍至数十牍，势必一牍一梜，不便孰甚焉。用囊，则一书牍数，稍多无害，且书牍各面均可书字。《通典》（五十八）东晋王堪《六礼辞》，并为赞颂仪文，"于板上各方书礼文、婿父名、媒人正板中，纳采于板左方。裹以皂囊，白绳缠之，如封章"，此所谓各方，或指牍面之上下左右，尚未足为各面书字之证。然《汉书·赵皇后传》"客持诏记与武，问'儿死未，手书对牍背'。武即书对：'儿现在，未死'"。师古曰："牍，木简也。时以为诏记问之，故令于背上书对辞。"答书犹书牍背，则书语遇牍面不能容时，必书牍背无疑矣。然苟不用囊，则牍背向外，势无可书之理。此书囊之制之所以广也。

缄数：绳缄之法，亦无定制。古封禅玉石检，皆以金绳五周。至今日所见古封泥，则底面绳迹，有纵有横，有十字形，而以横者为多，其迹，自一周以至五周皆有之。唯斯坦因所得于阗古牍，则检上皆刻通绳处三道，每道以绳一周或二周。古封禅石检，其通绳处亦三道，每道各五周。

---

[1] 原注："捎马"之音，疑"算码"之转，谓算为马，自《礼·投壶》已然。今日犹谓之算马，盖即唐之算袋。

古金人之三缄其口，或即以缄牍之法缄之，而于阗古牍或犹用周汉之制也。自书囊盛行，而检绳之制，多不如法。故今日所见封泥，罕有作正方形，如斗检封之埴者。其绳迹，亦少整齐划一者，盖已非最古之制矣。

封数： 古牍，封处多在中央，《汉旧仪》所谓"中约署"是也。于阗古牍亦然。惟汉时传信，亦有两封三封四封五封者。《汉书·孝平帝纪》"一封轺传"注"如淳曰，律：诸当乘传及发驾置传者，皆持尺五寸木传信，封以御史大夫印章。其乘传参封之。参者，三也。有期会，累封两端，二各两封，凡四封也。乘置驰传五封也，两端各二，中央一也。轺传，两马再封之，一马一封之。"此以封之多少为尊卑。盖传信特别之制，若书牍之封，固不必如此繁复矣。

封泥： 古人以泥封书，虽散见于载籍，然至后世，其制久废，几不知有此事实。段氏《说文注》（十三下）至谓周人用玺书印章，必施于帛，而不可施于竹木。封泥之出土，不过百年内之事，当时或以为印范，及吴氏式芬之《封泥考略》出，始定为封泥。然其书但考证官制、地理，而于封泥之为物，未之详考也。案《说文》（二十）土部"玺，王者之印也，以主土，从土尔声，籀文从玉"，段氏注曰："盖周人已刻玉为之，曰籀文从玉，则知从土者古文也。"段注以玺为古文，其说甚是。唯许君谓玺以主土，故从土，则颇有可疑者。古者上下所用印章，通谓之玺，玺非守土者所专有，窃意玺印之创在简牍之世，其用必与土相须，故其字从土。《周礼·职金》"揭而玺之"，用玺于揭上，非用封泥不可。《吕氏春秋》（十九）《离俗览》"故民之于上也，若玺之于涂也，抑之以方则方，抑之以圆则圆"，《淮南子》（十一）《齐俗训》亦云"若玺之抑埴，正与之正，倾与之倾"，《续汉书·百官志》"少府官属有守宫令，主御纸笔墨及尚书财用诸物及封泥"，封泥二字始见于此。古人玺印，皆施于泥，未有施于布帛者，故封禅玉检则用水银和金为泥，天子诏书则用紫泥，常人或用青泥（《御览》六百六引《东观汉记》），其实一切粘土皆可用之。宋赵彦卫《云麓漫钞》（十二）云"古印文作白字，盖用以印泥，紫泥封诏是也。今之米印及印仓廒印近之。自有纸，始用朱字"。案古印但以印泥，其说甚确，唯印文之阴阳则颇不拘。今周秦古玺多作阳文，唯汉印多阴文，故封泥之文，亦有阴阳二种，赵氏之言，未尽确也。唯印泥之废与印绢纸之始，殊不可考。《周礼·载师》"宅不毛者出里布"，郑司农云："布参印书，广二寸，长二尺，以为币，贸易物，或曰：布，泉也。"后郑则用后说。若如前说，又不知所谓"布参印书"者为于布上施印乎？抑以泥附于布上而印之也。惟汉时门关之传，用木之外，兼用缯帛，《汉书·终军传》"关吏予军缯"是也。《古今注》谓"传皆封以御史印章"，则缯亦当用印，或竟施于帛上，亦未可知。自后汉以降，纸素盛行，自当有径印于其上者。唐窦臮《述书赋》（下）"印验，则玉𪩘胡书，金镂篆字（中略），古小雌文，东朝周颙"，唐代流传之古迹，仅有绢素，则晋周颙之印，当施于其上矣。至南北朝，而朱印之事始明著于史籍。后魏中兵勋簿，令本曹尚书，以朱印印之，又令本军印记其上，然后印缝（《魏书·卢同传》）。后齐有"督摄万机"印一钮，以木为之，此印常在内，唯以印籍缝（《隋书·礼仪志》）。而梁陆法和上元帝启文"朱印名上，自称司徒"（《北齐书·陆法和传》）。盖印泥之事实与简牍俱废矣。

题署：若夫书牍封题之式，则亦不可得而详。《释名》"署，予也，题所予者官号也"，《王莽传》哀章"作铜匮，为两检，其一署曰'天帝行玺金匮图'，其一曰'赤帝行玺某传予黄帝金策书'"，疑"天帝行玺""赤帝行玺"八字乃封泥上之玺文，而非题署者。盖有玺印，自不烦更题寄书之人，但题所予之人与所予之物足矣。《通典》（五十八）"后汉郑众《百官六礼辞》《六礼文》皆封之，先以纸封表，又加以皂囊，着箧中。又以皂箧衣表讫，以大囊表之。题检上言：谒表某君门下。某礼物，三十种。各有谒文，外有赞文，各一首。封如礼文，箧表记，蜡封题，用皂帔盖于箱中，无囊表，便题检文言：谒箧某君门下。便书赞文，通[1]共在检上"，由此观之，则检上所题，但所予之人与所遗之物，不题予者姓名也。至东晋王堪《六礼辞》"裹以皂囊，白绳缠之，如封章，某官君门下封，某官甲乙白奏，无官言贱子"，则兼题予者姓名，盖其时封印之制已渐废不用矣。

---

〔1〕 原注："通"上疑脱"几"字。

第五讲

简帛古书的整理与研究

简帛整理，和电影制作一样，也有"前期制作"和"后期制作"。"前期制作"是野外的考古发掘和室内的文物保护。"后期制作"才是剪贴照片和释读考证。我们看到的简帛图录或发掘报告只是最后的产品。读者对这个产品，都是坐享其成，未必了解它的整理过程，也很少体会其中的艰辛，指手画脚，品头论足，常常都说不到点上。所以，我想把这个过程讲一下。对阅读简帛古书来说，这并不是多余的知识。

（一）竹简帛书的发掘和保护

竹简帛书的发掘和一般出土物不同。它们都很娇嫩，和软尸、漆木器和丝织品一样，从一开始就离不开保护。这种保护，首先是野外的保护，即当时的保护，现场的保护，它的好坏，对后来的整理很关键。我们的研究，后来的研究，第一前提是把竹简帛书从野外安全地起回来。有关的发掘记录，墓葬平面图或遗址平面图，出土位置和临时编号，也是研究的基础。虽然竹简出土，多已散乱，对简文排序，这些记录的帮助不是很大，但它们的位置和编号，还是非常重要，至少可以反映简文堆放的不同层次和不同部分，哪些简和哪些简关系比较近，哪些简和哪些简关系比较远。其次是室内的保护，包括竹简的清洗、装管（装玻璃试管）、脱水、固定（用玻璃板或有机玻璃板固定），〔1〕帛书的揭剥、展开、熨平（用特制的小熨斗）、固定（用有机玻璃板固定），〔2〕还有拍照工作。特别是最后一项，对后来的研究，影响最直接。比如竹简，如果脱水前，我们没把照片照好，曝光时间和缩放比例不一致，文字不清，编痕不清，契口不清，还有漏拍（比如简背的文字，包括篇题和抄写者的勘误，就有被漏拍的例子），〔3〕这对后来的整理会非常不利。即使补拍，也会失去很多原始线索。比如竹简脱水后，有些长短会收缩，文字会褪色，断裂处会茬口发毛，和最初看到的情况不一样。在这种情况下，即使原始照片不理想，也聊胜于无。出版印刷时，还是应该挑一下，把可以补充的地方找出来，附在后面，供读者参考。〔4〕

---

〔1〕 过去出土的竹简，一般处理方法是，先把它所附带的泥土剥离和清洗掉，然后用细长玻璃板固定，装入内盛蒸馏水的试管，现在则往往还继之以脱水干燥，然后用玻璃板或有机玻璃板固定。后者有利于竹简的长期保存，也便于展出，但缺点是很难保持原状，毕竟有失真之处。

〔2〕 过去出土的帛书，一般是用传统的裱画工艺，把展开的帛书托裱在另外的纸或帛上。如大家熟悉的那件子弹库帛书，还有全部的马王堆帛书，都是这样处理。它们都缺乏揭剥过程的记录。1993 年以来，美国弗利尔美术馆的实验室对子弹库帛书的其他残帛进行揭剥，开始考虑其他的固定方法，最近打算用有机玻璃板封存和固定帛书的残片。它的好处是双面可见，便于调整。不像装裱的帛书，只有一面可见，所有位置都被固定，裱错了就难于调整。

〔3〕 比如郭店楚简，书已出版后，又发现有个别漏拍。参看：龙永芳《湖北荆门发现一枚遗漏的"郭店楚简"》,《中国文物报》2002 年 5 月 30 日第二版。

〔4〕 比如上博楚简，先后拍过三套照片，脱水前拍过两套，一套是幻灯片，最早，不够清晰；一套是供剪贴用的黑白片，有些太黑，有些太白，有些比例不一致，也不够理想；脱水后，为了出版，又重新拍过一套彩色片。现在发表的照片是第三套照片，照片使用了先进的设备，但有些字已看不到，有些字模糊不清，和脱水前的照片有一定差距。参看：马承源主编《上海博物馆藏战国楚竹书》(一)〔上海古籍出版社，2001 年〕（转下页）

（二）竹简帛书的拼对和复原

简帛文字的整理，竹简和帛书不太一样，但共同点是，大量时间都花在拼对复原上，就像考古工作者要花很多时间拼陶片。一件完整的陶器，出土时碎成很多片，你从一堆碎片，把它复原出来，这和拼图游戏（puzzle）是类似的智力活动，很麻烦也很有趣。

我们先谈竹简。

竹简的拼复，在简文整理中是基础工作。这一工作是最初步的工作，但也是最关键的工作。很多人都不知道，这件工作有多麻烦。第一，整理者着手整理时，那是茫无头绪，一团乱麻，他们颠三倒四团团转，花去的时间比后来要多得多。这是件费力不讨好的工作，干好了没人夸，干坏了有人骂。人们记住的是结果，忘记的是过程。甚至就连结果，都不过是后来的铺垫。第二，这种工作，整体性很强，连续性很强，不可能多头并进，时断时续，而只能由一两个人负责，在一段时间里，集中精力，连续作战，趁记忆清楚，趁联想还在，跟手剪贴，跟手调整，一次性完成。更何况，简帛的拼复和陶器不一样，不是光靠器物形制，哪个茬口对哪个茬口，翻过来调过去，闷头去拼就能拼出来，它还结合着文字释读。我们不要以为，释读是剪贴后的另一件事。其实，从一开始，这个工作就不可少。它是随拼复工作的展开，步步推进，局部推动全局，全局推动局部，一切在不断调整之中。我们可以说，没有释读，就没有拼复；没有拼复，也没有释读。[1]

所收第三种竹书的图版、释文和注释，以及李零《上博楚简三篇校读记》（台北：万卷楼图书有限公司，2002 年）63—83 页对有关情况的说明。案：任何考古发掘和室内整理，都不可避免会留下遗憾。发掘者和整理者的责任是向读者忠实地反映情况和说明情况，不应对失误避而不谈，而应细道原委，总结教训，为后人铺路。而读者呢，也应设身处地，从现实的条件和水平出发，体谅他们的艰辛和苦衷，不要一味求全责备。

〔1〕　与考古发掘相似，其文字考释最好是由同一个人（或同一批人）一次性完成。如果分成很多步，不断换人，对整个工作会非常不利，也会造成责权利不清，令怀有私心的人过河拆桥，下山摘桃。

简文的拼复，是以竹简编联的方法为基础，而且最重要的依据是简端、简尾和契口、编痕的位置（图版一、图七）。[1] 契口是为固定编绳（古代多用丝线为绳，如刘向《别录》佚文讲编简，有所谓"青丝纶""缥丝纶"等区别），预先在简札右侧契刻的三角形缺口。编痕是编绳留在简札上的痕迹（有些还有丝编保存在简上）。出土位置和有关记录可能会有一些帮助，但作用有限。剥离竹简，程序的重要性，也不像帛书那么大。

它包括：

（1）用剪刀或裁刀剪裁照片，并在简文的上下保留临时编号，以便查对。

（2）按简长、简形对照片做初步分类，把剪开的照片分成若干小堆（最好是有大屋长案，以便堆放）。

（3）按字体和内容对照片做进一步分类，在小堆里面再分堆，分之又分，直到每一篇各自成堆。最后，把暂时难以归并的残简单独放在一边，好像占卦时的"挂扐"。

（4）按分类结果，为每一篇做分简释文（临时的释文或初步的释文）。

（5）根据分简释文，把文意可以衔接的残简和完简尽量缀合拼联起来。

（6）在图版纸上画线，即以完简的长度为准，用铅笔画出标识简端、简尾和契口、编痕位置的横线，然后按这几道横线，核对位置，粘贴照片（图八）。如以三道编的竹简为例，它的残简，如有简端和上面一道编痕，应依此编痕贴在上边；如有中间一道编痕，应依此编痕贴在中间；如有简尾和下面一道编痕，应依此编痕贴在下边；如果既无简端简尾，也无编痕，则可在上两道编痕或下两道编痕之间，顶行排列，上标记号（如？号），将来按文意和字数推算，

---

[1] 参看：石雪万《尹湾竹木简缀述》，连云港市博物馆等《尹湾汉墓简牍综述》，北京：科学出版社，1999年，169—174页。

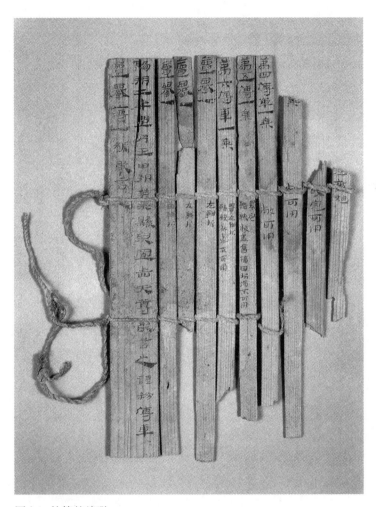

图七　竹简的编联

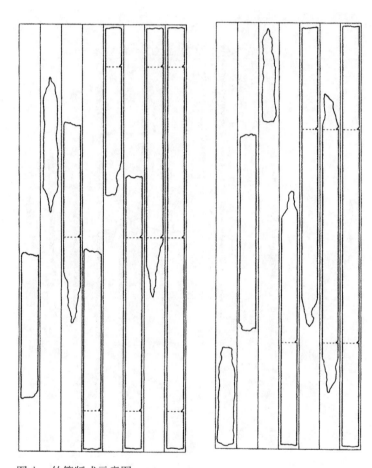

图八　竹简版式示意图

重新估算其位置。凡能拼联者尽量拼联，若简与简不能衔接，可在两简上方的中间另标记号（如←→号），将来按文意和字数推算，用注释的形式大致说明其脱简和脱字有多少。简背的文字，可以列在相应简文的后面。背题，一般是在简文开头两三简或结尾两三简的背面，它对简文排列有一定指示性（说明简文开始或结束的大致位置）。正式编定的释文，则可把篇题（无论是写在正面，还是背面）放在简文的前面或后面，首题放在篇首，尾题放在篇尾。

（7）在各篇大致排定后，还应进一步调整每篇之内的顺序，检查各篇之间是否仍有混入的简文，然后出此入彼，做进一步调整，并最后检查上述难以归并的残简，看看是不是还有可以拼入的简文。最后，按排定的顺序重新编号，每篇自为起讫，并把无法归并的残简编为附录。

（8）凡竹简本身有篇题，应以竹简原来的篇题作篇题；没有，则可拈篇首之语或隐括全篇内容以为题，并用表示补字的〔〕号括起，以示区别。后者最好能参照古书记载或史志著录的书名，尽量按古人命名的习惯来命名，切忌现代化。

其次，我再讲一下帛书的整理。

帛书的整理和竹简有一定共同性，但有些方面又不太一样。它有两种形式，一种是折叠式，一种是卷轴式。如子弹库帛书是折叠式，马王堆帛书是两种都有，一种是折叠式，一种是卷在长条木板上，类似布店卖的布匹，则可归入卷轴式。[1] 卷轴式，形式是模仿竹简，如有栏线和界格，情况还比较简单，可参照竹简的整理方法，按帛书的界栏以确定帛书碎片的位置。因为帛书的界栏本身就是模仿竹简。但如果是折叠式，又没有界格和栏线，揭剥的程序就显得很重要。现已发现的帛书，多半是据文字内容拼复。马王堆帛书，其揭剥程序未见报道。子弹库帛书，大家熟知的那件完帛，和

---

〔1〕　参看：李零《楚帛书的再认识》，收入《李零自选集》，桂林：广西师范大学出版社，1998 年，227—262 页。

马王堆帛书一样，也是像裱画那样装裱，它的揭剥程序，同样没有记载。我们惟一可以尝试，就是现存赛克勒—弗利尔美术馆的其他子弹库残帛。因为这些残帛，它们还保持着折叠状态。但即使这个机会，对我们也非常残酷。因为这些残帛，自 1946 年流美，一直是藏在华盛顿的一家仓库，躺在一个鞋盒中睡觉，一睡就睡了 40 多年，保存状况很差。1992 年 12 月，这些残帛以"匿名捐献"入藏赛克勒—弗利尔美术馆。1993 年上半年，弗利尔美术馆的实验室开始试揭残帛，我是参加了的。当时，我们发现，其纤维已严重炭化，表面又被钝物挤压，碎片粘连纠结，很难打开，也很难复原。当时，为了尽量安全也尽量科学地把这批残帛打开，我曾就揭剥方法和揭剥程序，和中外专家反复切磋。[1] 虽然，这一工作到现在还没最后完成，但粗糙的想法还是有一点。我的看法是，这批残帛，其保存现状虽十分糟糕，复原可能也微乎其微，但它提出的挑战，反而有助方法的探讨。我们以这批残帛为例，可以设计一套揭剥程序，即使它的每个步骤未必都能按部就班，记录项目也时有缺环，复原的目的最终难以达到，但为日后发现计，还是很有必要。这一程序，从道理上讲，并不复杂，它的基本考虑是，我们要把叠在一起的帛书一层层打开，最好就是像考古发掘那样，按它的叠压关系来处理，每揭一张，都及时照相，并把有关现象记下来，照相和记录，要有可逆性。

帛书的展开和拼复，是基于帛书的纺织特点和折叠特点（图九）：

第一，古代用以书写的帛，是由经线和纬线而织成：经线是顺幅长的方向，纬线是顺幅宽的方向，因此每个帛书碎片都是有一定方向的。其卷首卷尾和帛幅上下有整齐的织边。书写者根据内容需要，从有一定幅长和幅宽的纺织品上，把他需要的尺度裁下来，还会形成裁边。除上下的织边，从卷首裁，还会有一道织边一道裁

---

〔1〕 感谢中国社会科学院历史研究所的王㐨先生（已故）和考古研究所的白荣金先生，他们在帛书的保护工作方面教给我很多知识。

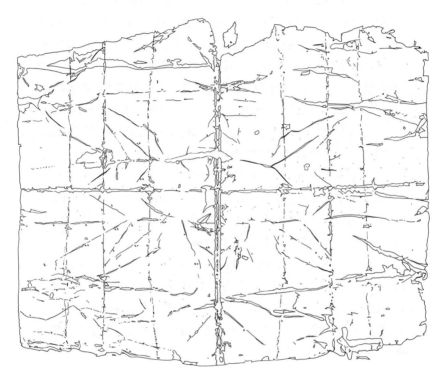

图九　帛书幅面的折痕和断裂痕（巴纳氏的摹本）

边。从中间裁，会有两道裁边。从卷尾裁，会有一道裁边一道织边。这两种边和折叠形成的断裂痕迹是不太一样的。

第二，它的折叠，和地图或手绢的折叠比较相似，可以先横折后竖折，也可以先竖折后横折，从哪一方向开始，折多少次，方式可以有很多种。但是，我们要记住的是，不管怎么折，怎么叠，其折叠面，总是正面对正面，背面对背面，彼此是成镜面反射的关系。帛书上的撕裂痕迹（不同于折痕），也像剪纸那样，一刀下去，各面都有，有同样的对称性。文字和图画的印痕（分叠印和渗印两种）也一样。

参考帛书的纺织特点和折叠特点，我们的记录应包括以下四项：

（1）记录每个折叠面的顺序号；

（2）记录每个折叠面的经纬线方向；

（3）记录每个折叠面的四条边（可能看到的边），并标明哪条边是织边（上下织边或左右织边），哪条边是折痕；

（4）记录碎片在每个折叠面上的相对位置。

然后，在此基础上，我们可以在图版纸上画出复原的框线，把所有碎片的剪贴照片，按记录顺序，依次放到相关的方格内和相关的位置上（图一○），进行拼复（它比竹简更像拼图游戏）。

我希望，将来如有新的发现，大家可以使用这一程序，检验这一程序，目前的尝试只是勉为其难。

（三）竹简帛书的释读和考证

简帛文字，从目前的发现看，主要是战国秦汉到魏晋时期的文字。70年代和70年代以前，武威汉简、银雀山汉简、马王堆帛书，还有其他发现，差不多全是汉代和汉代以后的古书，释字不是大问题。当时的学者，也很少有人专就释字长篇大论写文章。但70年代后，很多竹书是楚竹书，它们是用战国文字写成，情况就不一样了。战国文字，大家都说太难，难到什么程度，李学勤先生说，就

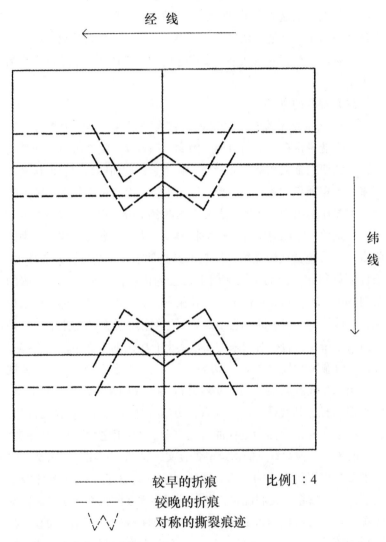

经　线

纬
线

———————　较早的折痕　　　比例1：4

– – – – –　较晚的折痕

\/\/\　　对称的撕裂痕迹

图一〇　帛书版式示意图

是你做梦也梦不见（我当学生时，听他这样讲）。因此，50 年代，特别是 70 年代以来，在古文字学界，它是很时髦的学问。时髦的原因是什么？是这个圈子里的学者，他们皆以释字为能事，觉得别人都认不出来，我把它认出来，本事高，能耐大，权威烘烘的。所以，大家都是撅着屁股认字，拿出吃奶的力气认字，下笔万言只为一个字。

这是现在的风气。

战国文字难不难？当然很难。有人甚至说，它比甲骨金文还难。这不能说没有一定的道理。因为六国古文，简率省并，变易很大，不像西周金文和秦系文字是一脉相承，反而容易认。但认真讲起来，大家所谓"难"，不能讲得太过分。我们对这种文字感到陌生，主要还是因为，在近代古文字学的各个分支中，对现在的古文字专家来说，它相对年轻，过去材料少，大家不熟悉。其实，中国的古文字，包括战国文字，比起世界其他古文字的破译，应该说，条件要好得多。因为中国文明有自己的传统，它和很多"失落的文明"不一样，其文字传统是一脉相承，无论哪种文字都是前后相接，解读线索从未中断。它不是靠双语对读，重新认出来的，而是靠前后一条龙，直接对出来的。事实上，中国的古文字，无论哪一种，甲骨金文和战国文字，都是一经出土，没有多少年，马上就被解读出来，比起其他文明，要容易得多。战国文字，从表面上看，似乎很年轻，其实很古老。或者，更准确地说，是既年轻又古老。我们说它年轻，是因为近代的古文字学，"罗王之学"和"罗王之学"的传人，他们看重的都是甲骨金文，20 世纪前半叶，古文字研究主要是以甲骨金文为对象，战国文字只是 20 世纪后半叶才蹚出路子，形成体系。我们说它古老，是因为现在的古文字研究，推本溯源，是来自汉代的古文字研究，即当时研究古今字比较的学问。《说文解字》把战国文字当古文字，当时叫"古文"（当然，这一概念也包括比战国更早的文字）。而"古文"的来源是什么？主要就是竹简帛书（当然，"古文"一词，从概念上讲，也包括竹简帛书以外的文字）。如孔壁所藏，汲冢所出，《说文》所录，正始石经所刻，《汗简》《古文四声韵》所传，这门学问，自汉迄清，一直流传有绪。比如《汗简》，光看书名就知道，这门学问是从哪里来。我们甚至可以说，中国古文字学的发展，其顺序是从简帛到铜器（汉到宋），从铜器到甲骨（宋到清），然后又回到简帛（现在）。它是以简帛文字为主体线索，起枢轴作用，简帛是它的开端，也是它的结尾。上面讲的"陌生感"，陌生的原因主要是，这是"两千年后"与"两千年前"相遇，圈子兜得太大。我们已经忘记，我们的古文字知识是从哪里来的。

回顾战国文字的研究，大家最好读一下王国维的经典之作：《战国时秦用籀文六国用古文说》，[1] 而且我建议，大家读这篇短文，最好能参看他的相关考证，把这些考证当这篇短文的注脚来读。"秦用籀文"说，可看他的《〈史籀篇〉疏证》，包括序；[2] "六国用古文"说，可看他论汉代古文源流的八篇文章。[3] 为什么我要推荐这些文章呢？因为，我觉得，这些文章是他对古代理解最深对现在启发最大的文章。多少年来，学者推重此说，主要是把它当战国文字划分区系的理论；辩论较多，也主要是战国文字的差异到底有多大？《史籀篇》的年代和籀文的年代到底有多早？史籀是人名还是其他意思？小篆和籀文是什么关系？战国时秦用文字是不是籀文？等等。[4] 我觉得，今天我们研究这一学说，也许可以换个思路，更

---

[1] 王国维《战国时秦用籀文六国用古文说》，收入《王国维遗书》，上海：上海古籍书店，1983 年，第一册：《观堂集林》卷七，1 页正—2 页正。

[2] 王国维《〈史籀篇〉疏证》，收入《王国维遗书》第六册；《〈史籀篇〉疏证》序，收入《王国维遗书》第一册：《观堂集林》卷五，17 页正—20 页正。

[3] 王国维《〈史记〉所谓古文说》《〈汉书〉所谓古文说》《〈说文〉所谓古文说》《〈说文〉今叙篆文合以古籀说》《汉时古文本诸经传考》《汉时古文诸经有转写本说》《两汉古文学家多小学家说》《科斗文字说》，收入《王国维遗书》第一册：《观堂集林》卷七，2 页正—18 页正。

[4] 参看：林素清《〈说文〉古籀文重探——兼论王国维〈战国时秦用籀文六国用古文说〉》，《"中央研究院"历史语言研究所集刊》第一分（1987 年），209—252 页；陈昭容《王国维〈战国时秦用籀文六国用古文说〉平议》，东海大学博士论文，1996 年，（转下页）

多考虑一下历时的变化，而不是横向的比较。为什么呢？因为王氏的出发点是汉代经学，是汉代小学的教学传统。他讲"秦用籀文""六国用古文"，这种东、西二系的不同，虽有字体差异作依据，保留西周文字的特点较多，略显繁复，不像六国文字，简率省并，叛离西周文字较远，但在战国当时，它们基本上还是平起平坐，基本上还是各为政，并不足以构成汉代那样的对立。汉以来有"古今字"的区别，这是因为秦"书同文字"，造成古今巨变。"今文"是秦确立的"现代标准字"，"古文"是秦废除的"非规范用字"。汉代的时候，人人都喜欢讲"新"，就和我们喜欢讲"现代化"一样（其登峰造极是王莽的"新朝"）。虽然这个"现代化"，顶多只有十几年，但前面就是"古"，后面就是"今"。当然，汉的"今"不尽同于秦的"今"，器物也好，制度也好，颇用古法（儒家在这方面起了很大作用，各方面都是以退为进，一直退到制度所能容纳的极限，其中也包括王莽和王莽以后），很多方面都杂糅了六国的东西（器杂楚越，礼采齐鲁），但关键是，其主从关系已无法改变。汉代文字，西汉有法律规定，官府抄书所用，学校课童所读，都是《史籀》《仓颉》，大小篆和隶书，一水儿的秦系文字，古文是山东诸儒和少数专家躲在家里研究的东西，不可能与之抗衡。王莽前后，东汉以来，今古文逐渐合流，但今文依旧是主体，古文依旧是附庸，当时的书写习惯和阅读习惯还是以今文为主。古文本，经两汉儒师反复校订，有今文本的，融合；没有今文本的，转写。转写融合后，古文是以校勘对读的个别佚文（只限差别较大者）保存于注释，保留的是读法，不是字样。即使传授字样，也都是以今为经，

后收入所著《秦系文字研究》，台北："中央研究院"历史语言研究所，15—46 页（作为该书的第二章）。案：近来学者多认为，王氏此说的前一半，即战国时"秦用籀文"说应有所修正，《史籀篇》的创作时代还是在周宣王末年，而不在战国时期，战国时期的秦文字是小篆而不是籀文。但我以为，王氏此说，主旨是在强调秦系文字的一贯发展，《史籀篇》即令作于西周末年（很可能是依托宣王太史籀），也主要是流行于春秋战国时的秦地（秦伐戎继周、立史纪事，都上距宣王末年不太久）。作为识字课本，还是秦史所用，秦文所本，小篆的源头还是此书，它并不足以动摇王氏的基本考虑。

以古为纬。我们要知道，从汉到宋，所有传授古文的字书，都是字形隶属于读法，字头只反映今文的读法，不一定反映古文的字形，一切都是按今古文对读的形式来分类和排列。如《说文》、正始石经和《汗简》《古文四声韵》，都是如此。其情况就像今天的古文字释文，括在括号里的字，其实只是我们从汉代（特别是东汉）接受的阅读习惯，只是我们用这一习惯理解的古今字对读，而并不是说战国时候的人，他们是把我们认为的正字当正字，书写时反而换用或错写为其他字形。

　　这是研究简帛古书最值得反省的事情。

　　研究战国文字，还有一点值得回顾。这就是近代的古文字学，"罗王之学"和"罗王之学"的传人，他们的学问有两个突出特点。第一，这门学问是依赖出土新发现的新学问，因为年轻因为新，没有突出的师承关系，格局和气度都比较大；[1] 第二，这门学问并不是清代小学或近代语言学的附庸，而是研究三代的综合性学科，它的传人，绝大多数都是历史学家或考古学家，而不是小学家或语言学家。这和今天的战国文字研究是有点不太一样的。[2]

　　中国的战国文字研究，20 世纪的前半叶，材料太少，主要是兵器、玺印、货币和陶器上的铭文，基本上都属于铭刻学的研究范围。当时，长篇的铜器铭文几乎没有，战国竹简也一次没有发现；帛书，虽然 1942 年出土了子弹库帛书，但它的广为人知，其实是到 50 年代和 60 年代。[3] 当时缺乏的恰好是主体性材料。因为没有

---

〔1〕"罗王之学"的传人，百年之间只有三四代。第一代，唐兰、容庚、商承祚、柯昌济，世称"罗王四弟子"，但究其实却根本不是。郭沫若、董作宾、于省吾、徐中舒、杨树达也不是。第二代，胡厚宣、陈梦家、张政烺，除张是唐兰的学生，其他人和第一代传人也没有明确的师生关系。再下来，朱德熙、李学勤、裘锡圭、黄盛璋、姚效遂、于豪亮，除朱是唐兰的学生，裘是胡厚宣的学生，姚是于省吾的学生，其他人和前面两代也没有师承关系。其真正的师门其实是从第三代以后才最后形成。

〔2〕注〔1〕中所述前辈，真正以小学为研究范围，其实只有于省吾、杨树达和几分之一的唐兰。

〔3〕参看：王国维《〈桐乡徐氏印谱〉序》，收入《王国维遗书》第一册：《观堂集林》卷六，18 页背—21 页背。

主体材料，没有辞例线索（兵器、玺印、货币、陶器只有人名、地名或兼具二者的短铭），大家热衷的是孤立释字、字形分析和字形排队。现在的战国文字研究，依我看，是传统格局仍在，但面临巨大转折，很多事情都值得反省和总结。

研究战国文字，除早期的零星研究，大家都会提到的开山之作，是李学勤先生的《战国题铭概述》和《补论战国题铭的一些问题》。[1]这些文章对战国文字研究无疑是起了整体性的推动作用。今天，我们重读李先生的文章，有两点值得注意，第一，李先生使用的"题铭学"一词，当时是用俄文的эпиграфика作对应概念，其实也就是英文的epigraphy，陈世辉先生指出，西人使用的这一概念，本来的意思是指"各种坚硬物体（石头、金属、骨头等）上的铭文"，其实应叫"铭刻学"，起码不能包括楚帛书和长台关楚简，[2]这是非常正确的。但是我们应该注意的是，当时的战国文字研究，其现状是还基本没有这类材料，所用材料基本上还是属于铭刻学的范围。帛书见附，只是偶尔的例外，并不能算是太大的错误。还有，李先生说，我国旧名为"金石学"的学科，按照现代术语应叫"题铭学"，[3]这话基本上也是对的。因为我国金石学的研究范围，无论是"金"是"石"，它们确实是和epigraphy的概念相符。第二，这篇文章的释字，诚如陈世辉先生所议，是有很多可以商榷的地方，但我们设身处地替作者想，他的释字，以当时的水平而言，毕竟属于一流。况且，李先生的贡献是属于筚路蓝缕，它的突出优点是总结性和系统性。这种贡献是不能以计点的方式来评价。

过去研究古文字的人，他们对铭刻和书籍不太区别。这是历史条件的限制。同样，研究简帛，大家对文件和典籍也不大区别。到

---

〔1〕 李学勤《战国题铭概述》（上），《文物》1959年7期，50—54页；《战国题铭概述》（中），《文物》1959年8期，60—63页；《战国题铭概述》（下），《文物》1959年9期，58—61页；《补论战国题铭的一些问题》，《文物》1960年7期，67—68页。
〔2〕 陈世辉《读〈战国题铭概述〉》，《文物》1960年1期，72页。
〔3〕 李学勤《战国题铭概述》（上）。

目前为止，我们还是经常使用笼统的"简牍研究"或"简帛研究"，还是经常把所有出土文字混称为"出土文献"。这种情况，今后要改变，分化是在所难免。今天，简帛研究正在走向专门化，这对战国文字的研究冲击很大，很多问题现在还看不清。这里只能讲一点粗糙的感想。

（1）简帛文字的大量出土使我们进入了一个"大规模识字"的阶段。因为它们已经不再是一个个孤立的"字"，或单词，或短语，而是一篇篇内容丰富的"书"。这种"大规模识字"使我们不能不侧重于"通读"，"识字"是从属于"通读"。

（2）现在我们对简帛文字的考释，从表面上看，似乎并没有方法上的突破。但我们应当看到的是，大家对考释方法的侧重，因为条件的改变，和过去已经有所不同。过去，因为缺乏辞例线索，大家对文字分析的依赖性很大，这是不得已。现在，很多字的认出，首先是靠辞例比较，文字分析多是"事后诸葛亮"，这本身就是突破。

（3）过去的战国文字研究，往往都是孤立识字，这是特定环境下形成的特殊习惯（比如玺印、货币，几乎无辞例可寻，大家只能死抠字形）。它的局限性是历史局限性。比如有很多字，今天看来很简单，当时却认不出来（比如在楚简中，就连常见的"吾"字和"岂"字，过去我们都不认识，参看本讲附录），这不是因为当时的古文字学家不聪明，或他们的文字分析能力太差，而是因为那时的条件太差，我们没有足够的辞例。眼界的改变要依赖于条件的改变，现在是打破这种习惯的时候了。

（4）考释古文字，并非全是"发明"，它还依赖于"发现"。有时，"发现"比"发明"更重要。现在学古文字的人有一种误解，就是以为古文字中的难字全都是靠字形或读音分析出来的，而不是从文字线索和有关辞例中推导出来的。他们不太了解，现在在古文字研究上做出很大成绩的人，他们的真正优势是见多识广，即比别人接触材料早，也比别人接触材料多。很多人发明冲动很强，仿而效之，推而广之，在别人后面"拾麦穗"（根据已识字，对含有该字的偏旁做进一步分析），但命中率却不高，投入产出不成比例，原因就是没有这种优势。

（5）近百年来的古文字研究，一直交织着两种不同的路数，早期是以历史—考古学为主流，现在是以语言学为主流。如果说语言学方法的引入曾使古文字研究，特别是战国文字研究有很大突破，那么现在的"竹简帛书热"却暗示着另外一种趋势，这就是向历史—考古方向的回归。过去做古文字的人都爱强调从小到大，但现在看来，简文内容的理解并不简单就是识字的结果，它也可能是识字的前提，我们也需要从大到小。

（6）当年，分国分系曾是战国文字研究的基础，但现在反省起来，各国字体的差异远没有原来想象那么大，它们内在的共同性和彼此交叉的现象（有些还是多国性的交叉），正越来越多地引起我们的注意。过去，大家强调的区别字，认真讲，数量非常有限，显然不是主流。现在，我们也该考虑一下这个一向被掩盖着的主流了。

（7）现已出土的简帛材料主要是楚国的，它和我们的阅读习惯很不一样。我们的阅读习惯是由来自秦系文字的汉代文字所培养，现在的释文都是"楚书秦读"，并不一定代表楚国文字的本来读法。这对理解王国维的"秦用籀文六国用古文"说是个新的认识角度。它说明各国的文字差异并不仅仅是字体的差异，也包括读法的差异。[1]

（8）过去，古文字学家对"同音假借"和"同义换读"等正常现象注意比较多，而对错字却不大理睬，没有注意它在文字考释上的重要性和规律性（历代都有这类问题）。简帛文字的错字分两种，一种是因形体相近，偶尔写错；一种是我称为"形近混用"，积非成是的合法错字。这两种错字都要结合当时的书写习惯去认定。[2]

（9）对考释简帛文字，书手的个体差异也很重要，很多字的确

---

〔1〕 参看：李零《郭店楚简校读记》（增订本），北京：北京大学出版社，2002 年，190—193 页。

〔2〕 同上。

认必须根据书手本人的书写习惯来辨认。这种研究不仅有助于我们对战国文字复杂性的认识，也是对简文做排比分类的基础。

（10）过去的古文字学家往往有职业病，孜孜于一字之得失，视如星球之发现，弄得心胸狭隘，以为独擅绝学为人所不可比。材料的爆炸，除上面的好处，还有一点，是有助于心胸开阔，让大家知道，饭要大家吃，学问要大家做。现在的"竹简帛书热"，参加者水平不一，但大家都来参加，不但资源共享，很多古文字知识也渐成常识，我看并不是坏事。王蒙先生有诗，"认得几个狗字，有什么了不起"，愿以此诗与我们的同行共勉。

另外，关于简帛内容的考证，情况更明显，它的功夫，完全是在古文字之外。无论是词语、史实、制度、思想，关键都在善于查古书，关键都在整理者的历史素养和思想敏锐。因为这类问题，我们在本书的后半部还会反复涉及，这里不再多谈。

（四）竹简帛书的编辑和出版

最后，我想谈的是，我们该用什么形式，把整理结果印出来。这也是很重要的问题。我想把这最后一步也讲一下。

我认为，竹简帛书的出版，作为报告集和资料集，和读者见面，在形式上应该像一般的考古报告那样，最好是原原本本，详详细细，尽量忠实地反映原貌，不要把推测想象的成分掺杂在里面。如果惜其所得，不妨自为新书，另外写文章。

最近，我曾胡思乱想，假如由我编书，一部理想的竹简报告集或帛书报告集应该是什么样。回顾过去已有的相关出版物，吸取成功经验，总结失败教训，我有些不成熟的想法，想在这里做一点讨论。

（1）我认为，这类出版物，其分类应按形制特点，如简长、简形和字体差异，而不是文字内容。因为古人有时会把不同类别的书抄在同一卷上，甚至正背连抄，分栏书写（如上博楚简就有这种情况），按内容编排，不但办不到，还会破坏同一批简册的整体联系和内在联系，使读者无从了解其拼对复原的过程和方法，也无从检验形制相同者可能发生的相互出入。过去的出版物，因为材料太少，分类问题不突出，现在对这个问题，似应重新考虑。其排列顺序，我建议，最好是以简长作第一标准，从长到短排，然后再按简形排，然后再按字体排，而千万不要按内容排。如果为了反映内容分类，整理者可另附按内容编排的目录，供读者参考。

（2）过去，这类出版物，由于各种原因（经费、时间和研究水平，甚至人事纠纷），常有延期不出，或欲出还休，断断续续几十年的情况，原来的书还未出完，继事者又打算推倒重印，这对学术非常不利（如长台关楚简，从发现到发表，花了28年时间，材料已经老化；银雀山汉简和马王堆帛书，都是出了一半就停止，现在又要续补重出）。我认为，其整理应一鼓作气，出版前已全局在胸，要出就一块出，不要哩哩啦啦，整一部分出一部分，走哪儿算哪儿，显得杂乱无章。因为这类书都是鸿篇巨制，价钱不菲，出版社不能反复印，读者也无力反复买。

（3）其图版部分，照片最好是原大，如果缩得太小，当然看不清；但放得太大，效果也未必好，有时反而模糊不清。特别是帛书，如果放得太大，底子就像麻袋片，会令字迹混淆（如巴纳发表的楚帛书的放大照片），效果反而不好。其所收竹简应尽量齐全，最好不把篇后的空白简（赘简）和余绢加以删除，而是把所有材料和盘托出，包括有字的简背。特别是后者，它们是写在光滑的竹青面上，很容易被磨损，应该一开始就全面检查，及时拍照（郭店楚简和上博楚简，其简背文字，最初都有遗漏）。

（4）编痕、契口是判断简文位置的主要依据。为了帮助读者了解和检验简文排列的依据，我建议，在图版部分上，最好能把编痕、契口的位置用◀号标在每条简文的旁边。如果竹简长度过长，在印刷页上无法容纳，不得不采取折印（类似碑帖的剪裱本），这种标识更必要（现在出版的上博楚简，如果有这种标识，则可省去印刷缩小的全景照片。因为全景照片，本来是为了帮助读者了解简文排列的位置，缩小之后，读者反而看不清编痕、契口的位置，这对判断简文的位置等于没用）。

（5）如果照片上的字迹已模糊不清，则可考虑附印摹本（例如过去的武威汉简和银雀山汉简，就是如此，这是值得仿效的范例）。

（6）其释文一般只有一种，但比较理想，最好是分两种，一种是放在图版部分，随照片附印的分简释文，只隶写字形，不标点（现代标点），不括注（括注读法），供读者核对原简（如银雀山汉简就是如此）；一种是印在图版后面，附考释的连写释文，有标点，也有括注，则供读者研究内容。后者是连写，但每简自为起讫，标有顺序号。凡简文不能联属，有缺字，一般是用□（中国的古书一直使用这种符号）表示缺文，或按文意拟补，括在〔〕内；不能估计字数，则用……表示，而最好不用过去整理西北文书简使用的加有斜线的☒。因为这种只占一字的符号，在视觉上很容易给人造成错觉，好像缺文只有一个字，和其他可释文字也容易发生混淆。还有，如果简与简之间脱文不详，则可考虑采取空行排列，它的好处是，可以方便读者检验或调整简文的排列（如郭店楚简的释文就是这么做，这也是值得仿效的处理方法）。释文标点，应保留原来的重文号和合文号而括注读法，章号和篇号也不应删除（郭店楚简删之，不妥）。句读，因与现代标点的顿号、逗号和句号重叠，印在一起比较乱，可以略去，但在注文中还是应该有所说明（说明它们的位置，以及相当现代标点的哪一种）。

（7）释文的考证或注释，最好是放在全部释文之后，而不是采取分简夹注的形式（像上博楚简那样）。分简夹注不但不利于阅读的连续性，还有碍读者检验或调整简文排列的顺序，难以看出简文上下的衔接关系。

（8）全书应附字表，带辞例索引。

出版是为了阅读。我想，从阅读的方便来考虑出版，大概总不会错。

【参考书】

1. 王国维《战国时秦用籀文六国用古文说》，收入《王国维遗书》，上海：上海古籍书店，1983 年，第一册：《观堂集林》卷七，1 页正—2 页正。

2. 李学勤《战国题铭概述》（上），《文物》1959 年 7 期，50—54 页；《战国题铭概述》（中），《文物》1959 年 8 期，60—63 页；《战国题铭概述》（下），《文物》1959 年 9 期，58—61 页；《补论战国题铭的一些问题》，《文物》1960 年 7 期，67—68 页。

3. 何琳仪《战国文字通论》，北京：中华书局，1989 年。

4. 何琳仪《战国古文字典》，北京：中华书局，1998 年。

5. 汤余惠《战国文字编》，福州：福建人民出版社，2001 年。

附录：长台关楚简《申徒狄》研究[1]

　　本文讨论的简文是出土于河南信阳长台关的一号楚墓。它从出土发现（1957 年）到现在已整整 43 年，从出版（1986 年）到现在也有 14 年。[2]在 50 年代的发现中，它曾轰动一时，被称为"最早的战国竹书"。但 70 年代后，随着发现的增多，人们对它的关注已逐渐降低。

　　长台关一号楚墓，从墓葬规格和随葬品看，估计是封君一级的墓葬，等级比较高。年代约在战国中期。战国时期出古书的墓多是小墓，但此墓却是规格较高、规模较大的墓。该墓所出简文分两组，第一组是古书，第二组是遣册。本文所论是它的第一组简文。

---

〔1〕　此文最早是发表于庞朴先生主办的"简帛研究"网站（http://www.bamboosilk.org，2000 年 8 月 8 日），后被收入张政烺先生九十华诞纪念文集编委会编《揖芬集》（北京：社会科学文献出版社，2003 年，309—321 页）和谢嘉容编《郭店楚简与早期儒学》（台北：台湾古籍出版有限公司，2002 年，229—243 页）。案：前书所刊未经作者看校，删去文后所附参考文献缩略表，并有错字；后书也未经作者看校，其中需要造字的字皆阙而未补，都留下遗憾。现在作为学术史的回顾，我想把我对此书的研究当作对比资料，让读者比较一下当年的整理水平和识字水平是什么样，现在的认识又是什么样。今后引用拙作，当以此文为准。同样，作为对比材料，还有 40 年代在长沙发现的楚帛书，它的研究和释读过程也是很好的学术史，读者可参看拙作《长沙子弹库战国楚帛书研究》（北京：中华书局，1985 年）和《楚帛书的再认识》（收入《李零自选集》，桂林：广西师范大学出版社，1998 年第二版，227—262 页），以及我在《中国方术考》（修订本）（北京：东方出版社，2001 年）190—197 页的考释。但限于篇幅，这里不再引附。

〔2〕　参看：简报、报告。

长台关楚简的第一组简文，是写在长约 45 厘米三道编的竹简上，每简约书 30 字。[1] 竹简残损严重，无一完整（最长的一枚也只有 33 厘米），很多都是小碎片，难以通读，但在郭店楚简和上博楚简发现前，这是惟一可读的战国竹书。[2] 它在简帛学史的研究上仍有特殊意义。前后对比，可以看出学科水准的长进。

现在，由于大批楚简的发现，古文字学界的识字水平有很大提高，我们重读此书，会有一番新的感受：既反省当日之不足，又体会前辈之艰辛，方知今日材料有多好，阅读快感有多大。所有这些，都是学术史的真切体验，老话叫"忆苦思甜"。

下面分"释文校读"和"性质讨论"两部分来谈。

一　释文校读

本文讨论的简文主要是根据下述二书：

（1）河南省文物考古研究所《信阳楚墓》（北京：文物出版社，1986年）。书中收有简文照片（图版一一三至一一八）。

（2）商承祚《战国楚竹简汇编》（济南：齐鲁书社，1995年）。书中收有简文照片、摹本和考释（133—178 页）。

下面的简文是按内容分组，重新排列。释文取宽式，按读法直接录写，并在案语中对释读理由略做说明。为了便于检索，我在每条简文的后面皆注有上述二书的简序：X 代表《信阳楚墓》；S 代表《战国楚竹简汇编》，以便查对原书；引用诸家考释，也用缩略语（见文后所附"参考文献缩略表"）。

---

〔1〕　参看：报告，67 页；商承祚，157 页。
〔2〕　1981—1989 年湖北江陵发掘的九店楚墓，其中的 621 号墓也出过古书，惜残损严重，无法通读。参看：湖北省文物考古研究所《江陵九店东周墓》，北京：科学出版社，1995 年，512 页。

（一）出现“周公”“申徒狄”之名的简文

1. ……吾岂不知哉夫！”周公曰：“易，夫贱人刚恃而及（？）于刑者，有上贤……（X.1–014+X.1–02；S.1）

案：第一句，六个字都是常用字，但过去只有一半被认对，即“不”“知”（原作“智”）、“夫”；其他三个字，“吾”，原从卢从壬，过去不认识，李家浩曾以为此字是从下半得声，同“廷”字所从，与“镇”读音相近，现在知道，其实是从卢得声，用作第一人称的“吾”；[1]“岂”，原作“几”，旧释“哉”；“哉”，原作“才”，旧释“也”，都是误释。这些字都是楚简最常见的写法，下同不再注。“易”，原来被释为“乌”，后来李家浩考为申徒狄的名字，甚确。[2]“贱”，原作“戋”，下同。“及”，原从辵旁，[3]“及于刑”和下文的“刑戮至”，意思是一样的。“刑”，原作“型”，下同。“上”，原从止从上，“上贤”即“尚贤”。“贤”，原从子不从贝。

2. ……□□□。”周公勃然作色曰：“易，夫贱人格上，则刑戮至。刚（X.1–01；S.2）

案：“勃”，原从月从“誖”字籀文（从二或正反倒置，见《说文·言部》）的省文，此从李家浩、李学勤释。[4]“作”，原从止从乍。“易”“夫”二字，报告重出，剪贴有误。“格”，原从双各。上述两条都提到“贱人”，但申徒狄与周公态度不同，周公认为“贱人”（相对于“君子”）如果“刚恃”“格上”，只能以刑罚对待，但申徒狄不这样看。简文虽然正好缺去申徒狄的回答，但我们从《太平御览》引《墨子》的类似辞句看（详下节），他的看法是，古之贤人多出身卑贱，就像宝玉出自土石，不应加以轻贱。

3. ……易之闻之于先王之法也。（X.1–07；S.24）

案：“闻”，原从耳从昏，下同不再注。

---

[1]　参看：李家浩，11—13 页。
[2]　参看：李家浩，17 页，注⑦。
[3]　此字，或以为从攴，故李家浩读“扑”（11 页）。
[4]　参看：李家浩，11 页；李学勤 A，342 页。

4. ……天下，为之如何？"答曰："易……（X.1–09；S.30）

案："答"，楚简"答"多从合从曰，下同不再注。"下""为"二字间为第二道编绳所在。

5. ……而君天下。吾闻周公……（X.1–012；S.13）

6. ……□□□□易□□□……（X.1–021；S.77）

案："易"，可能也是用为"申徒狄"的"狄"字。

7. ……□。"周公曰："……（X.1–074；S.4）

案："□"，左半从戈。"周""公"二字间为第二道编绳所在。

（二）讲"君子之道"的简文

1. ……君子之道，必若五谷之溥，三〔□之□〕……（X.1–05；S.8）

案："之""道"间为第二道编绳所在。"谷"，原作"浴"，这里疑读为"谷"。[1]"溥"是博大之义。"三"下的字似是表示山、川一类字眼。疑简文是以山陵河谷喻君子之道的博大深厚。

2. ……不云乎？"岂弟君子，民〔之父母〕"……（X.1–011；S.10）

案："云"，原作"员"，郭店楚简《缁衣》"诗云"之"云"作"员"。"乎"原从虍从口，下有句读符号，刘雨释"乎"，[2]楚简"乎"字多如此，下同不再注。"岂弟君子，民之父母"，"岂"，原从支从岂，引文出《诗·泂酌》，疑"不"上或是"诗"字。

3. ……□君子。故昔……（X.1–087；S.11）

案："故"，原作"古"。

4. 子之道……（X.1–063；S.9）

案："子"，上文应接"君"字。

5. ……君子□……（X.1–051；S.12）

---

〔1〕 汤余惠读"五浴"为"五谷"（65—66 页）。

〔2〕 参看：刘雨，130—131 页。

（三）讲"君子之教"的简文

1. ……〔父〕母教之七岁。……（X.1–038；S.28）

案："岁"，下有句读符号。

2. ……□□，教书三岁，教言三岁，教射与御……（X.1–03；S.29）

案：前三句有句读符号。第一句，内容不详。"教书三岁"，"书"原作"箸"，楚简多用"箸"为"书"，这里指书写的技能；"三"原作"晶"，乃"参"之省。"教言三岁"，"言"可能指诵读的技能。[1]"教射与御"，"射"原从身（弓的变形）从矢，指射箭的技能；"御"原从马从支，字同"驭"，指驾驭车马的技能。古代学制，古书有不同记载：（1）八岁入小学，学书计（读写技能），十五入大学，学礼乐射御（《大戴礼·保傅》《白虎通·辟雍》《汉书·食货志》、许慎《说文解字序》）；（2）十岁入小学，学书计，十三学乐，十五学射御，二十学礼（《礼记·内则》）；（3）十三入小学，二十入大学（《尚书大传》）。简文残缺，所述有两种可能，一种是七岁以前受父母教育，八岁入学，学数一岁、学书三岁、学言三岁，十五以后学礼乐射御；一种是七岁以前受父母教育，八岁入学，学书三岁、学言三岁，十三以后学礼乐射御。疑"教射与御"后面还有"教礼与乐，又五岁"或"教礼与乐，又七岁"。

3. ……书，是谓□纪（？）宜……（X.1–028；S.46）

案："书"，原作"箸"。"谓"，楚简多作"胃"，下同不再注。"纪"，楚简多用"己"下加"口"表示之。此句或与上"学书"有关。

（四）提到"久"字的简文

1. ……久则亦，皆三代之子孙。夫贵……（X.1–06；S.40）

---

[1] 何琳仪读"箸"为"书"，以"教箸"为学习文墨，"教言"为学习辞令（168—176页）。

案："子孙"，为合文。

2. ……□**卭**于久利乎？"答曰："□□□……（X.1-015；S.41）

案："**卭**"，左从斤，右残缺。"乎"，下有句读符号。

3. 天下有戚（？），久则……（X.1-025；S.38）

4. ……其金玉久乃（X.1-033；S.39）

案："其"，原作"亓"，下同不再注。

（五）提到"卿大夫"的简文

1. ……乃劾。今卿大夫（X.1-032；S.27）

案："劾"，原从力从爻从言，下有句读符号。"今"，原作"含"，刘雨读"今"。[1]"大夫"，为合文。

2. ……□天子，而卿（X.1-035；S.14）

（六）提到"君而"的简文

1. ……君而……（X.1-072；S.17）

2. 君而……（X.1-0114；S.64）

3. ……君而（X.1-0107+X.1-080；S.18）

（七）其　他

1. 过，如㐄相保，如介毋他，辅□……（X.1-04；S.45）

案：学者断句多作"〔相〕过如㐄，相保如介，毋他辅□……"，释字

---

〔1〕参看：刘雨，132—133 页。

也不同。这里试提出另一种理解。"过"，原从辵从化，楚简多用为"过"字。"如虵相保"，"虵"字原从双虫从会，这里疑指虵蛇首尾相救。"如介毋他"，"介"原从竹从介，"他"原从日从他（或佗），"毋他"即"无他"，乃古代习语，是无害之义，这里疑指介虫有甲壳保护不受伤害。"辅"原从木从甫，楚简多用为"辅"字。

2.今为州，昊昊冥冥，有胥日……（X.1-065+X.1-023；S.35）

案："今"亦作"含"。"昊昊"合文，义同"皓皓"，是明亮的意思。"冥冥"亦合文，是昏暗的意思。"冥"原作"柰"，像果实在树木之上，应即"楔"的本字（"楔"即"楔榴"，与木瓜类似），楚简多用为"冥"字。"胥"，字从三月，可能是"月"字的异体。

3.……不求□□□子（？）可行……（X.1-013；S.6）

4.……□□□之□，而履百束。（X.1-027；S.16）

案："履"，原从舟从页从止。

5.……可诈乎？夫□而可谓……（X.1-062+X.1-068+X.1-047；S.7）

案："诈"，原从虍从且从又，也有可能读为"作"或其他字。

6.……章与即，岂亦不难。女果……（X.1-08；S.42）

案："即"，或读节。"岂"，原作"几"。"女"，或读"汝"，或读"如"。

7.□与宜，得之在□……（X.1-019；S.43）

案："宜"，或读"义"。"得"，原无彳旁。"在"，原作"才"。末字残泐，笔画似与"胸""脂"等字相像。参看下第26条。

8.……一答台也，二答忧也。（X.1-046+X.1-039；S.25）

案："台"，楚简写法多系"台""司"二字的合文，下同不再注。"忧"，原从心从页。"二"，原作"弍"。

9.有首，行有道，宅有□……（X.1-016；S.34）

案："宅"，原从厂从乇。

10.……立日，赣赐布也。请□……（X.1-010；S.47）

案："日""赣"之间空字，可能是第二道编绳所在。

11.……□为□甚（？）者，诛□□……（X.1-022；S.81）

案："诛"，原从戈从豆。

12. 退嚣台而欲贵□……（X.1-026+X.1-067；S.19）

13. ……□而毋□。"答曰（？）："□（X.1-020；S.31）

案：第四字，下有句读符号。

14. ……□邦，以成其名者，（X.1-017；S.32）

案："成"，原作"城"。

15. ……其谷，能有弃也，能……（X.1-018；S.36）

16. ……□闻之也，武有……（X.1-030+X.1-058；S.37）

案："□"，只剩最下一横，可能是"之"字。

17. ……犹芝兰欤？播诸（X.1-024；S.44）

案："芝兰"，原作"芑蕑"。"欤"，原作"与"，下有句读符号。"播"，原从攴从番。"诸"，原作"者"。

18. □□知其败，三……（X.1-029；S.50）

案："知"，原作"智"。"败"，下有句读符号。

19. ……□三本一子时……（X.1-037+X.1-060；S.52）

案："本"，原从臼从本。"时"，原从日从止。

20. ……□鉴于此，以□……（X.1-031；S.72）

案："鉴"，原作"监"。参看下第36条。

21. ……哉。子是（？）闻于……（X.1-036；S.3）

案："哉"，原作"才"，下有句读符号。"是"，也有可能是"夏"字。

22. ……□□而道□……（X.1-044+X.1-099；S.22）

23. ……之以卑（？）乱世（X.1-034；S.49）

案："卑"，何琳仪以为从又从中，读为"冲"，这里释"卑"。[1]"乱"，原从四口从爪从厶从又。"世"，原从歺从枼，楚简"世"字多如此作。

24. ……帝，而事（？）之……（X.1-040；S.15）

25. ……遳歅舁言……（X.1-042；S.26）

案："遳"，原从辵从啟省。"歅"，原从言从斤从攴，或与"慎"字有

---

[1] 参看：何琳仪，170页。

关。商承祚谓此片"有编组刻口"，[1] 不详所在。

26. 詢（？）宜即身……（X.1-041+X.1-089；S.33）

案："宜"，或读"义"。"身"，或读"仁"。参看上第 7 条。

27. ……结之心（？）□……（X.1-052；S.48）

案：第三、四字间为第二道编绳所在。

28. ……既（？）□，是谓……（X.1-043；S.54）

案："既"，仅存欠旁，也可能不是"既"字。

29. ……□德以……（S.21）

案："德"，原无彳旁。此片似当简首。

30. ……毋㒰善……（X.1-045；S.23）

案：第二字，左半从见（同"视"古体）。"善"下有编绳契口，似当第二道编绳或简尾。

31. ……言以为……（X.1-049；S.51）

32. ……□心毋……（X.1-061；S.53）

33. ……四曰咸……（X.1-054；S.57）

34. ……□生也。……（X.1-056+X.1-0113；S.58）

35. 察之。□……（X.1-0110+X.1-059；S.60）

案："察"，原从言从对省。"之"，下有句读符号。

36. ……神以监（X.1-053；S.73）

案：参看上第 20 条。

37. ……□义□……（X.1-050；S.79）

38. ……子易（？）□……（X.1-098；S.80）

案："易"，也可能是"勿"字。

39. ……三泅□……（X.1-055；S.83）

案：第二字，左半从水，右半不清。

40. ……戈可……（X.1-064；S.5）

案："戈"，或读"贱"。

---

[1] 参看：商承祚，165 页。

41. ……天下……（X.1-075；S.20）

42. ……萦为……（X.1-066；S.55）

43. ……也台……（X.1-069；S.59）

44. 身者……（X.1-084；S.62）

45. ……□又（X.1-0112；S.71）

46. ……述（？）□……（X.1-070；S.74）

47. ……呈（？）。□……（X.1-0115；S.76）

案：第一字，下有句读符号。

48. ……矣。夫（X.1-071；S.78）

案："矣"，下有句读符号。

49. ……行（？）之……（X.1-0116；S.84）

案：似为简尾。

50. ……沿□……（X.1-076；S.85）

案：第一字，左半从水，右半不清。

51. ……□必……（X.1-073；S.96）

52. ……□天（？）（X.1-080）

案：似为简尾。

53. ……□之……（S.101）

54. 游……（X.1-077；S.61）

55. 二……（X.1-0111；S.63）

56. 而……（X.1-090；S.65）

案："而"，也有可能是"天"字。

57. 同……（X.1-082；S.66）

58. ……亓（？）（X.1-081；S.70）

59. ……道（？）……（X.1-085；S.75）

60. ……之……（X.1-091；S.82）

61. ……敢（？）……（X.1-078；S.98）

（八）无法释读的简文

1. ……□……（X.1–092）

2. □……（X.1–0108；S.67）

案：似为"行"字。

3. □……（X.1–096；S.68）

案：X.1–096 是倒置。

4. ……□（X.1–0101；S.69）

5. ……□……（X.1–083；S.86）

6. ……□……（X.1–094；S.100）

案：X.1–094 是倒置。

7. ……□……（X.1–0111；S.102）

案：这两片是否为同一片还有疑问。

8. ……□……（S.105）

9. ……□……（S.106）

10. ……□□……（X.1–0102；S.87）

11. ……□□……（X.1–0103）

12. ……□□……（X.1–0106）

13. ……□□……（X.1–0109）

14. ……□□（X.1–0117）

15. ……□□……（X.1–0118）

案：第二字，从戈。

16. ……□□……（X.1–0119；S.92）

17. ……□□……（X.1–079；S.97）

18. ……□□□……（X.1–097；S.90）

19. ……□□□……（X.1–0105；S.91）

案：X.1–0105 是倒置。

20. ……□□□（X.1–057；S.94）

21. ……□□□……（S.107）

22. ……□□□□……（X.1–095；S.93）

23. ……□□□□……（X.1–0104；S.95、99、103）

案：X.1–0104 是由上三字、下一字两个碎片缀合。S.95 是第一个碎片；S.99 是第二个碎片，但倒置；S.103 同 X.1–0104，但也是倒置。

24. ……□□□□□……（X.1–088）

25. ……□□□□□……（X.1–0100；S.88）

26. ……□□□□□□……（X.1–093；S.89）

（九）篇　尾

……若洍。凵（X.1–048；S.56）

案：此简应为最后一简。"洍"，原从水从臣（"颐"字左半所从）。此字后面有"凵"号，是文章结束的标志，下空无字。[1]

二　性质讨论

上述简文是一篇古书，这是没有问题的。但这篇古书是什么样的书？它的篇名应该怎么加？这些都是值得检讨的问题。

五六十年代，学者多认为它是儒籍。这主要是因为它讲"三代"，讲"周公"，讲"君子"，还引用了《诗经》中的辞句。[2]

70 年代，中山大学古文字研究室楚简整理小组为各种楚简做注释。他们有个发现，就是简文与《太平御览》卷八〇二引《墨子》佚文相像。这个发现很重要，但在当时的政治环境下，为了批林批孔的需要，他们的结论是："……所有这些，都说明竹书反映的思想，是战国中期所流行的儒

---

[1] 商承祚称为"总结句号"，下标缺文三字（172 页）。
[2] 参看：李学勤 A、B 和史树青。

家思想，……竹书的基本思想是奴隶主的思想。"[1]也就是说，此书是儒籍的说法并没有得到修正，这是非常可惜的。

90 年代，从中山大学楚简整理小组的发现出发，李学勤先生对简文性质又有进一步讨论。[2]他拿简文和下述材料比较，得出结论说，简文应是《墨子》的佚篇。这个结论现在已被大家接受。

李先生谈到的材料是什么？主要是下面三条（圆括号内的字是怀疑为错字的字，六角括号内的大字是改正的字）：

（1）《太平御览》卷八〇二："《墨子》曰：周公见申徒狄曰：'贱人强气则罚至。'申徒狄曰：'周之灵珪出于土〔石〕，楚之明月出〔于〕蚌蜃，（五象）〔大蔡〕〔神龟〕出于污（汚）泽，和氏之璧、夜光之珠、三棘（脊）六异（里）〔异＝翼〕，此诸侯所谓宝也。'"（注："《淮南子·说山》云'周之简珪畜于石，大（象）〔蔡〕神龟出于沟壑'。"）[3]

（2）《太平御览》卷九四一："《墨子》曰：申屠（徒）狄谓周公曰：'贱人何可薄耶？周之灵珪出于土石，随之明月出于蚌蜃，（少家）大（豪）〔蔡〕〔神龟〕出于污泽，天下诸侯皆以为宝，狄今请退也。'"

（3）《墨子·耕柱》："子墨子曰：和氏之璧，随侯之珠，三棘（脊）六异（翼），此诸侯之所谓良宝也。……"[4]

这三条引文的前两条是申徒狄对周公的回答。周公是贵族，他看不起贱人，认为贱人只会犯上作乱，只配以刑罚对待之。而申徒狄则不然，他认为人之贤愚未必决于贵贱。当时的传说喜欢讲，古之贤人往往都是出身于底层，如傅说、伊尹、太公，这就像很多宝物（如圭璧、珍珠、神龟）都是出自贱物（如土石、蚌壳、泥涂）一样。所以他说，周公一定要坚持

---

〔1〕　参看：中山大学，78 页。

〔2〕　参看：李学勤 D。

〔3〕　《艺文类聚》卷八三："《墨子》曰：申徒狭（狄）曰：'周之灵珪出于土石，楚之明月〔出于〕蚌蜃。'"《太平御览》卷八〇六："《墨子》：申徒狄曰：'周之灵圭出于土石。'"与此略同。案：此条"五象"，下条作"少家大豪"，疑文有误，《淮南子·说山》有类似辞句，作"明月之珠出于蚖蜄，周之简圭出于垢石，大蔡神龟出于沟壑"，这里为了便于比较，暂从《说山》改句。

〔4〕　《初学记》卷二七、《太平御览》卷八〇三引《墨子》（第二次引用），出此。

这些偏见，他就只好告辞（我揣摩文义，似乎申徒狄本人也是出身卑贱）。文中的"和氏之璧"是对应于"周之灵珪"，"夜光之珠"是对应于"楚之明月"或"随之明月"，"三棘六异"是对应于"大蔡神龟"（"棘"，疑读"脊"；"异"，疑读"翼"），[1]当是形容龟背有三条脊，侧看有六个齿，这三件东西都是天下的宝物。对话中的申徒狄，古书记载不太一样，但共同点是把他描写为不与乱世合作，投河自杀的烈士（即与许由、务光、伯夷、叔齐类似的人物，《新序》列入"节士"类）。他的时代，古代传说比较混乱，或以为是夏商时代的人物，或以为是春秋战国之际的人物，李学勤 D 认为，还是以战国为宜，对话的周公当是出自周考王（前 440—前 426 年）时的某个西周君。[2]

上面最后一条，是今本《墨子》中的文字。它和前两条内容相似，提到同样的宝物，而且这三条都冠以"子墨子曰"或"墨子曰"，也是互有关联。因此，毕沅以为，前两条是《耕柱》篇的佚文。但孙诒让认为，《御览》所引有周公、申徒狄问对，而《耕柱》没有，还不能认为就是《耕柱》篇的佚文，而应属于《墨子》佚篇。[3]李先生赞成后一说法，所以他把简文称为"佚篇"而不是"佚文"。[4]

这是李先生的看法。

对李先生的看法，我基本赞同，但仍有一些保留，想在这里提出，和大家讨论。

第一，我的印象是，上述三条，它们虽有异同，但内容大体一致，互有重合：不仅第一条和第二条重合，而且最后一条和前两条也重合。区别只是在于，前两条是被放进周公、申徒狄的问对来叙述，而最后一条则是对话内容的一部分，两者是包容的关系，而不是平行的关系。其情况和银雀山汉简《孙子兵法》的十三篇和五个佚篇的关系有点相似，二者在内容

---

〔1〕 "大蔡"是宝龟之名，见《左传》襄公二十三年、《论语·公冶长》。

〔2〕 参看：李学勤 D，343 页。

〔3〕 参看：孙诒让《墨子间诂》：《墨子附录》，10—11 页，《诸子集成》，第四册，北京：中华书局，1954 年。

〔4〕 参看：李学勤 D，343 页。

上也是重合的（如《四变》与《九变》，《黄帝伐赤帝》《地形二》与《行军》的关系）。[1] 所谓佚篇既有可能是传本的发挥，也有可能是传本的素材。我们虽不必认为《御览》所引就一定是《耕柱》篇的佚文，但也不必认为两者就没有关系。

第二，古书多以单篇流行，部头较大带有丛编性质的子书，如《管子》《庄子》《韩非子》《吕氏春秋》，很多都是后来整理的结果。它们收入的各篇原来都是单篇，相对丛编只是素材，不但收入该书被改造，与他篇糅合，另成新篇，而且于丛编既成之后，它们中的某些篇章也还单独流行，或参加其他丛编，情况比较复杂。比如银雀山《王兵》就与《管子》的《参患》《七法》《地图》重合，它的《尉缭子》与今本《尉缭子》也组合不同。[2] 我们怀疑，简文虽与今本《墨子》的佚篇或佚文有关，但原来却并不一定属于《墨子》，而很可能只是周公、申徒狄问对中的一种。

第三，简文中的申徒狄，据《韩诗外传》第二十六章、《新序·节士》，是与崔嘉同时的人物，而崔嘉不可考。简文中的周公，李学勤D考虑的时间范围，大约在公元前440—前367年之间，其中包括三个西周君：桓公、威公、惠公。但简文内容见于《墨子》称引，从道理上讲，申徒狄和与他对话的周公，他们的年代应比墨子略早，或至少不晚于墨子。而墨子的生卒年代一般认为是在公元前468—前376年。虽然我们可以把申徒狄的年代放在公元前440—前376年之间（当时与申徒狄对话的周公当以周桓公和周威公可能最大），但我们也不能排斥，申徒狄的年代也有可能更早，当时与他谈话的周公也许是周考王以前的某个周公。

因为有以上的考虑，我个人主张，简文题篇当以作《申徒狄》更为合适。

2000年6月12日写于北京蓟门里寓所

---

〔1〕 银雀山汉墓竹简整理小组《银雀山汉墓竹简》〔壹〕，北京：文物出版社，1985年。
〔2〕 同上。

参考文献缩略表：

1. 简报：河南省文化局文物工作队《我国考古史上的空前发现——信阳长台关发现一座大墓》，《文物参考资料》1957 年 9 期，21—23 页。

2. 李学勤 A：李学勤《信阳楚墓中发现最早的战国竹书》，《光明日报》1957 年 11 月 27 日第三版。

3. 李学勤 B：李学勤《战国题铭概述》（下），《文物》1959 年 9 期，58—61 页。以上均收入《李学勤早期文集》，石家庄：河北教育出版社，2008 年 1 版。

4. 史树青：史树青《信阳长台关出土竹书考》，《北京师范大学学报》（社会科学版）1963 年 4 期，89—92 页。

5. 中山大学：中山大学古文字研究室楚简整理小组：《一篇浸透着奴隶主思想的反面教材——谈信阳长台关出土的竹书》，《文物》1976 年 6 期，76—79 页。

6. 汤余惠：汤余惠《楚器铭文八考》，《古文字论集》（《考古与文物丛刊》第二号，1983 年 11 月），60—68 页。

7. 李学勤 C：李学勤《东周与秦代文明》，北京：文物出版社，1984 年，338—339 页。

8. 报告：河南省文物考古研究所编《信阳楚墓》，北京：文物出版社，1986 年。

9. 刘雨：刘雨《信阳楚简释文与考释》，收入上书《信阳楚墓》，124—136 页。

10. 李家浩：李家浩《从曾姬无卹壶铭文谈楚灭曾的年代》，《文史》第 33 辑（1990 年 10 月），11—17 页。

11. 李学勤 D：李学勤《长台关竹简中的〈墨子〉佚篇》（写于 1990 年），收入《简帛佚籍与学术史》，台北：时报文化出版企业有限公司，1994 年，341—348 页。

12. 何琳仪：何琳仪《信阳楚简选释》，《文物研究》第 8 期，合肥：黄山书社，1993 年，168—176 页。

13. 商承祚：商承祚《战国楚竹简汇编》，济南：齐鲁书社，1995 年。

简帛古书的
体例与分类

　　这里讲的"体例"是指对古书创作方式和阅读方式的理解，
"分类"是指按这种理解建立的类型概念以及它们在历史过程中的
演变。两者都是结构性的问题。这一讨论和前面的讨论不太一样。
前面所讲，偏重的是古书的外在形式；现在所讲，则是古书的内在
结构。这对研究简帛古书也是很重要的知识。

　　古书体例和分类的研究，郑樵、章学诚叫"校雠"。（郑樵《校
雠略》："类例既分，学术自明。"）校雠学，表面上是簿目核对，实
际上是历史比较。[1]它和古书的作者、年代和真伪都有关系，是研究
这类问题的基础。中国的学术传统，自宋迄清有"辨伪学"，近代以
来有疑古思潮，西方也有"文献批评学"（text criticism）。它们都从
怀疑的角度审查史料，但无论怎么审怎么查，都离不开这类研究。[2]

────────────

〔1〕　李零《〈孙子〉古本研究》，北京：北京大学出版社，1995年，224—226、281—283页。
〔2〕　疑古是典型的启蒙思潮，日本的疑古思潮是与"脱亚入欧"有关，中国的疑古思潮
　　　是与五四运动有关。这些思潮，因与西人期盼的国际化有关，故极受西方学者重视，
　　　视为入流与否的标志。参看：美国学者恒慕义《中国史学家研究中国古史的成绩》
　　　（Arthur W.Hummel，"What Chinese historians are doing in their our history,"（转下页）

中国近代学术史，和史料学的基础研究有关，最重要的是三大学问。一是罗王之学（以罗振玉和王国维为代表），侧重古器物和古文字的研究；二是疑古派的研究（以顾颉刚为代表），侧重古史传说和文献史料的审订；三是田野考古（以李济等人为代表），最大成就是殷墟发掘。这三个方面有内在联系，也有内在矛盾。"三分归一统"是百年梦想，目前还做不到，"走出疑古"还是"继续疑古"，恐怕还要争下去。这种世纪性的争论，光在古书里面兜圈子，未必能解决（很多问题要诉诸考古）。但古书体例和类型的研究对消弭分歧有帮助，对通向这一目标会有推动，我想是没有问题的。

我们先讲一下古书体例。关于这个问题，大家可以参看余嘉锡先生的《古书通例》（上海：上海古籍出版社，1985 年）。这一讲的附录即此书的摘录。余先生说"不知古人著述之体例，而欲论古书之真伪"，就像"执曹公之律令以案肃慎之不贡楛矢，先令之盗苏武牛羊也"，[1]是非常可笑的。

在古书的研究上，有些不成问题的问题其实是大问题。比如：

（1）古书的作者。这是研究古书的头号问题。"作者"的问题在现代是天经地义，法律概念叫"著作权"（authorship）。[2]"版权所有，翻印必究"，谁敢无视？但福柯做过一个演讲，题目叫《什么是作者》，[3]让他一讲，可就玄了，"作者"有没有都是问题。前人讲古书真伪，主要是看"人"的年代和"书"的年代对得上对不上。这样的"人"，貌似简单，其实却有"作""述""撰""著"之

The American Historical Review, Vol.XXXIV, No.4, July 1929，王师韫译），收入《古史辨》，上海：上海古籍出版社，1982 年，第二册下编，421—454 页。

〔1〕 余嘉锡《古书通例》，上海：上海古籍出版社，1985 年，26 页。

〔2〕 中国的版权在南宋时期已有明确记载，见潘铭燊《中国印刷版权的起源》，北京：现代出版社，1992 年，27—32 页。

〔3〕 Michel Foucault，"What is the author," included in *Language, Counter-Memory, Practice: Selected Essays and Interviews by Michel Foucault*, ed.by Donald F.Bouchard, trans.by Donald F.Bouchard and Sherry Simon，Ithaca：Cornell University Press 1977.

别，既有共时的合作（如《吕览》《淮南》），也有历时的传承，书套着书，人套着人，谁是真正的作者，常常讲不清。特别是早期学术还讲"天下为公"，当时的作者都比我们谦虚，雁过不留声，人过不留名。现在的"作者"都是魏晋或隋唐以来才加上去的（按后人的狭隘理解加上去的）。过去，余先生讲古书体例，其中有一条，叫"古书不题撰人"。[1]他说，《汉志》书题中的人名多以氏称（如《老子》《庄子》《孟子》《荀子》，但个别书也称名，如《苏秦》），班固自注叫"作者"，辨伪学家叫"题名作者"，这些只是为了讲"家法"，题目下面，或释名字，或注时地，或揭依托，或明附益，[2]这些并不等于《隋志》每书皆注的"撰人"，和后世的概念还不一样。相反，倒是因为"作者"不明，班固才做解释。这里我想做一点补充，讲一下"作者"和"撰人"有什么不同。案中国古代的"作者"是创造者，即思想、话语的发明者（古书中的"作"字是创造、发明之义），它是"人"说"话"；而"述者"则是继承者，即保存、传递、发展这些想法和说法的人（古书中的"述"字是追随、传承之义），它是"话"说"人"。当时的"作"主要是"想"（思考）和"说"（阐发），"述"主要是"说"（解释和发挥）和"写"（记录和编辑），它们可以是口述，也可以是笔述。老师的"名"比较重要，学生的"名"不太重要。学生只要还没有另立门户，卓然成一家之言，就得"言必称师"，"述而不作"，在"发明权"的问题上有另一套理解，比我们要大方。这是本来意义上的"作者"。《隋志》的"撰人"是又一种概念，它是从"述者"的概念发展而来。"撰人"，从字面含义看，本来是指编者和选者，即最后将古书编定和选定的人（古书的"撰"字和"纂""选"等字同源）。[3]另外，古书中还有一个词，叫"著者"，则是指写书的人

[1]《古书通例》，15—26 页。
[2] 同上。余嘉锡谓经不题名，传多称氏（或以地别），子多称子，数术之书则往往佚名，故《汉志》出注说明之。
[3] 银雀山《孙膑兵法·纂卒》，"纂卒"即"选卒"，"撰"与"选"同从巽声。

（"著"同"箸"。后者，古多用为"书"字）。"撰人"和"著者"才比较接近现在意义上的"作者"。《隋志》和《汉志》不同，它是以晚近之书为主而兼收古书。对晚近之书来说，"想""说""编""写"可能是一回事，"撰人"常常是自作之人（尤以集部为突出），但用于古书，麻烦可就大了。因为古人都是"道"胜于"言"，"人"胜于"书"，"作"胜于"述"，它和"撰人"的理解正好相反（前者重头，后者重尾）。《隋志》要以"撰人"的概念为准，以今律古，用集部概念统一一切，[1]只好拿"题名作者"来顶替"撰人"，这是造成混乱的关键。另外，即使有了新的"作者"概念，有些问题也依然存在。例如古代的技术书，作者就很难讲（上引福柯文已注意到这一点），不是佚名，就是依托，直到很晚，还是古风犹存。比如，即使今天，很多考古报告和技术书，它们的"作者"该怎么写，还是个麻烦，往往都是前边写集体，后边写个人，个人只是执笔者。或者像电影，后面有个很大的名单。如果非要落实著作权，作者和编者常常分不清。如《隋志》中的医书，《华佗方》而题"吴普撰"，这样的"撰人"其实就是编者。但还有很多书，又是以它的"题名作者"或它依托的人物为"撰人"，这就乱了套。还有，即使是在集部大发展的隋唐，"人人有集，敝帚自享，以为千金，惟恐人之盗句"，[2]它们的结集成书也常常滞后，如韩集编于李汉，柳集成于禹锡，它们多半都是死后编的，经过别人的手，甚至是很多人的手。这和诸子并没有两样。所以余嘉锡说"诸子即后世之文集"。可见"作者"的问题在古代实在是个大问题。

（2）古书的年代。这个问题很复杂。过去辨伪学家讲古书年代，总是说一本书不能有两个年代。这样的话，听起来很有道理，但实际上，"关公战秦琼"，那是常有的事。因为古书的年代，虽然

---

〔1〕 古代"学术为公"之义于集部最薄。官书犹公田，子书如私田授自于公，后世文集始为全面私有。

〔2〕 余嘉锡《古书通例》，130 页。

从表面上看，也就是作者的年代。但如上所说，"作者"是个大问题。古书的作者既不易确定，则其年代也势必模糊，从"作者"到"述者"到"撰著之人"，时间可以拉得很长。其情况就像"旧酒新杯"，不但"酒"的年代可能和"杯"不同，而且"酒"本身也不一定是同一个时间，很可能像鸡尾酒，其实是用好几种酒勾兑起来。我们要讲古书的年代，就得问个明白，你说的年代究竟是哪一种年代？"酒"还是"杯"？"杯"是哪一种？"酒"是哪一种？过去辨伪学家讲古书年代，主要是讲"成书年代"，所谓"成书年代"又主要是指"撰人"的年代（"杯"的年代），或取全书下限为断，当然整个估计就偏晚（眼睛盯在汉代）。相反，现在讲"走出疑古"，学者又往往"宁取其早不取其晚"，所谓"年代"其实是"作者"的年代（"酒"的年代），古书思想酝酿的"年代"（时间遂上延于西周或更早）。两种倾向，一种太早，一种太晚，过犹不及。是非疑在"两造"之间。我们的估计是，现在所说的先秦古书，就多数而言，就主体而言，其实还是战国古书。

（3）古书的书名。古书有书题（大题）和篇题（小题）。这些题目，表面是名号，实际是结构。比如余嘉锡说"古书多无大题，后世乃以人名其书"，[1] 就是反映古书流传的形式。我们现在发现的简帛古书，差不多都是单篇，当然没有大题。但这是民间传本，不是所有的本子都如此。当时的官方藏书，其实还是有大题。比如向、歆校订的古书，它们都是大部头。大部头的书，篇与书要区别，书与书也要区别，没有"大题"怎么行？所以《汉志》还是保留了它们的大题。我们今天的古书，固有裁篇别行，非《汉志》之旧者，但比起出土的古书，部头还是大得多。比如像《管子》《墨子》《庄子》《韩非子》《吕氏春秋》，这样的古书当然得有大题。

（4）古书的构成。早期的古书多由"断片"（即零章碎句）而构成，随时所作，即以行世，常常缺乏统一的结构，因此排列组合

─────────

〔1〕 余嘉锡《古书通例》，30页。

的可能性很大，添油加醋的改造也很多，分合无定，存佚无常。作者的自由度比较大，读者的自由度也比较大。这使它的年代构成变得非常复杂。我的印象，战国秦汉的古书好像气体，种类和篇卷构成同后世差距很大；隋唐古书好像液体，虽然还不太稳定，但种类和构成渐趋统一；宋以来的古书则是固体，一切定形，变化多属誊写或翻刻之误。[1]再加上古书印行不广，私藏和官藏一直是两个渠道，书名和篇卷构成也时有变化，如果光从史志著录以断真伪存佚，是非常困难的。[2]

（5）**古书的真伪**。"真伪"的概念是对"著作权"而言。"著作权"的概念一乱，"真伪"的概念也势必大乱。比如，"题名作者"早而内容晚叫不叫"伪"，书的一部分早一部分晚叫不叫"伪"，删削叫不叫"伪"，附益叫不叫"伪"，改编叫不叫"伪"，依托叫不叫"伪"，恐怕都得重新考虑。辨伪学家讲"真伪"，着眼点主要是"年代矛盾"。这样的矛盾本来可以通过年代本身去解决，而不一定非得归入"真伪"的范畴。如果一定要讲"真伪"，就要把作伪动机、作伪环境、作伪手段这些都考虑进去，有"案情调查"，有"罪行认定"，拿出真凭实据。过去讲"真伪"，对象是传世古书，古书历久失真，大家信不过是可以理解的。现在有了出土古书（这些古书都是真古书，它们对审查古书最有说服力），大家翻回来再看传世古书，则情况为之一变：我们手头的古书，年代早一点的古书，它们中的哪一种真正够得上叫做"伪书"，这倒是值得考虑的问题。[3]

---

〔1〕 如《太公》，《汉志》著录本有《谋》《言》《兵》三书，银雀山汉简本和八角廊汉简本都和今本很不一样；《隋志》、两《唐志》也有《阴谋》《金匮》《兵法》三书，《群书治要》引《六韬》和敦煌本《六韬》与宋代的本子很不一样；《宋志》著录本只有《六韬》，宋以来的《六韬》（如《武经七书》本的《六韬》）是一个改编本。

〔2〕 余嘉锡《古书通例》，1—49 页。

〔3〕 我一向主张用古书年代学代替辨伪学。因为前者可以涵盖后者，而后者不能涵盖前者。参看：李零《读〈孙子〉札记》，收入所著《〈孙子〉古本研究》，北京大学出版社，1995年，291—323 页（除最后八条，原载《孙子新探——中外学者论孙子》，（转下页）

　　辨伪曾使我们对古书提心吊胆，而出土发现又使我们对辨伪提心吊胆。这是我们对古书认识的辩证发展。

　　下面，我们再讲一下古书的分类。[1]

　　研究古书分类，首先我们得注意一点，即我们说的古书，私人撰著的古书，并非自古就有，而是大约在春秋战国之际才突然出现，成为十分显著的现象。官学是它的源头。我们要想了解这个源头，通常有两个背景参考。一是古代的官书旧典，[2] 二是古代的贵族教育。[3] 它们既是后世经史之书，也是后世诸子之书的源头。诸子模仿史书，缘附经典，初为传记，后乃独立，和两者都分不开。其次，古书有"议论文辞"和"法度名数"之分（章学诚《校雠通义》内篇三《汉志兵书》第十六），"议论文辞"也有"立意为宗"或"能文为本"之别（《昭明文选序》）。所以我们把它分为下面七类：

————————

　　北京：解放军出版社，1990 年）。案：致力辨伪研究多年，著有《续伪书通考》的郑良树先生近亦提出类似看法，见所著《诸子著作年代考》代序：《论古籍辨伪的名称及其意义》，北京：北京图书馆出版社，2001 年，1—11 页。陈寅恪先生也说"真伪不过相对问题，而最要在能审定材料之时代及作者，而利用之"，见所著《金明馆丛稿二编》，上海：上海古籍出版社，248 页。

[1] 古书分类，《汉志》是六分法（六艺、诸子、诗赋、兵书、数术、方技），《隋志》是四分法（经、史、子、集）。前者的《六艺略》相当后者的经、史二部，《诸子略》相当后者的子部，《诗赋略》相当后者的集部。兵书、数术、方技则入于后者的子部，二者似乎可以对号入座，但实际却有很大不同。这些不同，除上面说的"作者"和"撰人"不同，还有三大差异，一是史书从"六艺"春秋类独立，自成一类；二是私人文集继汉代诗赋有大发展，也是新的类别；三是纳兵书、数术、方技于子部，重人文而贬技术。我觉得《隋志》把技术书降低为子学附庸，和古代学术差别最大，集部之立有别于汉代诗赋，也不能反映古代学术，但史不附经，倒可能更接近汉代以前的学术。

[2] 早期官书旧典，材料有限，系统不明，战国秦汉时期的官文书是重要参考。后者包括诏书、律令、案例、簿籍、契券、符传、公函等，处理事务的范围很广。早期档案虽不一定处处都得和它一样，但总得"八九不离十"。"档案"的真正特点是它的"记录性"。它往往非常强调时间、地点、人物和谈话内容的准确性，就像西方的 memo（备忘录）那样（即使占卜记录也有这些项目）。

[3]《国语·楚语上》讲申叔时教楚太子有九门课程，详下。

（一）六艺类（相当《汉志》"六艺"、《隋志》"经部"）

"六艺"即"礼""乐""射""御""书""数"，本来是教贵族子弟的六门课。这些课全是讲道德修养和技能训练，并不涉及读什么书。孔子的"六艺"也是六门课："诗""书""礼""乐""易""春秋"，但六门课也是六种书。这六种书，来源是官书旧典，推本溯源当然是"史"。所以章学诚说"六经皆史"。[1]但这样的"史"不是史部之"史"，而是比"经"还大可以包容后者的"史"。它和"史"有关，但并非直接来源于此，直接来源还是当时的贵族教育。例如，《国语·楚语上》讲申叔时建议楚太子上的九门课，包括"春秋""世""诗""礼""乐""令""语""故志""训典"，有人也叫"九艺"，就和书有较大关系。其中不但有"诗""礼""乐""春秋"，而且"故志""训典"就是"书"，缺者惟"易"而已。当时诸侯异政，鲁、宋的教育可能不同于楚，孔子所授，不必完全相同。孔子"六艺"，据《礼记·经解》和《庄子·天下》等书，本来是按"诗""书""礼""乐""易""春秋"排列，和《汉志》的顺序不一样。[2]这六种书，都是"君子"（很多只是有教养的平民）必修。"诗"是古之乐府（相当《汉志·诗赋略》的"歌诗"），"书"是先王遗教（当时的"古代史"），乃文史修养；"礼"是古代礼仪（可能还兼含后世的律令和政典），"乐"是古之音乐，乃道德修养（并没有真正的经典）；"易"是占卜之书，属于当时的科学和哲学；"春秋"是编年史，则是当时的"现代史"。这些经典不管是否出于孔子亲定，都肯定是选择的结果。因为档案一般都没有什么可读性，能够作为读物留下来，一定都是通过某种"阅读趣味"的建立，由这种"趣味"挑出来的。六艺之书当然是比较重要的早期

---

[1] 章学诚《文史通义·易教上》："六经皆史也。古人不著书，古人未尝离事而言理，六经皆先王之政典也。"学者以为这是尊史贬经，恐非原意。

[2] 吕思勉《吕思勉读史札记》，上海：上海古籍出版社，1982年，上册，457—463页。

遗产，但早期遗产的种类却不限于此，读它的人也不一定就是儒家。墨家或其他流派也会引用它，或至少熟悉它。比如刚才提到的"世"和"语"就很重要，但未曾立为经典，后来是附属于《春秋》，主要是史书的体裁。还有"诗""书""礼""乐""易""春秋"，它们原来并不是书名，而只是类名，不能随便加书名号，就像汉人称引《孙子》只称"兵法"一样。我们今天加了书名号的这类书其实都是选本。比如，《诗》有"逸诗"，《书》有"逸书"，《易》有"三易"，《春秋》也只是鲁国的史记，原来的范围都比这几本书要广。更何况它还包括解经之作。所以我们一定不要以"六经"为"大全"，更不要仅仅把它当作儒家的经典。根据这种理解，我们把它分为三小类，即：

（1）经典类（如《诗》《书》《礼》《易》《春秋》）；

（2）传记类（上述各书的传、记、说、解、诂、训、章句）；

（3）小学类（如《仓颉》《史籀》《急就》等书）。

（二）史书类（相当《汉志》"春秋"、《隋志》"史部"）[1]

史书的源泉是档案。章学诚所谓"六经皆史"的"史"就是指作为档案的"史"。但古代档案，种类繁杂，史书来自档案，又有别于档案。古代史书有许多不同体裁。如"六艺"中的"书"和"春秋"就是史书，前者是古代史，后者是现代史。申叔时开的九门课，同史书有关，也有五类："春秋"以"年"为主，是大事

---

〔1〕　这一类中的《尚书》和《春秋》，它们和上面的六艺类有重叠。《汉书·艺文志》不立史部，是因为讲古史的《尚书》《春秋》都是六艺之书，真正的王朝史，当时还没发展起来（《汉书·艺文志》有《史记》，即《太史公》百三十篇，但它也不是严格意义上的王朝史），世谱、事语类的材料，在汉代尊经的概念下，只配当"春秋"的附庸，这并不能反映古代学术的实际情况。我觉得，如果从实际出发，还是应当把史书立为单独一类。

记类的史书;"世"以"人"(或"族")为主,是谱牒类的史书;"语"以"事"为主,是掌故类的史书(也叫"事语");"故志"和"训典",是古代典谟训诂和五帝、唐虞、三代故事的混合,则与"书"有关。这五类古书,除"故志""训典"可能是选自档案或与这些档案有关,其他三种正合于后世史书的体裁。前人治史,有所谓"史书三体":编年体、纪传体和纪事本末体。这三种体裁,从早期史书都能找到根子。编年体的根子是"春秋",纪传体的根子是"世",纪事本末体的根子是"语"。过去我们的印象,古代史书,"春秋"最重要,但从出土发现看,"语"的重要性更大。[1]因为这种史书,它的"故事性"胜于"记录性",是一种"再回忆"和"再创造"。它和它所记的"事"和"语"都已拉开一定距离,思想最活跃,内容最丰富,出土发现也非常多(马王堆帛书《春秋事语》和《战国纵横家书》只是其中的两种,其他材料还未发表)。[2]如《左传》一类古书恐怕就是用这类材料编成,现在的《国语》《国策》也是此类古书的孑遗。早期史书,是以"春秋""世"为筋脉骨骼,"语""故志""训典"为躯干血肉,这对后世有很大影响。后世史部皆推《史记》为纪传体的第一部,但严格讲,它是"究天人之际,通古今之变"的"大历史",本身带有综合性。古人脑瓜里最大的网络是谱牒。《史记》是谱牒式的历史,它是以世系为框架,以"族"统"人",以"人"统"事",用"本纪"统"世家",用"世家"统"列传",并辅以"表"(分世表、年表和月表)、"书"(政典一类内容),其实是兼用编年、纪传和纪事本末三

---

〔1〕 前者是当时的"官史""正史",后者是当时的"私史""野史"。前人以为私史多臆说偏见、文学想象,不如"官史"更为可靠,但官史的"春秋笔法"也不乏偏见(如"为尊者讳"就含隐匿式的偏见),私史的"愤世嫉俗"也自有公正(如司马迁的"发愤著书"),况且前者的丰富性和生动性也远不如后者。

〔2〕 历史有文学性,文学也有历史性。参看:艾尔曼《经学、政治和宗族》(Benjamin A. Elman, *Classicism, Politics, and Kinship: the Chang-chou School of New Text Confucianism in Late Imperial China*, Berkeley/Los Angeles/London: University of California Press 1990)代中文版序,赵刚译,南京:江苏人民出版社,1998年。

体。这同《汉书》和《汉书》以下的史书是不太一样的。根据这种理解，我们把此类分为四小类：

（1）书类（如《尚书》《逸周书》）；

（2）春秋类（如《春秋》《竹书纪年》）；

（3）世谱类（如《世本》）；

（4）事语类（如《国语》《国策》《说苑》《新序》）。

（三）诸子类（相当《汉志》"诸子"、《隋志》"子部"）[1]

诸子书是战国古书的主体。从儒家传经的角度讲，我们可以说经书也是子学的一部分（经书赖子学而传）；从史学的角度讲，我们可以说诸子即当时的"私史"，怎么讲都可以。诸子与经、史有关，但它和经、史类的古书即来源于档案的古书仍有一大区别。档案虽然喜欢强调"记录性"，好像最忠实于口语，但其实它是给口语"收尸"。活的语言一进档案，往往要打"官腔"，求典求雅，成为套子，包含很多术语，很难懂（即使年代较晚的档案也很难懂）。而诸子书就不一样，它有点类似后世的白话创作，是一种比较灵活的东西，"文学性"（或"故事性"）胜于"记录性"。它可以在时间上离"事"比较远，离当事的"人"比较远，因而离真正的口语也比较远，但它在形式上却更接近口语。我们可以说，前者是"书面化的口语"（literary orality），后者是"口语化的书面语"（oral literacy）。诸子书和档案类的古书虽然有明显的不同，但两者仍有继承关系，特别是同古代的史书有继承关系。诸子书和史书关系最

---

〔1〕 参看：《庄子·天下》《荀子·非十二子》《韩非子·显学》、司马谈《六家要旨》，以及《史记》的有关记述。《史记》所述，阴阳家，可看《孟子荀卿列传》中的三邹子传；儒家，可看《孔子世家》《仲尼弟子列传》《孟子荀卿列传》；墨家，可看《孟子荀卿列传》的结尾；法家，可看《老子申韩列传》《商君列传》；名家，可看《孟子荀卿列传》的结尾；道家，可看《老子申韩列传》《乐毅列传》赞。

近的东西是"语"。[1]首先，诸子书也叫"诸子百家语"，从形式上看，它本身就是一种"语"，甚至可以叫"春秋"。比如，像《晏子春秋》《虞氏春秋》《吕氏春秋》，就都是子书。其次，这些诸子书往往都是"借古喻今"，具有寓言的形式，利用"古"作谈话背景。例如《韩非子》有《内储说》《外储说》，就是用"语"类的故事作辩论和游说的资本（《说苑》《新序》是其延续）。[2]当时的帝王都很忙，脾气也很坏，谈话技巧很重要。[3]有了这些"谈资"，大家就可以少说废话，直奔主题，便于抓住要领，也便于打动人心。诸子书的"谈资"，来源不一，很多当然是来自"语"类的成语和掌故，但也有一些是来自"世"和"书"。其中来自"世"的东西，往往非常简略，本来只是一个轮廓或一句话，比如"某生某""某作某"，但这些"短语"，却是很多历史演义的"母题"（motives），中国小说也叫"本事"。它也是诸子书的构件之一。比如顾先生怀疑的"古史"，它的重要来源就是"世"。还有"书"（包括《尚书》《逸书》和《逸周书》），严格讲，其中只有一部分是选自档案，即真正的典谟训诰，其他都是来自"语"类的作品（其早期故事多是"世"的演义）。比如，儒家喜欢讲唐虞三代故事，墨家喜欢讲

---

[1] "语"有言谈、对话、辩论之义，也有成语、典故、掌故之义（即"语曰"的"语"）。它可以分解、扩展，也可以保存、传递，作为文学体裁和史学体裁，主要是指故老传闻、前代掌故，含有传说和故事的意思。司马迁作《史记》，除利用档案，也利用这类资源。

[2] 余嘉锡说："余观周、秦诸子，皆有以自名其学，而思以其道易天下，故无不窥世主之好恶，度时君之所能行以为之说，其达而在上，则其条教书疏，即其所著书。其穷而在下，则与其门弟子相与讲求之，或著之简策，或传之口耳，从游者受而辑焉。《庄子·天下》之论宋钘、尹文曰：'上说下教，强聒而不止也'，夫上说者，论政之语也，其体为书疏之类。下教者，论学之语也，其体为论说之类。凡古人自著之文，不外此二者"（《古书通例》，66页）。

[3] 如果我们能对先秦口语和书面语的关系，以及当时的谈话技巧和书体风格进行研究，我们一定会对当时人的思想有新的了解。研究语类故事，会有重复雷同，喜欢分析年代的学者，他们老想从"谁抄谁"来定早晚。但我们不应忘记的是，当时的"你抄我，我抄你"可能并没有早晚，因为这些"谈资"很可能是"资源共享"，来自同一个"资料库"。

夏禹故事，道家喜欢讲黄帝故事，来源就是这类传说。他们都是以某种"古代史"作理想国或乌托邦，以某种"近代史"作"建国方略"。例如，与"书"类有关，有一种讲《周书》阴谋"的古书在战国时代很活跃，它不仅同《王度记》《周礼》《王制》一类古书有关，也同当时的道家书有关。比如，《太公》（与今《六韬》有关）、《苏秦》（与今《鬼谷子》有关）等古书（战国秦汉时期极为流行），推其源就是来自这个途径（类似的书还有《伊尹》《辛甲》《鬻子》《管子》）。此外，除一般诸子书，"语"对纵横家和小说家（这里的"小说"和后世的"小说"还不同，只是属于"丛谈琐语"，比较类似后世讲掌故的笔记文学）也很重要，一是作为外交辞令，一是作为文学素材。[1]另外，研究诸子书，"家法"的概念也很重要，派别本身就是类型。比如儒家早期有七十子，中晚期有儒家八派和孟、荀，不仅有各种讲孔门师弟关系的书（如《弟子籍》），而且有不少讲孔门经艺传授的材料（参看《经典释文序录》），人物最多，材料也最多，从《论语》到《礼》大、小戴记到《孟子》到《孔丛子》到《孔子家语》等，是一个连续体。但过去研究儒家，有个很大的误解，就是以为《礼》大、小戴记既然以戴德、戴胜称，当然是汉代的作品。各种思想史讲儒家，都是把这些书放进汉代的部分去讲，因而有"孔—孟—荀"的三段式讲法。[2]要讲儒家，只有《论语》《孟子》《荀子》可读，是真儒家，其他都不可信。现在我们知道这是不对的。因为这里有个重要问题，就是"记"也是古书的一种类型。因为我们都知道，所谓诸子书，古人也叫"诸子传记"。"传"是强调其传经，"记"是强调其记述，其实都是属于"学案"性质的东西。比如汉代，《论语》和《孝经》都是属于"传""记"，它们很可能都是从"传""记"中选

---

[1] 如果能对先秦两汉的语类故事（如黄帝故事、尧舜禹故事、周公故事、太公故事、管仲故事、孔子故事）做分类研究，分析其扩展，分析其演变，当对了解早期的子学和史学都有帮助。

[2] 冯友兰《中国哲学史》，北京：中华书局，1961年。

出来的。这和《礼》大、小戴记在性质上是一样的。大、小戴虽为汉人，但他们传的《记》，除个别添油加醋，很多都是来源于孔壁古文《记》，原来并不叫《礼记》，称为《礼记》是因汉代礼家传授它。这些用古文写成的《记》，应当是战国古书。它们中的很多篇，其实和《论语》一样，也是孔门师弟间的谈话记录。如果我们承认《论语》是出于孔门的再传弟子，年代最早也就是成书于战国早期，而古文《记》，现在从郭店楚简和上博楚简看，也是战国中期就已存在，它们之间的关系就非常近，不但有可能前后相继，甚至就连共时的可能也不是没有，恐怕还是放在《论语》的同时或《论语》《孟子》之间更合适。我记得，班固有一句话，叫"七十子丧而大义乖"（《汉书·艺文志》序）。我们研究儒家，连"七十子"都不讲了，一下子就从孔跳到孟，孟跳到荀，"大义"不"乖"还等什么。所以我认为，先秦诸子肯定要重新研究，不仅墨家、道家要重新研究，就是儒家也要重新研究。当然说到"家"，我们要知道一点，国内学术界讲"家"比较随便，不但"六家"可以讲，"九流十家"也可以讲，西方学术界是另一套规矩。我个人的看法，"六家"也好，"九流十家"也好，固然是汉代才有的分类概念，但它整理的对象，还是先秦学术，或主要是先秦学术。先秦时代，即使没有这么多的"流"或"家"，至少"儒""墨""道"三家还是有的。[1]根据这种理解，我们把此类分为四小类：

（1）儒家（《论语》《礼记》应出经入子，与《孟子》《荀子》等书归为一类）；

（2）墨家（今存只有《墨子》）；

（3）道家（如《老子》《庄子》）；

---

〔1〕司马谈《论六家要旨》分诸子为"阴阳""儒""墨""法""名""道"六家，《汉志·诸子略》益以"纵横""杂""农""小说"，则为九流十家。案："儒""墨"是先秦固有的名称，其他各家，即使名称没有，派别也还是存在（不在"儒""墨"两派之内，本身就是派）。参看：李零《道家与中国古代的"现代化"》，收入所著《李零自选集》，桂林：广西师范大学出版社，1998年第二版，299—311页。

（4）其他（多与道家有关）。

（四）诗赋类（相当《汉志》"诗赋"、《隋志》"集部"）

战国秦汉的诗赋，《汉志·诗赋略》所收，除《楚辞》《文选》所录，《史记》《汉书》所引，很多都已亡佚。它的"诗"是歌诗，即可按乐谱歌唱的诗，所录是以汉代的乐府歌诗为主；"赋"是辞赋，它分四类，前三类是以屈原、陆贾、孙卿为首的赋（其分类原则是什么，原书没有交代），第四类是作者不详或专题总集性质的赋。其中属于战国的赋，多属楚辞系统（屈原、唐勒、宋玉都是楚人）。荀卿赋则代表北方系统。汉代的赋，也有不少是南方或受南方影响的作品。[1] 现在的考古材料，于"歌诗"和"辞赋"有一些发现，对先秦文学的理解，对集部背景的理解（集部是滥觞于东汉）都有帮助。下面只分"诗""赋"两类。

（五）兵书类（相当《汉志》"兵书"、《隋志》"子部"兵类）[2]

《汉志·兵书略》分兵书为"权谋""形势""阴阳""技巧"四类。"权谋"是以战略为主，带有综合性和理论性；"形势"是以战术为主，带有专题性和实用性；"阴阳"是数术在兵学上的应用，侧重天文地理；"技巧"是攻城、守城之术，外加武器、武术的研究。前两类是谋略，后两类是技术，[3] 可以反映古代兵书的大致范围。

---

〔1〕　费振刚等《全汉赋》（北京：北京大学出版社，1993 年）把"辞""赋"分为两种，把"楚辞"类的作品完全排除在"赋"体之外。这里仍用《汉志》的概念，以反映战国秦汉的连续性。

〔2〕　参看：《史记》的《律书》《司马穰苴列传》《孙子吴起列传》。

〔3〕　参看：李零《〈孙子〉古本研究》，287、300—302 页。

（六）数术类（相当《汉志》"数术"、《隋志》"子部"天文、历书、五行类）[1]

《汉志·数术略》分数术之书为六类，其中"天文""历谱"是天文历算之学，"五行"是日者之术（包括式法和各种选择之术），"蓍龟"是卜筮之术，杂占是其他占卜，形法是相术，[2]可以反映古代数术的大致范围。

（七）方技类（相当《汉志》"方技"、《隋志》"子部"医方类）[3]

《汉志·方技略》分方技之学为四类，其中《医经》是综合性的医书，偏于理论；"经方"是专题性的医书，偏于应用；"房中"是讲房中交接之术和妇产科的东西；"神仙"是讲服食、行气、道引，[4]可以反映古代方技的大致范围。

上述七类，前四类是一类，偏重人文；后三类是一类，偏重技术，很多都是实用手册（西人叫 Manual）。过去，学者读古书，他们看重的是《汉志》六略的前三略（《六艺略》《诸子略》《诗赋略》），不大重视它的后三略（《兵书略》《数术略》《方技略》）。这种"有学无术"是很大缺陷。因为从现在的考古发现看，后三类书在古代很流行，对了解古代的知识背景很重要。我们要想读懂诸子，这是一个突破口。多年来，我一直在做兵书和数术、方技的研究，原因就是，我主张"跳出诸子看诸子"。研究这类书的年代，

---

〔1〕 参看:《史记》的《日者列传》和《龟策列传》。

〔2〕 参看: 李零《中国方术考》，北京: 东方出版社，2000 年，19—27 页。

〔3〕 参看:《史记·扁鹊仓公列传》。

〔4〕 参看: 李零《中国方术考》，27—31 页。

我在《中国方术考》和一些文章中做过一点讨论。我认为，过去所谓"依托"的古书，很多都是属于这一类。对这类书来说，"作者"的问题最大，因为它不但没有后世所谓的那种"作者"，而且也没有诸子那样的"宗师"，一定要讲"作者"就只能讲"职业神"。比如，像所谓"巫先""先农""先牧""先蚕""先炊"等，就是这样的"职业神"。这些都是没有名字的，还有一种是有名字的。比如《世本·作篇》就有很多"发明家"的名字（后世也有所谓"三百六十行"的职业神，如利玛窦就是中国的眼镜神），这些"发明家"就是古代技术书经常依托的"作者"。这样的"作者"当然是"虚拟作者"，但写书的人却没有欺世盗名骗稿费的动机，读者对它的"戏剧语言"也能心领神会。所以即使这一种，我们也不必称之为"伪书"。如果称为"伪书"，那是冤枉古人。

古书的类型和年代有很大关系。其典型是小说研究（顾先生的疑古受胡适小说研究影响很大）。小说研究是讲类型的，比如"说三分"就是一种类型。它自身是个序列。现在我们要讲"说三分"的年代和作者，这事很麻烦，因为它故事套故事，作者套作者。罗贯中的《三国演义》只是知识分子从"说话"传统截下来的一个片段。和这种情况类似，古书也有很多讲不清的问题。古书类型的好处，就是可以给我们以"连续性"和"整体性"："人"是序列，"话"是序列，"书"是序列，年代是建立在序列里面（与考古类似）。但这种连续性是复杂概念，并不是只有一种模式。在所有古书中，档案类的古书，前后关系最简单，只是一个接一个，可称"集合式"。诸子类的古书就不是这样，它的话题是开放的，晚期套着早期，则属"扩展式"。还有手册类的实用书，它是"覆盖式"，就像现在用电脑打文件，改过的文件会自动把前面的文件覆盖掉，年代更复杂（现代教科书仍有这种特点）。比如，睡虎地秦简《日书》中的《人字图》，它的基本画法，现在还保存在港台的历书和彝族的历书中；马王堆房中书，它的术语和结构也同明代的《素女妙论》大体相同，是我解读前者的线索。既然古书的连续性这么复杂，所以我们的时间概念也就不能定得太死，与其不分类型、系统布一些点，还不如分类串联，通过序列和时段来定年代，能精确到什么范围就精确到什么范围。这样的年代也许比较模糊，但不一定就比定点差。这就像打靶，靶心定得太小，你枪枪都可能脱靶。但如果范围合适，则虽云不中，亦不远矣。

现在我们对古书的了解还太少，知道的只是一小部分。不知道的当然不能瞎说，但"眼见"也不一定"为实"。如果我们能把一本书不只当作一本书，还把它当作一种类型，也许我们能够学到的东西会更多。

【参考书】

1.《古史辨》，第一至七册（第一至三册，顾颉刚编；第四至五册，罗根泽编；第七册，吕思勉、童书业编），上海：上海古籍出版社，1982年（原印于1933—1941年）。

2. 张心澂《伪书通考》，上海：上海书店出版社，1998年（据商务印书馆1939年版影印）。

3. 郑良树《续伪书通考》，台北：学生书局，1984年。

4. 余嘉锡《古书通例》，上海：上海古籍出版社，1985年（写于20世纪30年代）。

5. 李学勤《对古书年代的反思》，收入《李学勤集》，哈尔滨：黑龙江教育出版社，1989年，41—46页（原发表于1982年）。

6. 李学勤《走出疑古时代》，《中国文化》第7期，北京：生活·读书·新知三联书店，1993年，1—7页。

7. 李零《出土发现与古书年代的再认识》，收入所著《李零自选集》，桂林：广西师范大学出版社，1998年第二版，22—57页（原发表于1988年）。

8. 郑良树《诸子著作年代考》，北京：北京图书馆出版社，2001年。

附录：余嘉锡《古书通例》（摘录）

绪　　论

（一）论治学必读古书

……然欲研究中国学术，当多读唐以前书，则固不易之说也。（2 页）

治学所以必读古书者，为其阅时既久，亡佚日多，其卓然不可磨灭者，必其精神足以自传，譬之簸出糠秕，独存精粹也。后人之书，则行世未远，论定无闻，珠砾杂陈，榛楛勿翦，固宜其十不足以当一耳。然亦未可一概而论。盖古书之传不传，亦正有幸有不幸。有以牵连而并存（如释、道藏及丛书之类），有以变乱而俱亡（如牛弘所言五厄）；其得也或出于无心（如敦煌佚书、流沙坠简之类），其失也或缘于有意（如范晔之志蜡车，李贺之集投溷之类）；千端万绪，盖非一途。特既幸存于今，则皆足以考古。……（2—3 页）

（二）论辨伪之难

虽然，研治中国古代学术当读古书，最难读者亦莫如古书，古书亦甚繁，读之者不可不知所别择。张之洞谓"一分真伪而古书去其半，一分瑕

瑜而列朝书去其十之八九矣", 斯固然矣。而欲分真伪, 则有三法, 亦有三难:

一曰: 考之史志及目录以定其著述之人, 及其书曾否著录。然周秦之书, 不必手著。《汉志》所载之姓名, 不尽属之著述之人。其他史志及目录所载书名撰人(《新唐志》及《宋史·艺文志》), 皆不免有讹误。若其著录与否, 则历代求书, 不能举天下之载籍, 尽藏之于秘府; 况书有别称, 史惟载其定名; 篇有单行, 志仅记其总会(《汉志》多有此例)。又往往前代已亡, 后来复出。或发自老屋, 而登中秘; 或献自外国, 以效梯航。至于晁子止之《读书》(晁公武《郡斋读书志》), 陈直斋之撰录(陈振孙《直斋书录解题》), 只纪一家之有无, 未及当代之存佚。其余诸家书目, 见闻益碍, 盖不足言。是则据史志目录以分真伪之法, 不尽可凭也。其难一矣。

二曰: 考之本书以验其记载之合否。然古书本不出自一人, 或竹帛著自后师, 或记叙成于众手, 或编次于诸侯之客(见《史记·信陵君传》, 详见后), 或定著于写书之官(刘向)。逸事遗闻, 残篇断简, 并登诸油素, 积成卷帙。故学案与语录同编, 说解与经言并载。又笺注标识, 混入正文, 批答评论, 咸从附录; 以此语不类其生平, 事并及于身后。至于杜撰事实, 造作语言, 设为主客之辞, 鸣其荒唐之说, 既属寓言, 难可庄论。故摘其纰缪, 固自多端, 校其因缘, 由来非一。是则即本书记载以分真伪之法, 容有未尽也。其难二矣。

三曰: 考之群书之所引用, 以证今本是否原书。然古书皆不免阙佚。盖传写之际, 钞胥畏其繁难, 则意为删并; 校刻之时, 手民恣其颠顶, 则妄为刊落。又有《兔园》之册, 本出节钞, 坏壁之余, 原非完帙。而类书之采用, 笺注之援引, 往往著者则署为前人, 书名则冠以"又曰"; 于是甲乙相淆, 简篇互混。况钉饾之学, 固异专门, 掇拾之时, 不皆善本; 乃欲借宾以定主, 何异郢书而燕说。又有古籍既亡, 后人重辑(明人所辑之书, 多不注出处, 并不著明出于搜辑, 致后人或认为古书, 或斥为伪作, 其实皆非也), 讥其疏漏, 固所难辞, 诋为伪造, 则非其罪。是则援群书所引用, 以分真伪之法, 尚非其至也。其难三矣。

以此三难, 是生四误: 不知家法之口耳相传而概斥为依托(《汉志》

之所谓依托，乃指学无家法者言之，详见后），误一。不察传写之简篇讹脱而并疑为赝本，误二。不明古书之体例（王引之《经传释词》），而律以后人之科条，误三。不知学术之流派，而绳以老生之常谈，误四。将欲辨此歧途，归于真谛，其必稽之正例变例，以识其微；参之本证旁证，以求其合。多为之方，而不穷于设难，曲致其思，而不安于谬解。不拾前人之牙慧，而遽以立论；不执一时之成见，而附以深文。揆之于本书而协，验之于群籍而通。以著作归先师，以附益还后学。传讹之本，必知其起因；伪造之书，必明其用意。有条有理，传信传疑；如戴东原所谓十分之见者，则庶乎其可以读古书矣。（4—6页）

〔零案：以上标题是我所加，括号内的话原为双行夹注。余氏此书为未完稿，绪论首揭辨伪之难，盖鉴于当时疑古之风盛，而方法之未周，其所举伪书，明确者极少，特隋唐以后书亡已久而突然冒出者，如《古三坟》之类，见 15 页〕

卷一 案著录第一

（一）诸史经籍志皆有不著录之书

……故就史志以考古书之真伪完阙，虽为不易之法，然得之者固十之七八，失之者亦不免二三。若仅恃此法以衡量古今，是犹决狱者不能曲体物情，得法外之意，而徒执尺一以定爰书；则考竟之时，必有衔冤者。前人序跋，论列古书，往往似此，不可不察也。诸史为经籍艺文作志者，凡有六家。考其所著录，于当时之书，皆有阙漏未及收入者。……（3页）

……一则国家法制，专官典守，不入校雠也。《礼乐志》曰："今叔孙通所撰礼仪，与律令同录，臧于理官，法家又复不传（刘敔谓法家当属上句，王先谦读属下句，王说是），汉典寝而不著，民臣莫有言者。"夫礼仪律令，既臧于理官，则不与他书"外则有太常、太史、博士之藏，内则有延阁、广内、秘室之府"（《艺文志》注引《七略》）者同。《后汉书·曹褒传》言"班固上叔孙通《汉仪》十二篇",固既深惜汉典之寝而不著,及亲得其书,乃不与刘向、扬雄、杜林书(《汉志》新入三家)同入《艺文》者,盖班固作志,用《七略》之成例,《七略》不录国家官书,故不得而入之也(王先谦《礼乐志》补注谓"《汉仪》十二篇固后乃得之,作志时未见",非是)。……(4页)

〔零案:余氏谓《汉志》与《七略》收书略同,不同只是,入刘向、扬雄、杜林三家,凡50篇,省兵10家;《汉志》不著录之书则有二,一是礼仪律令,二是西汉末年人著作,《七略》不收,《汉志》亦不收。前者比较重要,涉及文书、古书之关系,摘录于此〕

本篇所言不著录之古书,多已散佚,惟杂见于前人著述中援引,清儒往往搜辑成书,恐学者读之,疑其不见著录,故就诸史志证明其故,非为一切伪书作辩护也。至于今日尚存之书,惟周、秦诸子。因有一书二名,及裁篇别出二例,故多不见于《汉志》。其他则虽暂伏于前,而复出于后,其为时必不能甚久,皆有端绪可寻,隋、唐以来相传之古书是也。时代既早,纵属依托,亦自有其价值。除海舶传来,石室发掘,断无伏匿数千百年之理。若《古三坟》《子华子》之突出于宋,子贡《诗传》、申培《诗说》《於陵子》《天禄阁外史》之突出于明,伪妄显然,不得并援此例。当于"辨真伪篇"中言之。(14—15页)

〔零案:原书正文四卷内,细目不标次第,这里的顺序号是我所加,下同。作者正面讲伪书,只此一条,所疑皆宋、明所出,非周、秦古书,亦非汉、唐古书。作者说"当于'辨真伪篇'中言之",而此稿未见"辨真伪篇"〕

(二)古书不题撰人

周秦古书,皆不题撰人。……(18页)

《汉志·六艺略》不独于经不著姓名,即诸家传记章句,亦有著有不著;其例颇不划一。……(19页)

盖古人著书，不自署姓名，惟师师相传，知其学出于某氏，遂书以题之，其或时代过久，或学未名家，则传者失其姓名矣。即其称为某氏者，或出自其人手著，或门弟子始著竹帛，或后师有所附益，但能不失家法，即为某氏之学。古人以学术为公，初非以此争名；故于撰著之人，不加别白也。（19—20 页）

传注称氏，诸子称子，皆明其为一家之学也。《诸子略》中，自黄帝至太公、尹佚不称子者（此等书大抵作于六国时），此其人皆古之君相，平生本无子之称号也（周初惟鬻子称子）。自陆贾、贾谊以下不称子者，学无传人，未足名家也（此举其大较言之，六国子书亦有不称子者，盖皆用当时所通称以题其书，不可一概而论，详《法家篇》）。盖专门之学衰，而后著述之界严；口耳之传废，而后竹帛之用广。于是自著之书多而追叙附益之事乃渐少。然不可以例周、秦古书。夫《春秋》三传皆不题左丘明、公羊高、穀梁赤，故既题《荀卿新书》（见刘向《叙录》），不别题荀况撰，既题晏子，不别题晏婴撰。推之他书莫不皆然。古人既未自题姓名，则其书不必出于自著矣。

古书之题某氏某子，皆推本其学之所自出言之。《汉志》本之《七略》，上书某子，下注名某者，以其书有姓无名，明此所谓某氏某子者，即某人耳，非谓其书皆所自撰也。……（22—23 页）

〔零案：《法家篇》，书中未见〕

约而言之，则周、秦人之书，若其中无书疏问答，自称某某，则几全书不见其名，或并姓氏亦不著。门弟子相与编录之，以授之后学，若今之用为讲章；又各以所见，有所增益，而学案、语录、笔记、传状、注释，以渐附入。其中数传以后，不辨其出何人手笔，则推本先师，转相传述曰：此某先生之书云耳。既欲明其学有师法，又因书每篇自为起讫，恐简册散乱，不可无大题以为识别，则于篇目之下题曰某子，而后人以为皆撰人姓名矣。古书既多不出一手，又学有传人，故无自序之例。汉以后惟六艺立博士，为禄利之途。学者负笈从师，受其章句，大儒之门，著籍者辄数千人。而所自著之书，则无人肯受。于是有于篇末为之叙，自显姓名者，如太史公、扬雄自序是也。或奏进之书，则于文中自称某官臣某，如道家郎中婴齐、杂家之博士臣贤对之类是也。然仍无于篇题之下，自标某人撰之例。后人因其所自称以题其书，故专家之书，有传其氏不传其名者。而自著之书，则有传其名不传其氏者矣。若既无自序，文中又不自称名，久之或竟无可考。故《中论》序谓"恐历久远，名或不传"，则有同时之人为之作序之例。要之皆因著者不自题姓名之故也。至于每卷自署某人撰，虽不详其所自始；要其盛行，当在魏、晋以后矣。（25—26 页）

〔零案：古书题写撰人，作者疑其起于魏、晋以后，在《隋志》之前已然〕

（三）古书书名之研究

古书之命名，多后人所追题，不皆出于作者之手，故惟官书及不知其学之所自出者，乃别为之名，其他多以人名书。今列举古人名书之例，叙之如下：

一曰：官书命名之义例。……是则春秋以前，并无私人著作，其传于后世者，皆当时之官书也（其他诸子在三代以前者，多出依托，详见后）。其书不作一时，不成于一手，非一家一人所得而私，不可题之以姓氏，故举著书之意以为之名。……

二曰：古书多摘首句二字以题篇，书只一篇者，即以篇名为书名。……故《诗》《书》之篇名，皆后人所题。诸子之文，成于手著者，往往一意相承，自具首尾，文成之后，或取篇中旨意，标为题目。至于门弟子纂辑问答之书，则其记载，虽或以类相从，而先后初无次第。（邢昺《论语疏·学而》第一，《正义》曰："其篇中所载，各记旧闻，意及则言，不为义例，亦或以类相从。"）故编次之时，但约略字句，断而为篇，而摘首句二三字以为之目。……

〔零案：作者以文义首尾连贯者为自著〕

三曰：古书多无大题，后世乃以人名其书。古人著书，多单篇别行；及其编次成书，类出于门弟子或后学之手，因推本其学之所自出，以人

名其书。……汉、魏以后，学者著书，无不自撰美名者，独至文章，多由
后人编定。故别集直书姓名者，至宋犹多。元、明以后，此风渐寡。然文
集之不必手定，则今人尚多有之。古之诸子，即后世之文集也。出于门弟
子所编，其中不皆手著，则题为某子。出于后人所编，非其门弟子，则书
其姓名。汉武以后，传记不立博士，专家之学衰，故书名无称子者，考之
《汉志》可知也（汉人书称子者仅有蒯通一家）。东汉以后人著书，皆手自
编定，其称某子，乃其人自子之耳。……

　　四曰：《汉志》于不知作者之书，乃别为之名。古之诸子，皆以人名
书。然《汉志》中，亦有别题书名者，则大率不知谁何之书也。……

　　五曰：自撰书名之所自始。古书自六经官书外，书名之最早而可据
者，莫如《论语》。……盖自撰书名，萌芽于《吕氏春秋》，而成于武帝之
世。……（26—35 页）

（四）汉志著录之书名异同及别本单行

　　《汉书·艺文志》著录之书，其名往往与今本不同，亦或不与六朝、
唐人所见本同，并有不与《七略》《别录》同者。其故由于一书有数名，
《汉志》只录其一也。古书书名，本非作者所自题。后人既为之编次成书，
知其为某家之学，则题其氏若名以为识别；无名氏者，乃约书中之意义以
为之名。所传之本多寡不一，编次者亦不一，则其书名不能尽同。刘向校
书之时，乃斟酌义例以题其书。至汉人著述，颇有自题书名者矣。而刘、
班牵于全书著录之例，虽其本名，或不尽用；《别录》中盖详著之。《七
略》《别录》既亡。班固之自注甚略，书名异同，不尽可考，又有古书之
名，为后人所改题，出于向、歆校书以后者。故虽其书真出古人，求之
《汉志》而无有，则辩论纷然，疑义蜂起矣。今于其有可考者，旁引群书，
为之疏通证明之；其无可考者，不敢强为之说也。试条举其例如下：

　　一曰《七略》之书名，为班固所改题，如《子夏易传》，即《韩氏易
传》是也。……

二曰《别录》书有数名者，《汉志》只著其一，如《淮南·道训》是也。……

三曰刘、班于一人所著，同为一家之学者，则为之定著同一之书名，如《淮南内、外》是也。……

四曰今所传古书之名，有为汉以后人所改题，故与《汉志》多参差不合，如《老子道德经》是也。（35—42 页）

〔零案：以上是"一书数名"之例〕

别本单行者，古人著书，本无专集，往往随作数篇，即以行世。传其学者各以所得，为题书名。及刘向校订编入全书，题以其人之姓名，而其原书不复分著，后世所传，多是单行之本，其为自刘向校本中析出，抑或民间自有古本流传，不尽行用中秘定著之本，皆不可知。今略举数书以明其例。

《鬼谷子》编入《苏子》。……

《新语》编入《陆贾书》。……

《六韬》编入《太公书》。……古人著书，不皆精粹，浅陋之说，固所时有。九流百家，所出既异，故操术不同。宋以后人读书，好以理学家言是非古人，尤非通方之论。……（43—48 页）

〔零案：以上是"裁篇别行"之例〕

卷二　明体例第二

（一）秦汉诸子即后世之文集

……故西汉以前无文集，而诸子即其文集。……（52 页）

周、秦诸子，以从游之众，传授之久，故其书往往出于后人追叙，而自作之文，乃不能甚多。汉初风气，尚未大变（详《辨附益》篇）。至中叶以后，著作之文儒，弟子门徒，不见一人，凡所述作，无不躬著竹帛。如《东方朔书》之类，乃全与文集相等。篇目俱在，可复案也。及扬雄之徒，发愤著书，乃欲于文章之外，别为诸子。子书之与文集，一分而不可复合。然愈

欲自成一家，而其文乃愈与词赋相近。当于下篇详论之。(67页)

(二)汉魏以后诸子

《汉志》有《诗赋略》而无文集。《隋志》云："别集之名，盖汉东京之所创作也。"然余则疑西京之末，即已有之。……《金楼子·立言篇》曰："诸子兴于战国，文集盛于二汉。"故疑西京之末，已有别集。……(68页)

(三)古书多造作故事

是故诸子之书，百家之说，因文见意，随物赋形。或引古以证其言，或设喻以宣其奥。譬如童子成谣，诗人咏物，兴之所至，称心而谈。若必为之训诂，务为穿凿，不惟事等刻舟，亦且味同嚼蜡矣。夫引古不必皆虚，而设喻自难尽实，彼原假此为波澜，何须加之以考据。推求其故，约有七端：

一曰：托之古人，以自尊其道也。……

二曰：造为古事，以自饰其非也。……

三曰：因愤世嫉俗，乃谬引古事以致其讥也。……

四曰：心有爱憎，意有向背，则多溢美溢恶之言，叙事遂过其实也。……

五曰：诸子著书，词人作赋，义有奥衍，辞有往复，则设为故事以证其义，假为问答以尽其辞，不必实有其人，亦不必真有此问也。……

六曰：古人引书，唯于经史特为谨严，至于诸子用事，正如诗人运典，苟有助于文章，固不问其真伪也。……

七曰：方士说鬼，文士好奇，无所用心，聊以快意，乃虚构异闻，造为小说也。……

……然则古书之记载，举不足信，凡有著述，皆不当引用乎？曰：何为其然也。……夫以庄周寓言，尚难尽弃，况诸子所记，多出古书，虽有托词，不尽伪作。譬之后人诗词所用典故，纵或引自杂书，亦多源出经史也。在博观而慎取之耳。语曰："明其为贼，敌乃可灭。"欲辨记载之伪，当抉其疏漏之端，穷源竟委，抵隙蹈瑕，持兹实据，破彼虚言，必获真赃，乃能诘盗。若意虽以为未安，而事却不可尽考，则姑云未详，以待论定。如曰断之自我，是谓尤而效之。盖厚诬古人，与贻误后学，其揆一也。……（77—91 页）

卷三　论编次第三

（一）古书单篇别行之例

古之诸子，即后世之文集，前篇已论之详矣。既是因事为文，则其书不作于一时，其先后亦都无次第。随时所作，即以行世。论政之文，则藏之于故府；论学之文，则为学者所传录。迨及暮年或其身后，乃聚而编次之。其编次也，或出于手定，或出于门弟子及其子孙，甚或迟至数十百年，乃由后人收拾丛残为之定著。后世之文集亦多如此，其例不胜枚举。姑以人人所习知之唐、宋诗文集言之：韩愈集编于门人李汉，柳集编自友人刘禹锡。李太白《草堂集》为李阳冰所编，而今本则出于宋敏求。欧阳修文惟《居士集》为修所自编，而今本则出于周必大。苏轼《东坡集》，自其生时已有刻本，而大全集则不知出自何人（《东坡七集》中之《续集》为明人所编）。秦、汉诸子，惟《吕氏春秋》《淮南子》之类为有统系条理，乃一时所成，且并自定篇目（《吕氏春秋·序意篇》曰，"惟秦八年，岁在涒滩，秋，甲子朔，朔之日，良人请问《十二纪》。"《淮南子·要略篇》，详载二十篇篇名）。其他则多是散篇杂著，其初原无一定之本也。

夫既本是单篇，故分合原无一定。有抄集数篇，即为一种者，有以一二篇单行者。其以数篇为一种者，已详于"书名研究篇"中。其以一二篇单行者，则有三例：

一为本是单篇，后人收入总集，其后又自总集内析出单行也。

〔零案：下举《禹贡》《洪范》《丧服》《夏小正》为例，略〕

二为古书数篇，本自单行，后人收入全书，而其单行之本，尚并存不废也。

〔零案：下举《孔子三朝记》《弟子职》及《兵书略》与《诸子略》重出之书为例，略〕

三为本是全书，后人于其中抄出一部分，以便诵读也。

〔零案：下举汉人选读《太史公书》《汉书》为例，略〕（93—98 页）

（二）叙刘向之校雠编次

……此皆叙向、歆校今古文之异同也。然今文别自名家，传习已久，向必不能以中古文校改，使之归于划一，盖惟各存其本文，而别著校勘之语。……（100—101 页）

〔零案：此叙校雠，下言编次〕

凡经书皆以中古文校今文。其篇数多寡不同，则两本并存，不删除重复。……（101 页）

凡诸子传记，皆以各本相校，删除重复，著为定本。……（103 页）

古书中如《易》十二篇，《诗》三百五篇，《春秋》十二篇之类，此皆秦以前之原本，无所亡失。向盖校其脱误而已，不须更为定著也（诸子传记之中亦当有似此者）。其有复重残缺，经向别加编次者，皆题之曰新书，以别于中秘旧藏及民间之本。……（107—108 页）

……然今所传古书，往往与《史记》所言篇数合，与《汉志》不同。如《孟子》《孙子》《陆贾新语》皆是。盖犹是民间相传之旧，非向所校订之新书。则因汉中秘所藏，臣下见之至为不易故也。……（108 页）

（三）古书之分内外篇

凡以内外分为二书者，必其同为一家之学，而体例不同者也。古人之为经作传，有依经循文解释者，今存者，如《毛诗传》是也。有有所见则说之，不必依经循文者，伏生之书传是也。夫惟不必依循经文，故《论语》《孝经》，亦可谓之传，而附于六艺。本无内外之分。惟一家之学，一人之书，而兼备二体，则题其不同者为外传以为识别。……

凡一书之内，自分内外者，多出于刘向，其外篇大抵较为肤浅，或并疑为依托者也。（110—112 页）

辨附益第四

古书不皆手著。

自汉武以后，九流之学，多失其传。文士著书，强名诸子，既无门徒讲授，故其书皆手自削草，躬加撰集，盖自是而著述始专。然其书虽著录子部，其实无异文章（详前汉、魏诸子篇）。至齐、梁文笔大盛，著子书者乃渐少。后人习读汉以后书，又因《隋志》于古书皆题某人撰，妄求其人以实之，遂谓古人著书，亦如后世作文，必皆本人手著。于其中杂入后人之词者，辄指为伪作（真伪之分，当别求证据，不得仅执此为断），而秦汉以上无完书矣。不知古人著述之体，正不如是也。（119 页）

……今案章氏所谓诸子存录先民旧章者，犹之唐律之中有李悝《法经》，杜佑《通典》有《开元礼》也。此类甚多，非本篇所详，姑置不论。其后人辑其言行者，推按其事，约有数端，兹分疏之如下：

一曰：编书之人记其平生行事附入本书，如后人文集附列传、行状、碑志之类也。……

二曰：古书既多后人所编订，故于其最有关系之议论，并载同时人之辩驳，以著其学之废兴，说之行否，亦使读者互相印证，因以考见其生平，即后世文集中附录往还书札赠答诗文之例也。……

三曰：古书中所载之文词对答，或由记者附著其始末，使读者知事之究竟，犹之后人奏议中之录批答，而校书者之附案说也。……

四曰：古书之中有记载古事、古言者，此或其人平日所诵说，弟子熟闻而笔记之，或是读书时之札记，后人录之以为书也。……

五曰：诸子之中，有门人附记之语，即后世之题跋也。……

……古人作文，既不自署姓名，又不以后人之词杂入前人著述为嫌，故乍观之似无所分别。且其时文体不备，无所谓书序、题跋、行状、语录。复因竹简繁重，撰述不多，后师所作，即附先师以行，不似后世人人有集，敝帚自享，以为千金，惟恐人之盗句也。故凡其生平公牍之文，弟子记录之稿，皆聚而编之。亦以其宗旨一贯，自成一家之学故也。夫古书之伪作者多矣，当别为专篇以明之。若因其非一人之笔，而遂指全书为伪作，则不知古人言公之旨。譬之习于豪强兼并之俗，而议三代之井田也。

此篇所言，皆就古书之中有弟子门人附录，文义白而可据者举之以为例。此外又有口耳相传，至后世始著竹帛，及随时屡乱增益者，其说甚繁，当别详述。（121—130 页）

下篇：导读 一

简帛古书导读一：
六艺类

在正式讨论之前，我想先讲一下"六艺"的概念。"六艺"是什么？它本来是指六种技能，或教这些技能的课程，[1]但在古书中，它还有一个含义，是指六种古代经典，即汉代喜欢说的"经艺"（如《史记·魏世家》"文侯受子夏经艺"）。[2]这里，我们要谈的当然是最后一种，即与"书"的概念有关，相当《汉书·艺文志》第一类的那种"六艺"，但我们要明白为什么会有这六种经典，话还得从头说起：

首先，古人之所谓"六艺"，过去有两种说法，一种是礼、乐、射、御、书、数（《周礼·地官》的《大司徒》和《保氏》）。一种是诗、书、礼、乐、易、春秋（《礼记·经解》和《庄子·天下》）。前

---

[1] 就像欧洲中世纪训练教士有所谓"七艺"（文法、修辞、辩证法、算术、几何、音乐、天文），训练武士有所谓"七技"（骑马、游泳、投枪、击剑、打猎、下棋、吟诗）。

[2] 《汉书·艺文志》的"艺文"和《隋书·经籍志》的"经籍"，"艺"与"经"含义相近，"文"与"籍"含义相近，前者即"经艺"，后者则是"文学""图籍"之泛称。来源甚早的"典籍"一词，和现代用法差不多。

者是贵族教育，即以培养武士、育成君子为目的的六门课程。它们
两两是一组。"礼"是学礼仪，"乐"是学音乐，主要是风度、仪容
方面的修养。"射"是学射箭，"御"是学驾车（战车），主要是军事
教育或体育教育；"书"是学识字（读字书，识姓名之类），"数"是
学计算（习算术，背九九表之类），主要是文化教育或知识教育。[1]
这些课程，一般分两个阶段，"书""数"是小学所授（8—13 岁或
8—15 岁），"射""御""礼""乐"是大学所授（13—20 岁或 15—
20 岁）。[2] 长台关楚简《申徒狄》讲"君子之教"，说学童入学之
前，先由"〔父〕母教之七岁"，然后"〔教数一岁〕，教书三岁，教
言三岁，教射与御〔六岁〕"，[3] 估计是 8 岁入学，先学数一年，再
学书学言（言语，指说话的技巧）各三年；15 岁之后，才学射、御
和礼、乐。这两种"六艺"，都是既教人技能，也教人道德。[4] 但前
一种"六艺"和"书"没有多大关系；和"书"有关，还是后一种
"六艺"。前一种"六艺"，是名副其实的贵族教育。因为，中国的贵
族和西方一样，侧重的都是技能训练和道德修养，而不是书本知识。
我们不要以为贵族是人上人，他们就一定很有文化。曹刿不是说
"肉食者鄙，未能远谋"（《左传》庄公十年），《红与黑》中的于连，
出身卑贱，但拉丁文能倒背如流，贵族比不了。司马迁说，"项籍
少时，学书不成，去学剑，又不成。项梁怒之。籍曰：'书足以记姓
名而已。剑一人敌，不足学，学万人敌'"（《史记·项羽本纪》）。他
学的"书"是什么样的书，大概只是蒙学水平，类似《百家姓》那

---

〔1〕 比如，西周铜器令簋和静簋的铭文就讲到周王和师氏教习射御的活动。参看：中国
　　 社会科学院考古研究所编《殷周金文集成》，北京：中华书局，第五册（1985 年），
　　 2803；第八册（1987 年），4273。
〔2〕 吕思勉《吕思勉读史札记》，上海：上海古籍出版社，1982 年，上册，446—454 页："古
　　 学制"。
〔3〕 参看：李零《长台关楚简〈申徒狄〉研究》，收入张政烺先生九十华诞纪念文集编委会
　　 编《揖芬集》，北京：社会科学文献出版社，2002 年，309—321 页。案："言"指言语，
　　 即说话的技巧，孔门四科有"言语"，先秦诸子都很重视说话的技巧，特别是纵横家。
〔4〕 "艺"，是技能，如"工艺""农艺""文艺""武艺"的"艺"，都是技能。

样的"书"（汉《急就篇》中就有六章是讲姓名）。这样的"书"，他不爱学。"剑"呢，是和射、御有关的武术，他也不过瘾，要学就学"万人敌"。"万人敌"是什么？是兵法。这才是贵族教育、武士教育最需要的东西。唐章碣《焚书坑》说"坑灰未冷山东乱，刘项原来不读书"，"刘"（刘邦）是流氓，他不读书有什么奇怪？但"项"（项羽）不读书是怎么回事，大家就比较纳闷，是不是他脾气不太好，像张飞、李逵是个粗人呢，并不是。项羽是贵族，贵族可能读书，但不一定太多，他更热衷的是剑道、射御或兵法。古代读书最多的人，在西方，在世界各地，主要都是僧侣和神学家；在中国，则主要是史官。当时最有文化的人，其实是像老子这样的人，司马迁这样的人。古代有学问的人，早期是"史"，晚期是"士"。春秋战国以来的"士文化"，其实是一种新文化，它和贵族教育有关，但又不太一样。孔子是宋国贵族的后裔，当然可能知道一点贵族教育，但更重要的是，其生也"贫且贱"，他从小就羡慕贵族文化，非常好学。他不但参观过周、鲁的图书馆，还请教过在王室图书馆当差的大学者老子，对古代的典籍比较熟悉。我理解，"诗""书""礼""乐""易""春秋"，也许并不全是他的发明，[1]但确实是在他的提倡下才大行于世。他用古代的史官文化，在民间办学，培养平民化的"士君子"，新型的"士君子"。这是属于开风气。它和老"六艺"有一点相同，也强调"礼""乐"的修养，但不同点是，它比前者更强调读书，强调古代经典的传习，而不是一般读写技能的训练，更不是剑拔弩张的"军旅之事"，[2]因而更接近原来的"史官文化"。[3]

---

〔1〕 孔子所传六艺，早就有人提倡。如比他更早，春秋中期，楚庄王使士亹傅太子，士亹请教申叔时，申叔时建议的九门课是"春秋""世""诗""礼""乐""令""语""故志""训典"（《国语·楚语上》），其中不但有"诗""礼""乐""春秋"，而且"故志""训典"是相当于"书"，所缺唯"易"。

〔2〕 孔子说："俎豆之事，则闻之矣；军旅之事，未之学也。"（《论语·卫灵公》）

〔3〕 孔子留给后世的真正遗产，制度化的遗产，其实是"学而优则仕"（出子夏语，见《论语·子张》）。他那个时代，真贵族已没多大学问，也没多大本事，很多事要靠新型的"士"来操办和张罗。这些"士"和过去的贵族不同，它们是靠读书而非血（转下页）

其次,"六艺"也指"六经"。上面讲的新"六艺",它们既是六门课,也是六种书。作为书讲的"六艺",古人也叫"六经"。比如,《庄子·天运》说"孔子谓老聃曰:'丘治诗、书、礼、乐、易、春秋六经'",这样的"六经"就是指与上述六门课相配合的六种古书。可见"六经"的说法,早在战国就存在。不过,这里应当说明的是,"六经"是书,但不是具体的六本书,而是泛指的六种书。"诗""书""礼""乐""易""春秋",它们的每一种,我都不加书名号。因为,虽然"诗"可专指《诗》三百,"书"可专指《书》百篇,"易"可专指《周易》,"春秋"可专指鲁《春秋》,但它们的每一种都不限于此,"诗""书"有《逸诗》《逸书》,"易"有《连山》《归藏》,"春秋"有各国史记。更何况,"礼""乐"没法这样讲。因为《士礼》称"经",出现较晚;"乐"则从来没有"经",汉代只有"五经"。战国文献,诸子盛称六艺,主要是"诗""书",其次是"诗""书""礼""乐"(如《庄子》的《徐无鬼》和《天下》),"易"和"春秋"比较少。引用,也是以"诗""书"最多,其次是"易"(《左传》《国语》提到的次数最多),"礼""乐"无文,"春秋"少见(《孟子》引用较多)。可见"礼""乐"虽重要,但操作性和表演性要远远超过其文献学的意义。它们或许更多保存了老"六艺"的特点。

这是讲"六艺"的概念和顺序(参看附录一)。

下面再讲一下有关的出土材料。现已发现的"六艺"类经典,数量还不太多。它们主要有:

统谋出身,身份类似科举制下的读书人(后者就是从这里发源):第一是做官,第二是入幕,第三是坐馆,什么都不行,才回家种地。所以孔子说"先进于礼乐,野人也;后进于礼乐,君子也。如用之,则吾从先进"(《论语·先进》),他看重的是先学礼乐再做官的"野人"(平民),而不是先做官再学礼乐的"君子"(贵族)。他所推崇的"君子",很多都是来自"野人",其实已是"新君子"。

（一）诗 类

目前最重要的发现是双古堆汉简《诗经》。[1] 此书残损严重，只有碎简，残存简文是属于《国风》和《小雅》。《国风》残文，涉及 14 国（缺者惟《桧风》）65 篇。[2]《小雅》残文，只有《鹿鸣之什》的 4 篇，[3] 一共有 69 篇。其诗篇皆分章抄写，章后标━号，下注"此右某某（篇名）"和字数。属同一国家的每一组诗篇结束，也标━号，下书"右方某国"，然后空开一段，下记"凡多少篇多少字"。此本可与今本对勘，有它的校勘学价值。它是按汉初楚地的阅读习惯而抄写，很多字的用法与今本不太一样。整理者拿它与北方系统的毛诗和齐、鲁、韩三家诗的佚文比较，认为无法归入我们熟悉的任何一种。这是很自然的事。它的篇次排列，从简册叠压和简文反印的情况考虑，也与今本不太一样。另外，有个现象值得注意，就是今本"兮"字，简文皆作"旖"（简 S.025、S.039、S.086、S.093、S.146），[4] 相当古书用作语气词的"猗"。这和上博楚简和马王堆帛书的用法可以比较。前者作"可"，后者作"呵"（如《老子》）。王引之曾指出，古书用作语气词的"猗"和"兮"是同一个词（《经传释词》卷四），整理者说，《毛

---

[1] 参看：胡平生、韩自强《阜阳汉简〈诗经〉研究》，上海古籍出版社，1988 年。

[2] 包括《周南》：《卷耳》《樛木》；《召南》：《雀巢》《采蘩》《采蘋》《甘棠》《行露》《羔羊》《殷其雷》《摽有梅》《野有死麕》《驺虞》；《邶风》：《燕燕》《日月》《击鼓》《凯风》《谷风》《旄丘》《简兮》《北风》《静女》《二子乘舟》；《鄘风》：《柏舟》《墙有茨》《桑中》《鹑之奔奔》《干旄》；《卫风》：《淇奥》《考槃》《硕人》《氓》《竹竿》《芄兰》《木瓜》；《王风》：《黍离》《君子于役》《君子阳阳》《大车》；《郑风》：《缁衣》《女曰鸡鸣》《有女同车》《山有扶苏》《蘀兮》《狡童》《野有蔓草》《溱洧》；《齐风》：《鸡鸣》《著》《敝笱》《载驱》；《魏风》：《汾沮洳》《十亩之间》；《唐风》：《蟋蟀》《山有枢》《扬之水》《绸缪》《杕杜》；《秦风》：《驷驖》《小戎》《黄鸟》；《陈风》：《东门之杨》《墓门》；《曹风》：《鳲鸠》《下泉》；《豳风》：《七月》。

[3] 即《鹿鸣》《四牡》《常棣》《伐木》。

[4] 简文写法是从方从奇或从放从可。简 S093，原书 12 页释文作"猗"，显然是抄误，应以 71 页作"旖"为是。又简 S024、S025，摹本编号颠倒，应以照片和释文的编号为是。又简 S015、S016，简文"也"，今本作"兮"。

诗》用"兮"而此本用"猗","或与方言不同有关"（46 页），但"兮""猗""可""呵"都是从丂音滋生，实出一系，王氏所引，如《书·秦誓》《诗·魏风·伐檀》和《庄子·大宗师》，也是南北三国共用。它是否为方言字，还值得研究。当然，古书的地方差异，经过汉代的整理，很多已失去原貌，我们研究当时的家法和用字规律，其实往往缺乏可靠的前提。

也许由于双古堆本残破太甚，它的发表时机恰好不在媒体炒作的高潮，此书在学界没有引起太大反响。现在，研究《诗经》的人，注意最多反而是上博楚简的《孔子诗论》。[1] 这部分简文，本来是属于《子羔》篇（保留有篇题）的中间几章。原来由我拼对，前面还有子羔问孔子，后面还有哀公问孔子的两个部分。简文的三部分，简形和字体都是一样的，其说话人都是孔子，子羔、哀公只是对话者，篇名"子羔"是拈篇首语题之，它们明显是属于同一篇。但现在整理出版，却是分成三篇。另外，借某些权威人物（裘锡圭先生和李学勤先生）的意见，学界还节外生枝，大炒过一段"卜子论诗"说，连该篇是谁在讲话都否定掉了。这些，我已做过澄清，[2] 没有必要多谈。我想说的是，在我看来，《子羔》篇的诗论部分，它所提供的新知识，其实主要是三点。第一，它以"邦风"称"国风"，把"雅""颂"写成"夏""讼"，这与传世本是不一样的，与双古堆本也不一样。双古堆本虽没有直接提到"风""雅""颂"，但其《国风》部分，标题一律是作"右方某国"，说明它与今本一样，也是叫《国风》。上海简的发现可以证明，"国风"的"国"，像传世文献中的很多"国"字一样，其实都是避汉高祖讳而改"邦"为"国"，"邦风"才是原来的名称，[3] 它

---

〔1〕 参看：马承源《竹书〈孔子诗论〉兼及诗的有关资料（摘要）》，北京大学古代文明研究中心《古代文明研究通讯》总第六期（2000 年 9 月），30—31 页。

〔2〕 李零《参加"新出简帛国际学术研讨会"的几点感想》，收入所著《上博楚简三篇校读记》，台北：万卷楼图书有限公司，2002 年，143—156 页。

〔3〕 传世文献中的"国家"原来都是"邦家"（西周金文和战国楚简都是这么写），（转下页）

以"夏"为"雅"和以"讼"为"颂"，也值得注意。特别是前者，它似乎说明，古代所谓的"雅正"实与中原各国对夏文化的认同有关。第二，此篇还保留了一批早期写法的篇名（大约有 60 个），有些和今本是通假关系，差别不大；也有些是用缩写，如《有杕之杜》作《杕杜》，《何人斯》作《何斯》，《将仲子》作《将仲》，《十月之交》作《十月》，《无将大车》作《将大车》；还有的是用异名，如《褰裳》作《涉溱》。此外，还有《子立》《角幡》《河水》，它们相当哪些篇，还有待进一步确认。这对研究《诗经》的题名方式无疑会有帮助。第三，它是战国时期记载的孔子对《诗经》的评论，比如他讲《诗经》的宣泄作用，讲《诗经》的教化作用，这些基本想法，大家都很熟悉，和已往的印象差不多，但集中在一起讲，针对着一篇篇讲，这还是头一回。总之，我的感觉是，这是很重要的发现，但没有什么惊天动地，足以令以往的研究轰然倒塌。大家说的"颠覆"或"推翻"，很多都是夸大其词。因此，研究者根本不用担心，是不是以前的研究都白做了。比如，马承源先生以"诗序""讼（颂）""大夏（雅）""小夏（雅）""邦风""综论"六题排比简文，以为孔子当时的本子都是按《颂》《雅》《风》排列，而不是按《风》《雅》《颂》排列，这和简文的实际排列就并不吻合。其他的主观想像、意气之争，在现在的讨论中比比皆是。我的看法是，学者应平心静气，自简文本身推求真相，而完全没有必要跟风跟潮，唯马首是瞻。

　　此外，与《诗经》的研究有关，郭店楚简和上博楚简都有《缁衣》篇，今本《礼记》有对应的本子，全篇是以引《诗》和引《书》为特点。这些引文，涉及《诗》，共 19 条，其中包括逸诗 1 条。[1] 又

　　"相国"原来都是"相邦"（如"匈奴相邦"印）。

[1] 参看：《郭店楚墓竹简》，129—131 页。又胡文焕《逸诗》（收入《蓑古介书前集》）、钟惺《新刻逸诗》（收入《古名儒毛诗解十六种·新刻读诗录》附）、麻三衡《古逸诗载》（收入《闻竹居丛书》）、郝懿行《诗经拾遗》（收入《郝氏遗书》）、孙国仁《逸诗徵》（收入《砭愚堂丛书》），以及孙启治、陈建华《古佚书辑本目录》，北京：（转下页）

郭店楚简《唐虞之道》引用的《虞诗》，也是逸诗。[1]另外，两周和汉代的铭刻，也偶有引用《诗经》的例子。[2]

（二）书 类

《尚书》本身，现在还没有发现。但郭店楚简和上博楚简都有《缁衣》篇，其引《书》值得注意，因为简本也好，今本也好，都包含了今人所谓《古文尚书》的篇章。简本引《书》包括：《尹诰》1条、《君牙》1条、《吕刑》3条、《君陈》2条、《祭公之顾命》1条、《康诰》1条、《君奭》1条，共10条。其中《尹诰》即《书序》的《咸有一德》，属于所谓《古文尚书》，而《祭公之顾命》，则相当《逸周书·祭公》。[3]《礼记》本和简本不同，其第十六章，为简本所无。此章引用的《太甲》《说命》《尹诰》，也都属于所谓《古文尚书》。另外，郭店楚简《成之闻之》（我题为《教》），也有《书》的引文，包括：《大禹》1条、《君奭》3条、《詔命》1条、《康诰》1条，共6条。其中《詔命》也是逸书。这些对研究《尚书》的流传有帮助，对研究《尚书》的辨伪也有帮助。

中华书局，1997年，26—27页。
[1] 参看：《郭店楚墓竹简》，158页。
[2] 西周史惠鼎有"日就月将"一句，同于《诗·周颂·敬之》，学者认为就是引《诗》，参看：陈颖《长安县新旺村出土的两件青铜器》，《文博》1985年3期，89—90页；李学勤《史惠鼎与史学渊源》，收入所著《新出青铜器研究》，北京：文物出版社，122—125页（原载《文博》1985年6期）。但也有可能，当时成语固有此句，而不一定是引《诗》。又中山王三器也有不少词句是与《诗经》相同或相似，参看：李学勤《平山墓葬与中山国的文化》，收入所著《新出青铜器研究》，199—205页（原载《文物》1979年1期）。此外，武汉市文物商店藏有一面三国吴镜，录有《诗·卫风·硕人》的诗句，据考属于鲁诗。参看罗福颐《汉鲁诗镜考释》，《文物》1980年6期，80页；徐鉴梅《东汉诗经铭文镜》，《江汉考古》1985年4期，77页；李学勤《论〈硕人〉铭神兽镜》，《文史》第30辑，北京：中华书局，1988年，47—50页。
[3] 参看：《郭店楚墓竹简》，129—131页。又：陈梦家《尚书通论》，北京：中华书局，1985年，第一部第一篇《先秦引书考》，11—35页。

在古书辨伪中，古文经一向是重点怀疑对象。而今文家对古文经的怀疑又集中于所谓"三大伪经"。现在，经长期讨论，大家都已承认，《周礼》和《左传》不是汉代伪书，而是战国时期的真古书。剩下"铁案如山"，就只有《古文尚书》了。这是最后没有翻案的几部古书之一。在辨伪方法的研究上，《古文尚书》的辨伪最具代表性。所以，谈到有关引文，我想多说几句。我们都知道，当年，阎若璩作《古文尚书疏证》，他的方法和《竹书纪年》的辨伪差不多。[1] 大家说今本《纪年》是假，第一是说，它著录太晚，是南宋才有的本子；第二是说，它是用古书的引文拼凑。《尚书》的情况非常类似，大家也是说，现在的本子，是唐代的本子，既不是伏生的今文本，也不是孔安国的古文本，而是魏晋或魏晋以后才有，它是以真孔安国本与伏生本重合的部分为基础，加上战国秦汉的诸子传说和古书引文，为书序补白，为经文加注，拼凑和假造的本子。其多出伏本的部分，凡见古书引用，都是抄袭；不见，都是伪造。这就像我们事先认定某件东西只是某甲才有，如果在某乙处发现，那准是盗自于甲，就像一无所有的阿Q，他有点什么，肯定都是从赵太爷家偷来的。这里，前提本身就有问题。我觉得，不管结论如何，这种方法，现在有反省的必要。第一，我们要问，什么叫"伪书"？比如删节本或增益本算不算伪？选编本或改编本算不算伪？对比铜器作伪，对比书画作伪，我自己感觉，很多问题都不像乍看那么简单。比如仿制品和复制品，是不是都可以叫"赝品"，就值得讨论。第二，判断作伪，要有动机（如盗名或求利）、手段（如利用真品仿制，或做足以乱真的拼凑）和诱因（如风尚和市场，他人对伪品的需求），有关证据，时间、地点、人物要落实。不然的话，很多伪书都是屈打成招；很多重要史料，大家都不敢利用，辨伪也就失去了

---

[1] 余嘉锡说"援群书所引用，以分真伪"，未必可靠，用得不好，有如借宾定主，郢书燕说。特别是古书亡佚，后人重辑，"讥其疏漏，固所难辞，诋为伪造，则非其罪"（《古书通例》，上海：上海古籍出版社，1985年，绪论：6页）。

原来的意义。比如，宋《武经七书》，它收的七种兵书，就多半都是大删大改重新编写的本子，很多医书，像《灵枢》《素问》《神农本草》，改编的幅度更大，整个结构都不一样。[1]此外，古代早就有辑佚，只不过不太规矩，如宋人汪晫辑的《曾子》和《子思子》，其实是按主题摘录，随意分篇，改编和辑佚是掺合在一起；明代辑佚，也是"多不注出处，并不著明出于搜辑，致后人或认为古书，或斥为伪作，其实皆非也"。[2]这些改编改写的本子，不用说跟汉代，就是和唐代，差距都很大。所以我认为，要讲"伪书"，首先要确定尺度。如果我们说，凡改编改写就是伪书，书的内容晚于"作者"就是伪书，时代有早有晚就是伪书，那就几乎没有真古书。但如果不这么看，情况就大不一样。比如，今本《纪年》，过去都说是范钦伪造，好像铁板钉钉，现在反复研究，并不是这么回事。其实，此书在宋以前一直有流传，很多问题都是因整理有问题，或引用、解释有随意性，彼此发生矛盾。这些有意无意的改造，总是不断发生，一开始就存在。[3]如果说，只有古书引文是真，或古书引了才是真，没引就是假，那么，任何一部古书都无法承受这样的标准。这在方法论上肯定有问题。因为任何一本古书，蒐辑引文和佚文，几乎都有矛盾，不但古本和今本矛盾，古本之间也有矛盾。现在，讲《古

---

〔1〕 参看：马继兴《中医文献学》，上海：上海科学技术出版社，1990 年，68—109、246—257 页。

〔2〕 余嘉锡《古书通例》，上海：上海古籍出版社，1985 年，6 页。

〔3〕 参看：陈力《今本竹书纪年研究》，《四川大学学报丛刊》第 28 辑（1985 年），4—15 页；陈力《今古本竹书纪年之三代积年及相关问题》，《四川大学学报》1997 年 4 期，79—85 页；夏含夷《也谈武王的卒年——兼论〈今本竹书纪年〉的真伪》，《文史》第 29 辑（1988 年），7—16 页；《〈竹书纪年〉与周武王克商的年代》，《文史》第 38 辑（1994 年），7—18 页；又夏含夷《〈竹书纪年〉的整理和整理本》和《〈竹书纪年〉错简再证——兼论汲冢竹书的不同整理本》，作者所赠待刊稿。案：如果还想进一步了解有关这一问题的争论，还可参看近年在台湾出版的另一本书，即邵东方、倪德卫主编《今本竹书纪年论集》，台北：唐山出版社，2002 年。该书收有范祥雍、方诗铭、倪德卫、夏含夷、邵东方、陈力、张培瑜、班大为、杨朝明、黄凡发表的有关论文，其中不仅包括上述论文，还有其他一些论文，特别是邵东方先生对陈力先生和夏含夷先生的反驳文章，正反两方面的意见都有。

文尚书》是伪书的人都承认，它的出现至少也在魏晋南北朝，而且认为，它是根据很多早期史料整合而成，有点像是辑本。我们说它是真是假，第一要问尺度，第二要问证据。尺度可讨论，重要的是证据。平心而论，大家举的证据，有些比较过硬，有些不太过硬。比如，我们都知道，它最初的出发点是辞气（吴棫的研究、朱熹的研究），这就不太过硬。因为所谓"今文本"和《逸周书》，它们也有这类问题，不能说辞气古老的就是真，辞气不古的就是假（所谓今文本"辨伪"，其实就是指这类问题）。还有著录，也很重要，大家说伪《古文尚书》"铁案如山"，但很多本子，怎么出现，怎么消亡，却一直都不清楚，大家就连作伪者都落实不了（"嫌疑犯"有刘歆、皇甫谧、王肃、郑冲、梅赜和东晋孔安国）。[1] 所以，现在关键还是基础材料的查证，因为作伪不可能是凭空捏造，总得有点依据。我觉得，查证比结论更重要，还原比剔除更重要。因为，只有把事实的真相查清，你才能判断它的虚实早晚，看看有什么东西还可以利用，或在什么条件下还可以利用。现在，研究这个问题，主要线索还是引文。引文当然很重要（在简帛古书和敦煌古书发现前，这是最重要的资源，清代学者对它很重视）。但怎样理解这些引文，还有不少问题值得讨论。对《尚书》的辨伪，我觉得陈寅恪先生的态度比较可取。他认为，《古文尚书》"绝非一人可杜撰，大致是根据秦火之后，所传零星断简的典籍，采取有关《尚书》部分所编纂而成，所以我们要探索伪书的来源，研究其所用资料的可靠性，方能慎下结论；不可武断地说，它是全部杜撰的"。[2] 正是基于这样的考虑，所以我说，这个问题并非山穷水尽，其实还可以研究。[3]

---

〔1〕 参看：马雍《〈尚书〉史话》，北京：中华书局，1982 年。

〔2〕 俞大维《怀念陈寅恪先生》，收入"中研院"历史语言研究所编《陈寅恪先生论集》，台北：商务印书馆，1971 年，3—8 页。案：学者的真伪概念经常是指时间早晚，如大家说，不仅《古文尚书》要辨伪，《今文尚书》也要辨伪，就是说今文本里也有晚出之作。我觉得，这样使用"真伪"概念并不合适。因为古书年代可包括古书真伪，但古书真伪却不能概括古书年代。很多年代问题都不一定能以真伪论之。

〔3〕 李零《出土发现与古书年代的再认识》，收入《李零自选集》，桂林：广西（转下页）

（三）礼　类

磨咀子汉简《仪礼》。[1] 此书出于王莽时期的墓葬，整理者（陈梦家先生）据同出《日书》篇尾所题"和平□年四月四日，诸文学弟子出谷五千余斛"，推测墓主是西汉晚期（相当成帝到平帝时）传后氏礼庆氏学的经师。[2] 简文包括甲、乙、丙三本。甲本是木简，字大简宽，包括《士相见之礼第三》《服传第八》《特牲第十》《少牢第十一》《有司第十二》《燕礼第十三》《泰射第十四》，共七篇，每篇有背题，都是拈篇首语，篇题在第二简背，篇次在第一简背，自卷外观之，顺序正好相反，是读为"某篇第几"，简尾标简序，篇尾有字数统计（但《服传》无）。[3] 乙本也是木简，字小简窄，是另本的《服传第八》，有背题，无简序和字数统计。丙本是竹简，为《丧服》，无背题，无简序，但有字数统计。而且，三本都有章句符号。此书，西汉多称《礼》《士礼》或《礼经》，东汉郑玄注称《仪礼》，即今本题目的来源。"仪礼"是汉代对礼仪的一般称呼，郑玄用之，比较通俗。简本整理者仍以此名作书名。

上述甲本，其篇次排列，整理者试做复原，是作《士冠第一》《昏礼第二》《士相见之礼第三》《乡饮酒第四》《乡射第五》《士丧第六》《既夕第七》《服传第八》（相当今本《丧服》）、《士虞第九》《特牲第十》《少牢第十一》《有司第十二》《燕礼第十三》《泰射第十四》《聘礼第十五》《公食第十六》《觐礼第十七》。这一排列与郑玄《三礼目录》所记大、小戴本和刘向《别录》本都不尽相同。

师范大学出版社，1998年第二版，22—57页。

[1] 参看：中国科学院考古研究所等《武威汉简》，北京：文物出版社，1964年。

[2] 此说只是推测，未必可靠。特别是简本到底属于哪种传本，学者有不同意见（详下沈文倬说）。

[3] 简文的书题是拈篇首语，但篇首语并非书题。书题乃是书于简背，并非有内、外两种题目。整理者把背题称为"外题"，篇首语称为"内题"，可商。

整理者的复原，是参考《三礼目录》的分组规律。今本排列，是把与冠、昏、相见有关的三篇（《士冠礼》至《士相见礼》）列为第一组，把与燕、射有关的四篇（《乡饮酒礼》至《大射》）列为第二组，把与聘问朝会有关的三篇（《聘礼》至《觐礼》）列为第三组，把与丧礼有关的四篇（今本《丧服》至《士虞礼》）列为第四组，把与馈食有关的三篇（今本《特牲馈食》至《有司》）列为第五组，来源是刘向《别录》本，与大、小戴本的分组规律不一样。大戴本大体是按今本五组的一、四、五、二、三排列，但把第四组的《丧服》列为最后一篇；小戴本是按今本五组的一、二、四、五、三排列，但把第四组的《士丧》和《既夕》列在最后两组之间。整理者的排列，大体是按今本五组的一、二、四、五、三排列，但把第二组的《燕礼》和《泰射》放在最后两组之间。这一排列，从分组规律看，比较合理。但整理者所补篇名主要是参考大、小戴本。这与他对简本性质的看法有关，未必十分准确。

关于简本的性质，学者有不同看法。整理者认为，它和今本郑玄注的校记比较，合于今文者超过古文，当是属于今文本的系统，但也掺杂了古文本的读法，因而推测此本是属于西汉晚期传后氏（后仓）礼学的庆氏（庆普）本。但沈文倬先生的看法不一样。[1]他说，西汉晚期传《礼》学，只有后氏一家，大、小戴和庆氏都是出于后氏之传，他们的经本，其实是一样的，都是属于今文本的系统，而简本当是以今文读古文，因而糅合今古的另一传本，他叫"古文或本"，今本即郑玄本是来源于这个本子。[2]

---

[1] 沈文倬《菿闇说礼·丧服传脱文》，《中华文史论丛》1982年第2辑，52页；《汉简〈服传〉考》上、下，《文史》第24辑（1985年），73—95页，第25辑（1985年），33—52页。又沈文倬《〈礼〉汉简异文释》（一）（二）（三）（四），《文史》第33辑（1990年），19—56、47—88页；第35辑（1992年），49—79页；第36辑（1992年），101—123页。

[2] 又关于此书所涉今古文差异，高明先生也有所讨论。参看：高明《据武威汉简谈郑注〈仪礼〉今古文》和《从出土简帛经书谈汉代的今古之学》，收入所著《高明论著选集》，北京：科学出版社，2001年，298—312、313—323页。

经今古文之争是学术史上的大问题，[1] 也是研究武威汉简《仪礼》的大问题。过去研究这一问题，主要有两类材料，一类是东汉经注（如郑玄注）保留的校记，有文例、读法，没有字体；一类是东汉字书《说文解字》，还有后世传古文字体的《汗简》《古文四声韵》等书，以及正始石经一类铭刻材料，有字体和读法，但文例多不可考。其字头只是代表它的读法，并不一定代表它的字形，两者的对应关系只是读法上的对应关系，和东汉校记的对读关系是一样的。到目前为止，我们还没有看到过西汉时期的古文本（不论是古文原本，还是古文摹写本或过录本），见到的都是用篆、隶抄写的西汉古书。现在讨论今古文的关系，讨论两者的差异和两者的合流，主要材料就是武威汉简的《仪礼》各篇。但这个本子也是隶书抄写的本子。我的看法是，古文本和今文本的关系，道理并不复杂。其情况就像今天出版的竹简帛书的释文一样，它们能够成为"读本"，都要经过"易字"和"换读"。"易字"是用今字（隶书）转写古字，"换读"是用括号注明今读（其实是汉代的阅读习惯，即主要是秦系文字的阅读习惯）。[2] 汉代除了没有括注法，是用今读直接代替古读，和现在简帛古书的整理，在道理上是一样的。武威汉简《仪礼》，就是这类整理的结果。汉代的整理，从道理上讲，可能有两种情况，一种是从古文本直接转写改读的本子；

---

〔1〕 参看：金德建《经今古文字考》，济南：齐鲁书社，1986 年。

〔2〕 学者一般是把括注的今字称为"本字"，而把被破读的古字称为"假借字"或"通假字"，以为古代用字不严，只要音理关系成立，可以随便替换。我觉得，这是没有考虑我们今天的阅读习惯从何而来，"本字"和"通假字"的关系，其赖以成立的前提是什么。关于这一问题，可参看李零《郭店楚简校读记》（北京：北京大学出版社，2002 年）190—194 页的讨论。在这一讨论中，我是把楚简的整理称为"楚书秦读"。现在研究汉代的书写习惯和阅读习惯，除古文字材料，传世文献也值得注意。如《史记》《汉书》的"一"作"壹"，"太"作"泰"，还有楚"酓"氏作"熊"氏，齐"陈"氏作"田"氏，鲁"邾"氏或"邹"氏作"驺"氏，还有其"李"字、"仁"字和"陵"字的写法，都明显不同于楚，这些都是沿用秦系文字的书写习惯和阅读习惯。当然，东汉以来的书写习惯和阅读习惯，严格地讲，是以秦系为主，也融合了其他地区的书写习惯和阅读习惯（它们之间有很多彼此相同和彼此交叉的地方），并经过经师的选择和字书的认定，才逐步确立起来。这是我们所谓"本字"的真正来源。

一种是除转写改读，还用今文本参校，对两种本子，择善而从，不主一是，因而属于今古合璧的本子（如郑注今本就是这样的本子）。由于汉代的换读都是直接用今读代替古读，有些改掉了，有些没有改，给人的印象是亦今亦古，非今非古，与今古合璧的本子不太容易区别，鉴定起来比较困难，就像宋元以来的校勘，如果查不清其依据的祖本，只从后来的校刻本和校记中的异文举例反推它的版本构成，是不太容易说清楚的。简本到底属于哪一种，情况还不是十分明了，但它与郑玄寓目的今古文本都有合有不合，并有逸出这两种文本之外的情况，则可论定。我们还是可以从中看出，今古文的合流是一个渐进的过程，它从西汉晚期就已存在。

此外，和《仪礼》本身的研究有关，还有很多问题值得进一步讨论，限于时间，这里不再详说。[1]

（四）乐　类（缺）

---

〔1〕　参看：彭林《礼学研究五十年》，《中国史学》第 10 卷（2000 年 12 月 25 日），33—56 页。案：关于武威汉简《仪礼》研究的争论，除沈文倬先生对陈梦家先生有直接批评，沈氏弟子陈戍国也有尖锐批评，见所著《秦汉礼制研究》，长沙：湖南教育出版社，1993 年，172—177 页。我觉得，后者的批评不够客观，有些已成挖苦之辞，这对陈梦家先生的贡献是不公平的。又沈氏说"汉简为《礼经》白文，间有方圆符号，陈梦家氏谓之章句号，然所加符号无义理可循，则陈说非也"（见所著《汉简〈士相见礼〉今古文杂错并用说》，收入沈氏《宗周礼乐文明考论》，126—129 页），其说亦可商。参看：刁小龙《关于武威汉简中〈仪礼〉中记的问题的补正》，作者所赠待刊稿。另外，傅举有、陈松长编《马王堆汉墓文物》（长沙：湖南出版社，1992 年）36 页发表的马王堆《丧服图》也是有关材料，参看：曹学群《马王堆汉墓丧服图简论》，《湖南考古辑刊》第 6 集（1994 年），226—229 转 225 页；Guolong Lai（来国龙），"The diagram of mourning system from Mawangdui: numerology, kinship, and women in early China," the paper submitted to the European and North American Exchanges in East Asian Studies Conference（"From Image to Action: The Dynamics of Visual Representation in Chinese Interllectual and Religious Culture"），College de France，Paris，September 3-5，2001。

（五）易 类

（1）上博楚简《周易》。此书尚未发表，但其中的《豫》《大畜》两卦，每卦的第一简，曾有照片在上海博物馆的中国历代书法馆展出。[1]另外，同书"睽"卦的残简，现藏香港中文大学文物馆。[2]这篇简文，有经无传，全篇64卦，还有35卦在，每卦占两简，少数占三简，各为起讫。共存完简、残简58枚。每一条卦繇辞，皆于卦爻题下和末字下标注特殊符号，既用于说明各章的起讫，也用以分组。它们大体可分红方块、黑方块、小黑方块、黑█、黑框填红色、红框填黑色和红方块内画黑方框七种。从这些符号推测，其卦序排列和分组情况，可能是分为十组，按4＋4＋5＋5＋5＋5＋10＋10＋8＋8排列，整个顺序似乎同于今本。其文字与今本《周易》也大体相似，只不过多用假借字，面貌更接近马王堆帛书《周易》和双古堆汉简《周易》。

（2）马王堆帛书《周易》。[3]其文字大体同于今本《周易》，但卦序不同，不是"二二相偶，非覆即变"，而是按乾、艮、坎、震、坤、兑、离、巽的顺序分为八组，每组上卦相同，顺序取这八卦中的一卦为上卦；每组下卦则顺序排列这八卦。当时参加整理的张政烺先生指出，这种卦序与北周卫元嵩的《元包》所述相同，应是后者的源头。[4]我们试以此图与宋以来的所谓"先天图"比较，可以看出，它与这种图比较接近，但又不完全相同，其实是于先天卦序中保持天数不动，而将地数右旋一位而得。[5]这种卦序，据张

---

〔1〕 参看：上海博物馆《中国历代书法馆》说明书，8 页。
〔2〕 参看：陈松长《香港中文大学文物馆藏简牍》，香港：香港中文大学文物馆，2001 年，12 页：简 2。
〔3〕 参看：傅举有、陈松长《马王堆汉墓文物》，106—119 页；马王堆汉墓整理小组《马王堆帛书〈六十四卦〉释文》，张政烺《帛书〈六十四卦〉跋》，于豪亮《帛书〈周易〉》，《文物》1984 年 3 期，1—8、9—14、15—24 页。
〔4〕 张政烺《帛书〈六十四卦〉跋》。
〔5〕 连劭名《读帛书〈周易〉》，《周易研究》第 1 期（1988 年），8—14 页；李学勤《周易

先生考证，是属于卦气说的一种，具有数术的意味，和儒门传授《周易》的原旨不尽吻合。出于谨慎，他所拟加的篇题是《六十四卦》。[1]但秦代焚书，不焚《周易》，其书得以保存，是因为它的占卜用途。汉代虽恢复儒门自己的传授，但此风犹在，即使儒门传《易》，也多杂数术之说，很难截然划分。此书既与《二三子问》同抄于一卷，仍可视为《周易》之一种。特别是用于校勘，它还是楚简本和今本的中间环节。

（3）马王堆帛书《二三子问》。[2]此篇与《周易》同抄于一卷，是孔子弟子中的"二三子"（未书其名）和孔子讨论《周易》的问对，为今本《易传》所无。

（4）马王堆帛书《系辞》《易之义》《要》《缪和》《昭力》。[3]五篇同抄于一卷。其《系辞》分上下篇，上篇相当今本《系辞上》的第一至七和九至十二章，《系辞下》的第一至三章，第四章的第一至四节和第七节，第七章的后面几句和第九章；下篇包括佚文2100字及今本《说卦》的第三节，《系辞下》的第五、六章，第七章的前面一部分，还有第八章，其中没有讲"大衍之数"的一段，对研究《系辞》的来源很有用。它以"大恒"称"太极"也是重要发现。《易之义》《要》《缪和》《昭力》是佚篇。《易之义》和《要》是以夫子自陈的方式写成，体例同于《缁衣》。《缪和》包括三部分，第一部分是缪和、吕昌、吴孟、庄但、张射、李平与孔子讨论《周易》的问对；第二部分是孔子自陈；第三部分是以历史传说

经传溯源》，长春：长春出版社，1992年，204—213页。

〔1〕　张政烺《帛书〈六十四卦〉跋》。

〔2〕　廖明春《帛书〈二三子〉释文》，收入朱伯崑主编《国际易学研究》第一辑，北京：华夏出版社，1995年，7—12页。

〔3〕　看：傅举有、陈松长《马王堆汉墓文物》，118—126页（帛书《系辞》部分的照片）；张政烺《马王堆帛书〈周易·系辞〉校读》，陈鼓应主编《道家文化研究》第3辑，上海：上海古籍出版社，1993年；廖明春《帛书〈系辞〉释文》《帛书〈易之义〉释文》《帛书〈要〉释文》《帛书〈缪和〉释文》《帛书〈昭力〉释文》，收入《国际易学研究》第一辑，7—39页；池田知久《帛书〈要〉释文》，同上，40—45页。

或历史故事印证《周易》。《昭力》是昭力与孔子讨论《周易》的问对。李学勤先生认为，缪和、昭力的姓氏都是典型的楚国姓氏，二人疑是楚人，他们的书很可能是属于楚国传易的系统。这很有可能。[1]

（5）双古堆汉简《周易》。[2] 简文残缺过甚，已无法恢复其卦序。这种《周易》也是用于占卜，每条经文之后，多以"卜"字系以卜问事项，内容大抵同于秦汉《日书》和《史记·龟策列传》的卜问事项。此本虽为占卜之用，而且残破不全，但对校勘《周易》也有意义。

另外，我想顺便说一下，东周时期，如《左传》所载，当时的筮占是三易并用。所谓"三易"，即《连山》《归藏》《周易》。《连山》《归藏》，汉代还在，但《汉志》不见其名，不知是真的没有，还是换了其他书名，藏在《六艺略》易类或《数术略》蓍龟类的某种佚书之中，我们无法分辨。[3] 魏晋南北朝以后，《连山》亡，但《归藏》还在。《隋志》把它归入经部易类，列在《周易》之前，两《唐志》也犹有著录，《宋志》始不见其名。王家台秦简《归藏》是有关发现，这对研究《周易》出现的背景也很重要。[4]

---

〔1〕 李学勤《周易经传溯源》，233 页。案：李先生认为《缪和》《昭力》中的"先生"是在楚传易的馯臂子弓，似可商榷，因为缪和、昭力等人所问的"先生"，显然就是文中的"子曰"之"子"，这个回答问题的"子"，恐怕还是孔子。

〔2〕 中国文物研究所古文献研究室、安徽省阜阳市《阜阳汉简〈周易〉释文》；韩自强《阜阳汉简〈周易〉研究》，陈鼓应主编《道家文化研究》第 18 辑，北京：生活·读书·新知三联书店，2000 年，15—62、63—132 页。

〔3〕 余嘉锡《古书通例》说："至于《连山》《归藏》，或以为在《易》家《古杂》八十一篇中（沈钦韩《疏证》说）；或以为《连山》即《数术略》之《夏龟》，《归藏》即《南龟书》，'南'即'商'之讹（刘师培《左盦集》卷一〈连山归藏考〉）；以《古杂》之说为近是。"（6 页）

〔4〕 荆州地区博物馆《江陵王家台一五号秦墓》，《文物》1995 年 1 期，37—43 页；王明钦《试论〈归藏〉的几个问题》，收入古方等编《一剑集》，北京：中国妇女出版社，1996 年 10 月，101—112 页。

（六）春秋类

现在还没有任何发现。[1]

最后，我们再谈一下小学类的古书（参看附录二）。

小学附经，是汉武帝以来才有的概念。武帝以前，并不如此。战国时期，它是相对于大学，只代表教育的初级阶段。当时的小学，除认字，还有其他课程（如算术，还有长台关楚简说的"言"），并不等于文字学。秦代和西汉早期，小学主要是培养狱吏和各级官署中的胥吏，特别是专门负责抄书的办事人员，认字变得很重要。武帝以来，以经艺取仕，文字是读书的基础，所以后来，小学也就成了文字学的别名。另外，小学就是蒙学，汉魏以来，很多以"启蒙""发蒙""劝学"为名的书，同时也是识字课本。[2]后世蒙学课本，多以诗体编排文字，取其朗朗上口，便于记诵，寓历史文化和道德教训于其中，既学文字，也学知识。早期的小学书也是如此，并不是什么高深的学问。秦汉时期的小学课本，本来是以《史籀》《仓颉》为主（只有字体和辑本，这是秦代典籍惟一保留下来的东西），但汉武帝以来，也有不少汉人新编的课本，如《凡将》《急就》。王莽居摄以来，古文之学兴，还流行各种讲授"古今字"（古文和今文对读）的字书，最后乃有《说文》式的字典出现。但这些

---

[1] 魏晋时期的发现，除正始石经《春秋左传》残石，还有斯坦因在楼兰古城发现的《左传》晋写本残纸（LM.I.i.016），内容是《左传》昭公八年夏四月的一段文字（"夏四月"至"大叔曰若何吊"）。参看：林梅村《楼兰尼雅出土文书》，北京：文物出版社，1985年，84页：662号；侯灿、杨代欣编《楼兰汉文简纸文书集成》，重庆：天地出版社，2001年，554页。

[2] 这类蒙学课本，《隋志》小学类有王义《小学篇》、杨方《少学》、佚名《始学》、蔡邕《劝学》、束晳《发蒙记》、顾恺之《启蒙记》、顾恺之《启疑记》。梁周兴嗣的《千字文》也在这一类。它们和秦汉时期的《史籀》《仓颉》《凡将》《急就》其实是同一类。后世蒙学书，三言体如《三字经》《弟子规》和《改良女儿经》的主体，可溯源于《急就》；四言体如《千字文》，可溯源于《仓颉》；五言体，如《神童诗》，是用五绝的形式。还有《名贤集》，是用四言次五言，五言次六言，六言次七言。

字书，多已亡佚，目前的发现，只有《苍颉》和《急就》。

（1）敦煌汉简和居延汉简中的《苍颉篇》《急就章》。[1]这些发现，多半是西汉晚期和东汉时期的写本，或书于木简，或书于木觚，断简残编，保存下来的字比较少。但它们可以代表汉代字书的两个类型：《苍颉篇》是四言体的秦式字书，《急就篇》是七言体的汉式字书。[2]它们都是韵文，取其朗朗上口，便于记诵。前者多为两句一韵（但也有一句一韵或三句一韵的情况，详下双古堆汉简《苍颉》），后者多为一句一韵（但三言和四言的部分是两句一韵），更像顺口溜。这些发现，都是隶书本。《苍颉》，估计应是汉《苍颉》，但它们是汉初的二十章本或五十五章本，或其他续写本，情况还不太清楚。前人所作《苍颉》辑本，成句者极少，多半是单字，也没有多大帮助。但罗振玉、王国维据出土残简判断，该书是四言体，开头一句作"苍颉作书"，篇名即拈这句话的前二字为之，还是很有意义。另外，他们还推测，《苍颉》的章句结构是四言为句，十五句为一章：如果书于木简，是简各二十字，合三简为一章；书于木觚，则是三棱木觚，每面写二十字，合一觚为一章（不包括章序的字数）。这些也为后来的发现所证实（有关发现主要是它的第一章和第五章）。[3]《急就》，和《苍颉》不同，后世有传本，体例比较清楚。此书开头说"急就奇觚与众异，罗列诸物名姓字，分别部居不杂错，用日约少诚快意，勉力务之必有熹，请道其章"。这六句是开场白。它的第一句是说，此觚不比寻常，乃是为了速成急就。我们从这句话看，它与《苍颉》一样，也是拈篇首二字为题。这很有意思。因为出土的《苍颉》《急就》二书，有不少确实是抄在木觚上。这种木觚，古书多说是六棱柱或八棱柱，但

---

〔1〕罗振玉、王国维《流沙坠简》，北京：中华书局，1993年，75—82页。

〔2〕但它的前六章，除开头五句是七言，"请道其章"以下讲姓名的部分是三言体；第三十一章，即最后一章，是四言体。

〔3〕如：旧居延汉简的9.1A+C+B，参看：谢桂华等《居延汉简释文合校》，北京：文物出版社，1987年，上册，14页。

出土发现是三棱柱（图五），两面窄，一面宽，截面为直角三角形
（是破方柱为二，每两根木觚可以合并为一个方柱，便于捆束），三
个面，每面抄一章，可以转着读（有点像喇嘛教的转经筒），对背
诵很方便。我们从这句话看，用觚比用简更正规。下面几句，是讲
文字内容的编排。"罗列诸物名姓字，分别部居不杂错"，是说按物
名和人名编排，兼顾文字的偏旁部首，同样偏旁的字，尽量列在一
起。"用日约少诚快意，勉力务之必有憙"，是说此书可以让诵习者
节省时间，心情愉快。它的章句结构是，第一至六章是讲"姓名"，
除开头五句是七言，"请道其章"是四言，下面全是三言；第七至
二十四章是讲"器"（器物），完全是七言；第二十五至三十章是
讲"五官"（汉代职官），也完全是七言，第三十一章是结语，类
似汉代的赞，则是四言。其平均长短，大致是以六十三字为一章，
即七言为句者，九句为一章；三言为句者，二十一句为一章；四
言为句者，十五句为一章，最后再加三字。[1]章的长短与《苍颉》
相近。[2]它说明，此类课本的章句结构，不是随意为之，而是参
考木觚的形制，对识字进度做合理安排，计算好了，每觚正好是
一章，有多少觚就有多少章，学童手持这些木觚，可以循序渐进，
一根一根转着读。比如说，如果每天背一面，三个月下来，即能
掌握《急就》的全部内容。

（2）双古堆汉简《苍颉篇》。[3]年代比上述发现早（墓葬年代
为汉文帝十五年，即前165年），文字比上述发现全（完整的字有
541个），当然是很重要的发现。但这个本子也是残本，完整的句
子并不多。上述发现，眉目清楚，主要是第一章和第五章。这一发

───────────────

[1] 其各章的具体字数是，第一章为：$7 \times 5 + 4 + 3 \times 7 = 60$ 字（外加章序 2 字），第二至
　　六章为：$3 \times 21 = 63$ 字（外加章序 2 字），第七至十章为：$7 \times 9 = 63$ 字（外加章序 2
　　字），第十一至二十九章为：$7 \times 9 = 63$ 字（外加章序 3 字），第三十章为：$7 \times 9 = 63$
　　字（外加章序 2 字），第三十一章为：$4 \times 15 + 3 = 63$ 字（外加章序 3 字）。
[2] 通常所说的《苍颉》字数，也没有包括章序的字数（两或三字）。
[3] 参看：阜阳汉简整理组《阜阳汉简〈仓颉篇〉》，胡平生、韩自强《〈仓颉篇〉的初步研
　　究》，《文物》1983 年 2 期，24—34、35—40 页。

现，主要是对第五章的校正有帮助，第一章并未发现，其他文字属于何章，还不太清楚。整理者比较新旧发现的第五章，认为此本"饬端脩灋"，以"端"代"正"，具有明显的秦代特征，所据之本应为秦本。但此书字体是隶书，全书字数超出二十章，不会是直接合并李、赵、胡三书的二十章本，而很可能是汉兴"闾里书师"续写的五十五章本。此外，因为文字较多，整理者还指出，罗、王归纳的"二句一韵"只是一般情况，其实此书也有一句一韵或三句一韵的情况。另外，从现已发现的《苍颉》遗文（包括古书佚文和出土发现）看，此书也有罗列物名和"分别部居"的特点。这种特点后来被《说文解字》继承，成为字书的主体。

此外，睡虎地秦简有《为吏之道》（篇题是据篇首语题），是篇劝诫性质的文字，其文体形式是以四言体为主，并夹有三言短句的韵文，整理者以为是和秦代字书《仓颉》《爰历》《博学》相似，其中"凡治事"章，并同于《荀子·成相》，是作 3＋3＋7＋4＋7 式的长短句，整理者推测"是供学习做吏的人使用的识字课本"。[1]这种说法对不对，大家可以讨论，但秦汉字书是以北方的赋体写成，这点还是可以成立（参看第十讲）。

秦汉字书，王国维曾做系统考证，包括《史籀》《苍颉》《急就》，以及汉代古文之学的传授，对小学史的研究有重要贡献，但也留下不少问题，有待进一步研究，也有待进一步检验。如《史籀》，王国维认为，它的书题是拈篇首二字，句式也应类似《苍颉》，这一推论很有道理，但古书引用，只有佚字无佚文，目前的出土发现还是空白，整个推论还有待进一步证实。《苍颉》，虽屡有发现，但目前所见，都是隶书本，而且全是残篇，它的各个本子，整体面貌如何，前后的继承关系怎样，我们还无从判断。《急就》，有传世本，前人说，它文字是取《苍颉》（《汉志·六艺略》"小学"

---

〔1〕 睡虎地秦墓竹简整理小组《睡虎地秦墓竹简》，北京：文物出版社，1990 年，165—176 页。案：此篇系杂抄，后面还附有两条魏律：《魏户律》和《魏奔命律》。

类序），形式是仿《凡将》(颜师古《急就篇》序)，这很有可能，但《苍颉》迄无全本，《凡将》只有三条佚文，它们的关系到底是什么样？也有待进一步证实。还有，传世《急就》是传章草，牵涉到汉代草书的起源和演变，但现在见到的简本，全部都是隶书本，章草本还没有发现。不仅如此，到目前为止，上述字书，包括其他发现，它们也都是隶书本，籀文、小篆和古文的字书还一件都没有，[1]前面无头，后面无尾，很多问题的解决还要寄希望于地下的发现。

总结上述讨论，我们对出土的六艺之书可以有大致的印象，但这只是一个轮廓，很多问题还来不及做深入的讨论。比如，这类古书，它们并不限于我们今天理解的"经书"，还包括许多相关的作品，和其他类别的古书有交叉，其实是从"古四部"中挑选出来的，有"选"就有"删"，有保留就有淘汰，这对古书"经典化"的研究是最重要的一类；其次，这类古书的经典化还涉及文本的文字、文体，及其篇章结构的定型化，阅读习惯和师法传授（篇序、章句、解诂）的建立，以及其他很多问题，文本系统和解释系统是相辅相成。后者也是古书"经典化"不可缺少的部分。"经典"是慧眼的幸运儿，也是偏见的幸运儿。谁读，读什么，怎样读，这里面包含着很多思想史的问题，大家可以认真思考一下。

---

[1] 但上海博物馆从香港古物市场蒐购到一种战国楚简，据说是字书，如果可靠，应是现已发现最早的字书。

【参考书】

1. 胡平生、韩自强《阜阳汉简〈诗经〉研究》，上海：上海古籍出版社，
1988 年。

2. 荆门市博物馆编《郭店楚墓竹简》：《唐虞之道》《成之闻之》，北京：文
物出版社，1998 年。

3. 马承源主编《上海博物馆藏战国楚竹书》（一）：《孔子诗论》《缁衣》，
上海：上海古籍出版社，2001 年。

4. 陈松长编《香港中文大学文物馆藏简牍》，香港：香港中文大学文物馆，
2001 年，12 页：简 2。

5. 李零《郭店楚简校读记》，北京：北京大学出版社，2002 年。

6. 李零《上博楚简三篇校读记》，台北：万卷楼图书有限公司，2002 年。

7. 中国社会科学院考古研究所等编《武威汉简》，北京：文物出版社，1964 年。

8. 沈文倬《宗周礼乐文明考论》，杭州：浙江大学出版社，1999 年。

9. 傅举有、陈松长编《马王堆汉墓文物》，长沙：湖南出版社，1992 年。

10. 马王堆汉墓整理小组《马王堆帛书〈六十四卦〉释文》，张政烺《帛书
〈六十四卦〉跋》，于豪亮《读帛书〈周易〉》，《文物》1984 年 3 期，1—
8、9—14、15—24 页。

11. 廖明春《帛书〈二三子〉释文》《帛书〈系辞〉释文》《帛书〈易之义〉
释文》《帛书〈要〉释文》《帛书〈缪和〉释文》《帛书〈昭力〉释文》，
收入朱伯昆主编《国际易学研究》第一辑，北京：华夏出版社，1995
年，7—39 页。

12. 张政烺《马王堆帛书〈周易·系辞〉校读》，陈鼓应主编《道家文化研
究》第 3 辑，上海：上海古籍出版社，1993 年。

13. 中国文物研究所古文献研究室、安徽省阜阳市《阜阳汉简〈周易〉释
文》；陈鼓应主编《道家文化研究》第 18 辑，北京：生活·读书·新
知三联书店，2000 年，15—62 页；韩自强《阜阳汉简〈周易〉研究》，
同上，63—132 页。

14. 荆州地区博物馆《江陵王家台一五号秦墓》，《文物》1995 年 1 期，
37—43 页。

15. 王明钦《试论〈归藏〉的几个问题》，收入古方等编《一剑集》，北京：中国妇女出版社，1996 年 10 月，101—112 页。

16. 林梅村《楼兰尼雅出土文书》，北京：文物出版社，1985 年。

17. 罗振玉、王国维《流沙坠简》，北京：中华书局，1993 年，75—82 页。

18. 王国维《王国维遗书》，上海：上海古籍书店，1983 年，第一册、第六册、第七册。

19. 高二适《新定急就章及考证》，上海：上海古籍出版社，1982 年。

20. 阜阳汉简整理组《阜阳汉简〈仓颉篇〉》，胡平生、韩自强《〈仓颉篇〉的初步研究》，《文物》1983 年 2 期，24—34、35—40 页。

21. 金德建《经今古文字考》，济南：齐鲁书社，1986 年。

22. 胡平生《汉简〈苍颉篇〉新资料的研究》，收入所著《胡平生简牍文物论集》，台北：兰台出版社，2000 年，45—69 页。

附录一:"六艺"之书的顺序[1]

古人排列,有六种顺序:[2]

(1)"诗、书、礼、乐、易、春秋"(《礼记·经解》《庄子·天下》《春秋繁露·玉杯》《史记·孔子世家》,即上所述。又《荀子·儒效》略同,而脱"易");

(2)"易、书、乐、诗、礼、春秋"(《淮南子·泰族》);

(3)"诗、礼、乐、书、易、春秋"(《春秋繁露·玉杯》);

(4)"礼、乐、书、诗、易、春秋"(《史记》的《滑稽列传》和《太史公自序》);

(5)"易、礼、书、诗、乐、春秋"(《史记·太史公自序》);

(6)"易、书、诗、礼、乐、春秋"(《汉书·艺文志·六艺略》,出刘歆《七略》。后世的五经、九经、十三经也是采用这一顺序)。

这些排列,可以分为三类:

第一类是"以诗为先"或"以诗、书为先",如(1)(3)。(1)是以"诗、书"接"礼、乐"接"易""春秋",(3)是把"礼、乐"插在"诗、书"之间,则是从前者化出。这可能是诗家和书家的排列顺序。

---

[1] 这一部分主要摘自李零《郭店楚简校读记》(增订本),北京:北京大学出版社,2002年,160、167—168页,但有一些改动。

[2] 参看:吕思勉《吕思勉读史札记》,上海:上海古籍出版社,1982年,457—463页:"六艺"。

第二类是"以易为先"，如（2）（5）（6）。（2）是把"书、诗"和"乐、礼"相错；（5）是把"书、诗"插在"礼、乐"之间；（6）是把"书、诗"排在"礼、乐"之前（此类"诗、书"皆作"书、诗"）。这可能是易家的排列顺序。

第三类是"以礼为先"或"礼、乐为先"，如（4）。它是把"礼、乐"和"书、诗"的顺序倒过来（此类"诗、书"亦作"书、诗"）。这可能是礼家的排列。

它们可能代表了不同家法的不同理解。但无论哪一种，都是把"春秋"列为最后一类。

这些不同的排列，影响最大的是（1）（6）。前人以为（1）是今文家说，（6）是古文家说，后者是对前者的恶意篡改（康有为《新学伪经考》）。这是乱分今古。[1]但（1）是比较古老也最有理智的说法，（6）可能是从前者变出，年代偏晚，这点似无问题。

在郭店楚简中，我们可以读到一些有关的说法，如：

> ……诗书礼乐，其始出皆生于人。诗有为为之也。书有为言之也。礼乐，有为举之也。……（《性自命出》）[2]
>
> ……观诸诗、书则亦在矣，观诸礼、乐则亦在矣，观诸易、春秋则亦在矣。……（《六德》）[3]
>
> 礼，交之行述也。乐，或生或教者也。〔书，□□□□〕者也。诗，所以会古今之诗也者。易，所以会天道、人道也。春秋，所以会古今之事也。（《语丛一》）[4]

简文的前两种排列，明显同于（1）或近于（1），这点没问题，但《语丛一》，简文的六条是分简书写（或一条一简，或一条两简），如何排

<hr>

〔1〕《汉志》之序，可能是按古人认为的年代早晚为序，或者出于尊易。

〔2〕荆门市博物馆《郭店楚墓竹简》，北京：文物出版社，1998年，179页。

〔3〕《郭店楚墓竹简》，188页。

〔4〕这里的顺序是经过调整，和《郭店楚墓竹简》原书的排列不同。

列却值得商讨。原书的排列是：[1]

易，所以会天道、人道 [36] 也。[37]

诗，所以会古今之诗 [38] 也者。[39]

春秋，所以会古今之 [40] 事也。[41]

礼，交之行述也。[42]

乐，或生或教者也。[43]

〔书，□□□□〕者也。[44]

这种顺序，有点问题，过去，我曾考虑，原书是按《性自命出》和《六德》的顺序排列。[2] 但这样排列，也不合适。因为简文的句式，明显是分为两种，简 36—41 是一种，简 42—44 是又一种。如果照顾句式特点，也考虑文献的各种习惯性排法（上面已说，各家皆以"春秋"为最后一类），我很怀疑，它的顺序是同于（4），上面所抄就是按这种理解重新调整的结果。可见即使在战国时代，"六艺"之序也不止一种。

---

〔1〕《郭店楚墓竹简》，194—195 页。

〔2〕李零《郭店楚简校读记》初稿，收入陈鼓应主编《道家文化研究》第 17 辑，北京：生活·读书·新知三联书店，1999 年，455—542 页。

附录二：汉代小学发展的三阶段

　　文字在中国古代文明中，地位很突出。古人认为，华夏是以文字别于蛮夷，就像人类之以衣冠别于禽兽（参看《千字文》开头的话）。它对华夏文化的凝聚和传播作用很大，是中国古代"大一统"不可缺少的一条。西方文字也有这个功能，但欧洲的特点是没有政治"大一统"，只有宗教"大一统"，他们的"文字"，如希腊文和拉丁文，在很长时间里，一直是为宗教服务，为神学服务，和中国的传统不一样。中国的传统，文字的功能，首先是为衙门服务，为写奏章和抄档案服务，秦汉以来，一直是如此。它在中国主要是政治的工具。九州之大，言语异声，自古如此，但甭管走到哪儿，用的都是汉字。我在香港问路，彼此听不懂，但只要找张纸，掏出笔来一写，马上就明白，这要感谢秦始皇。

　　中国古代认字最多的人，看书最多的人，最初是史官。史官的职能，保留到后世，主要是记录史事，很多人以为他们就是我们今天讲的"历史学家"，这并不十分准确。因为，早期的史官还管天文、历法，还管祭祀、礼仪（和祝、宗、卜是一个系统），还管典籍或档案的守藏，财务统计的汇总（受计）。但用文字去"记录"确实是他们的一大职能。中国早期的史官和其他文明的僧侣、祭司本来比较接近，本来是和宗教的事务有关。但"绝地天通"的结果，中国的"天官"和"地官"，"太史寮"和"卿事寮"，两者的关系，从很早就发生变化，而且是结构性的变化。商周以降，祝宗卜史系统的职官地位不断下降，宗教的职能逐渐让位于世俗政治，从属于世俗政治。读书识字，主要还是为了办公。其记录职能主要是由各级衙署的胥吏（府史胥徒），胥吏中的抄手即"书史"来担当。[1]秦代和西汉，这一特点更突出。当时，"官狱多事"，"以吏为师"，教学的目标是培养"刀笔吏"。如汉初萧何作律，其中有一种律，是叫《尉律》（见许慎《说文解字》序和《汉志·六艺略》小学类序引，两者互有不同），[2]《尉律》的"尉"是指廷尉，就是与法律和治狱有关，当时的"公务员考试"，录取标准是要能读能认9000个汉字，这就是为了培养书史。[3]

汉代的小学是从古代的小学发展而来。汉代教育也分大小学，小学是学历算（背干支表和九九表）、书法和读《论语》《孝经》（9—14岁），大学是习五经（15—20岁）。王莽以来，小学更以书法为主，也叫"书馆"或"书舍"，这是后来以"小学"称文字之学（包括音韵、训诂之学，原来是一门学问）并以之为经学基础的制度背景。[4]

汉代的小学书，系统很清楚。西汉时期，高祖至文帝是一段，主要字书是《史籀》《苍颉》，前者教籀文，后者教小篆，这是基础，但《苍颉》比《史籀》更重要，因为小篆是秦代的标准字体和秦汉隶书的基础。汉《苍颉》和秦《苍颉》不一样，秦《苍颉》是李斯的单行本。汉《苍颉》是合李斯《苍颉》（七章）、赵高《爰历》（六章）、胡毋敬《博学》（七章）为一书。它有两个本子，一个是单纯的汇编本，即合李、赵、胡三书，凡二十章为一篇的本子；一个是续写改编本，即汉兴以来，"闾里书师"扩大改写，断六十字为一章，凡五十五章的本子，篇幅比前者大了很多。李

---

〔1〕 "书史"见格伯簋。参看：中国社会科学院考古研究所编《殷周金文集成》第八册，北京：中华书局，1987年，4261—4265；汉以来有所谓"尚书史"，见许慎《说文解字》序和《汉志·六艺略》小学类序引《尉律》。

〔2〕 参看：沈家本《历代刑法考》，北京：中华书局，1985年，1691—1696页。

〔3〕 许序引《尉律》"学僮十七以上，始试，讽籀书九千字，乃得为吏"，班志"吏"作"史"，段玉裁《说文解字注》依《魏书·江式传》正为"史"。

〔4〕 汉代的小学是学"六甲"（历法的基础）、"九九"（算术的基础）和"书篇章"（《急就》《三仓》之属），大学是学五经，见桂馥《札朴》卷六考证。参看：张政烺《六书古义》，《历史语言研究所集刊》第10本（1942年），1—22页。

斯、赵高、胡毋敬，都是秦人。当时所授是"秦书八体"，即大篆（籀书）、小篆、刻符、虫书、摹印、署书、殳书、隶书，大篆、小篆、隶书是体，其他是用。当时，从课本到字体，都是秦的东西。如果说汉代有什么发明，主要是草书（即草率急就的隶书）。这是汉承秦制在文字教学上的表现。《史籀》《苍颉》，据王国维考证，都是四字为句，两句一韵，或一句一韵，拈首句的前两字为书题。后者有古书佚文和出土发现证明，形式确实如此。但前者，见于古书引用，只有佚字，没有佚文。王国维说，《苍颉》"文字多取《史籀篇》"，《史籀》应与《苍颉》相似，也是四字为句，这是推论。他说，《苍颉》首句是"苍颉作书"，《史籀》首句也是"太史籀书"（他是把"籀"理解为"读"），学界也仍有疑问（他们多以"史籀"为人名）。这些说法，现在还没有得到出土发现的证明，但两者形式相似，还是合理的推论。这是西汉早期的情况。

　　西汉中晚期，武帝至平帝是又一段。这一时期的特点，是开始有汉人自己的字书。如司马相如《凡将》（作于武帝时）、史游《急就》（作于元帝时）、李长《元尚》（作于成帝时）、扬雄《别字》（即《方言》，作于平帝时）皆成于这一时期。但这一时期，《苍颉》还是最重要的课本。宣帝以来，研究《苍颉》，著名专家有张敞、杜林、爰礼等人，平帝时，"征礼等百余人，令说文字未央廷中"，由扬雄加以总结，写成《苍颉训纂》。此书比上所说"闾里书师"本更大，又增加了三十四章，共八十九章。这种续写和改编，东汉时期也还在进行，如班固续写本有一百零二章，贾鲂续写本有一百二十三章（即以五十五章本《苍颉》为上篇，扬雄所续《训纂》为中篇，贾鲂所续《滂喜》或《彦均》为下篇，后世称为《三仓》）。此外，还有杜林的《苍颉训纂》和《苍颉故》，也是同类著作。当时的教学，其实是以隶书为主，小篆、籀书只用于某些特殊场合（如铜器、印章、符节和幡信），一般人不懂"篆、籀"，对"古文"也陌生，以为隶书就是最古老的字体，俗体、错字和望文生义非常多。这一时期的字书分两个系统，一个系统是绍继秦制，还是传《苍颉》，但有续写、改编、解释、发挥，扬雄的《苍颉训纂》是代表；一个系统是汉人写的字书，史游的《急就》是代表（《凡将》佚文，也是七言体）。前者是四言诗体，同《诗经》体的四言诗、战国时期北方地区的韵文（如荀卿的赋），以及汉代的"诗体赋"相似，是比较古老的形式；后者是七言诗体（也兼用三言和四言），则同于汉代的七言歌诗（来源是楚歌），是比较新潮的形式。它们都是以韵文写成，取其朗朗上口，易于记诵，实用性很强。它们对后世的蒙学课本有重大影响。如《千字文》（作于六朝）和《百家姓》（作于宋代）就都是四字为句的《苍颉》式，前者杂叙史事、名物，后者排比姓名，也都是《苍颉》《急就》所固有。后世蒙学，其实就是从早期的小学发展而来。

汉代的小学，王莽居摄以来是又一段。许慎说，"及亡新居摄，使大司空甄丰等校文书之部，自以为应制作，颇改定古文"（《说文解字》序），这点很重要。因为西汉小学所授是"秦书八体"，它是以篆、隶为主（特别是隶书），而"甄丰六体"却是崇尚古学，它的六种字体是古文（"孔子壁中书也"）、奇字（"即古文而异者也"）、篆书（"秦始皇使下杜人程邈所作也"）、佐书（"即秦隶书"）、缪篆（"所以摹印也"）、鸟虫书（"所以书幡信也"），反而是以两种"古文"为先，把篆、隶排在后边。过去，学者读《说文》序，都是对照《汉志·六艺略》小学类的序。但许序引《尉律》，"又以八体试之"，蒙其上文，显然是指"秦书八体"。而班志却作"又以六体试之"，并以古文、奇字、篆书、隶书、缪篆、虫书为"六体"，使人误以为萧何草律的当初，已经以这六体课童。[1] 段玉裁和桂馥、王筠等人都已指出，班志"八体"乃"六体"之误，《尉律》原文当作"又以八体试之"。但班志之误可能不是一般的抄误，而是"倒今为古"，对《尉律》做了新形势下的新解释。古文之学当然在西汉就有，但西汉早期，古文之书乃违碍之书，不可能广泛阅读，更不可能用以课童。武帝以来，古学抬头，也没有突出地位，它们在经学上站稳脚跟，主要还是王莽以来。汉代讲古文的字书，其实都是从今古文本的相互参校中归纳总结，有点类

---

〔1〕 张政烺先生认为班志引《尉律》中的"六体"是《尉律》的原文，但又认为它以"甄丰六体"释之，是刘歆窜改律文。此说是为了证成其假设。张先生说，班志所引"九千字"是"九章"之误，"六体"是"六曹"之误，原文是指学习"九章六曹"类的算术。我认为，这只是一种推测，证据并不充分。见所著《〈说文叙〉引〈尉律〉解》，《历史语言研究所集刊》第 17 本（1945 年），131—135 页。

似现在的古文字整理，先出释文考证，再出字体汇编。这种字书多半是东汉和魏晋的古书。班志的《八体六技》可能是其中较早的一部（其位置在《史籀》之后，《苍颉》之前，显然很重要）。一般认为，此书是既收"秦书八体"，又收"王莽六书"，其实就是一种古今字体的汇编。类似字书，东汉有卫宏《古文官书》、卫恒《四体书势》，郭显卿《杂字指》《古今奇字》。特别是《隋志》有《六文书》《古今八体六文书法》二书，我们从书名看，似与《八体六技》为同类之书。《说文解字》、正始石经都是属于这类古书。古文的加入，是这一时期的特点。

简帛古书导读二：史书类

在《汉书·艺文志》中，史书是附属于《六艺略》的春秋类，不是单独的门类，这是汉武帝"独尊儒术"的结果，未必能反映早期学术。[1] 现在，我们把它列为单独的一类，主要是考虑到，史书在早期数量很多，明显是单独一类，无法以鲁《春秋》或《春秋》三传的概念范围之。我们把它独立出来，好处是既能反映早期学术，也便于同后世的"四分法"进行比较。中国的"四分法"，除"经部"是单独一块，其他三块（"史部""子部""集部"），有点类似现在说的"文史哲"，畛域比较分明。我们讲的"六艺""史

---

[1]《汉志》没有史书类，荀勗《中经新簿》设四部之分，始有史部。《汉志》中的史书，是分为三部分，一部分在《六艺略》的书类（如《尚书》《周书》），一部分在《六艺略》的春秋类（如《国语》《新国语》《世本》《战国策》和《楚汉春秋》），一部分在《数术略》的历谱类（如《帝王诸侯世谱》《古来帝王年谱》）。案：《史记》的前四表，开头都有太史公述其作表所读之书的话，《三代世表》是读《谍记》《五帝系谍》和《尚书》，《十二诸侯年表》是读《春秋历谱谍》《左传》和《国语》，《六国年表》是读《秦记》，《秦楚之际年表》是读《秦楚之际》。我用书名号括起的题目，学者或以为不是具体书名，恐怕不妥，比如《秦记》，就很明显是具体书名。我认为，比较这四篇的叙述体例，就连大家不认为是书名的《秦楚之际》，其实也是书名，估计就是《楚汉春秋》一类作品。

书""诸子""诗赋"，也是类似划分。[1]

　　出土发现的古书很多，但属于史书类，很多材料还未发现，或发现了也没发表，有些类别仍是空白。所以，在这一讲里，我们必须采取虚实结合的办法，把"已发现"和"未发现"搁在一块儿讲。这样做当然是不得已，但未尝不是一种工作方法，而且做得好，还是很有用的工作方法。[2]这就像画家作画，着笔之处是功夫，留白之处也是功夫。有，可以回顾；没有，可以展望。下面分四个方面来讲。

（一）谱牒类的史书（框架之一）

　　古人作史，照例有时、地、人、事四项，就像西人叙事喜欢强调所谓"五 W"：When（何时）、Where（何地）、Who（谁）、Why（为什么）和 How（怎样），或写 memo（备忘的短信）必有的 date（写信的时间）、from（谁写）、to（写给谁）和 re（关于什么事）。这些都是档案最基本的要素。史书之体裁即滥觞于此。古人作史，第一中心是"人"，它写人，主要是靠"世系"或"谱牒"。这是古代作史的第一框架。例如《周礼·春官·小史》"小史掌邦国之志，奠系世，辨昭穆"，所谓"系"或"世"都是讲血统的承袭，它与史官和历史关系很大。[3]人类社会，早期都是氏族社会或贵族社会。

---

〔1〕　早期史书和后来的"史部"相比，差异主要在于，它们涉及的时段很不一样："史部"的主体是汉以来的朝代史，而早期史书则是讲先秦史（晚期的"集部"和早期的"诗赋"也有这种差异。差异较小是"经部"和"子部"，它们始终是以古典为主）。但是，早期史书和后来的"史部"，它们在描述对象上虽有很大不同，但在修史的方法上，在历史体裁的划分上仍有相似处。下面的分类就是参考了晚期的分类。

〔2〕　考古学家和历史学家都经常使用这种工作方法。这是做大问题不能不采用的方法。避虚就实绕着走，做小问题可以，大问题不行。

〔3〕　"邦国之志"，可能是指各国的编年史记或各国的事语。《周礼》除这一条，其《春官·瞽矇》也提到"瞽矇……讽诵诗，世奠系，鼓琴瑟"，"世奠系"，俞樾怀疑是"奠世系"的错倒。在古书中，"世""系"可以连言，但含义还略有区别。"世"是世次，相当西语的 generation，主要指"代"。"系"是谱系，相当西语的 lineage，（转下页）

当时的人都很重视"出身论"和"血统论",人在族谱中的位置比他在年代中的位置还重要。中国历史和西方历史,它们都有这个背景,但"配方"不同,走向和过程不同。我国的情况是,它的贵族传统破坏特别早,比西方早很多,以西洋史的感受去看,好像很现代。但这样大的变化绝非一蹴而就,而是有一个过程,有一系列的标志性事件。首先,春秋战国,礼坏乐崩,子弑父,臣弑君,出了不少布衣卿相,这是第一步。当时各国的国君还是一水儿的贵族。第二步,是前一类现象的体制化和国际化,即秦帝国的产生。当时的皇帝也还是贵族。中国的第一个皇帝,秦始皇,他是贵族,而且是真贵族,从非子以来,享国七百年。但这样的国君,贵族出身的国君,其实也是最后一个。后来陈胜、吴广造反,他们喊出"王侯将相,宁有种乎",这是第三步。从此流氓土匪、绿林响马可以替天行道,夺政权,当皇帝。第四步是楚汉之争,项羽是贵族,刘邦是流氓,贵族打不过流氓。中国的第二个朝代,开国皇帝竟是流氓。这和欧洲的传统大不一样。我们的历史流氓气很重,可是即使到很晚,"血统论"的影响还是很大(干部的孩子当干部,演员的孩子当演员,知识分子的孩子领导出国新潮流,到今天也还是如此)。凡是经过文化革命,见过对联辩论,读过《出身论》的人,大家都知道,"血统论"是足以杀人的(它比种族主义还要狭隘)。"血统论"不好,但我们要知道,它对读历史,特别是对读早期历史很有用。比如陈寅恪,他出身高贵,所以对魏晋隋唐史体会很深。古人作史,第一框架是"世系"或"谱牒"。它是按氏姓、国族或家族的亲缘树谱来讲历史,常见套话是"某生某""某又生某"。家谱、族谱式的史书在世界上很普遍,如《旧约》有这种形式,蒙古族的《黄金史纲》《蒙古秘史》和《蒙古源流》也有这种形式。古代讲世系的书,现在还能看到的标本是《世本》。《世

主要指"代"与"代"的承接和传袭。参看:孙诒让《周礼正义》(北京:中华书局,1987年)卷四五和卷五一。当时的史书,无论是哪种体裁,都必须以世系作解读线索。

本》是战国古书，原本有十五篇（《汉志·六艺略》春秋类），现在只有清朝学者的辑本。[1] 它的特点是按氏姓分衍讲历史，帝系是树干，王侯谱是树枝，卿大夫谱是树叶，并附论氏姓（族源和氏姓分衍）、居葬（都城和葬地）、谥法（死后加的名号）和发明（各种物质发明和技术发明）。[2] 这样的书在古代很多，并不止《世本》一种，如《大戴礼》有《五帝德》和《帝系》两篇，就是讲类似的内容。[3] 司马迁作《史记》也利用过很多谱牒，如《谍记》《五帝系谍》《春秋历谱谍》《世本》《秦记》和张苍《终始五德传》（见《三代世表》《十二诸侯年表》《六国年表》序和《太史公自序》）。[4] 他以"本纪"讲帝系（包括五帝和夏、商、周、秦、汉五代的帝系），以"世家"讲王侯（两周诸侯和汉代的王侯、丞相），[5] 以"列传"讲历史名人，就是采用《世本》或世本类古书的框架。[6] 世本类的古书在战国很流行，主要原因是当时的世系乱了套，姓氏乱了

〔1〕 秦嘉谟等《世本八种》，北京：商务印书馆，1957 年。

〔2〕 《史记·十二诸侯年表》序说"谱牒独记世谥，其辞略"，"世"是世次，"谥"是谥法。

〔3〕 《大戴礼·帝系》与《世本·帝系》同名，内容也相似，唐孔颖达《尚书正义序》谓前者出于后者，恐不可信。案：《汉志》把《世本》列入《六艺略》的春秋类，而把《帝王诸侯世谱》《古来帝王年谱》列入《数术略》的历谱类，两者都是谱牒类的古书，为什么分为两类，我理解，这是因为《世本》涉及春秋战国时期的世族谱，对阅读《春秋》不可或缺（杜预作《春秋世族谱》就是有鉴于此），而且此书无年，与历谱类强调历法不同。历谱类的"谱"都是与"历"相配，系世、系年的"谱"，其实就是《史记》十表类的世表、年表、月表类的大事记。《汉志》无《纪年》，有之必在历谱类。因为《史记》十表是本谱牒而作，其中的《六国年表》是据《秦记》，它们正是这样的作品（《纪年》的主体是《魏纪》）。

〔4〕 《汉志·数术略》历谱类有《帝王诸侯世谱》二十卷、《古来帝王年谱》五卷，王国维《史记所谓古文说》（收入《王国维遗书》，上海：上海古籍书店，1983 年，第一册，《观堂集林》卷七）认为或即司马迁所见古文牒书。他作《秦始皇本纪》所用的《秦记》可能也是这类书（他在此篇后附录的秦襄公至二世的世次、积年、居葬表，或以为即别本《秦记》）。

〔5〕 《史记·三代世表》序说"自殷以前诸侯不可得而谱，周以来乃颇可著"，所以该书世家于两周以上无说。

〔6〕 《汉志》是把《世本》和《太史公》《冯商所续太史公》，以及涉及汉代历史的《楚汉春秋》《太古以来年纪》《汉纪注》（类似后世的起居注）、《汉大年纪》列入春秋类。后世立史部，主要是因朝代史膨胀，不得不分立。如《隋志》史部就是以两汉魏晋南北朝史为主，并把《史记》（即《太史公》）列为它的第一部。而史公所宗，则为谱牒。所以我说，纪传体实出于谱牒。

套。[1]战国以后，贵族的概念有很大变化，但谱牒类的古书却香火不断，如东汉有王符《潜夫论·志氏姓》和应劭《风俗通·姓氏》（有佚文），西晋有杜预《春秋世族谱》，唐有林宝《元和姓纂》，宋有吕夏卿《新唐书·宰相世系表》和邓名世《古今姓氏书辨证》等，一直流传有绪。可惜的是，世本类的古书，到现在还很少发现。我们默默祈祷，盼它早日出土。谱牒类的史书是纪传体的来源。

（二）纪年类的史书（框架之二）

古人作史的第二种框架是年代。春秋战国，每个国家都有自己的史记。如孟子说晋国的史记叫《乘》，楚国的史记叫《梼杌》，鲁国的史记叫《春秋》（《孟子·离娄上》）。这种史记，典型标本是《春秋经》和汲冢出土的《竹书纪年》（有宋以来的今本《纪年》和清代学者辑录的古本《纪年》）。二者都是大事记类的古书，都是讲年终"十大新闻"一类的古书。[2]《春秋经》是"以天时记人事"（《国语·楚语上》），即按春夏秋冬十二月（"春秋"是其简称）记事，时间范围是隐、桓、庄、闵、僖、文、宣、成、襄、昭、定、哀十二公。[3]此书和六艺之书的"经典化"有关，所以同上一讲的内容有交叉。但它只是早期列国史记的一种，所涉时段也有限。《汉志》以《春秋》代史，是以小统大，以偏概全，不能反映全貌。

---

[1] 世本类的古书在战国秦汉时期流行是有时代特点的，它和当时的"世系危机"有关，参看：李零《考古发现与神话传说》，收入《李零自选集》，桂林：广西师范大学出版社，1998年第二版，58—84页。

[2] 楚占卜简和楚铜器（如鄂君启节）有以事系年的习俗，所记大事或即取于该年史记，都是出于事后追记。

[3] 商周卜辞和铜器铭文往往记录年月日时。这种记录，一般以为是即时性的，但现在知道，其所见人物如用谥称，必是死人，所叙事件必出追记。这就像我们读《左传》，凡遇带谥号的某公，这种称呼一定是死后才有。

《纪年》的范围比它广，包括五帝、夏、殷、周、晋、魏六纪，但重点是战国时期的《魏纪》，《魏纪》以前不一定都可靠。这类史书的特点是"以事系年"，而不是"以族统人"，这是它和第一类史书的最大不同。但在当时概念下，大事表类的东西，也是属于谱牒。古代史书，早一点是以"人"和"世"为主，晚一点是以"事"和"年"为主。在历史的高峰上，越往上爬，"年"越稀薄。所以，《史记》讲历史是以"世"为主，以"年"为辅（不但全书体系如此，而且每个本纪和世家也是如此）。他要作的历史是"大历史"，包括当时的上古史（五帝传说和三代）、中古史（春秋战国）和近、现代史（秦汉）。这个"大历史"，它的早期是"有世无年"，或"年不如世"。当然，司马迁对"年"也很重视，他的《十二诸侯年表》和《六国年表》也是《春秋》《纪年》式的东西。它的"十表"，有世表、年表和月表。这种"表"，前人多已指出，其实就是"谱"，即与"历"（历表）相配，系世、系年的"历谱"（参看本讲附录）。以事系世，叫"世谱"；以事系年，叫"年谱"。[1] 它们为书中的本纪、世家和列传提供了时间坐标。司马迁作《史记》，比我们见的材料多。比如，他讲五帝三王，参考过古文谱牒（即战国文字的谱牒），"黄帝以来皆有年数"（《三代世表》序），但他非常谨慎，共和以上只讲"世"，共和以下才讲"年"。后人治年表，除用《纪年》订正战国部分（即用魏国的记录订正秦国的记录），没有太大的修正。司马迁的体系能不能突破，特别是向上推进，这是夏商周断代工程关注的大问题。

纪年类的古书，目前只有双古堆汉简的《年表》。这种古书，尚未正式发表，现在只有整理者胡平生先生的简短介绍。[2] 简报

---

[1] 后世也有年谱，但主要是个人的年谱，与早期的年谱还不完全一样。早期的世谱、年谱，都是大事记类的古书。

[2] Hu Ping-sheng, "Some notes on organization of the Han Dynasty bamboo 'Annals' found at Fuyang," *Early China*, no.14（1989），pp.1–25.（此书有中文本：胡平生《阜阳汉简〈年表〉整理札记》，《文物研究》第七期，合肥：黄山书社，1991年，392—402页）

把它称为"大事记"，后来改叫"年表"，显然是参考《史记》的《十二诸侯年表》和《六国年表》。我觉得，"年表"的叫法比"大事记"更好。简文残损较甚，从残存简文看，年代范围是起于西周共和以后，终于秦始皇时。据胡先生介绍，此表是分甲、乙两种，甲种"年经国纬，横填事实"，乙种"一栏之内排列两位君王，谥号、年数之间，无任何标志隔断，我们理解应是同一诸侯国的两代君王，记其各自的在位年数"。其实，这正是上面说的"年表"或"年谱"。它与《十二诸侯年表》和《六国年表》类似，年代范围也差不多，是理解这类文献的重要参考。另外，还有睡虎地秦简《编年记》，是墓主本人的传记，则类似后世的年谱，也可归入这类作品。但可惜的是，足以比肩《春秋》《纪年》的作品，现在还没有发现。纪年类的古书是编年体的来源。

（三）档案类的史书（材料之一）

这类材料，用四分法的术语讲，就是早期的"诏令奏议"。[1]研究明清史和近现代史的人都很重视档案。如近百年的"五大发现"，其中有明清内阁大库的档案，就是属于这样的史料。但这样的史料，法律文书和办公文件，除个别例外，一般都不见于史志著录。[2]它们往往是和它们记录的王朝相终始，朝代结束，它们也就寿终正寝，被继任的统治者毁掉。即使保存下来，外间也看不到，最后还是逃不了一个"亡"字。所以，除明清史料，因为某些人的抢救，还留下一点东西，以前，几乎完全是靠出土发现，如包山楚简中的文书简，秦汉时期的法律文书和办公文件，走马楼的三国吴简，还有敦

〔1〕《汉志》是把"奏事"列入春秋类。余嘉锡说"《尚书》之典谟训诰，为后世诏令奏议之祖"，见所著《古书通例》，上海：上海古籍出版社，1985年，94页。

〔2〕汉代的礼仪、律令是藏于理官（司法官员），《七略》不录官书，参看：余嘉锡《古书通例》，4页。

煌、吐鲁番的隋唐文书。在传世文献中，这类东西，由于特殊原因保留下来，数量相当少，比如《尚书》和《逸周书》中的一部分，就是这种剩下来的东西。出土文书档案，现在是另外一个独立的研究领域，这里不去讨论。到目前为止，和《尚书》或《逸周书》的较早部分相似，真正是档案性质的东西，这样的发现还没有。

（四）故事类的史书（材料之二）

研究历史，即时性的书面记录，像档案一类东西，当然很重要，但官方记录以外，稗官野史，街谈巷议，故老相传的口头史学也很重要。比如，西方人都很推崇荷马史诗，就是属于口头史学。中国没有这种史诗，或者虽有，但没有保存下来。它更有特点的东西，其实是诸子百家引用的故事传说。这类材料，往往有口语化的外貌和通俗化的形式，而且不一定是当时的记录，很多都是口口相传，带有追忆的性质，最后由文化精英，用书面语再创造，把它们传递下去。和档案类的史书相比，它比较口语化，但其叙述和对话，都是精心设计，由写书人刻意制造，其实是书面化的口语，和档案形成对照。档案类的东西，尽管读起来，佶屈聱牙，十分难懂，却比后者更忠实于口语（尽管是打着官腔的口语）。我们说的故事类的史书，其实是一种貌似口语，但实为文学创造的史书。这种类型的史书，从形式上讲，比较类似后世的纪事本末体。纪事本末体，在史书三体中，似乎没有另外两种重要，但在早期的史书各体中，故事类的史书却特别活跃，数量十分可观，其实是最突出的一种。谱牒类的史书，即上面第一种和第二种，它们都是筋骨，没有血肉。史书变得有血有肉，主要是靠故事类的史书支撑。

（1）三皇五帝故事。汉代的《尚书》只有《虞夏书》《商书》和《周书》，没有更早的内容，但《周礼·春官·外史》说外史"掌三皇五帝之书"，《国语·楚语上》讲申叔时的"九艺"，其中有所谓"训典"，韦昭注说是"五帝之书"，可见这样的古书在战国早已流行。古人讲"三皇五帝"，"三皇"是天皇、地皇、泰皇，或说伏羲、燧人、神农，或说伏羲、神农、祝融，或说伏羲、女娲、神农，或说伏羲、神农、黄帝；[1]"五帝"，是五个最著名的古帝王，或说黄帝、颛顼、帝喾、尧、舜（如《大戴礼·帝系》），是以姬姓为主的西土帝系；或说太昊、少昊、黄帝、炎帝、颛顼（如《吕氏春秋》十二纪和《史记·封禅书》），则是以风姓、嬴姓为主的东土帝系。[2]秦始皇称"始皇帝"，就是集这两种名称于一身。"三皇"是对应于"三一"，即"天一""地一""太一"。"三一"是与"三材"（天、地、人）有关的概念。"泰皇"就是"人皇"。"三一"里面的"太一"是对应于"人"，它上面还有一个"太一"，则是"道"的另一种说法。"五帝"，如果按第二种说法，也与"五行"有关。当时的天图，紫微垣内，也是既有"太一""三一"，也有"五帝"之座。这些都是与古代宇宙论配套的概念，类似《创世记》的概念。[3]"三五"在汉代是很神秘也很流行的说法。此外，古人对这种帝系还有进一步发挥，于"三皇五帝"之外复增"九皇六十四民"（《周礼·春官·小宗伯》注）。"九皇"是"人皇"的分化，"六十四民"加"三皇五帝"，共有七十二位，则是《管子·封禅》篇（佚篇）提到的自古封禅泰山的七十二代之君（《史记·封禅书》的"古者封泰山禅梁父者七十二家"即本此篇）。这类故事，过去多以为是汉代的发明，现在从各种迹象看，恐怕不对。其基本设计在战国时期肯定就已存在。[4]"三皇五帝之书"，从上引《周礼》

---

[1] 去除重复可得六人：燧人、伏羲、女娲、神农、黄帝、祝融。

[2] 去除重复可得八人：太昊、少昊、黄帝、炎帝、颛顼、帝喾、尧、舜。

[3] 近世学者仿照西方神话重整中国神话，往往苦于创始神话的贫乏，他们多以徐整《三五历记》中的盘古开天地故事填此空白，其实此书很晚，其书名本身已经表明，它是属于三皇五帝系统的神话传说。中国的创始神话其实就是三皇五帝传说，来源是战国秦汉时期。

[4] 我个人理解，中国古代思想，大创造是在战国而不是汉代，这类思想在战国应已存在。参看：李零《中国方术续考》，北京：东方出版社，2001年，207—252页。

看，战国时期必有完书，但汉代却只有零章碎句。我们要想研究这类传说，就得亲自动手，像沈雁冰先生、袁珂先生那样，重新编一本书。而且从观念上讲，要和他们的书大不一样，不再依傍和模仿西方的神话系统，而是从材料本身出发，重建自己的体系。

这类古书，现在有两个比较重要的发现，一个是上博楚简《容成氏》，一个是马王堆帛书中的黄帝书。

上博楚简《容成氏》，现在已经发表，内容是讲上古帝王传说，它分三部分，第一部分是讲容成氏等传说最早的上古帝王，估计约二十一人，和《庄子·胠箧》所述的十二个帝王有点类似，但人数更多；[1]第二部分是讲尧、舜（可能前面还有人），他们和前面的那些帝王相似，也是授贤不授子，都是属于禅让传说；第三部分是讲禹、汤、文、武，他们的得天下，则是靠武力夺取，当时的想法，是在上帝面前争宠，把上天之爱从别人身上转移到自己身上，即所谓"革命"。这些故事的第一部分，所有帝王是搁在一块讲，不分主次。这一部分，虽有轩辕氏、神农氏，前者是黄帝的别号，后者是炎帝的别号，但并不挑出来讲。下面讲尧、舜的部分，是各为一段，和前面的叙述有别。这里面并没有"三皇五帝"的排列组合。

马王堆帛书中的黄帝书，是帛书《老子》乙本卷前古佚书中的一部分。这批古佚书，包括《经法》（分 4 章）、《经》（分 15 章）、《称》（不分章）、《道原》（不分章）。[2]有些学者认为，它们就是《汉志·诸子略》道家的《黄帝四经》，但也有学者不同意。我是属

---

〔1〕其篇题"讼成氏"，对照《庄子·胠箧》，应读"容成氏"。简 1 有八个帝王名，前面可能脱去一简（当然也有可能更多），还有十三个帝王名，估计容成氏即脱简所述第一人。

〔2〕参看：李学勤《论〈经法·大分〉及〈经·十大〉标题》，收入所著《简帛佚籍与学术史》，台北：时报文化出版企业有限公司，1994 年，298—308 页。李先生指出，这四篇的前两篇，其篇末题记，都是章题在上，然后标以篇名和全篇的字数总计，《经法》九章的第四章，其章题不是"六分"而是"十分"；《经》，原题《十大经》，是误合此篇最后一章的章题《十大》和篇题《经》为篇题，反而将最后一章的章题空出，此名实误，原分 14 章亦误，今从李说改正。案：李文所说的"章"，其实也可以视为小篇。

于后一立场。[1]它讲黄帝或黄帝君臣，主要是集中于《经》的某几章，即《立命》至《姓争》的六章和《成法》《顺道》的两章，一共只有八章，其他部分没有黄帝。这一部分，内容比较完整，字数也比较多，对研究黄帝书很重要。黄帝书主要流行于战国、秦代和西汉，西汉以后，主要保存在道教典籍中，魏晋时期仍很多，后世也流传不绝。战国秦汉的黄帝书和一般的上古帝王传说不同，它已脱离帝系类的古史传说，不以姓氏分衍为中心，而是经优化选择，从众多帝王中把黄帝挑出来，放在中心位置。它有独特的叙事方式，即"一个大笨蛋管一堆聪明人"，把黄帝描写成无知无识，也无所作为，专靠一帮学有专长的大臣，为他分管各种事务，宽袍大袖，往那儿一坐，衣服耷拉着，屁股不用挪，身子不用动（起身的时候要提起衣裙的下摆，古人叫"褰裳"），就把事情办好了，古人叫"垂衣裳而天下治"（《易·系辞下》）。古书讲黄帝大臣，有所谓"黄帝师"（有大挠、封距、大颠、大山稽、风后、力牧等说，案封距即大封）、"七辅"（即风后、天老、地典、力牧、知命、五圣、窥纪，力牧即力黑或力墨，或说有鵊冶而无风后，它是由四辅加三公而组成）、"六相"（蚩尤、太常、苍龙、祝融、大封、后土）和"四史"（沮诵、仓颉、隶首、孔甲）等说法。此外，还有很多人，如封胡、鬼臾区（大鸿）、岐伯、雷公、伯高、少师、少俞、高阳负、素女、玄女、伶伦等。[2]他们的故事，往往都是大故事套小故事，并与古代的发明传说（《世本·作篇》所述）互为表里，既表现为技术分工的系统（《汉志》除《诸子略》道家收黄帝书，《兵书》《数术》《方技》三略也收得很多），也表现为政治管理的系统（模仿战国秦汉时期的官制系统）。这种书，除技术书是列于《汉志·兵书略》的阴阳类，及《数术略》和《方技略》，还见于《诸

---

〔1〕 李零《说"黄老"》，收入《李零自选集》，桂林：广西师范大学出版社，1998年，278—290页。

〔2〕 参看：丁元《黄帝书研究》，北京大学中文系硕士论文，2003年5月。

子略》的道家类，与道家经典《老子》并列。西汉的"黄老之术"，"黄"指黄帝书，"老"指《老子》。黄帝书是道家理想国的设计，《老子》则是古代"道论"的杰作。一个属于建国方略，一个属于理论基础。二者是道家思想的完美结合。马王堆帛书中的黄帝书，所见大臣有力黑（见《经》篇的《观》《正乱》《姓争》《成法》《顺道》等章）、阉冉（见《五政》）、果童（见《果童》）、太山稽（见《正乱》）。这四个人可能就是《果童》章说的"四辅"。其中尤以力黑出现较多。过去，敦煌汉简曾有与力牧有关的残简发现，罗振玉、王国维考为《汉志·兵书略》阴阳类的《力牧》，[1] 但它只有两枚残简，存 27 字，其中有些字还模糊不清。这次的发现比它重要得多。比如，它讲"黄帝四面"（《立命》），讲"黄帝杀蚩尤"（《五政》《正乱》），在简文中最有意思。前者令人联想到湖南宁乡出土的人面方鼎（大禾方鼎，鼎的四面各有一人脸），后者则为"黄帝作蹴鞠"提供了注脚。另外，银雀山汉简《地典》，是《汉志·兵书略》著录过的兵书，也是托名"黄帝七辅"中的地典（详第十一讲）。这些都是非常宝贵的材料。

（2）唐虞故事。在古代传说中，唐虞故事很流行，它是处于上下两种故事之间，有时归入"五帝"，有时接续"三王"。如古人或以虞、夏、商、周为"四代"（《大戴礼·四代》），或以尧、舜、禹、汤、文为"四代五王"，或以尧、舜、禹、汤、文、武为"四帝二王"，就是合并虞、夏和"三代"而言。其有关发现，除上博楚简《容成氏》，还有郭店楚简《唐虞之道》，它也是讲唐虞禅让。

（3）三代故事。夏代的故事，最出名是大禹治水；商代的故事，最出名是伊尹佐商汤灭夏，《汉志·诸子略》的道家类有《伊尹》，惜已亡佚。周代的故事，最出名是太公佐文武图商和周公摄政还政成王。前者发展为《太公》一书，后者还保留在《书·金縢》之中。

---

〔1〕 罗振玉、王国维《流沙坠简》，北京：中华书局，1993 年，82—83 页。

此外，比较有名还有穆王西征，见于《穆天子传》。这类故事，见于出土发现，最重要的材料也是上博楚简《容成氏》。《容成氏》讲三代故事，有两点最重要，一是它讲大禹治水，所画九州为夹州（疑即兖州）、徐州、竞州（疑即青州或营州）、莒州、蓏州（疑即并州）、荆州、扬州、豫州、虘州（疑读"沮州"，相当雍州），与《禹贡》提到的九州不同；二是它讲"文王平九邦"，"九邦"为丰、镐、舟、石、于、鹿、耆、崇、密须，它把"小邦周"灭"大邑商"的秘密讲了出来。这个秘密，就是文王是以"周方伯"或"西伯"的名义先平定"九邦之叛"，"三分天下有其二"，然后，武王才一举灭商。另外，在尚未公布的上博楚简中，还有一些与太公、周公有关的故事，如它有与今《大戴礼·武王践阼》内容相近的一篇，以及其他一些佚文。石板村楚简中，据说也有《逸周书·大武》。[1]

（4）春秋战国故事。现存文献，典型标本是《国语》和《战国策》。[2]《国语》和《左传》，按司马迁的说法，都是左丘明所著（见《史记》的《十二诸侯年表》序和《太史公自序》）。班固也这么说。他还称《国语》为《春秋外传》（《汉书·律历志下》），说孔子与左丘明观鲁史记，"口授弟子，弟子退而异言。丘明恐弟子各安其意，以失其真，故论其本事而作传，明夫子不以空言说经也"（《汉书·艺文志》春秋类小序），说"孔子因鲁史记而作《春秋》，而左丘明论辑其本事以为之传，又纂异同为《国语》"（《汉书·司马迁传》赞）。"本事"的意思是历史原委，有别于"空言"。它们都是以《左传》和《春秋》互为表里，《国语》和《左传》互为表里。这是汉晋以来的普遍说法。近人对此怀疑，认为左丘明未作《左

---

[1] 张春龙《慈利楚简概述（摘要）》，北京大学古代文明研究中心编《古代文明研究通讯》总第六期（2000 年 9 月），31—32 页。

[2] 《汉志》著录的《国语》有两种，一种是《国语》二十一篇，一种是刘向新编的《新国语》五十四篇，合起来有七十五篇之多。一般认为，今本韦昭注《国语》二十一卷是来源于前者，后者已佚。晋孔衍有《春秋时国语》和《春秋后国语》二书，见于隋唐史志著录。前者是《国语》的改编本，已佚；后者也叫《春秋后语》，则是《战国策》的改编本，有敦煌本。参看：王恒杰《春秋后语辑考》，济南：齐鲁书社，1993 年。

传》，《左传》不传《春秋》，《国语》与《左传》没有关系。[1]古人的看法是不是错？今人的看法是不是对？考古发现给我们提供了有趣的线索。

首先，我想讲一下 70 年代的发现，即马王堆帛书《春秋事语》和《战国纵横家书》。

《春秋事语》有 16 章，涉及晋、燕、齐、鲁、宋、卫、吴、越八国，所记事件多见于《春秋》三传和《国语》，但文字内容并不相同。当时，参加整理的张政烺先生指出，前者即申叔时"九艺"中的"语"（《国语·楚语上》），是春秋时期的一种古书体裁，"语"的意思是讲话，它虽以记言为主，但古人不能舍事言理，仍离不开纪事，所以也叫"事语"（刘向《战国策书录》）。[2]看来，这是该篇题名的依据。

《战国纵横家书》有 27 章，所记事件，有 10 章见于《战国策》，8 章见于《史记》，其中 14 章与苏秦有关。学者或以为是《汉志·诸子略》纵横家《苏子》的残篇，张政烺先生也说，《战国策》是诸子书中的纵横家言，不是史书。[3]此书定名可能与这种理解有关。当然更重要的原因是，学者力图把二书当作独立的著作，不想把它们与《国语》《国策》混为一谈。

这类发现，在过去 20 多年里，一直都是孤例，[4]直到 90 年代，等到上博楚简发现，我们才突然意识到，这是古代史书中数量最大也最活跃的一种。所以接下来，我想简单谈谈我对上博楚简的这类古书有什么印象。

上博楚简，其中和《春秋事语》《战国纵横家书》类似，有约

---

〔1〕　参看：杨伯峻《春秋左传注》（修订本），北京：中华书局，1990 年，前言。

〔2〕　张政烺《〈春秋事语〉解题》，《文物》1977 年 1 期，36—39 页。

〔3〕　张政烺《春秋后语辑考》序，收入上引王恒杰书内。

〔4〕　斯坦因曾在楼兰古城获得《战国策·燕策》晋写本残纸（LA.II.ii, C.1.a and b）。参看：林梅村编《楼兰尼雅出土文书》，北京：文物出版社，32 页：33 号；侯灿、杨代欣编《楼兰汉文简纸文书集成》，重庆：天地出版社，2001 年，147 页。

20 种古书。如：

（甲）楚国

（1）《叔百》。是记楚成王（前 671—前 626 年）时事。"叔百"即楚臣蒍吕臣（字叔伯）。

（2）《子玉治兵》（篇题后加，分甲、乙本）。是记晋、楚城濮之战（前 633 年）前楚臣成得臣（字子玉）治兵事。

（3）《两棠之役》甲本（篇题后加）。是记晋、楚邲之战（前 597年）。邲为汳水，入荥阳曰蒗荡渠，即简文"两棠"。《吕氏春秋·至忠》、贾谊《新书·先醒》提及此役，皆曰"战于两棠"。下《两棠之役》等五种亦有此章，《陈公悸治兵》提到此役，也作"两棠"。

（4）《两棠之役》五种（篇题皆后加）。包括《两棠之役》乙本、《楚分蔡器》《司马子有问于白炎》《阎毂先驱》甲本、《左司马言》五种。《两棠之役》乙本同上。《楚分蔡器》，是记楚灵王（前540—前 529 年）败蔡灵侯于吕（疑在前 531 年），命申成公取分蔡器。《司马子有问于白炎》是记楚惠王（前 488—前 432 年）时事。司马子有即《左传》哀公十六、十八年所见公孙宁（字子国）。《阎毂先驱》甲本是记楚昭王二十一年（前 495 年）灭胡事。《左司马言》是记楚惠王时事。

（5）《灵王既》。是记楚灵王事。

（6）《景平王问郑寿》四种（篇题皆后加）。包括：《景平王问郑寿》《景平王命王子木还城父》《庄王既成》《敬于析遂》。《景平王问郑寿》《景平王命王子木还城父》是记楚平王（前 528—前 516年）时事。《庄王既成亡镈》是记楚庄王时事。《敬于析遂》是记楚灵王即位（前 540 年）前后的事。

（7）《昭王故事两种》（包括《昭王毁室》《昭王还逃宝》两章，篇题后加）。是记楚昭王（前 515—前 489 年）时事。

（8）《阎毂先驱》乙本（篇题后加）。同上甲本。

（9）《百占辞赏》（篇题后加）。是记楚昭王二十七年（前 479

年）白公之乱后的事。

（10）《王居苏濑之室》三种（篇题皆后加）。包括：《王居苏濑之室》《叶公子高之子见令尹子春》《谦恭淑德》。皆记楚惠王（前488—前432年）时事。

（11）《简大王泊旱》（篇题后加）。是记楚简王（前431—前408年）占卜事。

（12）《陈公恽治兵》（篇题后加）。"陈公"，不详。案楚灭陈，封穿封戌为陈公，为《左传》昭公八年（前534年）事。此人当在其后。

（13）《范戊贱玉》（篇题后加，分甲、乙、丙、丁四本）。"范戊"，楚臣，于史无考。

（乙）晋国

《三郤之难》（篇题后加）。是记晋厉公（前580—前573年）时的三郤之难，事见《左传》成公十七年（前574年）和《国语·晋语六》。

（丙）齐国

（1）《景建纳之》。内容分三部分，是记齐桓公（前685—前643年）时隰朋、鲍叔牙向齐桓公进谏，于史无考。

（2）《景公疟》。是记齐景公（前547—前490年）和楚康王（前559—前545年）时事。其中提到齐臣晏婴、楚臣屈木（即屈建）、屈聘、叔百（即叔伯）和晋臣范武子、范文子。

（丁）吴国

《吴命》。包括残简若干章。

（戊）其他

（1）《昭王听赛人之告》残简（篇题后加）。记楚昭王时事。

（2）《有所》残简（篇题后加）。

（3）《寝尹曰》残简（篇题后加）。

上述材料，年代包括春秋中晚期和战国早期，国别包括楚、晋、齐、吴，其中尤以楚事最详。它们记录的事件，年代最晚，是到楚简王时。它可以说明，出土这批竹简的墓葬，年代最早也就是楚声王（前407—前402年）时。墓葬年代当在前400—前300年之间。

此外，据说慈利楚简，其中也有《国语·吴语》，"基本见于今本，但也有不见于今本者，所见史事包括黄池之盟和吴越争霸等"。[1]简文尚未发表，不知是有相同的辞句见于今本，还是像上述两次发现，只是事件见于今本，但和今本没有直接关系。同样，史载汲冢竹书，其中有《国语》三篇，"言晋、楚事"（《晋书·束皙传》），我们也不知道，它们和今本《国语》是什么关系。但有一点可以肯定，当时像《国语》这样的古书一定很多。

上述发现，对我们来说，最重要的是，它说明，春秋战国时期，语类或事语类的古书非常流行，数量也很大。同一人物，同一事件，故事的版本有好多种。这是当时作史的基本素材。我相信，这类古书，今后还会有更多的发现。[2]

现在回到刚才的问题，我想谈一点看法。我认为，《国语》《左传》和《春秋》，它们的关系可能是这样，即《春秋》这部鲁国史记，内容非常简略（只有16000多字），只是一个大事年表，本身没有可读性，作为教材，要有辅助材料，一种是讲历史细节（即班固所说的"本事"），一种是讲微言大义，两者都是古人理解的

---

〔1〕 张春龙《慈利楚简概述》（摘要），《古代文明研究通讯》总第六期（2000年9月），31—32页。

〔2〕 此外，放马滩秦简中有志怪故事，原称《墓主记》，按隋唐史志的概念，也可归入这里所说的"故事类的史书"。但志怪故事，不是历史故事，而是文学故事。看看：何双全《天水放马滩秦简综述》，《文物》1989年2期，23—31页；李学勤《放马滩简中的志怪故事》，收入所著《简帛佚籍与学术史》，181—190页。案：志怪类的故事，《隋志》隶于史部杂传，

传。前者是《左传》，后者是《公羊》《穀梁》。说实话，和古人说的"传"相比，如《尚书大传》《韩诗外传》，我看不出《左传》为什么就不能算是"传"，《国语》为什么就不能称为"外传"。《左传》的作者（不管是依托，还是真的与左丘明有关）要编这个辅助教材，肯定是找了一大堆事语类的古书，包括各国的材料，然后拿它们当材料，按《春秋》剪裁，插进其年月顺序之中，这就叫"论辑本事"，即便做不到处处对应，也还算得上贴身合体。它的整理很不错，但还是留下加工的痕迹。比如《左传》桓公元年讲宋华父督在路上遇见孔父嘉（孔子的祖先）的妻子，"目逆而送之，曰'美而艳'"，和次年华父督攻孔氏，"杀孔父而取其妻"本来是同一故事，只因见色在前，杀人在后，两者不在同一年，所以被割裂成两段。这样的例子很多。还有一种情况是，事情的前因后果连接很紧密，但不是发生在同一年，只能采取倒叙和追记。倒叙，多半是用"初"字，把过去的事插进来。追记，则是把后来才有的事情，颠因为果，做成预言，说从前有某种占卜，或某种预言，早就讲过了，最后隔了多少年，居然应验。甚至很多天象（日食、彗星、岁差）、历日，经学者研究，也是后来加进去的。[1]所以我们要知道，真正的编年体，像《资治通鉴》和《续资治通鉴》，都是利用很多材料，后来加工整理，不是一开始就有。《左传》也是这样，它肯定是利用事语类的古书，即与今《国语》类似的材料而编成（包括天象、历日，也是各国的材料杂糅在一起）。这种材料在古代很多（对当时的人来说，寻找起来，并不费力）。过去，清高士奇编《左传纪事本末》，他是把《左传》打散年代，按故事重新编过，可借以窥见其原始材料的故事结构。我们拿这些故事和《国语》比较，两者有同有异（重合者只有约十分之一）。可见《左传》只是利用了其中的一部分材料，没有采入《左传》者，就像《诗》《书》编

---

〔1〕　参看：新城新藏《东洋天文学史研究》，沈璿译，上海：中华学艺社，1933年，369—451页。关于这一问题，我曾在电话上向张培瑜请教，谨致谢忱。

定之后，还有《逸诗》《逸书》，这是非常正常的。古人把它们视为《左传》的编余剩稿或补充资料，把它们叫做"外传"，[1] 也是非常正常的。所以，我认为，班固说"孔子因鲁史记而作《春秋》，而左丘明论辑其本事以为之传，又纂异同为《国语》"，这不是没有可能。

另外，上面提到的"事语"类的史书，它的概念范围到底有多大，也是一个值得讨论的问题。我理解，第一，根据刘向《战国策书录》的佚文，它不仅包括《国语》类的古书，也包括《战国策》类的古书，至少是春秋故事和战国故事的共名；第二，它与所谓"诸子百家语"的"语"也有关，诸子书，今多视为哲学或政论，但在古代，却是私家之史乘，即后世所谓的稗官野史；第三，它还是诸子求仕游说的谈资，形成《韩非子·说林》及其内外《储说》那样的东西（《吕氏春秋》《韩诗外传》《说苑》《新序》也收录了很多这样的故事）；第四，它与《左传》"君子曰"、史之赞、赋之乱，还有各种箴铭，以及小说家言也有关系。这种"语"往往以压缩的形式出现，成为成语格言。从本质上讲，它是属于掌故性质的古书，因而与后世的辞赋、类书也有一定关系。[2] 这种史书是诸子时代最有代表性的史书。当然，研究这类古书，有个问题还值得研究，这就是春秋战国以前的故事，它们在古书里是属于哪一类，是不是也可援其例而称之为"语"。我想，不管当时有没有这种用法，它们都是属于故事类的史书，性质非常接近。这点还是可以肯定。另外，这类故事的坯子，在谱牒类的史书和档案类的史书中早有发现，但这些较早的故事，它们是原来就有，比《国语》和《国策》年代要早；还是后来创造，与《国语》《国策》同时或更晚，这也需要再思考。我们不能笼统说，年代越早的故事都是年代越晚的时候编出来的。

---

〔1〕 内史、外史类似子书之分内、外篇，参看：余嘉锡《古书通例》，109—118 页。

〔2〕 张铁《语类古书研究》，北京大学中文系硕士论文，2003 年 5 月。

　　归纳上面的介绍，我有两个印象，第一，早期史书，除去档案，其实只有两大类、三小类。两大类，一类是"谱牒"或"史记"，一类是"事语"。前者是大事记类，本身又分两类，一类是"世谱"，一类是"年谱"。后者是故事类。

　　此外，战国时期，还有一种讲制度的书，有点类似后世史书中的"政书"（《史记》"八书"和《汉书》以来的各种"志"属于此类）。它和诸子百家的政治理想和政治设计有很大关系。这种设计往往要托古，典型标本是《周礼》。它所托的古是"周公之治"。《周礼》原叫《周官》，不是《仪礼》那样讲家人之礼的书，而是讲国家制度的书。它是按阴阳五行学说，分天、地、春、夏、秋、冬六官讲周官，来源是天官和地官的划分（见《国语·楚语下》重黎"绝地天通"的故事），天官的系统本来是祝、宗、卜、史，地官的系统本来是司土、司马、司工，后来又加上冢宰（战国叫"相邦"）和司寇。这类划分，有许多不同的"配方"。《周礼》只是"配方"中的一种。它以冢宰为天官，司徒为地官，宗伯（包括祝、宗、卜、史）为春官，司马为夏官，司寇为秋官，司工为冬官，显然是一种晚期的改造。这种古书后来称为《周礼》，主要是它弥补了礼家心中的缺憾，有了国家大典式的东西。同样性质的古书后来也有，如《唐六典》就是这样的书。古代讲典制的书，大麻烦是把历时的东西压成平面，变成共时的东西。只要有这种压平的工作，就一定有理想化。《周礼》的理想化也是非常明显的。它是儒家的一种"政治设计"。类似的设计，古代还有许多（如《王度记》和《王制》）。这样的古书，上博楚简也有一点，现在还没有公布。

　　还有，讲古代地理的书，讲海外奇谈的书，像《山海经》《穆天子传》，这样的发现，现在也没有。

【参考书】

1. 胡平生《阜阳汉简〈年表〉整理札记》,《文物研究》第七期,合肥:黄山书社,1991 年,392—402 页。

2. 宋衷著、秦嘉谟等辑《世本八种》,上海:商务印书馆,1957 年。

3. 方诗铭、王修龄《古本竹书纪年辑证》,上海:上海古籍出版社,1981 年。

4. 邵东方、倪德卫主编《今本竹书纪年论集》,台北:唐山出版社,2002 年。

5. 马承源主编《上海博物馆藏战国楚竹书》(二):《容成氏》(李零注释),上海:上海古籍出版社,2002 年。

6. 荆门市博物馆编《郭店楚墓竹简》:《唐虞之道》,北京:文物出版社,1998 年。

7. 马王堆汉墓帛书整理小组《马王堆汉墓帛书》〔壹〕:《经法》《经》《称》《道原》,北京:文物出版社,1980 年。

8. 马王堆汉墓帛书整理小组《马王堆汉墓帛书》〔叁〕:《春秋事语》《战国纵横家书》,北京:文物出版社,1983 年。

9. 平势隆郎《新編史記東周年表——中國古代紀年の研究序章》,東京大學東洋文化研究所叢刊第 15 輯,東京:東京大學出版會,1995 年。

10. 平势隆郎《左傳の史料批判的研究》,東京:東京大學東洋文化研究所,1998 年。

11. David Schaberg, *A Patterned Past: Form and Thought in Early Chinese Historiography*, Harvard East Asian Monographs 205, Cambridge and London: Harvard University Press 2001.

12. Yuri Pines, *Foundations of Confucian Thought*, Honolulu: University of Hawaii Press 2002.

附录：与邓文宽先生讨论"历谱"概念书

邓文宽先生：

顷读《文物》杂志 2003 年 4 期刊出的尊作《出土秦汉简牍"历日"正名》，觉得很有意思。您和马克、华澜、刘乐贤、吴九龙等先生切磋此事，对数术研究无疑有推动作用。不久前，刘乐贤先生赠我他的新作《简帛数术文献探论》（武汉：湖北教育出版社，2003 年，24—25 页），我发现，他讲历谱，正是采用您手稿中的意见。过去，学者对《汉书·艺文志·数术略》使用的"历谱"概念未能深入考察，我也如此，故此说对我颇有启发，促使我重读原文，核对您的说法，也清理我的头脑。我想坦率地讲一下我的读后感，供您参考，也请您批评。您认为，学者习惯上把出土发现的各种历表（我姑且这么说，尊作是称为"历简""历本"或"实用历本"）式的东西称为"历谱"是个错误定名，其说始于罗振玉、王国维的《流沙坠简》，致误之由，盖因误读《数术略》的"历谱"，把"历"（即历法，尊作称为"历术"，以为相当后世"历经"）、"谱"（尊作以为即帝王世谱、世系之类）混为一谈。您详细论证说，罗、王称为"历谱"者，其实应按敦煌卷子习惯使用的"历日"一词而改称"历日"，这种称谓也见于《周礼》郑玄注和王充《论衡》，后世的具注历就是由早期的"历日"加选择事项（即把先前是分别独立的"历日"和"日书"合并起来）发展而成。刘乐贤先生基本上就是采用您的说法。他也认为"历""谱"是两类不同性质的东西，并为"历谱"一词，除《汉书·艺文志》外，古书罕见，当是目中"历""谱"两类的合称。过去，他就跟我讲过这个意见，当时我兴趣转移，一时摸不着头脑，好像提不出什么积极的意见。现在回想，这确实是个重要问题。当然，银雀山汉简旧称《汉元光元年历谱》的简文，其篇题四字，他认为应释"七年视日"而不是"七年历日"，和您的意见不太一样。关于"历谱"一词，我也觉得不好，但是否改称"历日"，我还有点犹疑。从您引用的材料看，我还不敢十分肯定，它们在汉代或以后是泛泛的名称，还是专门的术语，但您指出《数术略》"历谱"类的"历"和"谱"是两类东西，这点肯定很有意义。这里，我想就"历谱"的概念做一点补充，算是我的一点讨论。我理解，"历""谱"虽可分指，却仍有两者合一，作为合成词的例子，这和您的意见并不相左，只是一点补充。它对说明"历谱"的概念或许有用。比如，大家都很熟悉的例子，《史记》的《三代世表》和《十二诸侯年表》，司马迁说"自殷周以前，诸侯不可得而谱"（《三代世表》），正是以"谱"说"表"，沈涛也说，"表犹言谱"（日人泷川资言《史记会注考证》，上海：上海古籍出版社，1986年，340页引），它就是取材"历谱"，模仿"历谱"，本身就是"历谱"。更何况，我一向认为，《史记》以本纪统世家，世家统列传，如树有本根枝叶，本身就是按谱牒的系统而作。史家以为纪传体者，其来源如此。考司马迁作十表，参考书很多，但主要是"五帝、三代之记"。这种"记"，即《秦记》之"记"，《史记》之"记"，本来就是指以谱牒配世表、年表、月表的记录。《三代世表》采《谍记》《五帝系谍》（当是世表类的东西），《十二诸侯年表》采《春秋历谱谍》（当是世表兼年表，《六国年表》采《秦记》（司马迁谓之"不载日月，其文略不具"，大概比较简略，也是世表、年表类的东西），就都是属于当时概念下的谱牒。此外，他还利用了张苍《终始五德传》。《春秋历谱谍》，是历、谱合一之书，从书名即可看出。司马迁讲张苍作《终始五德传》，也说"汉相张苍历谱五德"（《十二诸侯年表》），"历谱"也是两者合一的动词用法。又刘歆《三统历》，《汉书·楚元王传》叫《三统历谱》，可见"历谱"还可指历法书。另外，我还注意到一点，就是《汉志》所谓的"历谱"或"历""谱"与选择也有别，这和当时的日书或后世的选择书也不一样。司马迁尝述其作表之难，在于取材多源，"儒者断其义，驰说者骋其辞，不务综其终始，历人取其年月，数家隆其神运，谱谍独记世谥，其辞略，欲一观诸要难"（《十二诸侯年表》）。查《十二诸侯年表》索隐引刘杳说"自古为《春秋》学者，有年历、谱谍之说，故杜元凯作《春秋长历》及《公子谱》"，"历"指年历，"谱"指谱牒，当然有别。但细思司马迁的话，"历人"所重虽在"年月"，却不害与其他东西相配。盖"历"与"神运"相配，即选择书；"历"与"谱谍"相配，即"世谱""年谱"之类。前者属于"五行"类所列，后者属于"历谱"类所列。我很怀疑，《汉志》的分类概念是以谱牒与历法近，而与选择有别。前者是描述性的，后者是占卜性的。这是它们的基本区别（后世史志沿用了这种区别）。

如果我的理解不错，回头重读《数术略》的"历谱"类，有些理解可做进一步调整，变得复杂一点，即此类是以历法、行度、谱牒、日晷和算术为主。粗略印象是，历法类有《黄帝五家历》至《汉元殷周谍历》七种（《汉书》"牒"作"谍"），其对应出土物是各种年表、月表类的东西；行度类是关于日月、五星、二十八宿行度的推算，有《耿昌月行帛图》至《自古五星宿纪》五种，对应出土物是马王堆帛书《五星占》的五星行度表。谱牒类是以人、事系世系年，有《帝王诸侯世谱》《古来帝王年谱》，对应出土物是双古堆汉简《年表》（睡虎地秦简《编年纪》也可归入此类）。日晷类则涉及一日之内的时间计算，有《太岁谋日晷》《日晷书》，则相当《隋志》以来的"漏刻"，对应出土物似仍阙如。算术类与历法和行度的计算有关，有《许商算术》《杜忠算术》，对应出土物有张家山汉简《算术书》和双古堆汉简《算术书》。但这只是大致的划分，实际上各类往往有交叉。如《颛顼五星历》《日月宿历》，是历法与行度交叉；《汉元殷周谍历》，是历法与谱牒交叉；谱牒分世谱和年谱，世谱无年，但年谱有年，也常与"历"相配。谱牒类，后世入史部，《隋志》已然（当时叫"谱系"类），盖沿《史记》之例，人多以为"谱"就是单独的家谱、族谱，有世无年，其实，以汉代的眼光看，"谱"的特点恰恰在于，它是与世表、年表、月表相配，属于历法的同类。"历""谱"固然有别，但关系密切，既可分言，也可连言，连言的"历谱"，其实就是《史记》十表类的东西。《史记》十表，有世表、年表和月表，其中的《十二诸侯年表》和《六国年表》，以人、事分国系年，就是典型。《六艺略》的《春秋》和汲冢出土的《纪年》其实也是这类东西，只不过前者被尊奉为经典，不在此类；后者是西晋才出土，当时不及见。它们和连言的"历谱"是一回事。这是天算和人事有关，涉及史官职守（史官要学天文历算，这是传统）和史书体例最重要的一类。它使我想起双古堆汉简《年表》的定名问题。此书，从现已发表的介绍看，形式与《史记》的《十二诸侯年表》和《六国年表》相似，整理者把它定名为《年表》，就是参考《史记》的年表（见胡平生《阜阳汉简〈年表〉整理札记》，《文物研究》第七期，合肥：黄山书社，1991 年，392—402 页）。这种理解十分正确。刘乐贤先生把此书归入谱牒类，以当时概念讲是对的，但我们不能把它理解为后世的谱牒，以为它们和历法、历表类的东西无关。

愚意以为，自来史志分类，历算（《汉志》叫"历谱"，《隋志》叫"历数"、两《唐志》和《宋志》叫"历算"）与选择（《汉志》《隋志》、两《唐志》和《宋志》俱称"五行"）是不同的两类，日书属后者，它与历算类的"历""谱"或"历谱"是有一定区别的。您讲具注历的形成，是历日加选择，这个说法，是不是还有斟酌的必要。因为具有选择性质的时令书和日书都是战国时代已经自成体系（前者如子弹库楚帛书，后者如九店楚简和上博楚简的两种《日书》），而且在《汉志》的分类概念下是属于"五行"类。当然，即使是这两类，交叉的情况也一样存在，比如您提到历本加注"反支""八魁""血忌"等语，就是如此。我们也不能一刀两断。

我对天文、历法，从学日浅，理解不深，完全是门外汉。不对的地方，请您指正。

李 零顿首

2003 年 5 月 12 日书于蓝旗营寓所

又：吕思勉《吕思勉读史札记》（上海古籍出版社，1982 年）下册 894 页"历日"条也说"历术何以普遍于民间，则必恃历本之普遍。……所谓历日，即今历本也"，与您相同。

【补记】上面的信，主要关注点，不是旧称"历谱"者是否可以改称"历日"，而是古书所说的"历谱"，其含义到底是什么，以及它与史书的关系，但涉及的问题比较广泛，更多的笔墨是花在梳理这一数术概念的内涵与外延。此信提出的观点，完全是一种商讨，我除和邓先生本人商讨，还和夏德安（Donald Harper）教授和马克（Marc Kalinowski）教授交换过意见。2003年6月3日，夏德安教授来信说，他认为我对《汉志·数术略》分类概念的讨论很有价值，说明实际情况很复杂，但他怀疑《数术略》的分类只是理想设计，未必能够概括简帛发现的实际情况。6月13日马克教授给我写过一封长信，除去重申他和邓先生提出的"历谱即历加谱"说，他还对邓先生提出的"历谱应改称历日"说做了进一步论证。他说他同意我对"历谱"概念的界定，但不理解为什么我对邓先生的个别意见还有保留。他的讨论对我很有启发。如我举刘歆《三统历》，《汉书·楚元王传》叫《三统历谱》，说明古书也有合称的例子，他提醒我说，《汉书·律历志上》说刘歆"作《三统历》及《谱》以说《春秋》"，正是合"历""谱"而称"历谱"，这种"历谱"恰恰是用来解说《春秋》，这正是我所关心。他说，他的基本观点是，以前称为"历谱"的发现，现在应叫"历日""历本"或"历书"。为了谨慎起见，他更倾向于使用"历书"。由于马克先生问我为什么还有所保留，这里我想把原来讨论不够或说得不够清楚的地方再补充解释一下。

第一，我认为，"历谱"的"历"当然是与历法和历日的谱排有关，但古人说的"谱"却并不等于后世侧重于世系的那种"家谱"，它分两种，一种是"世谱"，有世无年；一种是"年谱"，是有世有年。后者是指兼载事件的年表、月表和日表等，其实和古代各国的编年史记是类似的东西，和"历"本身也有交叉。"谱"和"历"并不是截然不同的两类东西，而是有密切关系，所以古人才把它们列为一类，并且用"历谱"表示这一类。"历谱"作为合成词，除《汉志·数术略》，还有其他几个例子，并不是绝无仅有。马克先生强调其分，我强调其合，联系和区分都重要。我的看法，不是拆台，而是补台。

　　第二，旧之称为"历谱"的简本发现，银雀山汉简的例子，我核对过简文，刘乐贤先生把简文自名释为"七年视日"是正确的，邓先生释为"七年历日"恐怕不妥。这里还应提到另一个例子，即张家山汉墓 M136 出土的同类竹简，简文自名是"七年质日"。[1]我于 2003 年 7 月 24 日和彭浩先生通电话，承他指教，简报所说 M136，将来编号要改为 M336，该墓所出"历谱"，其"七年质日"四字中的"质"字是上从斤下从贝，右半还有一斤，确为"质"字无疑。这点非常重要。案"质"字，古音为端母质部；"视"字，简文为禅母脂部，乃音近对转，估计是通假字。我怀疑，简文"质日"当读为"视日"，含义是一样的。"视日"和"质日"，它们才是此类简文的真正名称。"视日"是什么意思，这个问题也值得讨论。我查现在的古书，这个词出现频率很高，而且从早到晚都有，多半是动词，有的比较宽泛，有的比较具体。一般说，它是指观察太阳或日影，视其出入、长短，以定日辰早晚等，辞繁不具引。值得注意的是，《史记·陈涉世家》提到"周文，陈之贤人也，尝为项燕军视日"，《集解》引如淳说"视日时吉凶举动之占也。司马季主为日者"，它是把"视日"理解为占验时日、选择时日的活动，或直以"视日"为"日者"之别名。《旧唐书·礼仪志四》也提到"开元二十六年，玄宗命太常卿韦绦每月进《月令》一篇。是后每孟月视日，玄宗御宣政殿，侧置一榻，东面置案，命韦绦坐而读之"，其"每月视日"当和月令的制定有关。这些都可说明，"视日"是与历日的安排或历日的占验有关。情况比较特殊的例子，是包山楚简的"视日"，简文中的这个词是名词，显然不是一般的日者，而是负责有关事务的当职官员，有点像齐国铜器和陶器上的"某某立事岁"，是称某官莅政为"立（莅）事"。我怀疑，张家山汉简和银雀山汉简的"视日"，其实是与"临官莅政"（历书常用的术语）有关，其随葬的历日表谱，主要是供作填写政事记录，类似值班日志那样的历表，在档案中是比较特殊的一类。当时的历表可能有各种用途，这类用途即使不是惟一的用途，也是相当重要的用途。我个人是这么看，并跟刘乐贤先生讨论

---

[1]　荆州地区博物馆《江陵张家山两座汉墓出土大批竹简》，《文物》1992 年 9 期，1—11 页。

过这种意见（2003 年 7 月 23 日）。彭浩先生也是持同类意见（他的说法是用来考核事功），并说正在搜集材料做全面讨论。

第三，我认为，上面所说视日类的简文，它们和日书类的简文还有区别。当时的"历"可以跟很多东西相配，但跟"历"相配的东西，彼此可能不一样。"历人"之"历"重在"年月"，"数家"之"历"重在"神运"，"谱谍"之"历"重在"世谥"，司马迁讲得非常清楚，这个区别不能抹杀。我认为，日书类的古书，以《汉志》的分类体例，肯定是在"五行"类（后来的史志著录还是如此），而不在"历谱"类。当时，这两类已自成系统，非常发达。早期历自历，忌自忌，"历人"之"历"和"谱牒"之"历"在"历谱"，"数家"之"历"在"五行"，这并不一定是因为"简牍上能够书写的文字数量是有限的，不可能将那么多的选择内容都抄到历日的每天之下"，只是待具注历出，才把"'历日'和选择项目合写在一起"（见邓文的解释）。我怀疑，情况很可能是，它是为了将"历人"和"数家"合一，取得更标准和统一的形式。改变只是形式上的，内容上的东西都是早已具备（日书的通表已经是以历日和选择相配）。所以，我对邓先生的说法还有一点保留。

现在看来，邓先生把过去称为"历谱"的东西改称"历日"，主要证据有三类，一类是和后世具注历比较，这类最重要。其他两类，一类是西汉的出土证据，上面已经讨论，准确定名是叫"视日"；另一类是东汉文献的证据。他举了两条，一条是《周礼·春官·冯相氏》郑玄注提到的"历日"，一条是《论衡·是应》提到的"历日"（注意：这条引文也提到"视日"），这两条证据，年代都属于东汉，我从引文看，大体可信，但不能肯定当时是不是已和具注历一样是使用完全固定的术语。这三类证据，第一类证据最晚，只能提供参考；第二类证据最直接，但显然存在问题；第三类证据，还不是很充分。我们能够肯定的是，旧之称为"历谱"的发现，其定名存在问题，其实根据简文自名，也许应叫"视日"，它们与东汉时期已经出现的"历日"一词可能有关，并且与唐代的具注历也有相似之处。但我对这个论证，的确有保留的地方。所谓"保留"并不一定就是全盘否定，而是说还需要更多的证据来支持，把早晚的术语和概念沟通起来。

　　总之，我的看法是，战国秦汉时期的各种历表式的文献，还有大量出土的日书，它们与隋唐时期的具注历肯定有一脉相承的地方，但它们的具体名称和界限范围是什么，这仍然是一个值得讨论的问题。我只是信以言信，疑以言疑，把自己的想法讲出来而已。

　　　　　　　　　　　　　　　　　　2003 年 7 月 25 日写于蓝旗营寓所

简帛古书导读三：
诸子类

先秦古书，子书是大宗，即使是秦火之后的西汉，留下的书，也相当可观。比如，在《汉书·艺文志》的六类古书中，子书就占了约四分之一，比其他任何一类都多（其中虽包括汉代子书，但多数是先秦子书）。这些古书，后世大多亡佚，但留下的书，还是很多，篇幅并不亚于经书（我是说原文）；出土发现，数量也越来越多。无论怎么估计，重要性都绝不亚于前两类，特别是从思想史的角度考虑，也许更重要。

怎样利用出土材料研究古代思想，我想先就古代思想史的几个基本问题，讲一下我个人的理解，供大家参考。

（一）先秦学术史主要是子学史

冯友兰先生讲中国哲学史是分为两段，前一段是先秦，叫"子学时代"；后一段是汉以来，叫"经学时代"。[1]

---

[1] 冯友兰《中国哲学史》，北京：中华书局，1961 年。

吕思勉先生也说:

> 吾国学术,大略可分七期,先秦之世,诸子百家之学,一
> 也。两汉之儒学,二也。魏、晋以后之玄学,三也。南北朝、
> 隋、唐之佛学,四也。宋、明之理学,五也。清代之汉学,六
> 也。现今所谓新学,七也。七者之中,两汉、魏、晋,不过承袭
> 古人;佛学受诸印度;理学家虽辟佛,实于佛学入之甚深;清代
> 汉学,考证之法甚精,而于主义无所创辟;最近新说,则又受诸
> 欧美者也。历代学术,纯为我所自创者,实止先秦之学耳。[1]

吕氏于汉以下虽更做区分,但他以先秦学术为"诸子百家之学"则
是一样的。

子学是中国学术上最早的一段,是后来各种本土思想的源头,
它在中国学术史上的意义是毋庸置疑的,对认识我们自己有意义,
对认识别的文明也有意义。[2]

(二)以子书原典为本和跳出诸子看诸子

先秦学术既以子学为中心,则当以子学之法治之。但过去治
子学之法有二,一是清代子学,二是西方哲学史传入后的哲学史研

---

〔1〕 吕思勉《先秦学术概论》,北京:中国大百科全书出版社,1985年,3页。
〔2〕 历史上的创新多含复古,复古也多含创新。很多"传统"本身就是"发明"(invention
of tradition),汉代的复兴六艺诸子,宋代的复兴道统,清代的回归汉学,都是如此。但
我理解,现在的开掘传统,意义并不在于开出资本主义(已经有了,还开什么劲儿,
这在资本主义已席卷全球的情况下已没有意义),而是重新认识世界的过去和现在,包
括我们,也包括西方。这和文艺复兴的认祖归宗不同,和宗教改革的再造伦理也不同。
我们用不着伪造传统,也用不着托古改制。80年代的启蒙史学,其根本错误就在,它
不是把现代化的冲突描述为现代化本身的冲突,它的理念与过程的冲突,而是描述为
现代化与前现代化或非现代化的冲突,新与旧或西方与非西方的冲突。

究。清人治子，是以经术治子，他们"多注意于名物训诂，典章制度，而于大义顾罕研求。此由当时偏重治经，取以与经相证；此仍治经，非治子也"。[1]这是清学之弊。而近人治子，是以哲学治子，毛病则出在以西方观念为取舍，材料虽然是中国的，但框架是西方的，观念是西方的（西方哲学史，本身就有近代欧洲对古代欧洲的曲解）。这些都不能说是求诸中国子书本身的方法。

研究诸子，当然要从子书本身出发，但子书虽分流派，却有其共同的知识背景和思想资源。光读子书，等于身在庐山之中，反而不识庐山面目。我是主张"跳出诸子看诸子"，即不但要参考六艺（读儒、墨最重要），挹经注子；而且要读数术、方技和兵书（对读道家最重要），拿它们当解读线索（诗赋的关系比较小，但也有参考价值）。

阅读是倒过来的。

（三）儒一、墨二、道三：逻辑顺序和年代顺序

先秦的思想流派，有些可能是后来分出来的，但不一定都是后来造出来的。[2]过去讲流派，司马谈《论六家要旨》有六家之分，向、歆《录》《略》有九流十家，这当然是汉代的分类，但这个分类主要还是为先秦学术而设。因为，武帝以来，整个风气是复古求新，当时要批判秦政，替六国出气，就必须把以前的学术请回来。制度虽然承袭秦朝，但学术却是祖述先秦，故而一切还是笼罩在先秦的概念之下，并不直接是汉朝的东西（比如汉代没有墨家和名

---

〔1〕 吕思勉《经子解题》，上海：华东师范大学出版社，1995 年，100 页。
〔2〕 这就像"文革"时期，原生的"红卫兵"只是北京中学三派中的一派，不但和大学造反派有别，而且和地方造反派也不一样，后者往往是各自命名，并不叫做"红卫兵"，但现在"红卫兵"却是统称，即使是治"文革"史的专家，也照样分不清。

家，但此目有）。任继愈先生讲"先秦无六家"，[1]这样的说法，西方学者很欢迎。[2]但儒、墨是先秦固有的说法，谁也不能否认。问题主要是道家，还有名、法、阴阳三家，先秦有没有。儒、墨依托六艺，出身比较明确。但道是依托阴阳家的宇宙论和刑名法术，不专一派，不主一术，既有逃避和油滑的一面，也有进取和刻毒的一面，定性很复杂（它和名、法和阴阳都有很大关系）。儒、墨相诋是正统和异端，批判和反批判的关系，彼此对立，道是对立的超越。和儒、墨相比，它的派别关系和思想范围都比较模糊。关于儒、墨、道三者的关系，我的看法是，如果不管具体的"人"或具体的"书"（每一派的"人"和"书"都有早有晚），从思想发展的脉络讲，从大的潮流和趋势看，正像《老子》说的"一生二，二生三，三生万物"，它们的关系是儒一、墨二、道三。

关于诸子的年代关系，中外学者的看法大不一样。如《老子》一书，分歧最大。中国学者说，孔子既然问道老子，则道在儒先，不容商量，《老子》至少也是战国初年的作品，大体和《论语》的年代相近。[3]但西方学者不这么看，他们相信，《老子》的成书不但比《论语》《墨子》《孟子》晚，而且比《庄子》内篇也晚，年代不早于公元前250年，[4]或者顶多和《庄子》同时，反映的是公元前300年左右的思想趋势。[5]现在郭店《老子》出来，我们当然可以说，"公元前250年"的说法肯定是不行了，但有些西方学者认为，郭店《老子》

〔1〕 任继愈《先秦哲学无六家——读〈论六家要旨〉》，收入任继愈主编的《中国哲学史论》，上海：上海人民出版社，1981年，433页。

〔2〕 苏德恺（Kidder Smith）《司马谈所创造的"六家"概念》，《中国文化》第7期（1992年秋季号），北京：生活·读书·新知三联书店，1993年，134—135页；又Kidder Smith, "Sima Tan and the invention of Daoism, 'Legalism,' et cetera," *The Journal of Asian Studies* 62, no.1（February 2003）: pp.129–156。

〔3〕 参看：李学勤《申论〈老子〉的年代》，收入所著《古文献丛论》，上海：上海远东出版社，1996年，137—145页。

〔4〕 A.C.Graham, *Disputers of the Tao*, La Salle: Open Court Publishing Company 1989, p.170.

〔5〕 Robert G.Henricks, *Lao-tzu Te-tao Ching*, New York: Ballantine Books 1989, introduction: xi.

仍有可能是形成中的《老子》，仍有可能是原始八十一章本的祖本，或者与原始八十一章本平行，道家在他们心目中还是比较晚。[1]

关于这两种意见，我个人的看法是，第一，老子可能年代较早，但老子其人和《老子》其书不能等同，我们不能说孔子既然问道老子，《老子》的年代就一定早；第二，《老子》一书，现在从郭店楚简看，年代不晚于公元前 300 年，但它早能早到什么时候，是不是能早到战国早期，郭店本和八十一章本是什么关系，这些问题还值得研究；第三，道家作为一个思想流派，它的流行年代，还是要考虑儒、墨、道对话的逻辑关系，还是要考虑当时社会思潮的总趋势。

我理解，道家之学是"中国古代'现代化'"的产物，是儒、墨对立的真正超越，其说庞大驳杂，其势恣肆汪洋，别开生面，与儒、墨大异。它的大行其势主要是战国中晚期和汉初。战国晚期的《吕氏春秋》和西汉的《淮南子》都是以道家为主的杂家说。"杂"者，集合折中之谓也。我相信，道家才是"先秦诸子之终结"和时尚潮流的开路先锋。儒家的复出乃是另一时代，即"经学时代"的开端。它和先秦儒家大不一样，此不可不察也。[2]

（四）子学的知识背景

子学的主角是儒、道，而墨家是中介和过渡环节。它们在知识背景上有新老之别。老知识是六艺经典，主要是儒、墨所本，有很

---

[1] Harlod D.Roth，"Some methodological issues in the study of the Guodian parallels，"*The Guodian Laozi*，edited by Sarah Allan and Crispin Williams，The Society for the Study of Early China and the Institute of East Asian Studies，Berkeley: University of California 2000，pp.71–88. 中译本：罗浩《郭店〈老子〉对文中一些方法论问题》，收入陈鼓应主编《道家文化研究》第 17 辑，北京：生活·读书·新知三联书店，1999 年，197—207 页。

[2] 李零《道家与中国古代的"现代化"》，收入所著《李零自选集》，桂林：广西师范大学出版社，1998 年第二版，299—311 页。案：我使用的"现代化"一词并无褒贬，不像现在人认为的那样，是以它划分进步、保守或反动。我是无党派人士，不打算加入他们的任何一派。

强的复古色彩。新知识分两类，一类是治国用兵之术，包括刑名法术（汉代已不成门类）、纵横游说（汉代已不成门类），还有我国特别发达的兵学；一类是数术方技之学，主要是当时的自然哲学、实用科学和技术，以及占卜术和养生术，则是道家和与道家有关的各种流派所本。他们虽然也讲古代，甚至托其理想于三代以前的黄帝，好像比儒、墨更为古老，但他们醉翁之意不在酒，他们关心的不是复古，而是非常现实的问题。这是战国中晚期的趋势。即使儒家也不能不被这种风气感染，也不能不大谈阴阳五行，大谈治国用兵。特别是儒家的后学，本来就是入世较深的派别（特别是其属于"政事""言语"和"文学"的派别）。三晋儒家看重礼法，荀子出礼入法，也是因应时变的派别。韩非子和李斯从荀子学帝王术而沦为法家，更是明火执仗，刻意追随主旋律。这些都是汉代先道后儒，终于儒法合流之先声。

（五）先秦诸子的命运

读先秦诸子，我常常会感慨，其代表人物，孔子、墨子和老子，他们对他们生活其中的世界都很不满，谴责战争，谴责政治，抗世违世，抱批评态度，但毕竟胳膊拧不过大腿，他们的学生，就总体而言，还是顺应潮流，采取参与或合作的态度。比如，读《论语·微子》篇，我们不难发现，孔子反对助纣为虐，反对与世俯仰，但还是"知其不可而为之"，和古代的遗老遗少（"逸民"）不一样，和当时的隐士（"避世之士"）不一样。这些人都是"知其不可而逃之"。孔子欣赏他们（他喜欢颜回，道理是一样），但不被认可，在他们面前有点不好意思。墨子讲尚同、非攻，同情弱势群体，有暴力抵抗的行动。即使像老子，大讲其无为，好像是取遁世态度，但战国晚年，正是这一派别，反而大有作为。其辩论几百年的结局，所有一切，还是受利益驱动，由统治阶级操控，靠人民群众反抗，用剑与火，把各种矛盾的意向捏合在一起。比如秦汉以来的帝国，就是由秦皇、汉武、王莽，外加三次大起义和大反叛，分三步而完成。读书人的作用毕竟有限。所有反对势力，虽意向相左，但对这一进程都有所贡献，最终都免不了当统治阶级的工具，主要还是起制衡作用。

下面，我把有关资料，出土文献和传世文献，放在一起，做一简单介绍。

第一是儒家。它是以孔子为代表，出现最早的学派。研究这一流派，我们要从四个方面入手（参看附录）：

（1）研究孔子传。孔子的时代，是礼坏乐崩，贵族制度难以为继。他祖上是宋国贵族，本人是鲁国布衣，一生落拓，自比为"丧家之犬"（《史记·孔子世家》）。然而，正像历史转折期所常见，家道中衰的破落子弟最有怀旧情绪，他们比真贵族还古道热肠，更着迷古代制度的恢复。主张是矛盾，命运也是矛盾。他提倡"克己复礼"，礼没复成，光委屈自己，但为后世凭读书做官打通了道路；他本人不得志，但学生却"散游诸侯，大者为师傅卿相，小者友教士大夫"（《汉书·儒林传》），很为老师长脸。秦始皇焚书坑儒，把儒家逼上绝路，孔子的八世孙（孔鲋）投了农民军，但汉代，他们却扬眉吐气，打了翻身仗。汉高祖以大牢致祭，汉武帝也亲往吊封，从此，孔子故居成了万人瞻仰的圣地。司马迁前往参观，见其庙堂和车服礼器，流连不忍去，作《史记》时，竟以孔子入世家，拟于王侯。[1] 我们在前面讲过，中国传统，秦汉以下没有像样的贵族，但孔家却像贵族，而且是永不衰落的贵族。他们家，历朝历代，都受优遇，不但一般人比不了，就连皇上也没这个福气。这是

---

[1] 汉高祖取天下后，曾为七国绝无后者（秦始皇、楚幽王、魏安釐王、齐湣王、赵悼襄王）置守家，奉祭血食，陈涉亦在其中，故司马迁为作世家，但后世造反失败者却不被王朝承认。

为什么？就是因为他提倡的儒学传授和士文化后来被统治者接受，融入中国的教育制度和科举制度，成为国家制度的一部分，成为意识形态的主旋律，两千多年不改，孔子是这一文化的象征。

（2）研究仲尼弟子的弟子籍。孔子的学生，汉代说法，是有"弟子三千""贤人七十二"（或七十七）。他的学生怎么这么多？过去，我不明白。后来才知道，古代的传授制度，分入室和在籍。入室弟子，是能进老师的屋子，跟老师当面请教的人，数量很少。在籍弟子，是登记在册，包括前者和由前者辗转传授的人，数量很多。此外，还有仰慕虚名的外围追随者，数量更多。比如汉代，很多大师，都有弟子上万，入室者也多以千计，比他多得多。[1]现在出版的哲学史，总是习惯以"孔—孟—荀"三段论讲儒家，中间跳过的恰恰是孔子最直接的学生。孔子的学生，是"七十子"，司马迁作《仲尼弟子列传》，就是参考属于孔壁古文的《孔子弟子籍》，他是把"七十子"当在籍弟子。这类记述在汉代广为流传，如所谓《孔子徒人图法》和汉画像石，就经常有表现孔子弟子的画面。另外，孔子的子孙也传其学，比如子思，就是孔子的孙子。传世文献，有些也是孔家所传，如《孔丛子》和《孔子家语》。这些书对孔子的弟子和家学传授都有记录，过去怀疑很多，说是伪书，其实也是重要史料，比如，双古堆汉简和八角廊汉简就有与二书类似的内容，《说苑》《新序》和《韩诗外传》也有许多相关的内容。此外，战国中晚期的儒家八派，包括孟子和荀子，也有重新梳理的必要。前后接续，乃成孔门学案。[2]

（3）研究孔门的经艺传授。过去，讲这类问题，除《史》《汉》所述，主要是唐陆德明《经典释文》序录的有关记载。内容有如释家的传灯录。辨伪家不肯轻信，力图摧廓解散之，但古人为什么这

---

〔1〕 吕思勉《吕思勉读史札记》，上海：上海古籍出版社，1982年，上册，675—678页："讲学者不亲授"条。

〔2〕 胡兰江《七十子考》，北京大学中文系硕士论文，2002年5月。

样讲，哪些可靠，哪些不可靠，还是要重新检查。

（4）研究孔子的政治理想和学术主张。先秦诸子，都有自己的理想国和黄金时代。比如上古帝王，唐、虞和三代，就是大家的共同话题和共享资源。但孔子不讲黄帝，而是"祖述尧舜，宪章文武"（《礼记·中庸》）。尧、舜、禹、汤，是他的古代理想；文、武、周公是他的近代理想。他讲尧、舜、禹、汤比较少，但不是不讲。[1]他最称道的还是离他最近的"周礼"和"周道"。孔子是多面人，但学说是反映在两个方向上。一是他的仁学，二是他的礼学。他本人强调的当然是前者，但后学看重的反而是后者。特别是汉唐时期，主流还是制度派。而且所谓制度，也绝对不是"周礼""周道"，而是汉家的政治秩序，特别是考试选拔制度。最近的发现提醒我们，孔子对天道性命也有自己的看法，思孟学派重此，宋明理学重此，也是一个重要侧面。[2]

研究儒家，过去是重尾不重头，整个理解是倒着来（如以宋明理学为出发点），新儒家关心的更是现代问题，特别是"宗教空白"和"新教伦理"问题。大家读古书，主要是读《论语》《孟子》，近代以来，重视《荀子》的人也多起来（特别是50年代以来，学者对其"进步思想"的强调，也提高了他的地位），但《礼记》和《大戴礼》，其中属于"通论"和"乐记"的篇章，同样也是诸子书，而且是研究"七十子"最重要的材料，却不受重视。大家受辨伪学影响，认为《论语》才是"真孔子"（国内外都有一些人还要在《论语》里再分"真孔子"和"假孔子"，就像今文《尚书》还要辨伪一样），《礼记》和《大戴礼》，只配放进汉代讲。比如，冯友兰先生的开山名作《中国哲学史》就是这样安排。虽然，宋儒已发现问题，讲道统，讲心性，要到《礼》大、小戴记找资源，但他们讲来讲去，总是挑肥拣瘦，只选两三人（如曾子和子思），所

---

〔1〕　比如，《论语》和《礼记》《大戴礼》中还是有一些。
〔2〕　李零《郭店楚简校读记》（增订本），北京：北京大学出版社，2002年，前言。

谓"道统"，也有后世的偏见，只是强调过去被人忽视和遗忘的一面，还不是全貌。现在，最新的出土发现，郭店楚简和上博楚简，最大收获就是"重见七十子"。[1]另外，双古堆汉简和八角廊汉简，其中也有一些新的发现。它们扩大了我们的视野，激发了我们的灵感，使很多不成其为问题的问题成了新的思考对象。

比如，《论语》这本书，它是怎么编出来的，这就是个大问题。[2]我国的语录，《论语》以后，有禅宗的语录，宋明理学的语录（如《朱子语类》），最近的是《毛主席语录》。这些语录多是从讲演和谈话中摘录，《毛主席语录》还从文章摘录，选择性很强，是"经典化中的经典"。有些话，摘编之初，其省略的部分和内藏的含义还活跃于读者的记忆中，是不言而喻的东西；但时过境迁，背景隐退，就成了看不懂的东西。像毛泽东他老人家，临终前留下六个字，叫"你办事，我放心"，百年之后，还能理解它，恐怕就很少。大家会非常奇怪，这里面有什么深刻道理呀，值得当时的人那么敏感和激动（当时可是如同遗诏）。《论语》里也有很多这样的东西，现在根本看不懂的东西。还有，郭店楚简和上博楚简，它们都有一些句子，和《论语》相同或相似。《礼》大、小戴记，也有这样的东西。这对研究《论语》很重要。比如，《论语·子路》的第二章，今本是作"仲弓为季氏宰，问政。子曰：'先有司，赦小过，举贤才。'曰：'焉知贤才而举之？'子曰：'举尔所知。尔所不知，人其舍诸？'"最后三句话，按所有旧注的理解，都是分两截来读，前一半是祈使句，后一半是反诘句，意思是说，你应举荐你熟悉的人，你不熟悉的人，别人会忽略吗？汉魏以来，大家一直是这么理解。如《世说

---

〔1〕李零《郭店楚简校读记》（增订本），前言。

〔2〕《论衡·正说》对《论语》在西汉的传授有所描述，他说《论语》只是用尺书短简写成的"传记"。当时，有孔壁本二十一篇，以及齐、鲁、河间所获九篇。王充说："初，孔子孙孔安国以教鲁人扶卿，官至荆州刺史，始曰《论语》。"意思可能是，《论语》的传授是从孔安国开始，而不是说从他开始才有《论语》这个名称。《礼记·坊记》："子云：君子弛其亲之过而敬其美。《论语》曰：'三年无改于父之道，可谓孝矣。'"这是古书提到《论语》名称最早的记录。

新语·贤媛》讲许允为吏部郎，他举荐的人都是自己的老乡，魏明帝把他抓起来，他的辩护词就是这段话。他说，孔子都讲过了，我这叫"举尔所知"，您别问我是不是用人唯亲，关键要看他们是不是称职。这是现在评职称经常会碰到的问题。我们的评委都是各举所知，但"尔所不知，人其舍诸"？人家确实就把他舍掉了。关键是看谁的势力大。可见今本的理解很荒唐。上博楚简有《仲弓》篇，其中有一段也是讲季桓子使仲弓为宰，仲弓向孔子请教为政，比今本详细。仲弓问怎样举贤才，孔子的回答是"夫贤才不可掩也。举尔所知，尔所不知，人其舍之者"，从语法结构看，三句话是连读，后面两句不是反诘的口吻（"舍诸"是"舍之者"之误），意思正好相反。它是说，任何一个贤才都不应埋没，你应举荐你熟悉的人，也举荐你不熟悉的人，特别是被人忽略的人。我看，这才是顺理成章的讲法。我举这样的例子是想说，我们应该思考，《论语》是从类似《仲弓》或《礼》大、小戴记的一些篇章摘录，还是后者是从前者演义，甚至两种情况都有。我认为，至少不能排除，很多是前一种情况。它们很可能是从一些谈话和对话中摘抄下来。

其次，研究孔门学案，其较早的一段，也是最重要的一段，是孔子与七十子的东西。这些材料的来源值得注意。《论语》的编辑和《朱子语类》有些相似。今《朱子语类》的一百四十卷是合池州本、饶州本、建宁本、蜀中本、徽州本许多不同的刊本而成。今本《论语》即张侯论的前身也有古论、齐论、鲁论和河间本。其中古论是孔壁中书，其他本子也是从这个中心播散开来。大、小戴记的来源是古文《记》，也是孔壁所出。《孔丛子》和《孔子家语》更是直接来源于孔家。孔子的弟子很多，但只有一半可考，真正重要和留下影响，又是一半中的一半，只有十几个人。研究这十几个人，除《论语》，主要材料就是大、小戴记。我个人认为，后者和《论语》有同样的价值，甚至是更高的价值。因为《论语》的话，往往过于简短，很多都没头没脑。不像这类材料，有相对完整的叙述。更何况，《论语》式的语录，如上所说，有些可能就是摘自这类材

料，年代也与之相当。没有这类材料，本身也看不清。郭店楚简、
上博楚简，它们的中心人物也是这些材料的中心人物，有些篇章也
是今大、小戴记的对应篇章。它们对研究七十子，都是最宝贵的材
料。从前，班固说"昔仲尼没而微言绝，七十子丧而大义乖"，很
多问题看不清，是这个最早的部分看不清，如果大家连七十子都不
谈了，大义不乖还等什么。郭店楚简和上博楚简的发现，其重要意
义就在，它们救活了《礼》大、小戴记，证明这类材料还是有可靠
性。[1]过去，从宋以来，学者就试图把孔子和七十子的材料搜集在
一起。但因为辨伪学家的警告，大家总是提心吊胆，很多材料，不
加分析，就被搁置一旁，没有得到充分的利用。近年来，李启谦先
生做了再次整理，孔子的材料，全都收在一起，学生的东西，每个
人是每个人的，也全都收在一起。这对我们研究出土材料，有很大
的方便。我们把这一段研究好了，再来探讨儒家八派，再来探讨
《孟子》和《荀子》，情况肯定会大不一样。

　　现已出土的儒家书，主要有：

　　（1）郭店楚简的《缁衣》《五行》《鲁穆公问子思》《穷达以
时》《唐虞之道》《忠信之道》《性》（即《性自命出》）、《教》（即
《成之闻之》）、《六位》（即《六德》）、《尊德义》《父无恶》（即《语
丛三》）、《物由望生》（即《语丛一》）、《名数》（即《语丛二》）。
〔案：篇题皆后加〕[2]

　　（2）上博楚简的《性》（即《性情论》）、《缁衣》《子羔》（包
括现在被分成《子羔》《孔子诗论》《鲁邦大旱》的三篇）、《孔子
闲居》（即《民之父母》，与《大戴礼·孔子闲居》有关）、《太子
朝君》（即《昔者君老》）、《闻之》（即《从政》甲、乙篇），[3]以及

〔1〕 李学勤《郭店简与〈礼记〉》，收入所著《重写学术史》，石家庄：河北教育出版社，
　　　2002年，170—176页；李零《郭店楚简校读记》（增订本），前言。
〔2〕 荆门市博物馆《郭店楚墓竹简》，北京：文物出版社，1998年，15—103、127—214页。
〔3〕 马承源主编《上海博物馆藏战国楚竹书》（一），上海：上海古籍出版社，2001年，全
　　　书；《上海博物馆藏战国楚竹书》（二），同上，2002年，3—9、15—90、140—246页。

《齐师子家》《殷言》《仲弓》《内礼》（与《大戴礼·君子立孝》有关）等篇，内容涉及颜渊、仲弓、子路、子贡、言游、子夏、曾子、子思、子羔，以及季康子、季桓子等人。〔案：除《子羔》《齐师子家》《殷言》《仲弓》《内礼》，篇题皆后加〕

（3）八角廊汉简《论语》《儒家者言》《哀公问五义》《保傅传》。〔案：篇题皆后加〕[1]

（4）阜阳汉简中与儒家有关的三枚篇题木牍，据说，一枚似与《孔子家语》的内容有关，一枚似与《说苑》《新序》的内容有关，一枚似与《荀子》等儒家著作有关。[2]

此外，银雀山汉简《晏子》和石板村汉简《宁越子》，按《汉志》的分类，也是属于儒家著作；[3]敦煌汉简和居延汉简出土过《论语》《孝经》的残简。这两种古书和《仓颉》《急就》一样，也是属于当时的小学课本，[4]都是层次较低的读物，常发现于当时的边塞文书之中。

第二是墨家。它是与儒家对立的派别。其学术资源与儒家相似，但学说正好相反，托古托得更早，实用倾向更强。对于墨家，我们也可照上面的模式加以研究，便于比较，便于对照。下面是个提纲：

（1）墨子传。墨子的出身，比孔子更卑贱，学者怀疑他是工匠或者刑徒，年代也比孔子要晚。

（2）弟子籍。除禽滑离，据《韩非子·显学》，墨家有南北

〔1〕定县汉墓竹简整理组《定县四〇号汉墓出土竹简简介》，《文物》1981年8期，11—13页；定县汉墓竹简整理组《〈儒家者言〉释文》，同上，13—19页；河北省文物研究所定州汉墓竹简整理小组《论语》，北京：文物出版社，1997年。

〔2〕文物局古文献室等《阜阳汉简简介》，《文物》1983年2期，21—23页；胡平生《阜阳双古堆汉简与〈孔子家语〉》，《国学研究》第七卷，北京：北京大学出版社，2000年，515—545页。

〔3〕银雀山汉墓竹简整理小组《银雀山汉墓竹简》〔壹〕，北京：文物出版社，1985年，53—62、81—90、87—106页；张春龙《慈利楚简概述（摘要）》，北京大学古代文明研究中心编《古代文明研究通讯》总第六期（2000年9月），31—32页。

〔4〕崔寔《四民月令》："十一月，研水冻，命幼童读《孝经》《论语》篇章，〔入〕小学。"

三派，曰相里氏之墨（相里氏名勤，有弟子五侯，见《庄子·天下》）、相夫氏之墨、邓陵氏之墨（即《天下》所说的"南方之墨者苦获、己齿、邓陵子之属"）。

（3）资源之一（古书）。六艺之书，墨子盛言诗、书。

（4）资源之二（古史）。讲三代的书，墨子是以"夏政"为理想国。

（5）学术之一。如尚贤、尚同、兼爱、非攻、节用、节葬、天志、明鬼、非乐、非命等，既是篇名，也是主张。它们和儒家有什么异同，和道家有什么异同，很值得研究。

（6）学术之二。名学和守御之学，这是技术性的东西。前者研究较多，后者国内重视者少。后面讲兵书，我们还会提到。

（7）文献。传世文献，主要是《墨子》。《墨子》是学术汇编，是古代的大部头，现存墨家说主要都在此书之中。《汉志》的墨家书，除《墨子》以外，还有《尹佚》《田俅子》《我子》《随巢子》《胡非子》，五书皆亡。[1]出土文献，还没有发现。长台关楚简《申徒狄》，李学勤先生认为是《墨子》佚篇，[2]我认为只是有关材料，还不能肯定就是墨家的著作。[3]

对于先秦思想史的研究，墨家是承上启下的重要环节。它于儒家之外另起炉灶，各方面都是拧着来。它的出现，对道家思潮的形成有一定影响，应当做深入研究。

第三是道家。古代子书逃于儒、墨则归于道家，道家书是非儒非墨之书。有人如果不愿意用"道家"这个名称（先秦无"道家"之名），也可称这一类为"非儒非墨"派。它虽然内容混杂，界限

---

〔1〕 五书皆有辑本，参看：孙启治、陈建华《古佚书辑本目录》，北京：中华书局，1997年，213—215页。

〔2〕 李学勤《长台关竹简中的〈墨子〉佚篇》（写于1990年），收入《简帛佚籍与学术史》，台北：时报文化出版企业有限公司，1994年，341—348页。

〔3〕 李零《长台关楚简〈申徒狄〉研究》，收入张政烺先生九十华诞纪念文集编委会编《揖芬集》，北京：社会科学文献出版社，2002年，309—321页。

不明，但存在本身不容抹杀。我想，对道家，我们也可以照上面的模式加以研究，下面是个提纲：

（1）老子传。道家奉老子为宗，经常借老子之口，贬低孔子（如《庄子》），这是一种学术战术，情况与"老子化胡"有相似处。司马迁讲老子，是三老子，一个是老聃即李耳，一个是老莱子，一个是周太史儋。前两个老子，他们的共同点是，都以"老"称，都是楚人，都是道家，都是孔子请教的对象。后两个老子的共同点是，他们都是周史（前者是周收藏史，后者是周太史），而且名字的读音也比较接近。这里，值得注意的是，前两个"老子"，他们的"老"都不是姓氏，而是表示年龄很大，说明此人是以老寿而称（老年痴呆症的特点是，没有时间，没有空间，很像道家推崇的境界）。古书说孔子曾向前两个老子请教，事情怎么这么凑巧，他们不但时代相近，同样是楚人，同样是道家，而且对话也时有混淆，学者怀疑，他们也许是同一人。这种可能性很大，我个人是倾向这一看法。因为老聃是以李为氏，他被称为"老子"，其实是"老李子"。现在我们知道，楚国的李氏，它的"李"字和秦文字不同，不是从木从子，而是从来从子，来、李古音相同，都是来母之部字。老莱子可能就是老来子，即老李子。它们很可能是楚、秦两地的不同写法。[1] 至于周太史儋，他的年代太晚，可以排除不论。[2]

（2）弟子籍。关于道家有哪些流派，学者主要是看《庄子·天下》篇。《天下》不讲儒家，只说古代学术备于诗、书、礼、乐，邹鲁之士、缙绅先生能明之，百家之学称而道之，这是道家的背景之一。接下来，它讲百家之学，首先是墨家。我个人认为，墨家是

---

〔1〕 李零《老李子和老莱子》，收入所著《郭店楚简校读记》，195—202 页（原载《中国哲学史》1997 年 2 期，41—44 转 55 页）。案：《老莱子》有辑本，参看：《古佚书辑本目录》，211 页。

〔2〕 近来，仍有学者论证老子即周太史儋，与予说不同。参看：何炳棣《司马谈、迁与老子年代》，收入所著《有关〈孙子〉〈老子〉的三篇考证》，台北："中央研究院"近代史研究所，2002 年，71—99 页。

道家的先驱（后世道教仍尊墨子），也是它的背景。然后所述，有五个派别：（a）宋钘（《韩非子·显学》以墨翟、宋钘并叙）、尹文派；（b）彭蒙、田骈、慎到派；（c）关尹、老聃派；（d）庄周派；（e）惠施派（《汉志》把惠施归入名家）。五个派别都可归入广义的道家。可见该篇的主体是讲道家，其实是讲道家的学术史。

另外，战国时期有依托商周故事讲"阴谋"的一派，《汉志》也是列入道家，它以《太公》为代表作，《伊尹》《辛甲》《鬻子》是同类著作，[1]《鬼谷子》是其余绪。战国的兵家和纵横家都与这一派别有关，也是影响很大的流派。过去讲道家，学界往往忽视这一类，其实它也是很重要的一类。

（3）资源之一（古书）。无来源古老的经典，它的特点是自我作古，崇尚自然，推重技术，与各种数术方技和治国用兵之术有密切关系。

（4）资源之二（古史）。它是超越三代，抛弃三代，另创黄帝传说。[2]

（5）学术之一。如顺天道（"道""恒先"），养性命，讲究"全性葆真""贵柔""守雌""不以物累形""去健羡，绌聪明"，等等。

（6）学术之二。以无为取天下，守天下，如法、术、势，等等。

（7）文献。传世文献：（a）道家书：《老子》《庄子》《列子》《文子》《鹖冠子》；（b）阴谋书：《六韬》《鬼谷子》。出土发现：（a）道家书：郭店楚简和马王堆帛书中的《老子》、张家山汉简《盗跖》、阜阳汉简《庄子》杂篇残简（出《则阳》《让王》《外物》三篇）和八角廊汉简《文子》，以及郭店楚简《太一生水》、上博楚简《恒先》（即将发表）；[3]（b）阴谋书：银雀山汉简、八角廊汉简

---

〔1〕三书皆有辑本，参看：《古佚书辑本目录》，209 页。《鬻子》并有唐逢行珪注本。

〔2〕参看：丁元《黄帝书研究》，北京大学中文系硕士论文，2003 年 5 月。

〔3〕郭店本《老子》，参看：荆门市博物馆《郭店楚墓竹简》，北京：文物出版社，1998 年，1—14、109—126 页。马王堆本《老子》，参看：马王堆汉墓帛书整理小组（转下页）

《六韬》（其实应改称《太公》）、《九主》（属伊尹书）；[1]（c）黄帝书：马王堆帛书《经法》《经》《称》《道原》。[2]

现已出土的道家著作，除大家熟悉的《老子》《庄子》和《文子》，马王堆帛书《经法》《经》《称》《道原》，最新也最重要的发现是上博楚简《恒先》。此篇是属于古代的道论，即在中国真正够得上称为哲学著作的东西。它是以先后的概念讲"道"，讲天地万物的创生，以及形、名之间的关系。简文说"先有中，焉有外。先有小，焉有大。先有柔，焉有刚。先有圆，焉有方。先有晦，焉有明。先有短，焉有长"，它是在每一对矛盾中都分先后，然后推众先之先，称为"恒先"，即终极的"先"。马王堆帛书《道原》也提到这个词，是作"恒先之初，迥同大虚，虚同为一，恒一而止"。"恒先"是"道"的别名。

最后是其他流派。如：

（1）阴阳家：代表人物是邹衍和邹奭。这一派的背景是数术、方技之学。邹衍书有佚文。[3]

（2）法家：齐法家言是集于《管子》，《汉志》列在道家，《隋

《马王堆汉墓帛书》〔壹〕，北京：文物出版社，1980年，3—16、89—100页。张家山本《庄子·盗跖》，参看：荆州地区博物馆《江陵张家山两座汉墓出土大批竹简》，《文物》1992年9月，1—11页；李学勤《论新出简帛与学术研究》，《传统文化与现代化》1993年1月，65—71页；廖明春《〈庄子·盗跖〉篇探源》，《文史》第45辑，北京：中华书局，1998年，49—59页。双古堆本《庄子》杂篇残简，参看：韩自强、韩朝《阜阳出土的〈庄子·杂篇〉汉简》，陈鼓应主编《道家文化研究》第18辑，北京：生活·读书·新知三联书店，2000年，10—14页。八角廊本《文子》，参看：河北省文物研究所定州汉简整理小组《定州西汉中山怀王墓竹简〈文子〉释文》，《文物》1995年12月，27—34页；河北省文物研究所定州汉简整理小组《定州西汉中山怀王墓竹简〈文子〉校勘记》，同上，35—37转40页。

〔1〕银雀山汉墓竹简整理小组《银雀山汉墓竹简》〔壹〕，北京：文物出版社，1985年，63—74、91—102、107—126页；河北省文物研究所定州汉墓竹简整理小组《定州西汉中山怀王墓竹简〈六韬〉释文及校注》，《文物》2001年5期，77—83页；《马王堆汉墓帛书》〔壹〕，29—33页。

〔2〕《马王堆汉墓帛书》〔壹〕，北京：文物出版社，1980年，43—88页。

〔3〕有辑本，参看：《古佚书辑本目录》，240页。

志》列在法家；三晋法家有李悝、申不害、慎到，则与三晋儒家有关；秦法家有商鞅和韩非，商鞅、韩非，其学出于三晋，韩非是荀卿的学生，但理论基础是道家，特别是《老子》的学说。法家与儒、道两家都有关，但归根结底，还是和道家的关系更直接也更密切。传世文献：《管子》《商君书》《韩非子》。重要佚文：《李子》《申子》《慎子》。[1]出土发现：有上博楚简《慎子曰恭俭》（未发表）和石板村楚简《管子》佚文。[2]

（3）名家：邓析、尹文、公孙龙、惠施。传世文献：《邓析子》《尹文子》《公孙龙子》。重要佚文：《惠子》。[3]

这些也都与道家有很大关系。

以上所述，涉及内容太广，这里只能粗枝大叶，做一点轮廓的描述，内容从略，主要说一下派别的分类和它们的传承。

---

〔1〕有辑本，参看：《古佚书辑本目录》，212—213 页。

〔2〕张春龙《慈利楚简概述（摘要）》，北京大学古代文明研究中心编《古代文明研究通讯》总第六期（2000 年 9 月）。

〔3〕有辑本，参看：《古佚书辑本目录》，213 页。

【参考书】

1. 李启谦《孔门弟子研究》，济南：齐鲁书社，1988 年。

2. 李启谦等《孔子资料汇编》，济南：山东友谊书社，1991 年。

3. 李启谦等《孔子弟子资料汇编》，济南：山东友谊书社，1991 年。

4. 马王堆汉墓帛书整理小组《马王堆汉墓帛书》〔壹〕，北京：文物出版社，1980 年。

5. 银雀山汉墓竹简整理小组《银雀山汉墓竹简》〔壹〕，北京：文物出版社，1985 年。

6. 河北省文物研究所定州汉墓竹简整理小组《论语》，北京：文物出版社，1997 年。

7. 荆门市博物馆《郭店楚墓竹简》，北京：文物出版社，1998 年。

8. 马承源主编《上海博物馆藏战国楚竹书》（一）、（二），上海：上海古籍出版社，2001 年、2002 年。

9. 李零《郭店楚简校读记》（增订本），北京：北京大学出版社，2002 年。

10. 李零《上博楚简三篇校读记》，台北：万卷楼图书有限公司，2002 年。

附录：儒门传学考

在诸子书中，儒家材料最多，系统最明，可列其世系源流和学派传承如下。[1]

一　孔子世系

可参看《世本·卿大夫世》《史记·孔子世家》《汉书》的《孔光传》和《孔安国传》，以及《孔丛子》和《孔子家语·本姓解》。

（甲）孔子先世（春秋时期）

孔父嘉（名嘉，字孔父）—木金父—睪夷（字祁父）—孔防叔—孔伯夏—叔梁纥—孔丘（字仲尼）。

（乙）孔子后代（战国时期）

孔丘（字仲尼，前 551—前 479 年）—孔鲤（字伯鱼，前 532—前 483 年）—孔伋（字子思，前 483—前 402 年）—孔白（或孔帛，字子上）—孔求（字子家）—孔箕（字子京）—孔穿（字子高，前 312—前 262 年）—

---

[1] 关于下述人物的年代，参看：钱穆《先秦诸子系年》，北京：中华书局，1985 年。

孔谦（字子慎或子顺，魏相，前293—前237年）。[1]

　　案：孔子至子顺，可参看《孔丛子》的第一至十八篇。孔子，见《嘉言》以下四篇；子思、子上，见《记问》以下六篇；子高，见《公孙龙》以下三篇；子顺，见《陈士义》以下四篇。子思，不仅是孔子的后代，也是影响很大的学者，《汉志》有《子思》二十三篇，《隋书·音乐志》引沈约奏答，说《中庸》《表记》《坊记》《缁衣》皆取《子思》。此书汉以后曾长期流传（《隋志》七卷，《旧唐志》八卷，《新唐志》七卷，《郡斋读书志》七卷），宋代还能看到。但宋汪晫（与朱熹同时）编《子思子》九篇，是以《中庸》为内篇，杂取他书为外篇，并非原书。后来清冯云鹓、洪颐煊、黄以周和顾观光也都做了辑本。[2]郭店楚简《缁衣》《五行》《鲁穆公问子思》，学者认为，是与子思有关的文献，其中《缁衣》，有对应今本，旧有"子思所作"和"公孙尼子所作"二说，但该书是以夫子自陈的形式写成，子思或公孙尼子只是传述者。子高之书，《汉志》有《谰言》十篇（《孔子家语后序》作"十二篇"），马国翰辑《谰言》是取《孔丛子》的《公孙龙》以下三篇。[3]

（丙）孔子后代（秦代和西汉时期）

　　子顺的后代分三支：

　　（1）孔鲋（或名孔甲，字子鱼，陈涉博士，前264—前208年）。

　　（2）孔腾（字子襄，汉惠博士，迁长沙太守）—孔忠（约当文帝时）—孔武（约当景帝时）。孔武之后分两支：（a）孔延年（汉武博士）—孔霸（字次儒，封关内侯，号褒成君，约当昭、宣、元时）—孔福（嗣封，约成、哀时）—孔房（约当哀帝时）—孔莽（约当哀、莽时）—孔志（约光武时）—孔损（约和帝时）—孔曜—孔完；（b）孔安国（汉武博士）—孔卬（约昭帝时）—孔骊（约宣帝时）[4]。孔霸之后，除子福，有三个分支：

---

[1]　孔府所传世系，其名作"谦"。字，《孔子世家》作"子慎"，《孔丛子》作"子顺"。

[2]　参看：《古佚书辑本目录》，207—208页。

[3]　参看：《古佚书辑本目录》，208页。

[4]　《孔丛子·连丛子上·叙世》作"仲骊"，谓仲骊生子立，子立生子元，子元生子建。

（a）孔捷（约成帝时）；[1]（b）孔喜（约成、哀、莽时）；（c）孔光（字子夏，成帝博士，约成、哀时）—孔放（约哀、莽时）。[2]

（3）孔彦（又称孔丛，盖其字，约高、惠、文时，官太常，封蓼侯）—孔臧（约景、武时，嗣侯）—孔琳（约昭、宣、元时，嗣侯）—孔黄、孔茂（约当成、哀时，失侯）。

案：上述三支，第一支后代不详，第二支是《史》《汉》所记，第三支是"孔丛子"之后。上述人物，子鱼，见《孔丛子·独治》以下三篇；其他，见书后的《连丛子》上下篇。该书以"孔丛子"名书，是孔臧以父名题书。《汉志·六艺略》孝经类有《小尔雅》一篇，《诸子略》儒家类有《太常蓼侯孔臧》十篇（班固注："父聚（丛），高祖时以功封，臧嗣爵"），《诗赋略》屈赋类有《太常蓼侯孔臧赋》十九篇，疑即《孔丛子》所本。今本《孔丛子》可能是东汉以来的改编本，它的七卷二十二篇是由四个部分组成。一是前三卷的《嘉言》以下十篇，盖取于诸书所记孔子、子思事；二是第三卷的《小尔雅》一篇，盖取于《汉志》之《小尔雅》；三是卷四、五的《公孙龙》以下十篇，盖取于《汉志》之《孔臧》书；四是《连丛》上下篇，盖取于《汉志》之《孔臧赋》和孔臧以下的圣后言事。前面的三卷（孔穿以前）和后面的一卷（孔丛以后）都是加上去的。[3]

二　孔门弟子[4]

除个别人和孔子年龄相近，一般比孔子小三四十或五十岁。他们绝大

---

[1]《孔丛子·连丛子上·叙世》说次儒第二子有后，家于茂陵，名奇，字子异，其兄名君鱼，官至武都太守、关内侯，约当王莽和东汉初。

[2]《孔丛子·连丛子下》是记孔子之后季彦（75—124年），并及彦父子和（？—86年）、彦兄长彦、宗人仲渊。

[3]《孔丛子·连丛子上·叙书》说孔顺有三子，"长子之后承殷统，为宋公；中子之后奉夫子祀，为褒成侯；小子之后彦以将士高祖有功，封蓼侯"，"长子之后"不详，"中子之后"是孔腾之后，"小子之后"是孔彦（孔丛）之后。

[4] 关于这一问题，李零《郭店楚简校读记》（增订本）前言有简短描述，胡兰江《七十子考》有进一步论证。

多数是鲁人，少数是燕、齐、宋、卫、陈、蔡、晋、秦、吴、楚人。参看
《史记》的《孔子世家》和《仲尼弟子列传》（汉武帝时）、郑玄《论语孔
子弟子目录》佚文（东汉时）、《孔子家语·七十二弟子解》（魏晋时）。[1]
其人数，古代模糊的说法是"七十子"，见《孟子·公孙丑上》，《韩非
子·五蠹》和《吕氏春秋·遇合》也提到孔子身边有"服役者"或"达
徒"70人，可见这种说法，战国就有。汉代也流行这个词。但"七十子"
到底是谁，具体有多少人，汉代一直有两种说法，《史记》是兼载异说。
《孔子世家》说"孔子以诗书礼乐教，弟子盖三千焉，身通六艺者七十有
二人"，这是一种说法。另一种说法见《仲尼弟子列传》，是作"孔子曰
'受业身通者七十七人'"，其根据是孔安国得到的古文《弟子籍》（即赞语
所谓"则论言《弟子籍》，出孔氏古文近是"）。"七十二"是五行家的神
秘数字，它是按五行分三百六十日，古人说自古帝王封禅泰山有"七十二
君"，刘邦身上有"七十二黑子"，"七十二人"之说当是为了凑这个数字。
《孔子家语·七十二弟子解》题目作"七十二弟子"，同于《孔子世家》；
但实际所列却有77人，同于《仲尼弟子列传》（其中三人不同，是因文字
讹舛，详下）。汉代的孔门弟子传，还有插图本，如《汉志·六艺略》论
语类有《孔子徒人图法》二卷。这些插图本可能是根据建筑中的壁画。汉
景、武之际，蜀守文翁在成都修立精舍、讲堂、石室，号文翁学宫，汉
灵帝光和元年（178年）在洛阳设鸿都学宫，都有七十二弟子像汉代画像
石，也经常有表现孔门弟子的画面（往往只是选取其中的一部分），说明
这一传统由来已久。文翁学宫，永初后（113年后）和中平间（184—189
年）两度毁于火，东汉兴平五年（194年），蜀守高眹复修"旧筑文翁周公
礼殿"，图绘圣贤古人于四壁，梁上画有孔门弟子72人（《艺文类聚》卷
三八引晋任豫《益州记》、欧阳修《集古录跋尾》卷三《文翁石柱记》）。
《隋志》和两《唐志》著录的《蜀文翁学堂像记》，《仲尼弟子列传》索隐

---

[1] 《隋志》经部论语类有郑玄《论语孔子弟子目录》一卷，史部杂传类有《孔子弟子先儒
　　传》十卷，两《唐志》史部杂传类有《孔子弟子传》五卷、《先儒传》五卷，即将《孔
　　子弟子先儒传》分为二书。

引《文翁孔庙图》（或《文翁图》）和《七十子图》，疑即相关书籍。这类画像，宋元时期还在，就是以 72 人为全套。可以反映汉代的"七十二人"说。比如高联的周公礼殿，据元费著《成都周公礼殿圣贤图考》，就是只有 72 人。它与《仲尼弟子列传》相比，不同点是少了公夏首、句井疆、罕父黑、颜之仆、县成、颜何、公西舆如，多了琴牢、廉瑀，正好是 72 人（原为 73 人，蘧瑷是误入）。孔门弟子，各书所记不同，但去除重复，仍以 77 人为限。这里分为三类，以《仲尼弟子列传》（下简称《列传》）为主，兼记《七十二弟子解》（下简称《家语》）异文，[1] 列述如下：

（甲）第一类学生

只有 10 人，是孔子在《论语·先进》中提到的所谓"从我于陈、蔡者"。他们多见于《论语》或大、小戴记，在德行、政事、言语、文学四方面各有所长。唐玄宗开元八年（720 年）定祭孔之制，以此 10 人配享，称为"四科十哲"，又以曾参大孝，特为塑像，列于"十哲"之次（《旧唐书》的《玄宗本纪》和《礼仪志四》）。[2]《史记·仲尼弟子列传》和《孔子家语·七十二弟子解》都有此 10 人。

（1）颜回（字子渊，前 521—前 481 年）。鲁人，比孔子小 30 岁，以德行称。

（2）闵损（字子骞，前 536—前？年）。鲁人，比孔子小 15 岁，以德行称。

---

〔1〕下所用今本《家语》是参考：（1）明覆宋刊本《孔子家语》（缺从汲古阁本补入），收入《中国子学名著集成》，台北：中国子书名著集成编印基金会，1978 年，珍本 021；（2）陈士珂《孔子家语疏证》，《丛书集成初编》本（长沙：商务印书馆，1939 年）。案：前者较善，但有若干错字，如"皙"误"揩"或"楷"，"石"误"右"，"后"误"石"等，不尽可据。

〔2〕唐代祀典的"十哲"是据《论语·先进》孔子所谓"从我于陈、蔡者"的 10 人而定，其中没有曾参和颛孙师。但曾参和颛孙师皆频见于《论语》和大、小戴记，重要性并不亚于十哲。朱熹《论语集注》引程子说曾提出解释，他说"四科乃从夫子于陈、蔡者尔，门人之贤者固不止此。曾子传道而不与焉，故知十哲世俗论也"。其实，曾参的重要性，唐人已充分认识，故于祀典特升曾子。程子之论，唐人也已发之，如李观《辨曾参不为孔门十哲论》（见《全唐文》卷五三四）。

（3）冉耕（字伯牛，生卒不详）。鲁人，以德行称。《圣门志》《阙里广志》说他比孔子小 7 岁。

（4）冉雍（字仲弓，前 522—前? 年）。鲁人，比孔子小 29 岁，以德行称。

案：上面四位皆以德行称，个个老实巴交，少言寡语，不求仕进。

（5）冉求（字子有，前 522—前 472—前? 年）。鲁人，比孔子小 29 岁，尝为季氏宰，以政事称。以上三冉子为同族。

（6）仲由（字子路或季路，季路是以行辈称，前 542—前 480 年）。鲁卞邑（今山东泗水东卞桥镇）人，比孔子小 9 岁，尝为鲁季氏宰和卫孔悝之邑宰（蒲宰），以政事称。

案：这两位都有治国用兵之才，并以干练勇武称。但冉求于师说不尽遵行，子路对孔子也时有顶撞，不如颜回更能得老师之欢心。气头上，孔子曾说冉求不是他的学生，让弟子"鸣鼓而攻之"（《论语·先进》），对子路的莽撞偏激他也颇有非议。

（7）宰予（字子我，生卒不详）。鲁人，以言语称。《大成通志·先贤列传上》说他比孔子小 29 岁。《列传》说"宰我为临淄大夫，与田常作乱，以夷其族，孔子耻之"，索隐指出是与阚止（亦字子我）混淆。

（8）端沐赐（字子贡，前 520—前 468—前? 年）。卫人，尝为信阳宰，比孔子小 31 岁，曾仕卫、鲁，死于齐，以言语称。

案：以上二人是以能言善辩称。宰我有改"三年之丧"为"一年之丧"的说法（《论语·阳货》）。子贡《诗》背得很好，有外交才能和经商本领，都是很有本事的人。但他们太爱说话，太爱做官，并不是孔子最喜欢的学生。孔子甚至骂过宰予，说他白天睡觉，是"朽木不可雕也"（《论语·公冶长》）。

（9）言偃（字子游，前 506—前? 年，或前 516—前? 年）。吴人或鲁人，尝为武城宰，比孔子小 45 岁，以文学称。

（10）卜商（字子夏，前 507—前? 年）。卫温县（在今河南温县西南）人，比孔子小 44 岁，尝为莒父宰，又事卫灵公，老年讲学西河，魏文侯、田子方、段干木、李克、吴起师事之。子夏以文学称，传《诗》和《春秋》，在经艺传授上是重要人物。

案：以上二人是以通习经艺称，他们都有许多学生。但子游一派于礼求俭，为人不拘小节，《礼记·礼运》的"大同小康"说传出其门；子夏一派正好相反，他们非常重视仪节，在洒扫应对一类小事上很下功夫。

（乙）第二类学生

有 25 人，连上 10 人，是司马迁所说"显有年名及受业闻见于书传"的弟子（《仲尼弟子列传》）。他们中的多数都见于《论语》或大、小戴记，其中最重要是颛孙师、曾参、宓不齐、商瞿、高柴、漆雕启、有若七人，特别是颛孙师和曾参，重要性一点不比上面的 10 人差。宋咸淳三年（1267 年）改祭孔之制，是以颜渊、曾参、孔伋、孟轲四人配享，称为"四配"，升颛孙师于"十哲"，就是把曾参和颛孙师特意拔出（《宋史》的《度宗本纪》和《礼仪志八》）。

（1）颛孙师（字子张，前 503—前？年）。陈（在今河南淮阳）人，[1]比孔子小 48 岁。唐以来，学者多说，孔子最重要的学生都是从游陈、蔡者，即上"四科十哲"，但当时子张也在身边。

（2）曾参（字子舆，前 505—前 432 年）。鲁南武城（今山东平邑县南魏庄乡南武城村）人，比孔子小 46 岁。《汉志》有《曾子》十八篇，隋唐史志作两卷，《郡斋读书志》作两卷十篇，谓即《唐志》著录本。高似孙《子略》也说此书与大、小戴记所收者无异。晁书两卷十篇本，即今《大戴礼》的《曾子立事》《曾子本孝》《曾子立孝》《曾子大孝》《曾子事父母》《曾子制言上》《曾子制言中》《曾子制言下》《曾子疾病》《曾子天圆》篇。其实，曾子的作品还有《大戴礼·主言》，以及《礼记》的《曾子问》和《大学》。此外，《仲尼弟子列传》说"孔子以（曾子）为能通孝道，故授之业。作《孝经》"，他和《孝经》也有关系。[2]宋代的汪晫，除编《子

---

〔1〕郑玄《目录》说他是阳城（在今河南登封东南）人，《吕氏春秋·尊师》说他是鲁人。

〔2〕《汉志》也有"《孝经》者，孔子为曾子陈孝道也"的说法。这类说法和现在的"作者"概念有冲突，等于承认一种"作""述"一体前后相继的 co-author。其实《缁衣》也是类似的例子。它虽然是以"子曰诗云"的形式写成，但仍然可以算是子思一派的作品。

思子》，也编《曾子》。他编《曾子》时，十篇本还在，但他要重新编。此书也分内外篇，内篇二是抄《孝经》和《大学》，外篇十（缺二）是抄大小戴《记》《论语》《孟子》《孔子家语》，并非严格的辑佚本。[1] 后来，清冯云鹓、严式诲、顾观光有《曾子》辑本。[2]

（3）澹台灭明（字子羽，前 512—前？年，或前 502—前？年）。鲁武城（即上南武城）人，比孔子小 39 或 49 岁，是个相貌丑陋的人。

（4）宓不齐（字子贱，前 521—前？年，或前 502—前？年）。鲁人，尝为单父宰，比孔子小 30 或 49 岁。《汉志》有《宓子》十六篇，今佚。[3]

（5）原宪（字子思，前 515—前？年）。鲁人或宋人，比孔子小 36 岁。

（6）公冶长（字子长，生卒不详）。齐人或鲁人，蹲过监狱，孔子认为他的被抓是无辜，所以把女儿嫁给他（这种疼学生的办法一直保留到现在）。

（7）南宫括（字子容，生卒不详）。鲁人，孔子很喜欢这个学生，所以把他哥哥的女儿嫁给他。"括"，索隐引《家语》作"缙"，今本作"韬"，疑形近而误。

（8）公皙哀（字季次，生卒不详）。齐人。"哀"，索隐引《家语》作"克"，疑形近而误，今本作"公析哀"。

（9）曾点（字子皙，生卒不详）。鲁人，曾参之父。"点"，《列传》作"箴"，此从《论语》《家语》。曾点喜欢吃羊枣（一种小柿子），在孔子眼中是个"狂士"（《孟子·尽心下》），不是他的得意门生。案：《列传》"箴"是"箴"之异体，王引之《春秋名字解诂》以为即《说文》卷十上黑部"黵"字，许慎的解释是"虽皙而黑也，古人名黵字皙"，正是以曾点为例。"箴"即"点"之异写。

（10）颜无繇（字季路，前 545—前？年）。鲁人，颜回之父，比孔子小 6 岁。《家语》作"颜由"，"由"与"繇"通。他与仲由名、字俱同。

（11）商瞿（字子木，前 522—前？年）。鲁人，比孔子小 29 岁，传《易》。

---

〔1〕《七十子考》，35—53 页。
〔2〕 参看：《古佚书辑本目录》，206 页。
〔3〕 有辑本，同上。

（12）高柴（字子羔或季羔，前521—前478—前？年，或前511—前478—前？年）。齐人，比孔子小30岁或40岁，个子很矮，相貌丑陋，曾在鲁任费宰（或费郈宰）、武城宰、成邑宰，在卫任士师。"羔"，《左传》哀公十五年、《论语·先进》《礼记·杂记下》《列传》等书俱作"羔"，上博楚简亦作"羔"，《礼记·檀弓》作"皋"，《论语·先进》疏引《家语》作"高"，皆"羔"之借字。郑玄《目录》说高柴是卫人，以其在卫任士师故。其实高氏是齐国贵族，《家语》说"齐人，高氏之别族"，才是他的原籍。

（13）漆雕启（字子开，前540—前？年）。鲁人或蔡人，比孔子小11岁，是受过刑，身体有残疾的人。《论语·公冶长》作"漆彫开"，孔安国注："漆彫，姓。开，名"，《列传》同。《汉志》有《漆雕子》十三篇，今佚。[1]班固注"孔子弟子漆雕启后"（谓其书出于漆雕启之后人，或疑"后"是衍文），《汉书·古今人表》作"漆彫启"，"彫"与"雕"同，"启"是本名，《列传》《家语》作"开"，是避汉景帝讳改字。其字，应以《列传》作"子开"者是，《家语》作"漆雕开，蔡人，字子若"，"若"是"启"字之误，盖颠倒其文，以名为字，以字为名。又郑玄《目录》曰"鲁人"，《家语》曰"蔡人"，疑以前说为是。案，下（丙）（4）"漆雕哆"、（丙）（6）"漆雕徒父"亦以"漆雕"为氏，"漆雕氏"盖出工匠之里，齐陶文有"漆彫里"。[2]

（14）公伯缭（字子周，生卒不详）。鲁人，曾向季孙氏毁谤子路，让孔子看不起（《论语·宪问》），后人怀疑他不是孔子的学生，明嘉靖年间甚至把他开除出孔庙。《家语》无此人。

（15）司马耕（字子牛，前？—前481年）。宋司马桓魋的弟弟，多言而急躁。《论语·颜渊》有"司马牛"，孔安国注"牛，宋人，弟子司马犁"，《家语》作"司马犁耕"。

（16）樊须（字子迟，前515—前484—前？年）。齐人或鲁人，比孔子

---

〔1〕有辑本，参看：《古佚书辑本目录》，206页。
〔2〕高明《古陶文汇编》，北京：中华书局，1990年，200页：3.625、3.626。

小 36 岁。

（17）有若（字子有，前 508 或前 518—前？年）。鲁人，比孔子小 43 岁或 33 岁，据说相貌酷似孔子。

（18）公西赤（字子华，前 509—前？年）。鲁人，比孔子小 42 岁，好礼，孔子问他的志向，他说他喜欢在礼仪场合当"小相"（《论语·先进》）。

（19）巫马施（字子旗，前 521—前 489—前？年）。鲁人或陈人，比孔子小 30 岁，尝任单父宰。"旗"，《家语》作"期"，从名字关系看，似以作"旗"为是（两者皆从放旁），此从《列传》。

（20）梁鳣（字叔鱼，前 522—前？年，或前 512—？年）。齐人，比孔子小 29 岁或 39 岁。"鳣"，集解一作"鲤"，盖形近而误。

（21）颜幸（字子柳，前 505—前？年）。鲁人，比孔子小 46 岁。"幸"，索隐引《家语》同，王引之《春秋名字解诂》引钱馥说以为"幸"是"辛"之误，"柳"当读为"卯"，皆干支字。

（22）冉孺（字子鲁，前 501—前？年）。鲁人，比孔子小 50 岁。索隐引《家语》作"冉儒"。"鲁"，集解作"曾"。

（23）曹卹（字子循，前 501—前？年）。比孔子小 50 岁。

（24）伯虔（字子析，前 501—前？年）。鲁人，比孔子小 50 岁。"子析"，索隐引《家语》作"子皙"，今本同。正义引《家语》作"子哲"者误。

（25）公孙龙（字子石，生卒不详）。楚人或卫人。此人与作"坚白之谈"的公孙龙同名，但并非一人，索隐、正义以为同人误。"龙"，索隐引《家语》作"宠"或"奢"，曰"字子石，则'奢'或非谬"。

（丙）第三类学生

是《列传》所说"无年及不见书传者"，但据各书所引，仍有个别可考。《列传》有 42 人，《家语》略同，但缺（13），今本并脱（37）。

（1）冉季（字子产）。鲁人。

（2）公祖句兹（字子之）。鲁人。《家语》作"公祖兹，字子之"。

（3）秦祖（字子南）。秦人。

（4）漆雕哆（字子敛）。鲁人。"哆"，张口，字通"侈"，与"敛"含义相反。

（5）颜高（字子骄，前501—前？年）。鲁人，比孔子小50岁，曾为孔子驾车。"高"，索隐引《家语》作"产"，今本作"刻"，《汉书·古今人表》亦作"刻"。

（6）漆雕徒父。索隐引《家语》字"固"，今本大异，是作"漆雕从，字子文"，疑文有误，"徒父"乃字，其名为"国"，而讹为"固"，同下（丙）（28）"郑国"字"子徒"例；今本"从"是"徒"之误（繁体"从"作"從"，与"徒"相近），"文"也可能是"父"之误。

（7）壤驷赤（字子徒）。秦人。"子徒"，索隐引《家语》同，今本作"子从"，与上同。

（8）商泽（字子季）。鲁人。《列传》有名无字，集解、索隐引《家语》作"字子季""字季"，今本作"子秀"，疑形近而误。

（9）石作蜀（字子明）。索隐引《家语》同，今本作"石子蜀，字子明"。

（10）任不齐（字子选）。楚人。《家语》作"任子齐，字子选"。

（11）公良孺（字子正）。陈人，尝以私车五乘从孔子游。索隐引邹诞本作"公襄儒"。

（12）后处（字子里）。齐人。

（13）秦冉（字开）。《家语》无此人，疑与下（丙）（29）"秦非"字"子之"者为一人〔上（丙）（2）"公祖句兹"亦字"子之"，疑有误〕，"冉"与"非"字形相近。

（14）公夏首（字子乘）。鲁人。索隐引《家语》同，今本作"公夏守"。

（15）奚容点（字子皙）。卫人。"点"，《列传》《家语》俱作"箴"（《史记》中华书局1959年排印本作"箴"），同上（乙）（9）"曾点"之"点"作"箴"，字"子皙"例。

（16）公肩定（字子中）。鲁人或晋人。"子中"，索隐引《家语》同，今本作"子仲"。

（17）颜相（字子襄）。鲁人。"相"，《列传》作"祖"，《家语》作"相"，字形近。案："相""襄"皆有助义，郑环《弟子列传考》指出，"襄有辅相之义"，应以作"相"为是。

（18）鄡单（字子家）。前人多已指出，此即今本《家语》多出的"县亶"（王引之《春秋名字解诂》初印本、孙志祖《家语疏证》、金鹗《求古录礼说·孔子弟子考》）。盖"县"字繁体作"縣"，与"鄡"字形相近；"单"与"亶"，古音亦相同。《家语》字"子象"者，"象"是"家"之误。又《列传》《目录》《家语》均不注国别，然下（丙）（25）之"县成"为鲁人，又《礼记·檀弓上》有"县贲父"者，为鲁庄公御，《檀弓》上下和《杂记下》有"县子琐"，为鲁穆公臣，看来此人也是鲁人。

（19）句井疆（字子疆）。卫人。

（20）罕父黑（字子索）。"罕"，索隐引《家语》作"宰"，今本作"宰"。"子索"，索隐引《家语》同，今本作"子黑"。

（21）秦商（字子丕，前547—前？年）。鲁人，比孔子小4岁。"子丕"，索隐引《家语》作"丕兹"，正义引《家语》作"丕慈"，今本作"不兹"。

（22）申党（字子周）。鲁人。"党"，汉郎中王政碑作"申棠"，索隐作"堂"，谓即《论语·公冶长》"申枨"，并引《家语》作"申缭"（今本讹为"申续"，郑玄《目录》亦作"申续"），指出上（乙）（14）之"公伯缭"（不见《家语》），与此俱以"缭"为名，以"周"为字，容有混淆。案：王引之《春秋名字解诂》认为"党""周"乃互训关系。如此说成立，则"党"是正确写法，"枨""棠""堂"是其借字，"缭""续"则是误写。

（23）颜之仆（字子叔）。鲁人。

（24）荣旂（字子祈）。鲁人。索隐引《家语》作"荣祈"，字"子颜"，今本则作"子祺"。王引之《春秋名字解诂》引《唐书·礼乐志》作"荣子旗"，以为字作"子祺"而读为"子旗"，"旗"与"旂"同义。案：原文可能是作"荣旂"字"子旗"，也可能是作"荣祈"字"子祺"，疑不能定，"子颜"当是误字。又"子祺"同下"县成"字，容有混淆。

（25）县成（字子祺）。鲁人。"子祺"，索隐引《家语》作"子谋"，今本则作"子横"，疑形近而误。俞樾《春秋名字解诂补义》谓楚斗成然字子旗与此同例。

（26）左人郢（字子行）。鲁人。索隐引《家语》同，今本作"左郢"。

（27）燕伋（字子思）。与孔伋名字俱同。

（28）郑国（字子徒）。索隐、正义引《家语》作"薛邦"，指出"薛""郑"是形近而误，"国"乃避汉高祖讳改字，今本亦作"薛邦"。

（29）秦非（字子之）。鲁人。疑与上（丙）（13）"秦冉"为同一人。"子之"，则同上（丙）（2）"公祖句兹"字。

（30）施之常（字子恒）。鲁有施氏，疑是鲁人。

（31）颜哙（字子声）。鲁人。

（32）步叔乘（字子车）。齐人。

（33）原亢（字子籍）。集解、索隐引《家语》同，今本"亢"作"抗"或"忼"。

（34）乐欬（字子声）。鲁人。索隐引《家语》同，今本或作"乐欣"，盖形近而误。

（35）廉絜（字子庸）。卫人。索隐引《家语》同，今本作"廉潔"。

（36）叔仲会（字子期，前501—前？年，或前497—前？年）。晋人或鲁人，比孔子小50或54岁。

（37）颜何（字称）。鲁人。《列传》颜何"字冉"，索隐引《家语》"字称"，王引之《春秋名字解诂》以为"冉"即"聃"字所从，"聃"与"儋"通，《说文》"儋""何"互训，是其名字相应之据。如此，则作"称"者误（"称"繁体作"稱"，与"聃"字形相近，容有混淆）。今本脱去此条。

（38）狄黑（字子皙）。"皙"与"黑"反义。索隐引《家语》同，今本作"皙之"。

（39）邦巽（字子敛）。鲁人。索隐引《家语》作"邦选"，引《文翁图》作"国选"，引刘氏说作"邦巽"，今本《家语》作"邦选"，"国"是避汉高祖讳改字。"巽"即"选"字所从，可读为"纂"，与"敛"含义相近。

（40）孔忠（字子蔑）。孔子兄之子。"忠"，索隐引《家语》同，今本或作"忠"，或作"弗"。案："忠"与"蔑"义不相应，疑本作"弗"，用为"曹"字，《说文》卷三下目部训为"目不明"，与"蔑"同义。

（41）公西舆如（字子上）。索隐引《家语》同，今本作"公西舆，字子上"。

（42）公西点（字子上）。鲁人。"点"，《列传》作"箴"，据上（乙）
（9）"曾点"和（丙）（15）"奚容点"例，应即"点"字的异写。"子上"，
索隐引《家语》作"子尚"。今本《家语》"点"作"箴"，"子上"作"子
尚"或"子索"。案："子上"，与上公西舆如同字，容有混淆。

以上，《家语》所录与《仲尼弟子列传》略同，但缺少公伯缭、秦
冉，而多出琴牢、陈亢，疑公伯缭与申党有混，秦冉即秦非，乃重出，补
以琴牢、陈亢，仍是77人。《家语》琴牢乃卫人，字子开或子张，生卒不
详；陈亢（前511—前？年）乃陈人，字子亢或子禽，比孔子小40岁。案
古书有"琴张"，见《左传》昭公二十年、《孟子·尽心下》《庄子·大宗
师》，又有名"牢"的孔子弟子见于《论语·子罕上》，《汉书·古今人表》
《左传》杜预注并以为是一人，但清代学者多表示怀疑。陈亢，《家语》字
"子亢"，前人也多表示怀疑。[1]

三 七十子后学

七十子后学对战国中晚期影响最大，主要是五个派别：

---

[1] 历代祭孔，不断有新增的从祀者，受其影响，学者对这个名单还续有增补（未必可
靠），如：（1）仲孙何忌（前531—前481年），即鲁孟懿子，见《论语·为政》和《左
传》昭公七年；（2）仲孙阅（生卒不详），即鲁南宫敬叔，见《左传》昭公七年；（3）
牧皮（生卒不详），鲁人，见《孟子·尽心下》；（4）常季（生卒不详），见《庄子·德
充符》郭象注；（5）颜浊邹（生卒不详），卫人或齐人，见《吕氏春秋·尊师》《史
记·孔子世家》；（6）鞠语（生卒不详），见《晏子春秋·外篇下第八》；（7）孺悲（生
卒不详），见《论语·阳货》《礼记·杂记》；（8）序点（生卒不详），见《礼记·射
义》；（9）宾牟贾（生卒不详），见《礼记·乐记》；（10）公网之裘（生卒不详），见
《礼记·射义》；（11）廉瑀（生卒不详），见《文翁礼殿图》；（12）林放（生卒不详），
鲁人，见《论语·八佾》《成都周公礼殿圣贤图考》；（13）子服景伯（生卒不详）；
见《论语》的《宪问》和《子张》、汉鲁峻石壁画像；（14）惠淑兰（生卒不详），见
《礼记·檀弓上》《孔子家语·七十二弟子解》；（15）孔璇（生卒不详），见《孔子家
语·七十二弟子解》；（16）左丘明（生卒不详），见《论语·公冶长》等；（17）季襄
（生卒不详），鲁人，见《淮南子·泛论》高诱注；（18）盆成适，见《晏子春秋·外篇
上第七》，《孟子·尽心下》作"盆成括"；（19）瘐疱。见邹城面粉厂画像石；（20）乙
攸，见邹城面粉厂画像石。参看：《七十子考》，附录一。

（1）子思的派别。子思之书，已见上述。

（2）子游的派别。子游、子夏以"文学"称，应与经艺传授有较大关系，其书不传。

（3）子夏的派别。子夏不仅与《诗经》和《春秋》三传的传授有关，而且战国早期由魏文侯提倡的儒学也是来源于子夏。子夏之书亦不传，但《汉志》有《魏文侯》六篇、《李克》七篇，是与子夏有关。[1]

（4）子张的派别。子张的派别似与墨家有相似处。其书不传。

（5）曾子的派别。曾子有三个儿子、三个学生，三个儿子是曾元、曾华、曾申，三个学生是乐正子春、公明仪、单居离。曾子之书，已见上述。

另外，据《汉志》著录，汉代还有与宓子贱有关的两本书：

（1）《宓子》十六篇，注"名不齐，字子贱，孔子弟子"；[2]

（2）《景子》三篇，注"说宓子语，似其弟子"。[3]

关于七十子后学，战国晚期有"儒家八派"的说法（《韩非子·显学》）：

（1）子张之儒。即上（4）。

（2）子思之儒。即上（1）。

（3）颜氏之儒。"颜氏"，多以为是颜回。孔门弟子，颜氏有八（颜无繇、颜回、颜幸、颜高、颜祖、颜之仆、颜哙、颜何），未必即颜回。颜回先孔子卒，是否有弟子传学也无可考。[4]案"颜"与"言"读音相同（都是疑母元部字），此"颜氏之儒"也有可能是言偃（子游）的派别，即上（2）。

（4）孟氏之儒。即孟轲（约前390—前305年左右）的派别。孟子说他没有赶上当孔子的学生，只是"私淑诸人"（《离娄下》），即跟孔子弟子中的若干人请教。他学谁？前人有多种推测，或说子思，或说子游，或说曾子，可能都有一点关系，但从《非十二子》的说法看，恐怕还是和子思

〔1〕 有辑本，参看：《古佚书辑本目录》，207 页。

〔2〕 有辑本，参看：《古佚书辑本目录》，206 页。

〔3〕 有辑本，参看：《古佚书辑本目录》，206—207 页。

〔4〕 参看：陈奇猷《韩非子集释》，上海：上海人民出版社，1974 年，下册，1081 页，注〔五〕。

关系更大。《汉志》有《孟子》十一篇，由内篇七和外篇四构成，东汉赵岐删外篇，现在只有七篇。[1]

（5）漆雕氏之儒。孔门弟子漆雕启的派别。《汉志》有《漆雕子》十三篇。[2]

（6）仲良氏之儒。"仲良氏"，古本或作"仲梁氏"，即《礼记·檀弓上》《汉书·古今人表》中上的"仲梁子"。仲梁子可能也是曾子的弟子。[3]

（7）孙氏之儒。荀况（前340—前245年）的派别（"荀"作"孙"是避汉宣帝讳）。荀子常称道"子弓"，学者多以为是出自仲弓的派别。但郭沫若认为荀子是楚馯臂子弓（子夏门人）的弟子。《汉志》有《孙卿子》三十三篇，今本为三十二篇。[4]

（8）乐正氏之儒。曾参弟子乐正子春的派别。

案：上述八派没有子夏的派别，是个问题。有人说荀子一派出于子夏，但荀子对子夏批评很厉害，不可能是宗子夏。

七十子后学的书，《汉志》著录，属于战国时期，自《景子》至《虞氏春秋》（其中《平原君》，班固注"朱建也"恐误，应是平原君胜），共26种，除《孟子》《孙卿子》《内业》（在今《管子》内），大多亡佚，但有些还有佚文保留，除上所举《魏文侯》《李克》和《景子》《公孙尼子》，还有《世子》《宁越》《王孙子》《李氏春秋》《董子》《徐子》《鲁仲连子》《虞氏春秋》。[5]

另外，儒家子书，传于后世，很多都被归入"传记"。如一向归入六艺之书的下面两部书，其实就是儒家的子书：

（1）大、小戴《记》。二书原出孔壁《古文记》，共有204篇，后来删

---

[1]《孟子》佚文有辑本，参看：《古佚书辑本目录》，72—73页。

[2] 有辑本，参看：《古佚书辑本目录》，206页。

[3] 参看：陈奇猷《韩非子集释》，下册，1082页，注〔八〕。

[4]《荀子》佚文有辑本，参看：《古佚书辑本目录》，208页。

[5] 有辑本，参看：《古佚书辑本目录》，207—209页。案：《汉志》著录的《羋子》，即《史记·孟子荀卿列传》提到的齐人吁子的作品。齐、楚等国的"于"字，上面往往有饰笔，有如"羋"字，参看：容庚《金文编》，北京：中华书局，1985年，338页：0784。

选为 131 篇，包括后来的《大戴礼》（85 篇）和《礼记》（46 篇）。今本
《礼记》有 49 篇，是把《曲礼》《檀弓》《杂记》各分为上下两篇。其很多
篇章，原非传礼，乃是儒家的子书。郭店楚简、上博楚简中的儒籍有些就
是出于这种"记"，或与这些"记"属于同类。可见这类书的年代并不晚。
考古发现证明，这是研究"七十子"最重要的材料。

（2）《论语》。也是研究"七十子"的重要材料（而不仅是研究孔子的
资料）。此书是用短简书写，[1] 汉代视为"传"，如《汉书·扬雄传》说"传
莫大于《论语》"。《后汉书·赵咨传》也称之为"记"。这种"记"和上面
的"记"是属于同一类书。"论"是"辑而论纂"的意思，"语"是"接闻
于夫子之语"（《汉志》），两个特点都适合于大、小戴《记》的通论部分。
即使视为孔子之书，也不过是像明清人编的《孔子集语》。有人以为《论
语》纯为孔子之书，年代一定比前者早，可靠性一定比前者大，只有这本
书里的孔子之言才是"真孔子"之言，其他都不可靠。这种看法不一定
对。我认为，古代的"记"很多，上面的"记"也好，这里的"语"也
好，其实都是从广义的"记"里选出来的，"真假早晚"不能一概而论。
此书现有八角廊汉简本。

《汉志·诸子略》多收丛谈，儒家有《儒家言》，道家有《道家言》，
阴阳家有《杂阴阳》，法家有《法家言》，杂家有《杂家言》，小说家有
《百家》。八角廊汉简《儒家者言》就是仿此而题名。郭店楚简也有三种是
记录这类丛谈。

---

[1]《论语》，现在有定县八角廊出土的本子，是写在当时的七寸简（长 16.2 厘米）上。东
汉制度，五经是写在大简上，长二尺二寸四寸，其他古书多为"尺籍短书"。郑注《论语》
是用八寸简，还不如《孝经》长，《孝经》反而是用一尺二寸简。当时的《论语》，其
实是袖珍本（pocket size）。《论语》这本书是典型的语录体，过去没有类似的出土实
例。现在，郭店楚简的四种《语丛》是类似发现。这四种书，也是短书，属于七寸简
和六寸简。其中前三种，其形式、内容均与《论语》相似。

第十讲

简帛古书导读四：

诗赋类

在这一讲里，我们要讨论的主要是中国早期的文学作品，即中国早期的诗歌，以及从诗歌发展而来的韵文，[1]但范围大体同于《汉志·诗赋略》。《诗赋略》是以楚辞、汉赋和汉诗为主，不包括上面的《诗经》，也不包括六艺、诸子中的散文或韵文，因为把这些都加进去，和前面的内容就重复了。[2]

中国早期的诗歌，代表作是《诗经》和《楚辞》。它们作为古代诗歌的两部汇编，分别代表了早期诗歌的两大类型，一种是两周时期中原地区流行，朝聘会享，贵族吟诵，孔子还能看到的古

[1] 中国的文学作品，按现代概念（西方的概念），包括诗歌、散文、韵文、小说、戏剧和神话传说，有很多类别。但《汉志·诗赋略》却只收诗歌和韵文，不收散文（散文在当时是子书），也不收小说（当时的短篇故事，是集中于子书、语书和丛谈琐语类的所谓"小说"之中，还没有后世的小说和戏剧），更不包括神话传说（当时的神话传说，也多在子书、语书和上面说的那种"小说"之中，并不是单独的类别）。

[2] 余嘉锡说"以《七略》中史部附《春秋》之例推之，则诗赋本当附入六艺诗家，故班固曰赋者古诗之流也。其所以自为一略者，以其篇卷过多，嫌于末大于本，故不得已而析出。此乃事实使然，与体制源流之说无与也"，见所著《古书通例》，上海：上海古籍出版社，1985 年，64 页。

代歌词，即所谓"诗"；一种比它晚，是战国中晚期，因屈原大出其名，在楚地流行的另一种歌词，汉代叫"楚辞"（或"楚词"）。[1]它们是汉诗的源头，也是汉赋的源头。汉诗，五言的源头是诗体的四言诗；七言的源头是楚辞中的长句。类似后世长短句的杂言诗（如五、七杂言，三、五、七杂言，以及错综杂言），也是两者都有。汉赋，有所谓"诗体赋"（以四言为主的赋），可追溯于所谓"孙卿赋"（即荀卿的赋）；"骚体赋"（以六言为主衬"兮"字的赋），可追溯于所谓"屈原赋"；"文赋"（即所谓"逞辞大赋"）则兼用二体，模仿诸子散文，设为问答，来源都在先秦。[2]《汉志》以史书附春秋，但不以诗赋附诗，原因是这类材料太多，诗类装不下。它是以汉代的文学作品为主，外加它的源头，即楚辞，不包括《诗经》。

《汉志·诗赋略》是专收文学作品，略相当于后世的集部。但"诗赋"的"诗"是"歌诗"，"赋"是"辞赋"，并不包括一般的散文。这和现在的文学概念可不太一样。现在的文学史，基础材料是集部，当然包括散文，但战国秦汉的散文和诗赋是完全不同的两类，散文以说理为主，诗赋以抒情为主，散文自散文，诗赋自诗赋，当时的散文是归诸子（以个人名义编纂的文集在西汉仍被视为子书），还未与诗赋合一，形成后世所谓的集部。另外，诗有韵，赋也有韵，都是韵文，这和一般的散文也不太一样（当然，早

---

〔1〕古人说的"诗、书"之"诗"，如果不是专指孔门所传六经，只能当古书的类别，不能加书名号，它的概念要比《诗经》为广。同样，楚辞见于西汉史料，或作"楚辞"（《史记·酷吏列传》，中华书局 1959 年标点本括书名号），或作"楚词"（《汉书·朱买臣传》，中华书局 1962 年标点本括书名号），也是指屈原赋式的文体，而不是今《楚辞》（今王逸《楚辞章句》，传刘向编订）。

〔2〕参看：马积高《历代辞赋研究史料概述》，北京：中华书局，2001 年，10—21 页。案：诗、赋是早期文学形式，但很多规律与后世相通。如《诗经》《楚辞》，最初都入乐，两汉歌诗、唐宋词和元曲，原来也入乐。它们都经历过从入乐到不入乐，从通俗到典雅的变化。另外，诗、赋的句式，或以四、六言为主，或以五、七言为主（二言可归四言，三言可归五言），句子由短到长，由整齐到散漫，很多都靠衬字（包括连接词和语气词）。这里面已埋伏古体和近体，律诗和词、曲，以及骈、散之间的矛盾。

期散文也杂用韵文，两者并无截然的界限）。〔1〕诗、赋的不同点是，前者入乐，后者不入乐。〔2〕乐之有无是关键。古人讲"君子登高必赋"（《韩诗外传》卷七引孔子语），"登高能赋，可以为大夫"（《汉志·诗赋略》，出《诗·鄘风·定之方中》毛传"升高能赋，……可以为大夫也"），都是讲赋诗。赋和诗当然有关。〔3〕诗比赋更古老，它的句式、韵式和描写都对赋有很大影响。诗有韵，赋也有韵，都可吟诵，这也是共同点。但在《诗赋略》中，诗、赋却是两类：诗可入乐歌唱，一般比较短；赋则"不歌而诵"，一般比较长。另外，后者往往长短参差，比前者更接近散文（它与诗、文两类都有交叉）。这也是不同点。

　　《诗赋略》与《六艺略》《诸子略》不同，它是以当代的作品为主（这个特点也被后来的集部继承）："诗"完全是汉代的"歌诗"，不包括《诗经》；"赋"，包括楚辞，但主要还是汉赋。它和六艺、诸子虽有交叉，比如《六艺略》的诗类也有《雅歌诗》，孙卿《赋》是《孙卿子》的一部分，屈、宋的作品皆属先秦，但它毕竟不是以古典为主，而是以当代文学为主。在汉代文学中，"赋"比"诗"地位更突出，篇幅长而数量大。《诗赋略》也是先"赋"后"诗"。我们借用汉代的"诗赋"概念讲早期文学，讲简帛中的文学，比用集部的概念好，使用起来比较方便，但它还不等于先秦文学。先秦文学的概念，还应包括"六艺"类的《诗经》。〔4〕我们要注意它们

---

〔1〕　古代散文往往用韵，如两周金文铭辞，战国诸子传记，往往如此。有些还类似诗歌（如《老子》）。古代祝文，如九店楚简、睡虎地秦简《日书》，还有马王堆帛书《五十二病方》《养生方》《杂疗方》所引，也多是四言为句，频繁用韵，类似歌谣。散文和韵文并无截然界限。

〔2〕　这里的"入乐"是模糊概念，实际有多种可能，一种是为词配曲，一种是倚声填词，一种是以各自现成的词、曲整合而成。后世的词曲也是如此。

〔3〕　"赋"是"六诗"之一。《周礼·春官·大师》说大师教瞽蒙，有所谓"六诗"（风、赋、比、兴、雅、颂），一般认为，风、雅、颂是诗体，赋、比、兴是诗用，赋是属于平铺直叙的描写方式，《毛诗》大序称为《诗》之"六义"。

〔4〕　在第七讲里，我们已经指出，战国已有"六经"，《诗》是其中之一，属于"六艺"，并介绍过上博楚简《子羔》篇的"孔子诗论"部分。故在这一讲中，我们不再讨论《诗》。

的区别。

我们先讲"赋"。

《诗赋略》的"赋"分四种，一种以屈原赋打头，包括屈原、宋玉、唐勒三人的楚辞和若干汉赋；一种以陆贾打头，则纯属汉赋；一种以孙卿（即荀卿）打头，则包括《孙卿赋》和《秦时杂赋》，其他都是汉赋。这三种赋，都是有"作者"的"赋"。还有一类不标"作者"。它们是按不同主题分别篡集，带有文选的性质或总集的性质，作者是群体性的。这样的赋，按刘向的分类，叫"杂赋"。

研究辞赋，有些问题，还存在争论，我想讲一下我的理解。

（1）《诗赋略》的分类原则是什么，原书的四类，没有小序，无从判断。或说，屈原赋是以抒情为主，陆贾赋是以论说为主，孙卿赋是隐语体，杂赋是幽默体，等等，有各种各样的推测。然而，我们拿这些说法与各类篇目比较，都不太吻合。值得注意的是，章学诚有一个说法。[1]他说，这四类当中，前三类是"别集之体"，后一类是"总集之体"，倒比较合理。我理解，诗赋是个性化的创作。它的前三类，既然是一人一集（除"孙卿赋"类的《秦时杂赋》），当然很难按主题或风格来划分（不能像六艺以经术分，诸子按学派别），恐怕只是按数量多寡，大致切为三块，而拿屈原、陆贾、荀卿的作品打头，作为标签，本来就没有严格标准，因而也无

---

[1] 章学诚说："诗赋前三种之分家，不可考矣。其与后二种之类别，甚晓然也。三种之赋，人自为篇，后别集之体也。杂赋一种，不列专名，而类叙为篇，后世总集之体也"，"古之赋家者流，原本《诗》《骚》，出入战国诸子：假设问对，《庄》《列》寓言之遗也；恢廓声势，《苏》《张》纵横之体也；排比谐隐，《韩非》储说之属也；征材聚事，《吕览》类辑之义。虽其文逐声韵，旨存比兴，而深探本源，实能自成一家之学，与夫专门之书初无差别，故其叙列诸家之所撰述，多或数十，少仅一篇，列于文林，义不多让，为此志也。然则三种之赋，亦如诸子之各别为家，而当时不能尽归一例者耳。岂若后世诗赋之家，衰然成集，使人无从辨别者哉。"（见所著《校雠通义》，北京：北京古籍出版社，1956年，43—44页）

法用小序来提示。[1]

（2）《诗赋略》的"诗"和"赋"，"诗"是专指今诗（即汉诗），"赋"则兼赅古今，既包括《屈原赋》《孙卿赋》等少量战国赋，也包括个别秦赋和大量的汉赋。这是汉代的概念。现在，有些学者拿《文心雕龙》的《诠赋》《辨骚》作划分标准，以为"辞"是"楚辞"，"赋"是"汉赋"，完全是两种文体。[2]这种说法，似可商量。因为它只符合汉以后的情况，无法反映汉代，特别是西汉时期的理解，也不便衔接先秦。事实上，武帝以后的西汉是以复古为时尚，当时的学术，无论讲什么，在概念上都是兼赅古今（而且是以古律今）。汉初，南人北上，[3]带来不少楚文化的影响。当时，"赋"是大概念，"辞"是小概念，楚辞只是"赋"的地方性文体，即南方人的赋。尽管，楚辞与四言诗体赋，即《荀子·赋》篇的"赋"，北方中原的"赋"，本来意义上的"赋"，的确不太一样，但当时人并不把楚辞当"赋"以外的另一种文体，所谓"汉赋"，也是兼用二体。如司马迁说屈原"乃作《怀沙》之赋"（《史记·屈原贾生列传》），就是汉代习惯的说法。我觉得，按当时理解，楚辞也是"赋"，非常合理。只是后来，随着文化的进一步融合，[4]汉赋从依傍荀、屈到蔚为大国，形成独立的畛域，才有别于刘向编订的《楚辞》，即"经典化"的楚辞。刘勰以今律古，区分楚辞和汉赋，

---

[1] 参看：马积高《历代辞赋研究史料概述》，49—55 页。

[2] 费振刚《辞与赋》，《文史知识》1984 年 12 期，9—15 页；褚斌杰《中国古代文体概论》，北京：北京大学出版社，1998 年，56—58 页。案：费振刚等《全汉赋》（北京大学出版社，1993 年）的前言也涉及这一问题。费先生认为，楚辞是以屈原为主人公和模仿屈原语气的文体，明显不同于赋，所以该书所收"汉赋"不包括汉人的楚辞或所谓"骚体赋"。我理解，他是为了给汉赋划疆定界，才有这样的设定。

[3] 汉初赋家多为南人，如陆贾、枚乘、严助、朱买臣、刘安、刘德、刘向、刘歆为楚人，司马相如、王褒、扬雄为蜀人。贾谊、东方朔、司马迁虽为北人（贾谊是洛阳人，东方朔是厌次人，司马迁是夏阳人），但贾谊作赋在长沙，依旧被乎楚风；东方朔、司马迁随侍武帝左右，也受当时颇有楚风的宫廷文学影响。

[4] 汉初的文化融合，物质文化主要是南北融合，即秦、楚融合；思想文化主要是东西融合，即齐、秦融合。赋，则是楚辞和诗体赋的融合。

有他当时的道理，但不能反映汉代的理解。[1]

（3）现在的楚辞是以屈原赋为最早，汉代的楚辞也以模仿屈原赋为特点，学者多以屈原为楚辞体的开创者。这一说法，只以眼界为限，并无切实根据。比如下面谈到的上博楚简中的赋，就并不一定晚于屈原（约前 340—约前 278 年），[2]我很怀疑，屈原之前或同时，可能也有楚辞。更何况，它的源头是当地楚歌，人人可以利用。我们只能说，他是楚辞作家中最出名的人。

（4）楚辞的早期作家有很多人，司马迁说"屈原既死之后，楚有宋玉、唐勒、景差之徒者，皆好辞而以赋见称"（《史记·屈原贾生列传》），但《诗赋略》却没有景差赋，[3]这是为什么？又王逸《楚辞章句》叙说，《楚辞》一书本是刘向所集，为什么《诗赋略》却没有此书？这些问题的解决还有待于新的发现。

（5）诗体赋多以荀卿《赋》篇为代表，但此体也见于《楚辞》，如《天问》就是典型的四言诗体赋，说明楚地也用此体。我理解，战国赋，诗体是古体，[4]在北方是正宗，但南方也有，流传比较广。骚体则是南方的近体或新体，主要流行于楚地。情况有点类似五、七言的关系（五言近古，类似诗体；七言较新，类似骚体）。[5]但

---

〔1〕 "赋"是古人使用的可随历史转移而变化的主观概念。我们不能说，汉代的理解是错误的，而只能说，汉代人的理解就是如此。人或以为历史都是事实判断，其实却是横看成岭侧成峰。汉代的想法是以古律今，刘勰的想法是以今律古，角度不同，结果自然不一样。它再次说明，任何历史，同时也是思想史（就像科学史上的"科学"概念一样，即使现代标准也不是客观标准，而是现代人的标准）。

〔2〕 上博楚简出于盗掘，墓葬年代不易判断。其出土地点，从各种传闻看，估计是在湖北荆门市的郭家岗墓地，即郭店楚简的出土地附近。其出土事语类古书，所记事件，最晚是楚简王时（前431—前408年）。估计墓葬年代，大约在前400—前300年之间。简文抄写年代当与郭店楚简相近，估计也在战国中期。

〔3〕 今《楚辞·大招》，王逸注说："《大招》者，屈原之所作也。或曰景差，疑不能明也。"

〔4〕 两周铜器铭文多为此体，可以作为旁证。

〔5〕 诗体和骚体的根本差异，可能还不在句式，而在它们所配的音乐不同，出入音乐的早晚不同，古典化的程度不同。一般说，入乐之作多参差（便于演奏），失乐之作多整齐（便于吟诵）。入乐多为流行，失乐多为古典。诗、骚之别，不仅类似五、七言的关系，也类似后世律诗与长短句的关系。

诗、骚二体，荀、屈都不是作始者。秦赋未见，但从传世秦文和刻辞看，估计也是诗体（《诗赋略》也是把《秦时杂赋》和孙卿赋列为一类）。汉赋则一如当时文化，是秦、楚合璧，属于新旧二体并用，或新旧二体融合。另外，古之赋体，还不止于此。如《荀子·成相》篇，大家比为"说书体"或"弹词体"（句式作3＋3＋7＋4＋7式），这种有固定格式的长短句，既非诗体也非骚体，就是二体之外的又一体。另外，睡虎地秦简《为吏之道》，其"凡治事"章也用这种形式，可见此体是秦、晋共用。[1]其他形式的赋，恐怕还有。[2]

（6）赋的出现，背景深广。其客主问对，诚如章学诚所言，是类乎《庄》《列》寓言、《苏》《张》纵横、《韩非》储说、《吕览》类辑，与诸子辩难、处士游说的说话技巧有关，涉及子书、语书和小说；华丽铺陈（堆砌辞藻，炫耀博雅），也与各种修辞技巧有关，涉及小学（特别是雅学）、地志和博物之学。很多问题，要从赋以外，结合各种知识做综合研究。

（7）古代的"诗"本来是诸侯卿大夫在外交场合上的代言形式，具有政治功能，汉代的"赋"也有类似作用，但又不太一样。[3]扬雄说"诗人之赋丽以则，辞人之赋丽以淫"（《汉书·艺文志·诗赋略》小序）。他以为，当时的赋很多都已失去讽喻的功能，只能算"辞人之赋"，不能算"诗人之赋"。但汉代的赋，不管是忠直之谏，还是拍马逢迎，或官场失意后的牢骚满腹，全都属于"宫廷文学"的大范畴。比如屈原、宋玉、唐勒、景差，他们就都是楚王身边的近臣或弄臣（和东方朔相似，太史公的地位也差不多）。宋玉等人不用说，即便屈原，也是如此。他担任的"左徒"，从出

---

〔1〕　睡虎地秦墓竹简整理小组《睡虎地秦墓竹简》，北京：文物出版社，1990年，165—176页。

〔2〕　《为吏之道》各章，除篇后所附《魏律》，很多是以四言夹三言为主体，也应视为秦晋地区流行的赋体。

〔3〕　春秋赋诗和汉代对诗的理解都是属于"断章取义"。朱熹、葛兰言、闻一多等人以民俗歌谣解释《国风》，虽更符合文本本身，却并不符合先秦两汉的阐释传统，当时的理解还是近于《诗序》所说。

土文字看，恐怕是"左登徒"的简称，和《登徒子好色赋》的"登徒子"是同样的官职，"三闾大夫"也是管昭、屈、景三大贵族。这些都是楚王身边的官职。[1]

这是说"赋"。下面，我们再讲一下"诗"。

汉代的歌诗都是入乐之作，和古代的诗如出一辙。古代的诗有雅、俗之分，《雅》《颂》是雅，《国风》是俗。汉代音乐也有类似划分。雅乐是郊庙、飨射之乐，由太乐（西汉叫"太乐"，东汉叫"太予乐署"）掌之，相当古之《雅》《颂》。俗乐是各地采进的风谣，由乐府（西汉叫"乐府"，东汉叫"黄门鼓吹署"）掌之，相当古之《风》。雅乐又分"太予乐"（郊庙之乐）和"雅颂乐"（飨射之乐）；俗乐又分"黄门鼓吹乐"（天子宴群臣之乐）和"短箫铙歌乐"（军中之乐）。[2]

首先，"诗"和"乐"有关，这点很重要。因为古之"六艺"，"乐"无经典，但《诗》和音乐有关，却是经典。[3]比如上面讲的"六诗"，就是由乐官职掌，孙诒让说"凡诗皆可弦歌入乐，故诗亦通谓之乐"，"……六诗为乐之枝别……"[4]按古人的概念，"诗"也可以叫"乐"，比如孔子说"吾自卫反鲁，然后乐正，《雅》《颂》各得其所"（《论语·子罕》），就是把他对《诗经》的整理告成叫作

---

[1] 李零《"三闾大夫"考》，《文史》2001 年第 1 辑（总 54 辑），11—23 页。

[2] 王运熙《汉魏两晋南北朝乐府官署沿革考略》和《汉武始立乐府说》，收入所著《乐府诗述论》，上海：上海古籍出版社，1996 年，169—176、177—179 页。案：乐府之立是汉承秦制，不始武帝，陕西临潼曾出土秦乐府钟（1976 年秦始皇陵西侧 110 米一建筑遗址内出土），钮上刻"乐府"二字。参看：袁仲一《秦代金文、陶文杂考三则》，《考古与文物》1982 年 4 期，92—96 页。

[3] 《汉志·六艺略》的乐类只有六种书，头两种是乐论类的著作，一种是与公孙尼子有关的《乐记》，一种是王禹传授的另一种乐记，即《王禹记》。其他四种，一种是与声乐有关，叫《雅歌诗》，三种是与器乐有关，则是赵氏、师氏和龙氏的《雅琴》，可能也与伴歌有关。章学诚《校雠通义·内篇三》说《雅歌诗》四篇"当互见于《诗》部及《诗赋略》之杂歌诗"，其实真正有关只是后面四种。

[4] 孙诒让《周礼正义》卷四五，北京：中华书局，1987 年，1845 页。

"乐正"。我怀疑，他对"乐"的传授，主要就是靠"诗"。

中国古代的"乐"，含义很广，既可指器乐，也可指声乐和舞蹈。诗和声乐关系近，和器乐、舞蹈关系远。古人多以"志"训"诗"（属音训），所谓"在心曰志，发言为诗"（《毛诗》大序），都是说它易于抒发心志。朱熹《诗集传》序，还有最近公布的上博楚简《孔子诗论》，都很强调这一点。[1]诗是歌词，入乐而唱，叫"歌"；不入乐而诵，叫"诗"。唱时，还可有乐器伴奏（主要是琴瑟，所以叫"弦歌之声"，但也用笙管伴奏），[2]用乐器伴奏，叫"歌"；不用乐器伴奏，叫"谣"（相当今之"清唱"）。有些歌，还有舞（由歌者自己舞，或由他人伴舞）。《诗赋略》的"诗"和《六艺略》的"诗"不同，不是孔门传授的《诗经》。孔门传授的《诗经》，到汉代，早就没人唱。《诗赋略》的"诗"是"当代文学"，即汉代还在唱的"诗"，目中所收，多叫"歌诗"，少数叫"歌"或"谣歌诗"，其中《高祖歌诗》至《诏赐中山靖王子哙及孺子姜冰未央材人歌诗》八种是皇室自作，《吴楚汝南歌》以下二十种是各地采风，是为"汉乐府诗"。这些"歌诗"，本来都可以唱，但《诗赋略》所收，主要是歌词。它们当中，只有《河南周歌诗》和《周谣歌》两种，还有所谓"声曲折"，估计是乐谱。不过，尽管《诗赋略》的"诗"都是"当代文学"，但仍与《诗经》有相似之处。如章学诚说《吴楚汝南歌诗》《燕代讴》《齐郑歌诗》，风之属也；《出行巡狩及游歌诗》，雅之属也；《宗庙歌诗》《诸神歌诗》《送迎灵颂歌诗》，颂之属也"。[3]

研究古代诗赋，目前出土材料还不太多，它们主要是：

---

[1]　李零《上博楚简校读记》，台北：万卷楼图书有限公司，2002 年，21 页。

[2]　《诗·小雅》有六篇"笙诗"，即《南陔》《白华》《华黍》《由庚》《崇立》《由仪》，《诗》小序称"有其义而亡其辞"，朱熹《诗集传》卷九以为"有声无词"，估计是用笙管伴唱的乐曲，失其歌词，存其乐谱而已。

[3]　参看：章学诚《校雠通义》，46 页。

（一）楚简中的诗赋

目前所见，只有上博楚简中的发现。这些材料尚未正式公布，这里只做简单介绍。

（1）歌诗类。有两篇东西，都是残本。一篇与《诗经》风格类似，但语句不见于《诗经》。这篇东西有两个抄本，一个是抄在比较长的简上，一个是抄在比较短的简上，每个本子都以"交交鸣乌，集于□□（如'中渚''中濑''河梁'之属）"起兴，大约有五六章的样子，内容大同小异，可题名为《交交鸣乌》。一篇是歌曲或乐曲的目录。它是同另一篇简文合抄（正背连抄）。简文格式是，先出律名，后列曲目。律名，作"某宫""某商""某角""某徵""某羽"，或"宫某""商某""角某""徵某""羽某"。曲目，或与《诗经》同，如《硕人》，但多数都不见于《诗经》。究竟是古曲，还是拟作，或当时流行的曲子，已很难断定。此篇或可题名为《曲目》。

（2）辞赋类。有两篇东西，都是残本，形式与今《楚辞》中的"骚体赋"相似，也是以"兮"字为衬，简文写成"可"。这两篇残简，一篇是咏兰，可题名为《兰赋》；一篇是咏鹏，可题名为《鹏赋》。前者，是自古咏叹的主题，而唐集尤多（多作《幽兰赋》）。后者，有贾谊《鵩鸟赋》，也是很有名的歌咏主题。

（3）存疑待考者。有一篇，篇尾题"是故圣人兼此"，与另一篇简文合抄（正背连抄）。其形式比较特殊，每句后面，都缀有叹词"含可"，估计可能是和声唱法中的语气词（参看附录一），疑或读为"含兮"或"今兮"（到底读成什么，还不太清楚），为今传辞赋所未见。

（二）汉简中的诗赋

汉代的歌诗，到目前为止，还很少发现，出土竹简有旧敦煌汉简中的《风雨诗》（参看附录二）。此篇，斯坦因的编号是 T.XXII.
D.021，沙畹、马伯乐的编号是 M.29，张凤的编号是《风雨诗》51
页：19。它是一篇句句押韵的汉诗。[1]

赋的发现，则有：

（1）银雀山汉简《唐勒》（参看附录三）。[2]

此书最早是由罗福颐先生辨认出来的。[3]1972 年银雀山汉简
发现后，竹简送到北京，最先参加整理者为罗福颐和顾铁符。1990
年在美国西雅图，朱德熙先生曾跟我谈起，罗先生对整理工作有一
大贡献，是他对简文的分类，哪一种书是哪一种书，一开始就看得
比较准。罗先生最初找到的简只有 10 枚，其中简 184 是开头，背
题是《唐革》。顾先生指出，简文"唐革"就是唐勒，并且从《淮
南子·览冥》查到相似的话。后来吴九龙先生发表《银雀山汉简释
文》，其中有 26 枚简是属于这一种，成为学者研究的依据。这是研
究楚辞的重要发现。

传世战国赋，主要在《楚辞》和《荀子》中。楚辞类的战国
赋，本来有屈原、唐勒、宋玉、景差四家赋，但"经典化"的结
果是屈、宋存而唐、景亡。《唐勒赋》久佚，前人所辑佚文，只
有《水经注·汝水注》引唐勒《奏土论》，[4]如果发现的是《唐勒
赋》，当然是填补空白。现在研究《唐勒》，学者多已指出，此篇与

---

〔1〕张凤《汉晋西陲木简汇编》，上海：有正书局，1931 年，51 页：19；林梅村、李均明
　　《疏勒河流域出土汉简》，北京：文物出版社，1984 年，76 页。案：近来，学者对唐五
　　代诗歌的研究，有些是利用出土资料，如徐俊《唐五代长沙窑瓷器题诗校证》（《唐研
　　究》，第四卷，北京：北京大学出版社，1998 年，67—97 页）和《敦煌诗集残卷辑考》
　　（北京：中华书局，2000 年）。汉诗研究，除前人所辑，也可利用出土铭文，如汉代镜
　　铭上的诗歌。

〔2〕见吴九龙《银雀山汉简释文》，北京：文物出版社，1985 年，简 0184、3588、0190、
　　1628、3656、4741、0204、0493、0403、3150、2630、0971、1717、4138、1739、
　　2790、2853、3005、3454、3561、3720、3828、4233、4239、4244、4283。

〔3〕罗福颐《临沂汉简所见古籍概略》和《偻翁一得录》，《古文字研究》第 11 辑，北京：
　　中华书局，1985 年，10—51、74—83 页。

〔4〕严可均《全上古三代文、全秦文》，北京：商务印书馆，1999 年，145 页。

宋玉《大言赋》《小言赋》和《淮南子·览冥》中的一段文字非常相似。但在此篇性质的判定上，现在有两种意见。多数学者认为它是《唐勒赋》（见《诗赋略》）的佚篇，[1]但李学勤先生不这么看。[2]他认为，此篇是《宋玉赋》的佚篇（亦见《诗赋略》）。其理由是，此篇的首简与宋玉《大言赋》《小言赋》相似，形式是以唐勒、宋玉陪楚襄王谈话，唐勒先讲，当靶子，宋玉后说，做总结，唐勒只是陪衬，内容则是以御马喻御民。它分御法为三种，造父、王良为下，是用辔衔鞭策，强迫马儿奔跑；钳且、大丙为上，不用辔衔鞭策，只是任马自趋。唐勒取其下，宋玉取其上，是以为胜。这种意见很有道理，但我认为，其篇名，还是应据原书背题，题为《唐勒》，而不应称为《唐勒赋》或《宋玉赋》。《唐勒赋》和《宋玉赋》在《诗赋略》中都是集名，不是篇名，用来题篇并不合适。《唐勒》题篇，是拈篇首语为题的一类，在古代十分常见。它的意义只在标识，并非以唐勒为作者。

在楚辞的研究上，宋玉的地位很重要。虽然，他的作品比较花言巧语，有些马屁文学的味道，按扬雄的说法，似可归入"辞人之赋丽以淫"，不像《屈原赋》更为后世称道，但它有它的重要性和特殊地位。它在形式上更接近刘勰所谓的"述客主以首引"（《文心雕龙·诠赋》），已开汉代宫廷文学的先河。汉赋虽宗屈原，其实却是从宋玉赋的形式发展而来。

另外，顺便说一下。过去大家有个印象，就是楚辞好用"兮"字。"兮"即现代诗文常用的"呵"或"啊"，是个表示咏叹的语

---

〔1〕 饶宗颐《唐勒及其佚文——楚辞新资料》，收入所著《饶宗颐史学论著》，上海：上海古籍出版社，1993年〔原载日本《中国文学论集》第九号（1980年）〕；谭家健《唐勒赋残篇考释及其他》，《文学遗产》1990年2期，32—39页；汤漳平《论唐勒赋残简》，《文物》1990年4期，48—52页；汤漳平《宋玉作品真伪辨》，《文学评论》1991年5期，64—75页。

〔2〕 李学勤《〈唐勒〉〈小言赋〉与〈易传〉》，收入所著《周易经传溯源》，长春：长春出版社，1992年，91—97页；又收入所著《简帛佚籍与学术史》，台北：时报文化出版企业有限公司，1994年，388—394页。

词。一般印象，这样的词，北方文体比较少见，孙卿赋也没有，但楚国比较多，如《老子》就有（《老子》多韵文）。《老子》的"兮"，马王堆帛书本作"呵"，郭店楚简本作"可"，和上博楚简中的赋用法一样。但严格讲，"兮"却没有南北之分。证据是：第一，在《诗经》中，"兮"字使用频繁，几乎各国都有，非常普遍；第二，荀卿的《赋》篇，其中的《云赋》也用"兮"字。古代诗文对"兮"字的使用，句中嵌"兮"，句尾缀"兮"，主要是起转折作用和停顿作用，便于调整诗步和气口，变整齐为散漫，使句子参差不齐。这种作用，南北都一样。我们之所以有北方不用南方用的印象，主要原因是，北方诗文以四言为正宗，这种"豆腐块"，不太用"兮"，南方罕用"豆腐块"，散句较多。其实，只要是散句，南北都用"兮"，并无截然界限。现存楚辞类的作品，的确"兮"字较多，比《诗经》要多。但屈原赋，《天问》是四言体，不用"兮"字；宋玉赋，《风赋》是散文，也不用"兮"字，可见彼此有交叉。这里值得注意的是，银雀山汉简《唐勒》，它也不用"兮"字，《览冥》的类似引文也不用。

（2）双古堆汉简中的诗赋残简。[1]

只有零星残简，尚未发表，如《离骚》残简，仅存四字；《涉江》残简，仅存五字；其他辞赋残简，也有若干残片，如"□橐旖（兮）北辰游"。目前无法讨论。[2]

（3）尹湾汉简《神乌赋》（参看附录四）。[3]

1993 年江苏连云港尹湾汉墓 M6 出土，墓主名饶，字君兄，墓中出土三件记录随葬物的木牍，其中一件是《君兄缯方缇中物疏》，

---

〔1〕 文物局古文献研究室等《阜阳汉简简介》，《文物》1983 年 2 期，21—23 页。

〔2〕 关于双古堆汉简中用"旖"为"兮"的情况，我在第七讲已做过讨论。

〔3〕 连云港市博物馆《江苏东海县尹湾汉墓群发掘简报》，《文物》1996 年 8 期，4—25 页；连云港市博物馆《尹湾汉墓简牍释文选》，同上，26—31 页；滕昭宗《尹湾汉墓简牍概述》，同上，32—36 页；连云港市博物馆等《尹湾汉墓简牍》，北京：中华书局，1997 年，148—150 页；连云港市博物馆等《尹湾汉墓简牍综论》，北京：科学出版社，1999 年。

记录随葬书籍八种，有赋二种：一种是《列（烈）女傅（赋）》一卷，未见；一种是《乌傅（赋）》，即墓中出土简书《神乌赋》。《神乌赋》是以章草写成，内容是以"鸠占雀巢"类型的故事为母题（《诗·召南·雀巢》已有这种说法），形式以四言为主，与曹植《鹞雀赋》、敦煌本《燕子赋》如出一辙。这篇赋和文人士大夫的赋很不一样，不是花团锦簇的"丽淫大赋"，文字比较浅显，类似后世变文，但它引《诗经》《论语》《礼记》《孝经》《周易》《淮南子》，也不像是一般老百姓所为，学者推测是出自社会底层的知识分子，因而带有"民间文学"的色彩〔案：称为"俗赋"要比称为"民间文学"更合适〕。[1]这里，值得注意的是，此赋是以四言为主，属于典型的诗体赋。另外，《神乌赋》的"赋"作"傅"，也是有趣发现。因为汉代文字的"傅"与"传"，写法相似，过去，《汉书·淮南王传》说淮南王刘安入朝汉武帝，"献所作《内篇》，新出，上爱秘之。使为《离骚传》，旦受诏，日食时上"，王念孙曾推测，《离骚传》当是《离骚傅》之误，其实也就是《离骚赋》。[2]《神乌赋》的出土，似乎证实了王氏的意见。[3]但也有学者不同意这种意见，认为《淮南王传》提到的《离骚传》，其实是属于"序传"之"传"，即附于作品之后，用来说明作者生平事迹的文字，即《史记·屈原贾生列传》中的屈原传所本，与赋无关，《神乌赋》的

---

〔1〕 扬之水《〈神乌赋〉谫论》，《中国文化》第 14 期，北京：中国文化杂志社，1996 年，83—88 页；裴锡圭《〈神乌赋〉初探》，《文物》1997 年 1 期，52—58 页（修订稿加校按，又有所修订，见《尹湾汉墓简牍》1—7 页）；刘乐贤、王志平《尹湾汉简〈神乌赋〉与禽鸟夺巢故事》，同上，59—61 页；裴锡圭《"佐子"应读为"嗟子"》，《文物》1998 年 3 期，42 页。

〔2〕 王念孙《读书杂志》，南京：江苏古籍出版社，2000 年，296 页。

〔3〕 裴锡圭《〈神乌赋〉初探》。案：其说多本日本学者小南一郎说。参看：小南一郎《王逸"楚辭章句"をめぐって》，《東方学報》第 63 册（1991 年 3 月），61—114 页；中文本见：小南一郎《王逸〈楚辞章句〉研究——汉代章句学的一个面向》，张超然译，《中国文哲研究通讯》第 11 卷 4 期（台北："中央研究院"中国文哲研究所，2001 年 12 月），1—35 页。

发现，并不能证明王氏的改读是正确的。[1]

此外，在敦煌汉简和居延汉简中还有一些辞赋类的残简，这里不再多谈。

还有，我们应当提到的是，马王堆帛书，有一个被题名为《相马经》的长篇，内容虽讲相马，但文体类似于赋，[2]特别是其专门描写事物（即所谓"效物"）的一体（相法强调观察，与之有相通之处）。比如，以它开头的一段话为例，"大光破章，有月出其上，半矣而未明。上有君台，下有蓬芳；旁有积缤，急其帷刚。兰筋既鹜，狄筋冥爽；攸攸时动，半盖其明"，这种韵文句式，就和《神乌赋》有相似之处。它本来是讲相马，但辞藻华丽，描述琐细。类似作品，后世很多。如敦煌本白行简《天地阴阳交欢大乐赋》，[3]就是以艳情描写加房中术，大讲男女交欢，和这类作品风格相似。还有，宋吴淑《事类赋注》，[4]更如雅学和类书，把天地山川、草木虫鱼，什么都装在里面。它们都充分发挥了赋的铺陈作用。

诗赋是很有意思的东西，我们希望有更多的竹简出土。

---

〔1〕 李若辉《〈离骚传〉之名称及其涵义》，作者所赠待刊稿。案：杨树达《离骚传与离骚赋》（收入所著《积微居小学述林》，北京：科学出版社，1954 年，259 页）已有此见。

〔2〕 马王堆汉墓帛书整理小组《马王堆汉墓帛书〈相马经〉释文》，《文物》1977 年 8 期，17—22 页；谢成侠《关于长沙马王堆汉墓帛书〈相马经〉的探讨》，同上，23—26 页。Roel Sterckx, *The Animal and the Daemon in Early China*, Albany: State University of New York Press 2002.

〔3〕 饭田吉郎编著《白行简大乐赋》，东京：汲古书院，1995 年；李零《〈大乐赋〉释文》，收入李零主编《中国方术概观》房中卷，北京：人民中国出版社，1993 年，93—99 页。

〔4〕 吴淑《事类赋注》，冀勤等校点，北京：中华书局，1989 年。

【参考书】

1. 杨荫浏《中国古代音乐史稿》，北京：人民音乐出版社，1981 年。

2. 褚宾杰《中国古代文体概论》，北京：北京大学出版社，1998 年。

3. 洪兴祖《楚辞补注》（含王逸《楚辞章句》），白化文等点校，北京：中华书局，1983 年。

4. 马积高《赋史》，上海：上海古籍出版社，1987 年。

5. 程章灿《魏晋南北朝赋史》，南京：江苏古籍出版社，1992 年。

6. 费振刚等《全汉赋》，北京：北京大学出版社，1993 年。

7. 马积高《历代辞赋研究史料概述》，北京：中华书局，2001 年。

8. 逯钦立《先秦汉魏晋南北朝诗》，北京：中华书局，1983 年。

9. 倪其心《汉代诗歌新论》，南昌：百花洲文艺出版社，1992 年。

10. 赵敏俐《两汉诗歌研究》，台北：文津出版社，1993 年。

11. 赵敏俐《汉代诗歌史论》，长春：吉林教育出版社，1995 年。

12. 王运熙《乐府诗述论》，上海：上海古籍出版社，1996 年。

13. 吴九龙《银雀山汉简释文》，北京：文物出版社，1985 年。

14. 连云港市博物馆等《尹湾汉墓简牍》，北京：中华书局，1997 年。

附录一：张鸣论和声概念书

李零吾兄道鉴：

　　大作先睹为快，获益良多，提示许多出土资料，也十分珍贵。

　　兄以"和声"问题垂询，既感且愧。今不揣浅陋，略陈鄙见：

　　大作论楚简诗赋节举"存疑待考者"，谓每句后面缀有叹词"含可"二字，疑或读为"含兮"或"今兮"，这种格式为今传诗赋所未见，值得注意。"含可"二字疑是"和声唱法中的语气词"，这是我的推测。今将有关和声的材料排比如下，或可作为印证。

　　所谓"和声"者，是歌曲演唱时正式歌词之外由他人应和帮腔的部分。《晋书·乐志》下："《但歌》四曲，自汉世无弦节，作妓最先唱。一人唱，三人和。"杨荫浏《中国古代音乐史稿》解释说："清唱而加帮腔，叫做'但歌'。"（北京：人民音乐出版社，1981 年，114 页）和声指的就是一人唱而众人应和帮腔的唱法。

　　和声唱法反映在歌词上，主要是在诗歌的特定部位反复出现的一些表声的语气词或一些实词。在入乐的歌词中，带有和声的歌词很多，古代文献也有相应记载，最常见的说法是《梦溪笔谈》卷五"论乐律"云："诗之外又有和声，则所谓曲也。古乐府皆有声有词，连属书之，如曰'贺、贺、贺''何、何、何'之类，皆和声也。"这是用语气词的情况。

　　比较早的说法，还有《淮南子·说山训》："欲美和者，必先始于'阳阿''采菱'。"高诱注："阳阿、采菱，曲之和声。有'阳阿'，古之名俳，善和也。"这是用实词做和声的情况。

带有和声的歌词实例，仅就见闻所及，略陈数条于下：

1.《齐风·著》：

> 俟我于著乎而，充耳以素乎而，尚之以琼华乎而。
> 俟我于庭乎而，充耳以青乎而，尚之以琼莹乎而。
> 俟我于堂乎而，充耳以黄乎而，尚之以琼英乎而。

此诗每句后皆缀"乎而"二字，吴懋清《毛诗复古录》："乎而，齐土音，用此为句末叹美声。"其实这正是某种特殊唱法在歌词上留下的痕迹，陈子展《诗经直解》疑为贵族女子出嫁，女伴相随歌唱之词（上海：复旦大学出版社，1983年，297页），其说甚是。此诗的复沓结构是乐歌的典型形式，每句韵脚都在"乎而"之前，依陈子展说，则"乎而"二字应是歌唱时女伴众声相和的叹美声，是由他人帮腔的和声唱法在歌词中留下的遗迹。另外，还可注意的是，此诗每句后缀两字语气词的情形，正与楚简中每句后缀"含可"二字的情况相同。从《淮南子·说山训》的说法看，和声之制在先秦时代已经存在（参看王运熙《论六朝清商曲中之和送声》，收入所著《乐府诗述论》，上海古籍出版社，1996年，105页）。因此，《诗经》中的作品，作为乐歌，一定还有其他带和声的歌词，不过由于材料所限，哪些诗带和声，还不能遽下断语。

2. 东汉梁鸿《五噫歌》：

> 陟彼北芒兮噫，顾览帝京兮噫，宫室崔嵬兮噫，民之劬劳兮噫，辽辽未央兮噫。

这首歌也很有名，见于《后汉书·梁鸿传》。它的每一句，后面都有一个"噫"字。传称梁鸿"因东出关过京师，作五噫之歌"，可知是因这五个"噫"字而得名。这个名称的来历很奇怪，因为每句之后实际上是两个语气词，可是却不称"五兮噫之歌"，也不称"五兮之歌"，说明这个

"噫"字地位很特殊，如果标点为"陟彼北芒兮，噫！顾览帝京兮，噫！宫室崔嵬兮，噫！民之劬劳兮，噫！辽辽未央兮，噫"，也许更能传达歌词的神韵，也更能体现"五噫"得名的原因。如果情况如此，这首歌的唱法就至少存在两种可能，一是由一人歌唱，每句的"兮噫"两个语气词由一人连唱下来；二是"兮"之前的歌词由一人歌唱，每句的"噫"字则是众人和声应和，也就是说，这也存在和声歌唱的可能。另外，此诗同样是每句后缀两字语气词，与楚简中每句后缀"含可"二字的情况更为相似。

3. 东汉无名氏《董逃歌》：

> 承乐世（董逃），游四郭（董逃）。蒙天恩（董逃），带金紫（董逃）。行谢恩（董逃），整车骑（董逃）。垂欲发（董逃），与中辞（董逃）。出西门（董逃），瞻宫殿（董逃）。望京城（董逃），日夜绝（董逃），心摧伤（董逃）。

这是一首民间歌谣，见于《后汉书·五行志》。《乐府诗集》卷三四引崔豹《古今注》曰："《董逃歌》，后汉游童所作也。终有董卓作乱，卒以逃亡。后人习之为歌章，乐府奏之以为儆戒焉。"又引《后汉书·五行志》曰："案'董'为董卓也。"可知实为影射董卓的歌谣。"董逃"二字具有实际的影射意义，不同于一般没有实义的语气词、感叹词，没有这两个字，影射的对象就不是十分清楚，因此这两个字不是可有可无。但如果歌词全由一人歌唱，唱一句三字正文，马上又接以"董逃"二字，如此循环，不仅意思不清，唱法上也不免显得古怪。因此，这样的歌词形式，几乎可以肯定是用一人唱、众人和的唱法歌唱。也就是说，一人唱每句三字的歌词正文，众人和声唱"董逃"二字帮腔，这样理解，才比较顺畅。我把和声的部分加以括注，下同。其实上面的"乎而"和"噫"也是类似的情况。

4. 曹丕《上留田行》：

> 居世一何不同（上留田），富人食稻与粱（上留田），贫子食糟与

糠（上留田）。贫贱亦何伤（上留田），禄命悬在苍天（上留田），今尔叹息将欲谁怨（上留田）。

这首乐府诗和上一篇的情形也差不多。《乐府诗集》卷三八引崔豹《古今注》曰："上留田，地名也。人有父母死不字其孤弟者，邻人为其弟作悲歌以讽其兄，故曰《上留田》。"曹丕这首诗，表现的已不是古辞的题意，每句之后的"上留田"三字，与歌词正文已无必然的联系，把三字去掉，意思不会受影响。它之所以还保留这三个字，一是为了模仿古辞的风格，二是为了保留古辞的唱法。因此，每句歌词之后的"上留田"三字，实际上也是众人帮腔歌唱的和声之词。另外，《乐府诗集》卷三八还收有谢灵运拟作的《上留田行》一首：

> 薄游出彼东道（上留田），薄游出彼东道（上留田），循听一何矗矗（上留田），澄川一何皎皎（上留田）。
> 悠哉遥矣征夫（上留田），悠哉遥矣征夫（上留田），两服上阪电游（上留田），舫舟下游飙驱（上留田）。
> 此别既久无适（上留田），此别既久无适（上留田），寸心系在万里（上留田），尺素遵此千夕（上留田）。
> 秋冬迭相去就（上留田），秋冬迭相去就（上留田），素雪纷纷鹤委（上留田），清风飘飘入袖（上留田）。
> 岁云暮矣增忧（上留田），岁云暮矣增忧（上留田），诚知运来讵抑（上留田），熟视年往莫留（上留田）。

诗可分为五节，每句之后同样保留了"上留田"三字，与曹丕一首格式相同，也是用于和声帮腔的唱词。

在六朝乐府中，带有和声的歌词也有很多，王运熙《论六朝清商曲中之和送声》一文有详细的考证，见氏著《乐府诗述论》，可以参看。

在唐宋时期燕乐歌词中，带有和声的歌词同样有很多例子，如：

5.《花间集》所收之皇甫松《采莲子》二首：

　　菡萏香连十顷陂（举棹），小姑贪戏采莲迟（年少）。晚来弄水船头湿（举棹），更脱红裙裹鸭儿（年少）。

　　船动湖光滟滟秋（举棹），贪看年少信船流（年少）。无端隔水抛莲子（举棹），遥被人知半日羞（年少）。

这两首词是最典型的带和声歌词的例子。刘永济《唐五代两宋词简析》（上海古籍出版社，1981年，4页）说："此二首中之'举棹''年少'，皆和声也。采莲时，女伴甚多，一人唱'菡萏香连十顷陂'一句，余人齐唱'举棹'和之。"像这样以实词作为和声的情况，其实来历也是很早的，从《淮南子》的记载已可见到。

6.《花间集》所收之孙光宪《竹枝》二首：

　　门前春水（竹枝）白苹花（女儿），岸上无人（竹枝）小艇斜（女儿）。商女经过（竹枝）江欲暮（女儿），散抛残食（竹枝）饲神鸦（女儿）。

　　乱绳千结（竹枝）绊人深（女儿），越罗万丈（竹枝）表长寻（女儿）。杨柳在身（竹枝）垂意绪（女儿），藕花落尽（竹枝）见莲心（女儿）。

这两首《竹枝》的形式十分别致，《词律》卷一说："所用'竹枝'、'女儿'，乃歌时群相随和之声，犹《采莲曲》之有'举棹''少年'等字。……刘禹锡在沅湘以里歌鄙俚，乃依骚人《九歌》作《竹枝》新词九章，原无和声，后皇甫松、孙光宪作此，始有'竹枝''女儿'为随和之声。"案《竹枝》词调来源于民歌，此词的和声形式也应是从民歌的和声唱法演变而来，文人的拟作，只是把原来民歌的和声写定下来而已，而且很可能原来既采用表音的语气词，如《梦溪笔谈》所说的"何何何、贺贺贺"之类，也采用实词，如孙光宪所拟作。《词律》说刘禹锡拟作《竹枝》

新词九章，"原无和声"，其实并不能证明民歌原来不带和声，很可能只是因为其和声只是一些无实际意思的表音词，在歌唱时只作帮腔之用，歌唱者都知道其语音和唱法程式，没有必要写到歌词中而已。

除了以上两个词调，唐宋词中应该还有其他词调也可用和声的唱法歌唱，比如词调《踏歌》，其唱法的特点就有可能是带有和声的，不过因为歌词文本没有记录和声歌词，其和声的具体情形已不能详考。还有一些词调，文献记载是要用"踏歌唱"的唱法演唱，同样很可能带有和声。唐宋两代都有许多歌曲是用"踏歌"的唱法演唱，比如《竹枝词》就是，而如上所言，《竹枝》就是带有和声歌词的歌曲。关于《踏歌》的问题，可参看拙文《唐宋〈踏歌〉考释》〔上篇见日本大学文理学部人文科学研究所《研究纪要》第 61 号，日本东京，2001 年；下篇于"第二届宋代文学国际学术研讨会"（南京，2002 年）发表，会议论文集待出〕。

因此，虽然现存宋词作品在文本中带和声的很少（当然很有可能是我们不知道哪些是和声歌词而已），但在实际演唱中一定有不少歌词要使用和声帮腔，这在现存宋词中也有一些蛛丝马迹可寻。比如：

7. 张继先《度清宵》：

> 独自行兮独自坐，独自歌兮独自和。日日街头走一过，我不识吾谁识我。人间旦暮自四时，玄中消息不推移。觌面相呈知不知，知时自唱罗罗哩。

这首词明白说"独自歌兮独自和"，可是怎么和呢？从歌词看不出哪是和声。但最后一句说"知时自唱罗罗哩"，可知"独自和"的"和"，就是唱这个"罗罗哩"三字，不过由于词调格律的限制，没有在正式歌词之外把它写出来而已。

案上"罗罗哩"或者它的变形，在宋词中比较常见。比如赵长卿《西江月》"背日犹余残雪，向阳初绽红梅。腊寒那事更相宜，醉了还醒又醉。　堪笑多愁早老，管他闲是闲非。对花酌酒两忘机，唱个哩啰啰哩"，又如史浩《粉蝶儿》"一盏阳和，分明至珍无价。解教人、啰哩哩啰。把胸中，些磊块，一时熔化"，还有沈瀛《野庵曲》"人听村歌，一霎时、好娱戏。休笑颠狂，也是大奇。能赶气闷忧悲，自然沉醉。客都去后，睡齁齁地。一枕华胥惊又起，晓鸡啼。重起着衣，心火烧脐，龙行虎驰，依前啰啰哩哩。从头到尾今如此，若唱此曲没休时，保取长年到期颐"，比比皆是。"唱个哩啰啰哩"，甚至就是唱歌的代称。可见，在宋词的歌唱中，类似的文辞一定是经常出现，它很有可能就是某些歌曲和声唱法中的和声歌词。不过这只是我的推测，还不敢肯定就是如此（参看：饶宗颐《说和声的啰哩唛呤与哩啰连》，收入《饶宗颐史学论文选》，上海古籍出版社，1993 年，643—648 页）。

　　总之，从以上材料看，和声在音乐文学中是十分普通和常见的现象，只不过有的在文学文本中被记录下来，有的则没有出现在文本中。兄所提示的这篇东西，从形式上看，"含可"二字在每句的后面反复出现，而且有一节是在正文带有"也"字的文辞后出现，只能解释为和声，也就是说，文辞正文由一人歌唱，"含可"二字无论读作什么，都应是众人和声帮腔之词。如果这个推测不错，那么这篇文字就应是入乐可歌的歌诗（楚歌），而不是辞赋。不知我兄以为何如？

　　还有一点，据王运熙先生的研究，带和声的六朝乐府有一重要现象，就是曲调的名称往往包含于和声中，也就是说调名往往与和声相关（见王运熙《论六朝清商曲中之和送声》一文，出处同上）。其实不仅六朝如此，汉代的《董逃歌》《上留田行》也是如此，到后来孙光宪的《竹枝》也还是如此，可见这是一个通例。因此，如果把"含可"二字认定为和声的话，那么本篇的篇题就不妨拟定为《含可篇》。

　　以上所论，不免班门弄斧，浅陋之处，切勿见笑。近日实在太热，望多多保重，待天气转凉，再登门请教。即颂

　　研安！

　　　　　　　　　　　　　　　　　　　　　　　愚弟　张鸣顿首

　　　　　　　　　　　　　　　　　　　　　　　2003 年 8 月 2 日

附录二：敦煌汉简《风雨诗》[1]

日不显目兮黑云多，月不可视兮风非（飞）沙。

从恣蒙水诚（成）江河，州（周）流灌注兮转扬波。

辟（壁）柱槇（颠）到（倒）忘（妄）相加，天门俠（狭）小路（露）彭池。

无因以上如之何，兴章教海（诲）兮诚难过。（图一一）

【校记】

第一句："显目"对下"可视"。

第二句："非沙"，张凤读"飞沙"。

第三句："从恣"，张凤有两种读法，一种读"纵姿"，一种读"从兹"，这里读"纵兹"，是放任之义。"蒙水"，在崦嵫山下，张凤读"濛水"。"诚"，张凤读"成"。

第四句："州流"，应读"周流"。

第五句："辟柱"，张凤读"壁柱"。"槇到"，张凤读"颠倒"。"忘"，张凤读"亡"非，应读"妄"。

第六句："俠"，张凤直接释"狭"，字乃"狭"之讹写，其义是而其形非。"路"，疑读为"露"。

第八句："教海"，张凤谓"疑叫唤声借"非，应读"教诲"。

---

[1] 这里的释文已经过校改，参下校记。

图一一　敦煌汉简《风雨诗》

附录三：银雀山汉简《唐勒》[1]

唐革（勒）与宋玉言御襄王前，唐革先禹（称）曰："人谓就（造）父登车嗛（揽）蓣（辔），马汁（协）险（歛）正（整）齐，周（调）均不挚（鸷），步趋……0184 正

唐革（勒）0184 背

……御有三，而王梁（良）、就（造）〔父〕……3588

马心愈也而安劳，轻车乐进，骋若蜚（飞）蠚（龙），免若归风，反驹（趋）逆驹（趋），夜走夕日，而入日〔蒙汜〕，……0190

……知之，此不如望子莘大行者 1628

去嗌（衔）蓣（辔），彻（撤）筥皶（笞），马〔莫〕……自驾，车莫……3656＋4283＋4741

月行而日遣（动），星躍（耀）而玄愪（运），子神贲（奔）而鬼走。进退詘（屈）信（伸），莫见其瑱（尘）埃，均□……0204

……胸中，婧（精）神俞（踰）六马。不叱啫（咄），不挠（招）指，步趋□……0493

袭□，缓急若意。□若蜚（飞），免若绝，反趋逆趋，夜起夕日，而入日蒙汜，此□……0403

……千里，今之人则不然，白筥坚 0971

……不能及就（造）父趋步□御者，訕□不伸，发敝……1717＋2790

……□□□□□驾，下乍千 1739

……行雷雷（累累），舆□□□□……2630

……虑发□□竞，反趋……2853

……君丽义民……3005

……入日上皇，故……3150

……兢久疾数（速）3454

……论义御……3561

覆不反□……3720

……□女所□威滑□……3828

……实大虚，通道……4138

……□弁脊……4233

……□若□……4239

……反趋逆〔趋〕……4244

【校记】

简 0184 正："挚"，读"鸷"。

简 0190："免"，文中用为"脱"义，似不必如李学勤文读为"鸷"。最后两句，与简 0403 略同，"入日"下应接"蒙汜"。

简 3656＋4283＋4741：此三枚残简是重新缀合，"彻笪靫"，读"撤笪笒"，"马"下据文义补"莫"字，参看《览冥》的对应词句。

简 0204："埃"上一字，从土从竹从真，读为"尘"。

简 0403：据简 0190，"反趋逆"下应接"趋"字。

简 2630："雷雷"，读"累累"；

简 4244：据简 0190，"反趋逆"下应接"趋"字。

附录四：尹湾汉简《神乌赋》[1]

惟岁三月，春气始阳。众鸟皆昌（唱），执（蛰）虫（虫）坊皇（彷徨）。蟓（？）蜚（飞）之类，乌冣（最）可贵。其姓（性）好仁，反鋪（哺）于亲。行义淑茂，颇得[114]人道。今岁不翔（祥），一乌被央（殃）。何命不寿，狗（遘）丽（罹）此咅（咎）。欲勋（遁）南山，畏惧猴猨。去色〈危〉就安，自诧（托）府官。高树纶棍（轮囷），[115]支（枝）格相连。府君之德，洋汹（溢）不测。仁恩孔隆，泽及昆虫（虫）。莫敢抠（驱）去，因巢（？）而处。为狸狸（狌）得，围树以棘，[116]道（？）作宫持（坿）。鸠（雄）行求枛（材），鶵（雌）往索菆。材见盗取，未得远去。道

---

〔1〕 这里的释文已经过校改，参下校记。校记所引"尹选"，指《尹湾汉墓简牍释文选》（《文物》1996 年 8 期）；"尹书"，指《尹湾汉墓简牍》（北京：中华书局，1997 年 9 月，26—31 页）；"扬文"，指扬之水《〈神乌赋〉谫论》（《中国文化》第 14 期，1996 年秋季号，北京：中国文化杂志社，1996 年，83—88 页）；"裘甲"，指裘锡圭《〈神乌赋〉初探》（《文物》1996 年 8 期，52—58 页）；"裘乙"，指裘锡圭《"佐子"应读为"嗟子"》（《文物》1998 年 3 期，42 页）；"裘校"，指裘锡圭《〈神乌赋〉初探》修订稿的校按（收入《尹湾汉墓简牍综论》，北京：中华书局，1999 年，1—7 页）〔案：裘校引台湾学者周凤五、蔡雄祥先生文，除已采之说，或仍有胜解，惜未之见〕；"王文"，指王志平《神乌傅（赋）与汉代诗经学》，收入《尹湾汉墓简牍综论》，8—17 页。又笔者初读《神乌赋》，即《文物》1996 年 8 期上发表的释文，曾把可以进一步破读和改正的字注在释文旁边，扬之水先生索读予稿，杂采于文中，或用或不用（用者少，不用者多），下称"零校"。另外，由于尹书照片字小而模糊，这次重读，我还参考过《简帛书法选》编辑组编《尹湾汉简·神乌赋》（北京：文物出版社，2000 年）的放大照片，对原来括注问号的字及其他疑难字进行核对。

与相遇，见我不利（？），忽然如故。[117] 亡乌发忿，追而呼之："咄，盗还来！吾自取材，于颇（彼）深莱。止（趾）行（胻）胱腊，毛羽随（堕）落。子不作身，但 [118] 行盗人。唯（虽）就宫持（坿），岂不怠（殆）哉？"盗乌不服，反怒作色："□□泊（？）涌（？），家姓自□。今子相意，甚 [119] 泰（大）不事。"亡乌曰："吾闻君子，不行贪鄙。天地刚（纲）纪，各有分理。今子自己（改），尚可为士。夫惑知反，[120] 失路不远。悔过迁臧，至今不晚。"盗乌𧦝然怒曰："甚哉，子之不仁！吾闻君子，不意不仞。今子 [121]〔□□，□□□□，□□〕□□，毋□得辱。"亡乌沸（怫）然而大怒，张曰〈目〉阳（扬）麇（眉），𧦝（奋）翼申（伸）颈，襄而大□："□□□□，[122] 乃详（？）车薄。女（汝）不亟走，尚敢鼓（？）口。"遂相拂伤，亡乌被创。随起击□，闻（昏）不能起。贼□捕取，系之于 [123] 柱（？）。幸得免去，至其故处。绝系有余，纵（环？）树櫂（踊）栋（躅）。自解不能，卒上付（傅）之。不□他措，缚之愈固。其雄惕而惊，扶翼 [124] 申（伸）颈，比〈卬＝仰〉天而鸣："仓（苍）天仓（苍）天！视颇（彼）不仁。方生产之时，何与其沜？"顾谓其鴜（雌）曰："命也夫！吉凶浮沚，颠（愿）[125] 与女（汝）俱。"鴜（雌）曰："佐（嗟）子佐（嗟）子！"涕泣侯〈疾〉下："何□互家，□□□已（？）。□子（？）□□，我（？）□不□。死生有期，各不同时。今虽随我，将何 [126] 益哉？见危授命，姜志所持。以死伤生，圣人禁之。疾行去矣，更索贤妇。毋听后母，愁苦孤子。《诗》：'云云（营营）青（绳）蝇，止于 [127] 杆〈杆〉。几（岂）自（弟）君子，毋信傤（谗）言。'惧惶向论，不得极言。"遂缚两翼，投于污则（厕）。支（肢）躬折伤，卒以死亡。其鸠〈雄〉大哀，儲（？）躅 [128] 非回（徘徊）。尚羊（徜徉）其旁，涕泣从（纵）横。长炊〈叹〉泰（太）息，忧悗（懑）嚏〈嚘〉呼，毋所告愬。盗反得免，亡乌被患。遂弃故处，[129] 高翔而去。传曰："众乌〈鸟〉丽（罹）于罗冈（网），凤皇孤而高羊（翔）。鱼鳖得于芘（笓）笱，交（蛟）龙执（蛰）而深臧（藏）。良马仆于衡下，[130] 勒靳（骐骥）为之余（徐）行。"鸟兽且相慢（忧），何兄（况）人乎？哀哉哀哉！穷（惸）通（痛）其笛（灾）诚（成）写（泻）悬（宣），以意付（赋）之。曾子曰："乌〈鸟〉之将死，其唯〈鸣〉

哀。"此之谓也。[131]

神乌傅（赋）。[132]□□书（？）□凤（？）阳（？）□□。兰陵游徼宏光，故襄贲（？）□沂县功曹□□[133]

【校记】

简114："岁"，原释"此"，裘校引周凤五说，谓"此"当释"岁"，字与简115"今岁"之"岁"同，以为其说可从，甚是。零校"昌"读"唱"，扬文未用。"蠉飞之类，乌最可贵。其性好仁，反哺于亲"，下文简131有"鸟兽且相忧，何况人乎"，这是古人常用的比喻。案：北京西郊八宝山出土汉幽州书佐秦君石阙（现藏北京石刻艺术博物馆），其铭有"维乌维乌，尚怀反报，何况于人"，一般称为"乌还哺母"刻石，也是用此典故。请参看北京市文物工作队《北京西郊发现汉代石阙清理简报》，《文物》1964年11期，13—22页；邵茗生《汉幽州书佐秦君石阙释文》，同上，23—24页；郭沫若《"乌还哺母"石刻的补充考释》，《文物》1965年4期，2—4页；陈直《关于汉幽州书佐秦君石柱题字的补充意见》，同上，4—5页。

简115：零校"狗"读"遘"，扬文引之，但"丽"读"罹"，"勋"读"遁"，扬文则未用。裘甲、尹书"狗"读"拘"，"丽"不破读，"勋"（原括注问号，释"勋"可信）读"循"，与予不同。裘校引虞万里说，谓"狗"读"遘"，以为其说可从，同扬文引予说。

简116：零校"抠"读"驱"，扬文未用，而采朱新华说，读为"殴"，但未说明其含义（"殴"可通"驱"，不详所指）。裘校引蔡雄祥说，谓"抠"读"驱"，承认这种读法要比原来读如本字，释为探取之义为优。蔡说正与予同。"棘"下原点句号，今改逗号。

简117：零校"宫持"读"宫埘"，扬文未用，王文同予说。"埘"是凿垣而栖的鸡窝，这里指乌巢。"蕸"，可训麻蒸或蓐（《说文》卷一下艸部），后者指草垫，还有一种解释则是鸟巢（《广韵·遇韵》），这里应指乌巢中铺的草。这里的八句，原来第一句点逗号，第二句点句号，第三句点逗号，第四句点句号，第五句点逗号，第六句点句号，今适相反。

简 118：零校于"发忿"上补"亡乌"，扬文未用。

简 119：零校"怠"读"殆"，扬文未用。"家姓"，裴甲谓"姓"上一字也可能是"众"字，王文读为"众生"。案：此字写法实同于简 126 括注问号的"家"字，如果此处改释，彼处也应改释。

简 120："甚泰不事"，末字，尹书括注问号，所释仍有可疑。现在考虑，"泰"应读"大"，用法类似"甚大不敬"。

简 121："䝙然怒曰"，尹选释"愤然怒曰"。上字，裴甲以为从贵不从贾，读为《诗·邶风·谷风》"有洸有溃"的"溃"，毛传："溃溃，怒也。"尹书释同。但古书无"溃然怒曰"这样的说法，疑字有误，原作"愤然怒曰"，或读为"恚然怒曰"。

简 122：上下缺文字数，是据裴甲补。

简 123："随"，裴甲、尹书读"堕"，不明其故。末字释"耳"，括注问号，但字形与"耳"不类，疑是"焉"字的异写。

简 124："措"，裴甲初释"措"而后释"拱"，终觉未安，故括注问号，今以字形观察，仍以释"措"为近。

简 125："比"，尹书括注问号，裴甲以为可能是"卬"字的误写，读为"仰"，甚确。"吉凶浮泔"，裴甲读"吉凶浮桴"，以为这几句是说"不管吉凶，即使乘桴浮海，也跟你在一起"，王文读"吉凶孚符"，似均有未安，疑"浮泔"是与"吉凶"类似的词组，含义与"浮沉"类似，以谐韵改字。

简 126：零校"佐子佐子"，读"嗟子嗟子"，扬文未用。裴甲、尹书不破读，含义不可解。裴乙、裴校从读者蔡伟说改正，正与予同。王文亦读"嗟"。"侯"，裴甲疑是"疾"字之误。

简 127：裴甲于"云云"上补"云"字，似可不补。

简 128："杆"，裴甲以为"杆"字之误，王文则以为字本作"杆"，指檀木，从押韵情况看，裴说较长。简末二字，裴甲、尹书以为从人从赵，但从文义看，此字是相当"踟蹰"的"蹰"字，疑原文是"蹰"字的误写。

简 129：零校"长炊泰息，忧悗嗹呼"读"长叹太息，忧懑号呼"，扬文未用。现在考虑，简文"嗹"应改释为"嗁"。参看《急就篇》第廿九章"疚痏保辜譺（嗁）呼猌（嘷）"，"譺"同"嗁"，即今"啼"字。裘校引虞万里说，谓"长炊"是"长叹"之误，正与予同。王文亦读"长叹"。"告愬"，王文指出，"告愬"是古籍常语，不必破读为"告诉"。

简 131："穷通其籥诚写悬"，第二字，王文读"痛"很正确，但对照简文心旁的草书写法，此字实为"悳"字；第四字，各家均以为"菑"字之异写，读为"灾"，亦通，但把"诚写悬"断在下句，则可商。今疑此句当读为"悼痛其灾成泻宣"，指哀其不幸，情不能已，终宣泄之。

简 133："兰陵"以下为双行小字，"故"字折行提写，简文模糊不清。"凤阳"，原释"风阳"，疑误；"光"，原释"貟"，今从放大照片看，应是"光"字。

第十一讲

简帛古书导读五：
兵书类

在前面四讲中，我们讨论的主要是西人所谓"人文学"（humanity），现在一般也叫"文史研究"的古书。它们大体相当《汉书·艺文志》的前三略（《六艺略》《诸子略》《诗赋略》），或后世经、史、子、集的主体。而从这一讲起，我们要讨论的是另一类古书，即与中国古代的职业知识有关，并带有一定技术性的古书。[1] 它们大体相当《汉书·艺文志》的后三略（《兵书略》《数术略》《方技略》），若按隋唐以来的四分法，则是附属于子部。前者是"学"，后者是"术"。

中国古代的"术"，主要是涉及自然领域和社会领域的各种实用知识。这些知识，和人文的东西不太一样，它们不完全是各种文化所独有，还有一定的通用性，和世界其他地方的知识有更多可比性。现代西方是把非人文性质的知识分为科学、技术两大类，科学

---

〔1〕 中国古代的职业知识，有些有书，有些没书，或不大依赖书，而是靠职业内部的口传心授。有书，主要是兵书、数术、方技三门，外加农学（见《诸子略》农家）。工艺类的东西，书很少，在史志著录中没有其位置。

又分自然科学和社会科学，自然科学又分基础科学和应用科学，科学下面还有各种各样的技术。我国古代还没有这种分类。它的实用知识，主要是分两大类，一类是讲治国用兵，关乎经世济民；一类是讲天地之道和养生治病，关乎宇宙、生命。前者，作为历史文化遗产，材料最多，水平最高，内容最丰富，主要是兵书。[1]后者是下一讲要谈的数术、方技。[2]

我们先谈兵书。

兵书与"人道"有关。[3]它对"人"的研究，主要是围绕着"治人"，即设官分职，统民御兵，带有管理学性质的学问。当时还没有现代意义的社会科学，凡与治理人群有关，只有所谓的"治国用兵之术"。[4]古人讲"治国""用兵"，二者是互为表里，所谓"马上马下""逆取顺守"，本来是一门学问。这门学问，古今中外，都

---

〔1〕 我国古代的"兵书""兵家""兵法""兵学""兵制"，近代改称"军事著作""军事家""军事艺术""军事学""军制"。许保林《中国兵书通览》（北京：解放军出版社，1990年）3—5页以为前者是古代概念，后者是现代概念，两者不一样。但这种古今差异，只对中国有意义。因为其所谓"军事"，都是借用日文转译的西语词汇（military），在西语中并没有这种差异。

〔2〕 这三类书在《汉志》中居古书之半，非常重要，但从《隋志》起降为子学附庸，开始走下坡路。很多人都不认为这类学问是"学问"，更不用说里面还有什么"思想"。特别是近代以来，我们被西方"科学"洗脑，有"李约瑟大山"一类问题（"中国为什么不出西方近代式的科学"）压着我们，我们已不知除他们那种"科学"（"现代西方科学"），还有什么"科学"。但这类学问在古代是重要学问，从考古发现（出土发现层出不穷）看不容忽视，很多治简牍帛书的人都认识到得赶快补课。特别是我想指出一点，凡治中国思想史者，不仅讲"科学"和"宗教"，这是重要参考，而且要找"哲学"（"兵法"里的"哲学"，现在还没有名称；"数术""方技"里的"哲学"，是阴阳五行说），也一定得从这类学问入手。这类学问，章学诚叫"法度名数"，我叫"三大科学"，目的是想拿这类东西跟"科学"开点玩笑。因为这样的"科学"虽然不太像"科学"，但对"科学"却有解毒作用：不仅对我们有，对西方人也有（比如重读希腊、罗马）。

〔3〕 战国末年，赵国的军事家庞煖曾向他的老师鹖冠子请教："庞子问鹖冠子曰：'圣人之道何先？'鹖冠子曰：'先人。'庞子曰：'人道何先？'鹖冠子曰：'先兵。'"（《鹖冠子·近迭》）

〔4〕 现代军事科学和古代兵学在研究范围上仍很相近，它也包括讲谋略（战略学、战役学和战术学），讲制度（军制学、战争动员学、军事训练学）和讲技术（兵器学、军事气象学、军事地理学）三方面，很难简单说就是社会科学或自然科学。

要受道德约束（其实也最不受道德约束）。[1]战国时期，"境内皆言治，藏管、商之法者家有之"，"境内皆言兵，藏孙、吴之书者家有之"（《韩非子·五蠹》），治国用兵之术发达，主要是因为礼坏乐崩，道德底线垮了。[2]但汉以来，受亡秦连累，法家被搞臭，举世皆鄙，等同酷吏，"治国"又成了道德问题。其技术性的东西，"厚黑学"的东西，大家心知肚明，但不便言说，也无法传授（即有传授，也多属"不立文字之教"），所以在史志著录中，没有专门的一类。和治国相比，用兵的情况要好一点。轮到最后摊牌，轮到以剑代笔，谁也不能"死要面子活受罪"。它比较技术化，也比较赤裸裸，虽蒙阴谋之名，但颇坦诚相见，所以剩下来的只有兵书。

中国的兵书，在世界军事史上，地位很突出。[3]讲别的可能是吹牛，但说这话，我们一点也不脸红。因为文艺复兴以来，欧洲人认祖归宗，言必称希腊、罗马，他们没有像样的兵书。希腊，希罗多德著《希腊波斯战争史》，修昔底德著《伯罗奔尼撒战争史》，虽被后人奉为兵书，但它们只是《左传》《国语》类的作品，还不能舍事言理，超脱战史讲兵法，从经验之谈上升到理论层次，其实是史书，还不是兵书。罗马，有两三本兵书，都是专题摘录的战例汇编，或对症下药的战术问答，往往琐碎而铺陈，缺乏战略概括，没有理论深度，层次比较低。重实力，轻谋略；重武器，轻人力，一直是欧洲军事的特点。他们的传统，当然有他们的长处，就是纸上谈兵的东西比较少，花拳绣腿的东西比较少，但兵书贫乏，战略文

---

〔1〕 政治本来是"阳谋"，却往往不讲真话。如果讲真话，一定遭人非议。如我国的韩非，欧洲的马基雅维利，这些坦言的政治家，他们就是讲真话，遭人骂。

〔2〕 考察道德水准的诀窍是，凡越讲什么就是越没什么。如春秋喜欢讲"礼义"，肯定就是"礼义"不行了；战国喜欢讲"忠信"，肯定就是"忠信"不行了（这些都是典型的贵族道德）。当时的兵家和法家比较能讲实话，如所谓"兵者，诡道也"、"兵以诈立"（《孙子》的《计》和《九地》），所谓"繁礼君子，不厌忠信；战阵之间，不厌诈伪"（《韩非子·难一》），这才是当时的"时代精神"。

〔3〕 关于世界各国的兵法著作，可参看：Gerard Chaliand, ed., *The Art of War in World History*, Berkeley/Los Angeles/London: University of California Press 1994。

化不发达，这是事实。[1]古人云"能行之者未必能言，能言之者未必能行"（《史记·孙子吴起列传》赞引"语曰"），[2]古之善战者未必都有兵书传世。如古代游牧民族（如我国历史上的匈奴、蒙古），来如潮，去如风，它们征服毁灭过很多农业文明，坦克、火炮发明前，谁都难以对付，他们就不写兵书。历代名将，像《百将传》（宋张预撰）等书所列，也是没兵书的居多，有兵书的绝少。兵书，特别是有战略概括和理论深度的兵书，并不是随随便便就能产生。除战争经验丰富，[3]它的出现，还有很多附加条件，如礼坏乐崩，无法无天，比较不受宗教、等级和道德的束缚；百家争鸣，思想活跃，有热衷思辨和理论探讨的气氛。它们的作者也很特殊，最佳人选是既有战争经验，又有理论修养，特别是那些喜欢事后琢磨，从旁总结的人。这样的兵书，两千年前有，代表作是春秋以降战国以来以《孙子兵法》为代表的中国兵法；两千年后也有，代表作是拿破仑战争时代克劳塞维茨和若米尼的兵法。[4]欧洲有像样的兵书，

---

〔1〕 战史战例类的兵书，我国也有，一种类似史书中的编年体，其实是战史，如清胡林翼《读史兵略》；一种是战例汇编（多以兵谋为纲），如晋司马彪《战略》，唐李筌《阃外春秋》（有伯希和藏敦煌本残卷：P.2501 和 P.2668a）。参看：许保林《中国兵书通览》，214—230 页。案：许氏把此类称为"兵略类"，主要是着眼于主题摘编类的兵书，其实称为"战史战例类"更合适。又许氏说，首创兵略体例的是晋司马彪《战略》，但《汉志》和两《唐志》著录的《兵春秋》估计也是这类书，惜原书亡佚，难知其详。

〔2〕 此语又见《说苑·权谋》，无"之"字，盖汉代流行语。案：宋代文人每持"兵书无用论"，反对尊崇《孙子兵法》，如苏洵曾把治兵比为贱丈夫御仆妾（《嘉祐集》卷三《权书下·孙武》），苏轼曾把用兵比作操舟于河（《应诏集》卷四《策别二十》、卷八《孙武论》），都认为善言兵者未必会用兵。参看：李零《纸上谈兵——装孙子》，收入所著《放虎归山》，沈阳：辽宁教育出版社，1996 年，103—112 页。

〔3〕 中国在内战和外战两方面经验都很丰富，内战是中央王朝对抗割据势力和农民战争，二三百年必有一次，规模之大，罕有其匹；外战主要是汉王朝对抗欧亚草原东段南下，青藏高原北上，许多骑马民族的入侵，它是世界上惟一可以抗衡这股势力的农业文明。

〔4〕 拿破仑是平民将帅，不守贵族战法，他所从事的战争曾令整个欧洲震撼。特别值得一提的是耶拿战役（1806 年），当时黑格尔正在耶拿，刚刚写完他的《精神现象学》，尝目睹拿破仑进城，竟呼之为"马背上的世界精神"。克劳塞维茨于是役被俘，有奇耻大辱。他学过康德哲学，是用哲学头脑思考战争现象，后来写成《战争论》（写于 1818—1830 年，有中译本：军事科学院译，北京：商务印书馆，1978 年）；而与之同时的若米尼，是拿破仑一方的谋臣，他也是在同样的环境和气氛下思考军事问题，（转下页）

可以同《孙子兵法》比美的兵书，其实是 19 世纪才出现。[1]

兵书是人类智慧的历史总结。用兵要靠真正的军人，但谈兵还是要有知识的依托和历史的眼光。

中国人是擅长兵法的民族。这点很重要。因为，它在咱们的文化里扎根很深，几乎无处不在。"兵不厌诈"不仅渗透于中国人的政治生活，是中国政治的"潜意识"（中国人对政治合法性的理解非常灵活，种族、宗教和道德、法律的约束都比较少，"没有规则就是惟一的规则"），渗透于中国人的行为特点（"好汉不吃眼前亏"，"三十六计，走为上计"，"量小非君子，无毒不丈夫"），[2]还直接影响到中国人的思维方式（如战国时期的"辩证法"，很多就是来源于"军事辩证法"）。[3]过去，30 年代，冯友兰先生写《中国哲学史》，[4]他以西方的"哲学"概念（其实是西方近代的"哲学"概念）为去取，曾反对把兵法纳入他的讨论对象，但解放以后，中国哲学史的教科书，它们都有写《孙子兵法》的章节（似与延安时期毛泽东和郭化若的研究有关）。60 年代，冯先生写《中国哲学史新编》，他也开始讲《孙子兵法》。[5]现在，很多学者都认为，兵法是研究中国思想的重要资源。[6]

　　　后来写成《兵法概论》（写于 1837—1840 年，有中译本：袁坚译，北京：军事科学出版社，1994 年）。这两个人都是经常写战地日记，既深入又超然，有经验也有思考的军事评论家，故能成就其名山之作。当时和我国兵法出现的环境气氛有些相似。

[1]　李零《读〈剑桥战争史〉》。此文分三篇连载于《读书》杂志，它们分别是：《杀人艺术的"主导传统"和"成功秘诀"》2002 年 8 期，19—26 页；《民主支持下的战争》2002年 9 期，23—31 页；《走不出的"英雄时代"》2002 年 10 期，25—34 页。

[2]　石施道（Krzystof Gawlikowski）《孙子——中国行为学、斗争哲学和科学的创始人》，第二届《孙子兵法》国际学术讨论会（北京：1990 年）论文提要。

[3]　李零《〈孙子兵法〉——古今中外及其他》，收入杨承运、林建初编《智慧的感悟》，北京：华夏出版社，1998 年，106—127 页。

[4]　冯友兰《中国哲学史》，北京：中华书局，1961 年。

[5]　冯友兰《中国哲学史新编》，北京：人民出版社，1962 年，第一册，197—201 页。

[6]　何炳棣《中国思想史上一项基本性的翻案：〈老子〉辩证思维源于〈孙子兵法〉的论证》，收入所著《有关〈孙子〉〈老子〉的三篇考证》，台北："中央研究院"近代史研究所，2002 年，1—35 页。

中国的兵书既然这么重要，不仅对中国重要，对世界也重要，它的来龙去脉，起源和发展，这个问题，当然值得研究，特别是它的经典化。大家若想对这一背景有所了解，可参看本讲附录一至四的介绍，这里只讲出土发现。

现已出土的兵书，到目前为止，仍然是以银雀山汉简数量最大，内容最丰富。[1]我们先谈这批汉简。

这批汉简是出土于山东临沂银雀山的 1 号汉墓，墓主以"司马"为氏（该墓出土的两件漆耳杯，底部刻有"司马"二字），学者推测，这是一位熟读兵书的汉代军官。[2]当地是古代的齐地。齐国，是商业发达，文化发达，出思想家，也出兵家的地方。古人论各地民风，一向有"齐人多诈"的说法，[3]和今天大家印象中的山东人不太一样。今天一说山东人，大家的印象，都是农民打扮，纯朴憨厚、老实巴交，但古代的齐人却是以诡诈多变而著称（齐国商业发达，做买卖的人多半狡猾）。我曾说，战国兵书，是"齐国兵学甲天下"，[4]古代兵学以齐地最发达，这是事实。银雀山出土大量兵书，真是"良有以也"。

银雀山汉简主要有四类书，一类是兵书，一类是论政论兵之书，一类是数术书（其中有些与兵阴阳类有关），一类是其他古书。其中属于兵书者，主要有：

---

[1] 银雀山汉墓竹简整理小组《孙膑兵法》，北京：文物出版社，1975 年；银雀山汉墓竹简整理小组《银雀山汉墓竹简》〔壹〕，北京：文物出版社，1985 年；吴九龙《银雀山汉简释文》，北京：文物出版社，1985 年。

[2] 山东省博物馆等《山东临沂西汉墓发现〈孙子兵法〉和〈孙膑兵法〉等竹简的简报》，《文物》1974 年 2 期，15—20 页。

[3]《史记·淮阴侯列传》引韩信言："齐伪诈多变，反覆之国也。"又《郦生陆贾列传》引郦食其言："今田广据千里之齐，田间将二十万之众，军于历城，诸田宗强，负海阻河济，南近楚，人多变诈……"又《史记·货殖列传》："齐带山海，其俗宽缓阔达而足智，好议论，地重难动摇，怯于众斗，勇于持刺，故多劫人者，大国之风也。"案：古代商业发达的地区，人性多有此特点。如《隋书·梁彦光传》"邺都杂俗，人多变诈"，就是相似的说法。

[4] 李零《齐国兵书甲天下》，《中华文史论丛》第 50 辑（1992 年），193—212 页。

（1）《吴孙子兵法》的十三篇

　　银雀山汉简的《孙子兵法》，现在被整理者分为《孙子兵法》和《孙膑兵法》两种。《孙子兵法》是指与《汉志》著录的《吴孙子兵法》相当的兵法。其中与今本《孙子兵法》对应的十三篇，是被编为上编；十三篇外的佚文，有《吴问》《〔四变〕》《黄帝伐赤帝》《地形二》《〔见吴王〕》五篇，被编为下编。《孙膑兵法》是指与《汉志》著录的《齐孙子》相当的兵法。银雀山汉简是发现于"文革"期间。发现之初，两种《孙子兵法》是宣传重点。1972—1975 年，历时三年，请一大堆专家整理，首先出版就是这一部分。它有三个本子。1975 年，文物出版社出的"线装大字本"，是献礼的本子，急急忙忙赶出来，还缺乏稳定性。[1]接着，1976 年，又出了"普及本"，[2]是 32 开，两种兵法各一册，则是给一般人看的。它对前者有不少修改，有照片和摹本，注释也比较简单。这是"文革"中出的两个本子。"文革"结束后，整理组对前两个本子进行修订，又出了"8 开精装本"。[3]这是最后一个本子，内容最全，考释最精，但始终只有这一本。从道理上讲，读者有了这个本子，前两个本子就不用看了。但情况还不完全是这样。因为这个本子，它计划分三辑出版，但由于整理者发生内部矛盾，第一辑（除两种《孙子兵法》，还有《尉缭子》《晏子》《六韬》和《守法守令等十三篇》）出来后，后面两辑一直没有下文。我们要了解第二、第三辑中的简文，现在只有两个途径，一是看吴九龙先生编的《银雀山汉简释文》，二是看上面说的普及本《孙膑兵法》。吴书所收是按原始编号排列但未经排序的全部简文。学者要读其中的某书，可以自己钩辑，自己排序，但没有照片、摹本可参考。《孙膑兵法》普及本，

---

〔1〕　银雀山汉墓竹简整理小组《银雀山汉墓竹简》〔壹〕（线装本），北京：文物出版社，1975 年。

〔2〕　银雀山汉墓竹简整理小组《孙子兵法》（普及本），北京：文物出版社，1976 年。

〔3〕　银雀山汉墓竹简整理小组《银雀山汉墓竹简》〔壹〕（精装本），北京：文物出版社，1985 年。

原来是分上下两编，上编有 15 篇，下编有 15 篇，一共 30 篇。精装本只收上编，不收下编，并在《官一》和《强兵》之间增加了《五教法》，一共是 16 篇。原来的下编，后来不算《孙膑兵法》，在精装本中是编入第二辑的《佚书丛残》，即属于吴书所定"论政论兵之类"。这一部分，在第一辑中根本找不到。我们要看这一部分，还得用普及本。

现在研究《孙子兵法》，有一点应该讲清楚。战国时期的"孙氏之道"，本来是指吴孙武和齐孙膑的两种《孙子兵法》，前者又分十三篇和十三篇外的佚篇。它们在先秦两汉，统言之，都叫《孙子兵法》（如《韩非子·五蠹》所谓的"孙、吴之书"，其中的"孙"就是笼统的名称）；析言之，则传孙武之学者叫《吴孙子兵法》，传孙膑之学者叫《齐孙子兵法》，比如《汉志》就是把它们分为两本书，而以"吴""齐"二字区别之。现在留下来的《孙子兵法》，其实只是《吴孙子》中的十三篇，其他的《吴孙子》佚篇和《齐孙子》，经过魏晋的淘汰，南北朝的淘汰，隋唐的淘汰，最后都消失了（曹操的整理可能起了关键作用）。关于银雀山汉简，我一直有个看法，《吴孙子》佚篇和《齐孙子》的发现，其实是把淘汰了的东西又捡回来，它对古书的著录，不是推翻，而是印证。[1]

现在发现的《孙子》十三篇，有出土篇题木牍（1 号木牍）为证，在西汉前期已单独流行，正合司马迁说的"世俗所称师旅，皆道《孙子》十三篇"（《史记·孙子吴起列传》太史公赞）；字数，也合高诱说的"孙、吴，吴起、孙武也，吴王阖闾之将也，《兵法》五千言是也"（《吕氏春秋·上德》高诱注）。文字内容和今本大同小异，但也有一些不同。不同点有三，第一，它是分上下两部分，前一部分，包括《计》《作战》《势》《形》《谋攻》《行军》六篇（《计》《作战》《形》《谋攻》四篇缺，但估计不会在后半部），有两

---

〔1〕 李零《关于银雀山简本〈孙子〉研究的商榷》，收入所著《〈孙子〉古本研究》，北京：北京大学出版社，1995 年，207—223 页。

千多字；后一部分，则包括《军争》《实虚》《九变》《地形》《九地》《用间》《火攻》七篇（《九变》缺，估计在后半部），合称《七势》，有三千多字，它们的排列顺序和今本不太一样。第二，简本的文字，和宋以前的古书引文相比，和现存的三种宋本（典型版本只有这三种）相比，它更接近前者，文辞比今本古奥，句子比今本简短，不太讲究对称，文句和篇次的安排都不如今本"合理"，可见文本还是有一些变化，字数也略有增多（可能增出几百字）。[1]第三，这个本子，在《用间》篇结尾处，多出"〔□之兴也〕，□衡师比在陉；燕之兴也，苏秦在齐"，显然是战国晚期的内容。[2]

（2）《吴孙子兵法》的佚篇

《汉志》著录的《吴孙子兵法》，篇数有 82 篇图九卷，部头很大。东汉末，曹操只注十三篇，其他孙子书，包括佚篇，包括《齐孙子》，大概都被编入《续孙子兵法》。但汉以后，宋以前，据隋唐史志记载，当时还有某些《孙子》佚篇是在单独流行，并且有些佚文被保存下来。它们有些可能是先秦就有，有些可能是后来续作。简本佚篇是西汉写本，当然很重要。现在的五篇，《见吴王》是序传类的作品，应即司马迁作《孙子吴起列传》依据的同类材料，整理者放在最后是有道理的，因为汉代的这类东西多半都是放在最后。《吴问》是借吴王、孙武问对讲军赋之出，或与《形》篇的结尾有关。其他三篇，《四变》是解《九变》的五个"有所不"（有点

---

[1] 今本《孙子》的"三大宋本"都在 6000 字上下，汉代《孙子》只有"五千言"，这是约数。我们从银雀山《孙子》的篇题木牍还有简本原文看，其字数可能在 5500 字以下，今本的字数肯定是有所增多。案：学者常以文理好坏定文本早晚，主张对今、古本"择善而从"，这是把问题弄颠倒了。因为一般说，今本都比古本更"文通字顺"，这反而是其后出的证明。比如今本《孙子》和简本《孙子》相比，就"文通字顺"得多，篇次安排（如以《计》《作战》《谋攻》为一组，为先；以《形》《势》为一组，次之，等等）也更"合理"。我怀疑，它是曹操整理的结果。

[2] 李零《〈孙子〉篇题木牍初论》，收入所著《〈孙子〉古本研究》，北京：北京大学出版社，1995 年，239—253 页。

类似李筌、贾林、何延锡等人的解释);《黄帝伐赤帝》是解《行军》的四种"处军之利";《地形二》也是与《地形》《九地》两篇有关。这几篇，几乎都是解释发挥十三篇，让人觉得比十三篇晚出。但我们也不能排除，在战国时期，还有早于十三篇或与十三篇同时的孙子书在，十三篇只是"选萃"。

(3)《齐孙子兵法》

现在定为《孙膑兵法》的简文，在整理上碰到很大麻烦。因为精装本的 16 篇，其中有人、事可考，肯定与孙膑有关，只有《擒庞涓》《见威王》《威王问》《陈忌问垒》和《五教法》《〔强兵〕》六篇，其他十篇，都是以"孙子曰"开头，形式与《吴孙子兵法》十三篇一样，很难断定是《吴孙子兵法》佚篇，还是《齐孙子兵法》；而普及本的下编，则连"孙子曰"也没有。所以在精装本里，整理者把它们删掉了。[1]这里碰到的根本问题是什么？其实是两种《孙子兵法》，它们本来是一家之学，[2]如果没有可靠的线索（著录的线索，文本的线索），我们很难区分。还有，顺便说明一下，整理者把新发现的《齐孙子兵法》定名为《孙膑兵法》，其实也不太合适。因为，现在的两种《孙子兵法》都是《孙子兵法》，如果要区别，最好还是按古人的叫法，以"吴""齐"二字区别之。这样做，不但符合著录，也有对称性。现在，我们以《孙子》专指《孙子》十三篇，前提是没有其他孙子书，如果有，我们再用《孙子兵法》指《吴孙子兵法》，用《孙膑兵法》指《齐孙子兵法》就很不妥当。如果我们把《齐孙子兵法》叫《孙膑兵法》，那《吴孙子兵法》就得改称《孙武兵法》，否则不对称。还有，先秦书名，一般

---

〔1〕 关于简文整理工作的复杂性，可参看精装本的编辑说明。

〔2〕 银雀山汉简《孙膑兵法》的《陈忌问垒》篇简 317 "………□明之吴越，言之于齐。曰智（知）孙氏之道者，必合于天地。孙氏者……"就是很好的证明。"明之吴越"是指孙武，"言之于齐"是指孙膑，可见这两种《孙子》是祖孙相继的一家之学。

都是"氏加子"，而不是直呼其名（有是有，但比较少），[1]《孙子》属于前者。我们没有必要另创新名。更何况，在这两种《孙子兵法》中，它们自己就经常是以"孙子曰"作开场白，几乎每篇都是如此。即使是叙事性描写，它们提到孙武，提到孙膑，也是使用笼统的"孙子"。"孙武"和"孙膑"这两个名字，在这批简文中还从来没有发现。[2]

另外，我想说明的是，作为考古新发现，《孙膑兵法》当然很重要，但它的内容，就现存简文看，似卑之无甚高论，根本无法和十三篇相比，思想水平相差太远。它的失传，可能是命中注定。东汉末，曹操整理兵书，他很有眼力，认为所有兵书，只有《孙子》十三篇水平最高，所以只注十三篇。其他孙子书和其他兵书，他是另外处理。例如，他编了《续孙子兵法》，估计是既有《吴孙子》佚篇，也有《齐孙子》，裁篇别行的结果，是地位低了一大块。这对后世的阅读口味有导向作用。因为地位降低，读的人少了，也就逐渐消亡。《齐孙子》的消亡比《吴孙子》佚篇还突然。《隋志》已无《齐孙子》，现在我们还能看到的《齐孙子》佚文，只有《通典》卷一四九、《武经总要》前集卷四讲"用骑"之法，以及《孙子·九地》篇"陷之死地然后生"下曹操注所引的一句话（"兵恐不投之死地也"）。此书的失传值得玩味，它当年有名，后人废而不读，原因何在？依我看，古代兵书，有些是人有名，书不行，就像很多名将，打仗在行，但书却并不精彩，即使留下点经验之谈，也未必都能传之长久。读今本《吴子》，我的感觉也是这样。

---

[1] 《汉志》以"作者题书"（不是现在意义上的作者），有"氏加子""氏加名""氏加名加子"三种。第一种最多（如《孟子》《笿子》），第二种较少（如《吴起》《尉缭》），第三种更少（如《尹文子》《公孙龙子》）。此外，还有以爵、号为名者（如《商君》是以封君名，《老子》是以老寿名，《鹖冠子》是以服饰名）。

[2] 孙武之名，最早是见于《尉缭子·制谈》，在该篇中被称为"武子"。

（4）《尉缭》

现在收入精装本的《尉缭子》，情况比较复杂。《汉志》著录《尉缭》是分两种，一种在杂家（29篇），一种在兵形势类（31篇），两者的关系不太清楚。南北朝和隋唐以来，此书是叫《尉缭子》，列在杂家（《七录》《隋志》和两《唐志》）；宋以来，又列在兵家（《崇文总目》）。它们除《隋志》作五卷，其他都是作六卷，我们从古书引文看，当时的《尉缭子》和今本《尉缭子》是同一书。我个人的看法是，汉以后，此书的隶属容有混淆，隋唐史志在杂家，可能是沿袭班固的体例。班固对《诸子略》与《兵书略》重合的篇目，一般都是留诸子而删兵书，此书是漏网之鱼。《隋志》只有兵书《尉缭》，但分类还是沿袭《汉志》，二者取一的原则，还是删兵书而留诸子，所以是在杂家。但今本《尉缭子》，从内容看，显然是兵书，《崇文总目》的分类，才是名从其主，还其历史面貌。银雀山简本，与今本比较，内容相合，共有六篇，它们是《治□》（今本作《兵谈》）、《兵劝（权）》（今本作《攻权》）、《〔守权〕》（据今本补题）、《〔将理〕》（据今本补题）、《〔原官〕》（据今本补题）、《兵令》。其中《治□》至《〔原官〕》是一书，《兵令》是另外一书。后者，据2号木牍（《守法守令等十三篇》的篇题木牍），是编入同墓出土的《守法守令等十三篇》。《守法守令等十三篇》是摘自《墨子》《管子》《尉缭子》，还有来源不明的其他书，它是杂抄，不是专著。作为兵书，《尉缭》和《孙子》等书不同。在《汉志》中，它是兵形势家，而不是兵权谋家，格局和深度都小了点。我们从今本的内容看，它的24篇，实际上是分两部分，前12篇是讲战法，后12篇是讲兵令，无论前者，还是后者，内容都很具体，形式也很枯燥。在兵书中，它的名气比《孙子》《司马法》《六韬》《吴子》要小。但小有小的好处，读者少了，改动就小，前后的发展可以比较连贯（《墨子》也是这样）。现在，学者对简本的研究，一般都是只问前五篇，不包括《兵令》。其实《兵令》也是属于《尉缭》。

另外，与《尉缭子》有关，我想说一下上孙家寨马良墓出土

的军令简，[1]谈一下和它有关的争论。这批简文，发掘整理者以为
是发现了《孙子兵法》，[2]媒体也跟着大肆宣传，说是出土了大批兵
书。我对这种看法有不同意见。我认为，这批简文是军法、军令类
的文书（更准确地说，是军令类文书），他们所谓的《孙子兵法》，
只是这类文书中摘引的个别辞句（共 6 条），其实并没有独立成篇
的《孙子兵法》，更没有大批兵书。[3]后来，有些学者又出来补苴
旧说，说即使《孙子兵法》不存在，这批简文也是半为军令，半为
兵书。证据是，简文讲编制、阵法、旌旗、徽章的部分正与《尉缭
子》相似。《尉缭子》既然是兵书，它们当然也是兵书。[4]还有学
者说，《尉缭子》的后半不是实际的军令，而是兵书之一体，简文
既然与之相近，当是兵书佚篇，《孙子兵法》的引文也是这些兵书
所引。[5]他们对旧说只是略加修正，结论又被拉回到当初。我看，
他们并不是从简文的整体看问题，对军法和兵书的关系，理解也不
对。特别是《尉缭子》，我看，他们是把问题弄颠倒了。因为，《尉
缭子》的后半部，它们正是古代的军令（不管是实际应用的，还是
草拟备用的），篇名本身就是证明。它能证明的恰恰是相反的东西。
今天，我的看法并未改变。

（5）《地典》

见于《汉志·兵书略》阴阳类。此书是依托"黄帝七辅"中的
地典，属于战国和汉代流行的黄帝书。地典是传说中黄帝身边的七

---

[1] 青海省文物考古工作队《青海大通县上孙家寨一一五号汉墓》，《文物》1981 年 2 期，
16—21 页。
[2] 国家文物局古文献研究室等《大通上孙家寨汉简释文》，同上，22—26 页；朱国炤《上
孙家寨木简初探》，同上，27—34 页。
[3] 李零《青海大通县上孙家寨汉简性质小议》，《考古》1983 年 6 期，549—553 页。
[4] 陈公柔等《青海大通马良墓出土汉简的整理与研究》，《考古学集刊》第 5 集（1987
年），293—315 页。
[5] 李学勤《〈孙子〉篇题木牍和佚文》，收入所著《简帛佚籍与学术史》，台北：时报文化
出版企业有限公司，1994 年，349—355 页。

个大臣之一。他的名字可能是文学创造，因为此书正好是讲军事地形。《兵书略》的阴阳类是数术之学在军事上的应用，主要与天文、地理有关。它所收的书，汉以后全部亡佚，这本书的发现，有填补空白的作用。可惜的是，此书还没有正式发表的整理本，读者只能从吴九龙《银雀山汉简释文》一书试为钩辑（参看附录五）。[1]

（6）《守法》《守令》

在《守法守令等十三篇》内。其内容与今《墨子》中的《备城门》和《号令》有关。《墨子》的《备城门》等篇，是讲守城之术。守城在古代兵学中是技术含量最高的一类，非常重要。在《七略》中，它是列在《兵书略》的技巧类中，本来也是兵书。它与《诸子略》墨家的《墨子》重出，《汉志》删去之。其实，这是技巧类中惟一保存下来的兵书。

（7）《王兵》

也在《守法守令等十三篇》内。它也是与诸子交叉的兵书，内容与今《管子》中的《七法》《兵法》《地图》《参患》有关。《管子》的这四篇，还有它的《制分》《九变》，原来也是兵书，它们在《七略》中，原来是列在《兵书略》的权谋类中，与《诸子略》道家的《筦子》重出，《汉志》也删去之。

（8）其他兵书

有些还要看尚未出版的精装本第二、第三辑。它们中的一部分，是编入《孙膑兵法》普及本下编的《十陈》《十问》《略甲》《客主人分》《善者》《五名五恭》《〔兵失〕》《将义》《〔将德〕》《将败》《〔将失〕》《〔雄牝城〕》《〔五度九夺〕》《〔积疏〕》《奇正》。这

---

〔1〕 我据该书做过辑本，见李零主编《中国兵书名著今译》，北京：军事译文出版社，1992年，278—280 页，可惜印刷错误太多，这里重为订正，编为附录。

15篇，我觉得，最有价值，要数《奇正》。《奇正》是很有哲理的一篇，内容是讨论古代兵学概念中的"奇正"。"奇正"与"形势"特别是形、势分言的"势"有关。"形势"是《汉志·兵书略》的"兵书四种"之一，小序的说明，只是强调其小、快、灵，概念界定并不清楚，明确说明只见于《孙子》的《形》《势》二篇。它的概念和法家也有一定关系，法家讲刑名，兵家也讲；法家讲"法""术""势"，兵家也讲。特别是"势"，更是兵家所重，比如孙膑，就是以"贵势"而著称（《吕氏春秋·不二》）。《奇正》有句话，叫"有所有余，有所不足，形势是也"，"形""势"都是兵力配置的艺术，但"形"是静态的（指客观、有常、易见的配置），"势"是动态的（指人为、多变、潜在的配置）。"奇正"是类似博弈的运用之妙，就是"势"的体现。[1]《唐太宗李卫公问对》卷上，一上来就是讲"奇正"，而且是花很大篇幅讨论。可见古人对它很重视。"奇正"在现代军事上也在运用，如林彪的"一点两面战术"，其实就是古人说的"奇正"。我个人认为，这才是银雀山兵书中最重要的发现，它的水平完全可以比美《吴孙子》十三篇。古书之传，有幸与不幸，很多古书，都是因为作品本身不精彩，读者丧失兴趣，被无情淘汰，但此书不一样，它的失传太可惜。

此外，我还想谈一下银雀山出土的《太公》。现已发现的太公书，学者多称《六韬》。今本《六韬》是兵书，大家以为它也是兵书。这个问题还值得研究。

银雀山汉简的《六韬》是收入精装本第一辑，这个定名也有

---

[1]　"奇正"与"奇偶"之"奇"、"余奇"之"奇"有关，学者对这一问题的研究，要以法国学者魏立德（Francois Wildt）的讨论最有启发。参看：魏立德《关于〈孙子兵法〉中的数理逻辑》，收入《〈孙子〉新探——中外学者论〈孙子〉》，北京：解放军出版社，1990年，122—130页。案：《淮南子·兵略》有所谓"刑德奇赅之数"，《汉志·兵书略》阴阳类有《五音奇胲用兵》《五音奇胲刑德》，《史记·扁鹊仓公列传》有"奇咳术"，也与"奇正"有关。

问题。因为《六韬》在古代只是太公书的一种，而不是全部，我们不能把凡与太公有关的书都叫《六韬》。虽然，《庄子·徐无鬼》已提到"《金版》《六弢》"（或"《金版六弢》"），[1] 汉以来也一直有《六韬》，但两汉魏晋时期的《六韬》是什么样，我们根本不清楚，隋唐的《六韬》和宋代的《六韬》，文字内容和结构安排也不一样，改编非常大。我们要谈《六韬》，首先得谈太公书。《汉志》是把《太公》列于道家的开头，和《伊尹》《鬻子》《辛甲》《筦子》为一类，都是依托辅佐明君的贤臣，讲他们如何出谋划策，夺取天下或取威定霸，[2] 其中《太公》，是与《鬻子》《辛甲》为同类，则与《逸周书》有关，与文武图商的故事（古代的"《三国演义》"）有关。它在汉代非常流行，统称《太公》，部头很大，包括237篇，分《谋》《言》《兵》三种。《太公兵》在《七略》中是重出于《兵书略》的权谋类，本来也是兵书，但班固嫌这种互见太多余，干脆把它删掉了，所以《汉志》只有道家《太公》，没有兵书《太公》。虽然，两汉魏晋南北朝，古书经常提到《六韬》，[3] 但早期的《六韬》是什么样？它是《太公》的别名还是选本？或与三书中的哪一种有关？我们并不清楚。《七志》有《太公六韬》《太公阴谋》《太公兵法》。《隋志》则增出《太公阴符钤录》《太公金匮》《太公伏符阴阳谋》《太公三宫兵法》《太公书禁忌立成集》《太公枕中记》（又目中《周书阴谋》《周吕书》，可能也是太公书）。两《唐志》只剩三种，即《太公六韬》《太公阴谋》《太公金匮》。我怀疑，《太公阴谋》即《汉志》的《太公谋》，《太公

---

〔1〕《群书治要》卷三一引《六韬·武韬》佚文："文王曰：'善，请著之金版。'"《淮南子·精神》："故通许由之意，《金縢》《豹韬》废矣。"疑"金版""金縢"所指为一，皆所以藏言，与《太公言》有关。

〔2〕《群书治要》卷三一仍然是以《六韬》《伊尹》《鬻子》《筦子》相次。

〔3〕如：《淮南子·精神》、谢承《后汉书》（范晔《后汉书·徐璆传》李贤注引）、范晔《后汉书·何进传》《三国志·蜀书·诸葛亮传》《三国志·吴书·吕蒙传》《宋书·谢灵运传》《梁书·侯景传》《魏书·程峻传》《隋书·礼仪志五》《隋书·经籍志》《北史·程骏传》。

金匮》即《汉志》的《太公言》，《太公兵法》即《汉志》的《太
公兵》。《阴谋》是泛言谋略，重在论政；《金匮》是借故事、箴
言（有些是出自《逸周书》），以为谈助（即苏秦纵横所本）；《兵
法》才是专讲用兵。[1]然而，两《唐志》的太公三书，有《太公六
韬》，无《太公兵法》。此时的《六韬》是《太公兵法》的另一种
本子，还是与其他两书有关，或者是太公书的选本，仍是一个谜。
今本《六韬》是宋《武经七书》中的一种，内容以谈兵为主，也
许隋唐时期，《六韬》已有"兵书化"的趋势，但《群书治要》节
录的《六韬》，敦煌本的《六韬》，却是以论政为主，我们看汉唐
古书引用，则是两种内容都有，问题还有待研究。现在发现的银
雀山汉简《六韬》，它的简文是粗分为 14 组（原书分章，有些章
号还在），有些是按今本《六韬》对出（第一至七组），有些是按
《群书治要》引《六韬》对出（第八、第九组），有些是按其他古
书的引文对出（第十、第十一组），有些是按简式和字体归入。它
们当中，只有第十组有篇题《葆启》，其他篇题均未发现。这批简
文，与今本《六韬》和汉唐引用的《六韬》有不少相同之处，但
不同的地方也很多。特别值得注意的是，它几乎没有论兵的内容。
所以，比较稳妥，还是叫《太公》好。况且，精装本的编辑说明
对《六韬》的定名也是持怀疑态度，认为简本的内容可能是包括
在《汉志》所列的《谋》《言》之内，当时未必叫《六韬》。[2]此
外，整理者还指出，从简式和字体考虑，这批简文很可能就是 2
号木牍上的"上篇"和"下篇"，原来是《守法守令等十三篇》的
一部分。如此说成立，也可以说，这两篇是摘抄《太公》。总之，
《太公》虽与兵法有关，但银雀山汉简的这一部分，它们未必就是
《六韬》，或全部都是《六韬》。兵书《太公》，即《太公兵法》，它

---

〔1〕 前人所作辑佚本，多以《六韬》概指所有太公书，其实应分别辑佚。我们从郑廷焯
　　 《先秦诸子考佚》（台北：鼎文书局，1980 年）所作《太公》三书佚文看，三书的区别
　　 大抵如此。

〔2〕 参看：精装本的编辑说明。

的发现，还有待于将来。

另外，顺便说一下，八角廊汉简中也有太公书。这批简文只是最近才公布，[1]它也被整理者定名为《六韬》。这部分简文，还保留了 13 个篇题，从篇名的序数看，至少在 31 篇以上，它们的内容，与《群书治要》引《六韬》，与敦煌本《六韬》，与宋本《六韬》，也有重合的地方。但所有篇名均不见于今本，内容合于宋本只有三篇，合于唐本只有六篇，绝大部分都对不上。从内容看，它们也很少有论兵的内容。所以，对这批简文，我们对银雀山简本的看法也同样适用。它们也未必就是早期的《六韬》，更不是《太公兵法》。

以上是 70 年代银雀山汉简的发现。下面，我们再谈一下 80 年代和 90 年代的发现：

（1）张家山汉简《盖庐》

最近已经公布。[2]"盖庐"即吴王阖闾。此篇内容完整，是以阖闾、申胥（伍子胥）问对的形式写成，共分九章，内容是讲"循天之则""行地之德"，按四时五行用兵，照阴阳向背处军，等等。书中正有"维斗为击，转动更始"和"凡攻之道"，五行相胜的论述，完全合于《汉志》兵阴阳类的定义。此书是与伍子胥有关的兵法。《汉志》技巧类有《五（伍）子胥》，估计是讲战船和水战之法，严可均《全上古三代秦汉三国六朝文》卷六也辑有伍子胥《水战法》三条，与此不同。

---

〔1〕 河北省文物研究所定州汉墓竹简整理小组《定州西汉中山怀王墓竹简〈六韬〉释文及校注》，《文物》2001 年 5 期，77—83 页；河北省文物研究所定州汉墓竹简整理小组《定州西汉中山怀王墓竹简〈六韬〉的整理及其意义》，同上，84—86 页。
〔2〕 张家山二四七号汉墓竹简整理小组《张家山汉墓竹简〔二四七号墓〕》，北京：文物出版社，2001 年，273—281 页。

（2）上博楚简《曹沫之陈》[1]

“曹沫”，原作“敭蔑”。它是以鲁庄公、曹沫问对的形式写成。简文分两部分，前一部分论政，比较短；后一部分论兵，比较长。篇题在上篇简2的背面，但概括的却是后一部分内容，主要是讲两军对阵的各种应对措施。曹沫，事鲁庄公，他的名字有不少异写。《左传》庄公十年作“曹刿”，记鲁庄公用其谋，在长勺之役，大败齐军，《孙子·九地》也提到所谓“诸、刿之勇”，“诸”是专诸，“刿”是曹刿，都是搞暗杀劫持的勇士；《史记·刺客列传》等书提到他，名字是作“曹沫”，称他参加柯之盟，以匕首劫持齐桓公，求返鲁地，获得成功。他在司马迁笔下，是头号刺客。汉画像石也是把他当刺客来描写。他在后世的名气，更主要是作为刺客。但他和一般刺客不太一样，不只有拼死一搏的匹夫之勇，还是足智多谋的军事家。[2]此书从未见于著录，是一篇失传已久的佚书，而且是目前发现年代最早惟一的战国写本，当然有重要价值。但它的水平和影响，恐怕不能和《孙子兵法》《太公兵法》《司马法》相比，失传是不足为奇的。

中国古代最重要的兵书，有些直到现在还没有发现，例如《太公兵法》《司马法》和《吴子》。我们不能指望所有的兵书都出土，但还是希望最重要的兵书能出土。

另外，顺便说一句。中国早期的兵书，除权谋、形势两类，即通常说的兵略，还有阴阳、技巧两类，也应给予足够重视。阴阳类，要从数术入手，现在直接发现太少（如上《地典》和《盖庐》），但间接线索很多。如《汉志·兵书略》的阴阳类小序，说阴阳类是“顺时而发，推刑德，随斗击，因五胜，假鬼神而为助

---

〔1〕 这篇简文是由我注释，收入马承源主编《上海博物馆藏战国楚竹书》，上海：上海古籍出版社，待刊【案：收入该书（四），2004年出版】。

〔2〕 李零《为什么说曹刿和曹沫是同一人》，《读书》，待刊【案：见《读书》2004年9期，129—134页】。

者也", 什么是 "推刑德", 可看马王堆帛书的《刑德》;[1] 什么是
"因五胜", 可看虎溪山汉简的《阎氏五胜》。[2] 什么是 "随斗击",
可看上面说的张家山汉简《盖庐》。现已出土的数术书, 其中有不
少兵阴阳的内容, 已经引起学者的注意。[3] 还有,《墨子》城守各
篇, 在《汉志·兵书略》的技巧类中, 本来最重要, 但研究者至今
很少。此篇错字和读法不明的字很多, 器械名称, 技术术语, 也非
常难懂。学者有心于此, 除了要看后世的同类书籍, 还有一个重要
参考, 就是汉代的屯戍文书。它们记录的有关知识很多, 对读《墨
子》这些篇肯定会有帮助。

我希望, 这两方面, 今后也有更多的发现。

---

〔1〕 傅举有、陈松长编《马王堆汉墓文物》, 长沙: 湖南出版社, 1992 年, 132—145 页。

〔2〕 湖南省文物考古研究所等《沅陵虎溪山一号汉墓发掘简报》,《文物》2003 年 1 期,
36—55 页。

〔3〕 田旭东《"兵阴阳家" 几个问题的初步研究》, 收入李学勤先生学术活动五十年纪念文
集编委会主编《追寻中华古代文明的踪迹》, 上海: 复旦大学出版社, 2002 年, 189—
195 页。

【参考书】

1. 银雀山汉墓竹简整理小组《孙膑兵法》，北京：文物出版社，1975 年。

2. 银雀山汉墓竹简整理小组《银雀山汉墓竹简》〔壹〕，北京：文物出版社，1985 年。

3. 吴九龙《银雀山汉简释文》，北京：文物出版社，1985 年。

4. 李零《齐国兵书甲天下》，《中华文史论丛》第 50 辑（1992 年），193—212 页。

5. 李零《〈孙子〉古本研究》，北京：北京大学出版社，1995 年。

6. 李零《吴孙子发微》，北京：中华书局，1997 年。

7. 张震泽《孙膑兵法校理》，北京：中华书局，1984 年。

8. 李均明《孙膑兵法译注》，石家庄：河北人民出版社，1992 年。

9. Robin David Sebastian Yates, *The City under Siege: Technology and Organization as Seen in the Reconstructed Text of the Military Chapters of Mo-Tzu*, Dissertation, Harvard University Cambridge, Massachusetts, June, 1980.

10. 叶山《攻守城器械及东周军事技术》，收入李国豪等主编《中国科技史探索》，上海：上海古籍出版社，1986 年，403—436 页。

11. 李约瑟《中国科学技术史》，第五卷《化学及相关技术》，第六分册《军事技术：抛射武器和攻守城技术》，（e）早期攻守城技术：从墨家到宋（叶山著），189—379 页，钟少异等翻译（译自：Joseph Needham and Robin D.S.Yates, *Science & Civilisation in China*, vol.6, Cambridge: Cambridge University Press 1994, pp.241–485:（e）Early poliocetics: The Mohists to the Sung, by Robin D.S.Yates），北京：科学出版社和上海：上海古籍出版社，2002 年。

附录一：兵书的起源

研究兵书的起源，有两个问题值得注意，一是年代范围，二是发生原理。

首先，我有一个看法，就是中国古代的"书"，它们是属于西人所谓的"枢轴现象"，即与"诸子时代"相匹配。兵书也是如此。当时，中国的兵书是受子书影响，子书当中也往往包含兵书。我国的兵书，像《孙子兵法》，其实是"战争"和"哲学"相结合的产物，是"战争哲学"类的兵书。我们现在看到的早期兵书，主要都是战国兵书。它们的经典化，作为整体现象，毫无疑问，是属于战国时期，特别是战国中晚期（这是战争最多，制度变化最大的时期）。不仅大多数的兵书是如此，而且大家以为最古老的兵书，《六韬》《司马法》和《孙子兵法》，也是如此。它们依托的人物可能比较早，但年代并不早。如《六韬》是战国人讲述西周故事，《司马法》是战国人追论古代制度，《孙子兵法》也未必写于春秋晚期，而很可能是成于后学之手（比如，很可能是孙膑之手），属于稍后的战国时期，甚至可能与孙膑的兵法一起，与《六韬》和《司马法》一起，是齐国的鼎盛时期，即威、宣之际的产物。特别是，《司马法》就是作于齐威王时，孙膑也是活动于齐威王时，它们与当时的官方学术，即稷下之学，可能也有一定关系。

其次，我有一个看法，就是"兵法"是来源于"军法"，然后又超越于"军法"，这个过程和古书脱离文书，是类似过程。特别是《孙子兵法》，它的思想深度，它的概括能力，没有充分酝酿，不可能出现。它需要"兵不厌诈"的战争环境（前提是贵族传统大崩溃），也需要"百家争鸣"的思想气氛（前提是官学破散，私学泛滥）。这种环境，这种气氛，宋人看得很清楚，它们都是战国时期的特点。战国时期，正如它的名字所示，是个杀人盈野，惨烈空前的时代。特别是战国中期以来，情况尤甚。[1]当时的战争经验很丰富，思想家的关注也很充分。我国兵书的经典化完成于这一时期，这绝非偶然。

下面解释一下。

一　"兵法"起源"军法"说

中国古代兵书，数量很大，从战国到清代，光留下的书，就在两千种以上。如果加上古书著录后来失传的兵书，数量还要翻一番。[2]它们当中，真正可以称为经典的书，基本都是先秦古书。例如宋神宗元丰六年（1083年）刊定的《武经七书》（当时和后来武举取仕的教科书），它包括《孙子》《吴子》《司马法》《李卫公问对》《尉缭子》《黄石公三略》《六韬》。这七种书，除《黄石公三略》是汉代的古书，《李卫公问对》是唐代的古书，其他都是先秦古书。可见中国兵书的经典化是完成于先秦。

研究兵书的起源，特别是兵法的起源，中国是很好的标本。因为中国的兵书，早在战国秦汉时期，即相当于古希腊、罗马的时期，数量就很大，门类也很齐全，问题已深入到谋略学中理论思考最深的问题。中国的兵书到底起源于何时，这个问题很重要。有人说西周就有兵书，[3]这是缺乏

---

〔1〕战国中期，各大国皆能聚数十万之众，做连续数年之战斗，规模相当可观；晚期各大战役，杀人动辄以十几二十万为计，甚至高达四十万（长平之战），综其总数，当在百万以上，简直就是"世界大战"。参看：杨宽《战国史》，上海：上海人民出版社，1980年，284—287页。

〔2〕许保林《中国兵书知见录》（北京：解放军出版社，1988年）共收兵书3380种（截止于1911年，存世兵书2308种，存目兵书1072种）；刘申宁《中国兵书总目》（北京：国防大学出版社，1990年）共收兵书4221种（亦截止于1911年），数量更多。

〔3〕参看：沈家本《历代刑法考》，北京：中华书局，1978年，第三册，《汉律摭遗》卷二一，1753—1766页。

根据的。因为如果我们只是根据推论，说凡有战争就有兵书，那兵书的出现肯定要比西周早；而反过来，如果凭事实讲话，我们不能不说，所有已知的兵书，它们全都没有这么早。比如《六韬》，它虽然是以吕尚和文王、武王问对的形式写成，但绝不可能是吕尚所撰，因而也不可能是西周的古书。

现在，讲兵书的起源，我特别注意"狭义兵书"从"广义兵书"脱胎换骨的问题。"广义兵书"是古人说的"军法"或"军令"，"狭义兵书"是古人说的"兵法"或"谋略"。"兵法"出自"军法"又超越"军法"，成为相对独立的东西，这是一个很大的突破。[1] 比如我们读《史记》《汉书》，大家都知道，汉代有一部《军法》，即韩信整理和制定的军法。[2] 这样的军法，其实早期也有，晚期也有，自己有自己的传统。比如《左传》引用的《令典》《军志》《军政》，估计就是这样的军法。还有战国时代的齐国兵书《司马法》，它和《周礼》相似，和《周礼·夏官·司马》的内容有很多重合，也是后人追论的古代军法。另外，《尉缭子》的后半部，它的篇题都是叫什么什么"令"，内容也是属于古代的军令或按古代的军令而设计（比较：《魏武军令》的佚文）。

中国古代的军法和军令，本来是属于法典类型的文献。但从古至今，很多形式与之相似的文献，其实都是出于设计，不一定能反映实际存在的制度。如《周礼·夏官·司马》和《司马法》中的很多制度可能就是人为设计的制度，《尉缭子》后半部的军令，可能也是一种设计。按后世观点，这类文献也可归入政书类。如唐杜佑《通典》，其中的《兵典》就是这样的书。宋曾公亮的《武经总要》，明茅元仪的《武备志》，也是类似的书。它们的共同点是偏重制度，偏重技术。

从有关材料和后世传统看，古代的军法、军令，它们的内容主要是集

---

〔1〕 克劳塞维茨说："狭义的军事艺术就是在斗争中运用现成手段的艺术，称为作战方法最恰当；广义的军事艺术当然还包括一切为战争而存在的活动，也就是包括建立军队的全部工作——征募兵员、装备军队和训练军队。"参看：克劳塞维茨《战争论》中译本，北京：商务印书馆，1978年，第一卷，102—103页。案：克劳塞维茨所说的"广义的军事艺术"就是中国古代的"军法"，"狭义的军事艺术"就是中国古代的"兵法"。

〔2〕 王显臣、许保林《中国古代兵书杂谈》，北京：战士出版社，1983年，2页和20—27页。

中在以下六个方面：

（1）军赋制度。即根据畿服制度、提封制度和户籍制度征发兵员和军需物资的制度。

（2）军队编制。即将征发上来的兵员逐级定编，设官分职。

（3）军事装备。如车马兵甲的配备。

（4）指挥联络。如对金鼓旌旗和徽章符节的规定。

（5）阵法和垒法。即以上述编制，配以车马兵甲、金鼓旌旗和徽章符节，对上述兵员进行训练（即所谓"蒐狩校阅"，古称"治兵"），排兵布阵，修筑营垒。

（6）军中的礼仪和爵赏诛罚。

在中国的军事术语中，"军法"是属于"治兵之法"，"兵法"是属于"用兵之法"。岳飞把"兵法"叫"运用之妙，存乎一心"（《宋史·岳飞传》），很强调智慧的运用。但"用兵"的前提是有"兵"在手，有装备精良、训练有素的"兵"在手。这是研究"兵法"不能不考虑的问题。中国古代的名将，很多人都未必熟读兵书，精通兵法，但没有人敢说，他可以不问"治兵"。研究古代"兵法"和"军法"的关系，我们应当注意，第一，早期"兵法"可能是从实际作战经验中总结出来的一些简单的规则和条例（参看：《司马法》中的各种"凡例"，它们可能是类似《吴子》《六韬》那样的战术原则，情况类似药方），它们原来是包含在"军法"里面，是附属于"军法"的内容；第二，后来"兵法"逐渐成熟，逐渐脱离"军法"，成为独立的军事艺术；第三，即使在"兵法"独立发展之后，它的很多内容仍然不能完全脱离"军法"的发展，仍然是与之互为表里。

二　"兵不厌诈"的意义

中国古代的兵书，特点是谋略发达。这种研究，对比于西方很明显。西方的谋略学很不发达，无论政治上的权谋，还是军事上的权谋，都是比较晚才有（马基雅维利是 15—16 世纪的人，克劳塞维茨是 19 世纪的人）。

这件事，后面背景很深，需要深入开掘。比如，世界各国，无论是谁，凡是要把一盘散沙、狭小孤立的人群凝聚为覆盖广大地面的组织，都需要"大一统"。但正如汤因比所说，世界上的"大一统"有两种，一种是大宗教，小国家；一种是大国家，小宗教，西方是前者，我们是后者。[1]我们的传统是有普世性国家，没有普世性宗教，所以宗教束缚比较小。秦汉以降，"王侯将相，宁有种乎"，除了皇帝他们家，贵族传统也是早就崩溃。还有法制，秦汉时期是"法若凝脂"，但老百姓还是该反就反，几百年必有一次，流寇和官军玩猫捉老鼠，老鼠逗猫，他们对合法性的理解也非常灵活。此外，汉族的邻居，北方骑马民族，他们是"利则进，不利则退，苟利所在，不知礼仪"（《史记·匈奴列传》），对我们也是反复教育。所有一切，都塑造了我们的"兵不厌诈"。

说到"兵不厌诈"，宋襄公的故事很典型。宋襄公是商王的后裔，是真正的贵族，他比周人还爱讲老理儿。春秋中期的泓之役（前638年），他硬是不肯趁楚师半渡未济，没有摆好阵势，抓住有利时机，发起进攻，结果身死兵败为天下笑（《左传》僖公二十二年）。这个故事，就是一个堂吉河德式的象征，一个贵族道德破产的象征。毛泽东称之为"蠢猪式的仁义道德"。[2]宋襄公讲"不鼓不成列"，看似可笑，但绝不是心血来潮，我们读《司马法·仁本》，其中就有一条，叫"成列而鼓"。其实，这是古代军法对作战的要求。宋襄公以后，中国的兵法，以《孙子兵法》为代表，都是讲"兵不厌诈"。如《孙子·计》讲"兵者，诡道也"，《九地》讲"兵以诈立"。这种"兵法"和《司马法》讲究的"军法"正好相反。它所代表的才是战国时尚，即所谓"繁礼君子，不厌忠信；战阵之间，不厌诈伪"（《韩非子·难一》）。如果说，战国早期，这种趋势还不太清楚，战国中晚期，情况就非常明显。我们读《战国策·赵策三》的田单、赵奢

---

〔1〕 汤因比《历史研究》，刘北成、郭小凌译，上海：上海人民出版社，2000年〔译自 Arnold Toynbee, *A Study of History*,（The One–Volume Edition）Illustrated，Thames and Hudson Ltd.1972〕，第六部：大一统国家；第七部，大一统教会。

〔2〕 此语出自毛泽东《论持久战》，见《毛泽东选集》（一卷本），北京：人民出版社，1966年，482页。

问对，读《荀子·议兵》的临武君、荀卿辩论，都可以看得很清楚。比如，就拿半渡可击不可击来说吧，《孙子·行军》，《吴子·料敌》（又《应变》)，还有《六韬·犬韬·武锋》，它们都是强调半渡之敌一定要打，和《司马法》正好相反。

这是我们研究兵书时首先应该注意的问题。

附录二：兵书的分类

中国的兵书，数量很大，它们可分三大类，一类讲谋略，一类讲制度，一类讲技术。其中讲制度和技术的书，都是与时俱进，淘汰速度很快，每个时期和每个时期不一样。但讲谋略的书不是这样，它们是"永久智慧"。这些讲"永久智慧"的书，它们的出现主要是在战国时期。

战国兵书，按《七略》的分类，是分四种，即"权谋""形势""阴阳""技巧"。"权谋""形势"所收，主要是讲谋略的书。"权谋"的特点，是"以正守国，以奇用兵，先计而后战。兼形势，包阴阳，用技巧者也"。"以正守国，以奇用兵"，语出《老子》，是讲治国和用兵的区别，类似克劳塞维茨的名言"战争是政治的继续"。[1]《司马法·仁本》说："古者以仁为本，以义治之之谓正，正不获义则权，权出于战，不出于中（忠）人（仁）"，就是这个意思；"先计而后战"，语出《管子》的《七法》《参患》，是讲决策和实战的关系。《孙子》前三篇，以庙算、野战、攻城相次，就是体现它们的关系。"兼形势，包阴阳，用技巧者也"，则指它的综合性，即其他三种的内容，它都有。"形势"的特点是"雷动风举，后发而先至。离合背乡，变化无常，以轻疾制敌者也"，它强调的是分散集结的灵活多变，运动出击的轻巧迅速，能打也善走。"后发而先至"，语出《孙子·军

---

〔1〕 原文是"战争无非是政治通过另一种手段的继续"，见克劳塞维茨《战争论》，中国人民解放军军事科学院译，北京：商务印书馆，1978 年，第一册，43 页。

争》，是战国兵家的名言（参看《荀子·议兵》开头临武君的话）。前者有
点像方技中的"医经"，主要是理论性和综合性的兵书；后者有点类似方
技中的"经方"，主要是实用性和对策性的兵书。另外，它们也包含讲制
度的书（如"权谋"类的《司马法》和"形势"类的《尉缭》）。其代表作
是齐国的"三大兵书"：《孙子兵法》（包括孙武、孙膑的兵法）、《司马法》
和《太公兵法》。它们可以代表中国古代兵书的三大类型。《孙子兵法》是
讲谋略的代表，《司马法》是讲制度的代表，《太公兵法》依托文武图商的
阴谋故事，类似后世民间喜欢拿《三国演义》说事，阴谋诡计一大套，则
是通俗兵法的代表。其次，名气较大的兵书，当数魏国的《吴起》。吴起，
是战国早期最有名的军事家，他的名气仅次于孙武。另外，后世可以看到
的兵书，还有《尉缭》。它的名气不太大，却是形势家中惟一保留的兵书。
此书偏重战术和制度，也有它的特点。它们都是讲谋略和制度的经典。
《七略》的另外两种，"阴阳"和"技巧"，情况不太一样，则是讲技术。
"阴阳"的特点是"顺时而发，推刑德，随斗击，因五胜，假鬼神而为助
者也"。"顺时而发"，是顺应天时而用兵；"推刑德"是推太岁、太阴所
指；"随斗击"，是以斗柄所指为凶，反之为吉；"因五胜"，是以五行相克
为用兵依据，各是数术之一种。[1] 它们都是数术在军事上的应用，属于诸
葛亮"上知天文，下知地理"那一套。古代军人要学式法，学风角（诸葛
亮"借东风"就是属于风角），学占云气和看地形，就和这一类有关（其
中也包含军事气象和军事地理的知识）。"技巧"的特点是"习手足，便器
械，积机关，以立攻守之胜者也"。"习手足"是军事技能的训练，应包括
后世的武术；"便器械"则是对兵器的熟悉和掌握；"积机关"则是攻守之
具的准备。古代军事的"高科技"，古代最复杂的传动装置和运动机械都
是集中于攻城和守城，所以说"以立攻守之胜者也"。古代的军事体育，
蹴鞠（足球类运动）和博弈（六博和围棋）是传统项目。

　　上面四类的前两类，一般印象是，还有五本书，即《孙子》《吴子》

---

〔1〕 "推刑德"和"随斗击"，见马王堆帛书的《刑德》和《太一避兵图》。"因五胜"，见虎
　　溪山汉简的《阎氏五胜》。

《司马法》《六韬》和《尉缭子》，它们留下来，成为经典。但我们不要忘记，在《七略》中，还有一种"诸子谈兵"的书，同样也是兵书。如：（1）《管子》中的《七法》《兵法》《地图》《参患》《制分》《九变》六篇；（2）《荀子》中的《议兵》篇。另外，今《商君书》与《汉志》的《商鞅》，《鬼谷子》与《汉志》的《苏子》，《鹖冠子》与《汉志》的《庞煖》有关，这些手书中的某些篇原来也算是兵书。上面四类的后两类，都是技术书，技术总要不断更新，难免被淘汰，情况和数术、方技之书差不多，所以几乎全部亡佚，惟一留下的著作，就是《墨子》讲守城之术的 17 篇，原来在《七略》中也是单独的兵书。它是《守城录》（宋陈规、汤琦著）一类书的前身。现在，我们不太重视，但国外的学者很重视。[1]

---

〔1〕 见此讲参考书的最后三种。

附录三：兵书的整理和经典化^[1]

战国时代是中国兵书的黄金时代。兵书在当时是时髦书。^[2]比如韩非子就已提到，当时谈治国用兵之术的人很多，"管、商之书"和"孙、吴之书"，几乎家家都有收藏。这是讲私人藏书。

秦代对兵书的收藏和整理，情况不太清楚。我们估计，官方藏书必有之。因为历来兵书都是属于禁秘之藏。说不定，刘邦入关，萧何抱走的东西，其中就有兵书。

汉代对兵书有四次大整理。

第一次在汉初，是由张良、韩信任其事。他们都是辅佐高祖"从马上取天下"的名臣良将。张良学出道家，他为刘邦做"划策臣"，"运筹帷幄之中，决胜千里之外"，据说是从一个叫"黄石公"的老头得到传授，所授即《太公兵法》（《史记·留侯世家》）。^[3]韩信是"连百万之众，战必

---

〔1〕《汉书·艺文志》的后三略都是由专家校雠：兵书是由步兵校尉（戍卫京师的军官）任宏负责，数术是由太史令（掌天文、历法的史官）尹咸负责，方技是由侍医（侍奉天子的医官）李柱国负责。

〔2〕《韩非子·五蠹》说"今境内之民皆言治，藏管、商之法者家有之，而国愈贫，言耕者众，执耒者寡也；境内皆言兵，藏孙、吴之书者家有之，而兵愈弱，言战者多，被甲者少也"。

〔3〕《太公兵法》的创作是个连续体，从先秦到两汉甚至唐宋，不断有人添油加醋。不但原书有续写，还有很多仿效之作。如战国晚期，有传出苏秦的《苏子》（转下页）

胜，攻必取"的常胜将军，他行师用兵，多本之《孙子兵法》；参与汉初定制，"申明军法"，则本之《司马法》（《史记·太史公自序》）。[1]他们都是有实际经验的军事家。《兵书略》小序说"汉兴，张良、韩信序次兵法，凡百八十二家。删取要用，定著三十五家"。当时的兵书，恐怕是以"三大兵书"为主。唐李靖说"三门四种"（《唐太宗李卫公问对》卷上），"四种"是《兵书略》的四类，"三门"是张良所学的《太公兵法》和韩信所学的《孙子兵法》和《司马法》。[2]汉人引用最多，也是这三本书。

第二次在武帝时，是由杨仆任其事。杨仆，楼船将军，参加过汉征南越、东越和朝鲜的重大战役，也是有实际经验的军事专家。[3]《兵书略》说高祖死后，会吕后之乱，"诸吕用事而盗取之"，有些藏书散失，"武帝时，军政杨仆捃摭遗逸，纪奏《兵录》，犹未能备"，兵书的收藏又有损失。《兵录》一书也没有保留下来。

第三次在成帝时，是由步兵校尉任宏任其事，[4]《兵书略》说他"论次兵书为四种"，凡得兵书63家，1200多篇。后来班固编《汉书·艺文志》，它对《七略》的著录有所调整，变动最大是权谋类。第一，它把此类的《军礼司马法》移入《六艺略》的礼类；第二，它把此类与《诸子略》重复的《孙卿子》《陆贾》（以上儒家）、《伊尹》《太公》《筦子》《鹖冠子》

（与《鬼谷子》有关）；西汉，也有依托张良所受的《黄石公三略》；南北朝，还有《七录》著录的各种黄石公书，以及《张良经》（两《唐志》也著录），都是它的余绪。案：《史记·太史公自序》正义说"言吕尚绸缪于幽权之策，谓《六韬》《三略》《阴符七术》之属也"，就是讲这一传统。"《阴符七术》"，中华书局标点本作"《阴符》《七术》"，《阴符七术》，见《鬼谷子》下篇，即《柳宗元集》卷四《鬼谷子辨》所说《七术》，并非世传《阴符经》。虽然后者也是唐代流行依托太公、范蠡、鬼谷子、张良、诸葛亮等人所注，并有唐李筌注。案：今《六韬·龙韬》有《阴符》，或即《鬼谷》《阴符》所本。

[1] 唐李靖说："张良所学，《太公六韬》《三略》是也。韩信所学，穰苴、孙武是也。"见《李卫公问对》卷上。

[2] 《李卫公问对》说"韩信所学，穰苴、孙武"，也许只是推测。但韩信参加过《汉军法》的制定，现在所见《汉军法》的佚文，确有袭用《司马法》的痕迹；司马迁讲韩信战绩，也多次提到他用《孙子兵法》指挥作战（《史记·淮阴侯列传》）。

[3] 杨仆，见《汉书》的《酷吏传》和《朝鲜传》。

[4] "步兵校尉"是负责京师戍卫的"八校尉"之一，掌上林苑门屯兵，是一个秩二千石的武官。任宏，王先谦《汉书补注》引陶宪曾说，谓《汉书》的《哀帝纪》和《百官公卿表》有任宏，字公伟，为执金吾，守大鸿胪，即此人。

《以上道家）、《墨子》（以上墨家）、《苏子》《蒯通》（以上纵横家）、《淮南子》（以上杂家）等书中的兵家言省去。此外还在技巧类中加进了与军事体育有关的《蹴鞠》，估计原来是在《诸子略》道家类的五种黄帝书中。这些兵书，主要都是先秦兵书，一种是原本单行的兵书，一种是夹在子书中的兵家言，汉人本身的兵书，其实很少。

第四次，是东汉末年曹操的整理和研究。曹操是古之善用兵者。他不仅有自己的兵书传世，叫《魏武帝兵书》（或《魏武帝兵法》，也叫《新书》），还为"三大兵书"《司马法》《孙子兵法》和《太公兵法》作注。特别是他的《孙子》注，即《孙子略解》，这本书对后世影响尤大。它不仅是现存《孙子》古本中最古老的一种，也是现存《孙子》注本中最古老的一种。此外，他还编了《续孙子兵法》，可能是十三篇以外的《孙子兵法》，包括孙膑的兵法；编了《兵书接要》（或《兵书捷要》），可能是其他兵书的选萃。这些整理和研究，对兵书的经典化有进一步推动，第一是在众多兵书中突出"三大兵书"，第二是在"三大兵书"中突出《孙子兵法》，第三是在《孙子兵法》中突出《孙子》十三篇。[1]这种三突出对兵书的存佚有重大影响。

汉代以后，兵书的品种相对固定，变化较大，是篇帙构成、章句调整和文句润色，手术动在内容上面。南北朝和隋唐时期，早期兵书，还是以"三大兵书"为主。除此之外，比较重要，只有《吴起兵法》和《尉缭子》，还有汉代新增的《黄石公三略》。[2]这六本书，加上唐代新出的《李卫公问对》，就是宋《武经七书》包括的七种书。宋《武经七书》，前身可能是《太平御览》引书目中的《兵法七书》，宋初或五代就有。我们从隋唐史志看，七书的选定，乃是势所必然。宋《武经七书》，其中只有《孙子兵法》，经典化较早，变化不大，大体为汉十三篇之旧。但其他几种，

---

〔1〕 明茅元仪《武备志·孙子兵诀评》："先秦之言兵者六家，前《孙子》者，《孙子》不能遗；后《孙子》者，不能遗《孙子》，谓五家为《孙子》注释可也。"

〔2〕 另外，还有某些单行的《孙子》佚篇，以及曹操《续孙子兵法》可能包含的《孙子》佚篇和孙膑的兵法，《兵书捷要》可能包含的其他早期兵书。

变化很大。如宋本《六韬》，和敦煌本（P.3454）比，和《群书治要》卷三一的引文比，就大不相同，不仅句子不同，结构变化也很大。《司马法》是大大压缩的节选本和改编本，讲制度的东西被删，剩下的都是讲节制揖让、仁义道德的话。《吴子》，据《郡斋读书志》卷三下，也是唐陆希声的节选本。这些兵书，无论是压缩，还是被改编，都是为了便于军人讲习。[1]它们只有《孙子》，历代注释者众，《司马法》有曹操注和李氏注，其他很少有注。有注没注，注者的多少，也可以反映兵书经典化的程度。

中国的兵书，是以谋略为主，兼包制度和技术，早在战国时期，就门类齐全，水平也很高，所以，一旦形成体系，就相对固定，保持不变。两千年后还是受两千年前支配。这是我们的特点。有了这种背景介绍，我们再谈出土兵书，才会心中有数，知道它们的位置在哪里。[2]

---

〔1〕军人喜欢简洁明快，切于实用，故宋《武经七书》最初只有《孙子》用曹注，后来就连曹注也删去，只用白文本。明清武学教本有注，也是以粗说文义、引附战例的高头讲章为主，《十一家注孙子》类的注本一直不是他们的读物。

〔2〕现已出土的兵书，和后面两种不同。后面两种，《汉志》著录，几乎全部亡佚，《数术略》只有《山海经》留下来（于《汉志》属形法类），《方技略》只有《黄帝内经》留下来（于《汉志》属医经类），它们的经典化都不能和兵书相比。数术、方技，现存古籍主要是宋以来的东西，出土发现都是陌生的东西。而兵书不同，早期的经典也是后世的经典，出土发现，还是以《孙子兵法》《太公》《尉缭子》等书为主，很多是我们熟悉的兵书。这为研究出土发现的兵书提供了便利，也为大跨度地分析文本演变提供了条件。

附录四：兵书的三大类型和它们的国别

　　战国兵书，成就最大是齐国，其次是魏国。战国末年，荀卿和临武君在赵孝成王面前辩论军事（《荀子·议兵》），荀卿有一段评价。他说"齐之技击不可以遇魏氏之武卒，魏氏之武卒不可以遇秦之锐士"，即秦国战斗力最强，魏国次之，齐国最差。但讲兵法的水平，正好相反，齐国最发达，三晋次之，秦又次之。兵学自东往西传。

　　（一）齐系统的兵书。《七略》著录有四种，现在都在（作为种类，而不是全部）。

　　（1）《太公》。是古代兵书的一个类型。这个类型的特点，在于它是广义的"阴谋"（依托所谓"《周书》阴谋"），包括政治、外交和军事，甚至还有阴阳、技巧类的内容，其实是讲"大战略"。所以，《七略》是把它归入权谋类。另外，这部书是开放性的创作，连续性的创作。司马迁说，"后世之言兵及周之阴权，皆宗太公为本谋"（《史记·齐太公世家》），它在古代很流行，不断有续作。《汉志》著录的《太公》是237篇的大书，班固说，"或有近世又以为太公术者所增加也"，它是借"姜太公钓鱼"为本事（现代术语叫"母题"），可以不断扩展，具有演义性质的书。如苏秦传太公术，而有《苏秦》；张良传太公术，而有《黄石公三略》，即其余绪。特别是《三略》，东汉三国很有名，不仅《韬》《略》并称，而且有很多续作。[1] 凡运筹帷幄之中，摇羽毛扇的，都是学这一套（包括诸葛亮）。上面已说，《太公》有很多种，《六韬》是其中之一。它以文、武、龙、虎、豹、犬相次，可能是仿阴阳四时，即文、武为阴阳，龙、虎、豹、犬为春、夏、秋、冬，和《周礼》的结构相似。此书爱用警句格言，有些出自《逸周书》，有些是自己创造。如"天下非一人之天下也，乃天下人之天下也"（《文韬·文师》《武韬·发启》），就是历代相传的名言。另外，它有个词，叫"英雄"（《龙韬·选将》，《群书治要》卷三一引《龙韬》也有之），《三略》大讲特讲，使它非常出名，东汉和三国是时髦话。我们都知道"今天下英雄，唯使君与操耳"（《三国志·蜀志·先主传》）。"英雄"一词，即出典于《六韬》。我相信，此书的简本，今后还会有发现。

（2）《孙子兵法》。它也是一个类型。此书有吴、齐两种。孙武出名虽在吴国，但祖籍是齐国，他的兵法，恐系孙膑整理与传授，才流传于齐国，还应归入齐系统。特别是，它的很多术语，讲制度的术语，都是见于《管子》，也是与齐国有关的证据。孙膑的兵法是祖述孙武，当然也是齐兵书。这是讲谋略的代表。它也是个连续体，两种《孙子》加起来，也有190多篇，外加13卷图，部头很大。它的核心是《孙子》十三篇。这十三篇，按今本的顺序，可以分成四部分。《计》《作战》《谋攻》，讲战争三部

---

[1] 《七录》有《黄石公记》《黄石公略注》《黄石公兵书》《张良经》《黄石公秘经》，《隋志》有《黄石公内记敌法》《黄石公三略》《黄石公三奇法》《黄石公五垒图》《黄石公阴谋行军秘法》《黄石公兵书》（五行类并有《黄石公北斗三奇法》），两《唐志》有《黄石公三略》《成氏三略训》《张良经》《黄石公阴谋乘斗魁刚行军秘》《张氏七篇》（原注：张良撰）。此外，《宋志》著录，还有《素书》（原注：张良所传）。案：《三略》见汉光武诏引用（《后汉书·臧宫传》），估计西汉晚期已有成书。《四库提要》说"其为汉诏援据此书，或为此书剿窃汉诏"，疑不能定。余嘉锡《四库提要辩证》（北京：中华书局，1980年）也说，此书非出张良，决为伪作（598—600页）。我认为，此书即使非良亲著，乃后学所托，也仍然是汉代古书，不必称为伪书。其书"剿窃汉诏"者，亦不过是辨伪常见反客为主的推论（《尚书》《纪年》的辨伪就是使用这种推论）。《三略》，东汉已大行，成书在西汉晚期，依托在西汉早期，是合乎情理的事情。又《隋志》于《黄石公三奇法》下注："梁有《兵书》一卷。《张良经》与《三略》往往同，亡。"《兵书》应是承上省略，即《黄石公兵书》。《张良经》，则可能是别本《三略》，俱梁时已有。又世传张商英注《素书》，多以为是张商英伪撰，然《通志》又有吕惠卿注《黄石公素书》一卷和《素书》二卷，其书晚出，但未必就是张商英伪撰。我们不妨把《三略》的流传当作一个连续体，上承《太公》《苏秦》，下启托名黄石公和张良的兵书。

曲（庙算—野战—攻城），既有政治—外交—军事的考虑（逐步升级—逐步降级），也有战争成本（人力、时间、金钱）的计算，对思想和行动的关系有精彩论述；《形》《势》《虚实》讲兵力配置的运用之妙，极富哲理。这六篇是侧重于理论。接下来的七篇，是讲具体问题。《军争》《九变》是承《虚实》，讲运动、机变，《行军》《地形》《九地》是讲地形、心理和治兵之术。最后两篇，《火攻》，按古代分类，是与阴阳、技巧有关；《用间》是扣回全书主题，即如何解决"知己知彼"，特别是"知彼"的问题。在《用间》篇中，五种间谍有分工，已经形成谍报网。全书读下来，整个结构非常好，论述也很精辟。五千多字，字字有分量。

（3）**《司马法》**。是"齐威王使大夫追论古者《司马法》而附穰苴于其中"。它与《周礼》，特别是其中的《夏官司马》有一定关系。例如，《周礼》讲"司马九伐之法"，《司马法》也讲，很多制度也一样。顾颉刚先生怀疑，《周礼》可能是齐国的作品，和淳于髡的《王度记》《礼记·王制》是属于一类书。[1] 此书本名《周官》，是模仿《书·周官》而作，何休称为"六国阴谋之书"（贾公彦《序周礼兴废》），它和《太公》有类似的依托。《司马法》也是古代兵书中的大书，原来有155篇，但和上面二书不同，是讲制度，讲军法的书。这是第三个类型。

（4）**《管子》论兵**。有六篇，即《七法》《兵法》《地图》《参患》《制分》《九变》。

我有一个看法，齐系统的兵书，可能主要是战国中期，齐威、宣之际的产物。《齐孙子》和《司马法》是如此，《太公》《吴孙子》和《管子》可能也是如此。它们可能与官方的整理，与稷下学子的参与有关。当时是齐国力最强和学术最盛的时期。"兵法现象"可能是个整体性的突破。

此外，中国古代的兵技巧家，惟一留下的著作是《墨子》。有人说它是墨家入秦后的作品，应归入秦系统。[2] 过去，我也采用这一说法，但墨

---

〔1〕 顾颉刚《"周公制礼"的传说和〈周官〉一书的出现》，《文史》第6辑，北京：中华书局，1979年，1—40页。
〔2〕 李学勤《秦简与〈墨子〉城守各篇》，《简帛佚籍与学术史》，台北：时报文化出版企业有限公司，1994年，129—144页。

家入秦，照理说，其学术渊源还是齐鲁。此书是以十二种攻城方法（临、钩、冲、梯、堙、水、穴、突、空洞、蚁附、辒辌、轩车），外加各种相关问题，设为问答，分为20篇，现在还有11篇和6个题目保留下来，也是比较独特也比较重要的兵书。

（二）魏系统的兵书。地位仅次于齐兵书，《七略》著录有四种，现在有两种。

（1）**《吴起》。**吴起是孙武之后，战国早期最有名的兵家。在先秦两汉的古籍中，他与孙武齐名（他们在兵家中的年代比较早）。但他的书并不大，只有48篇，并没有发展为一个很大的传授系统，也没有类型的意义，论重要性，不能同齐国的兵书相比。今本《吴子》是选本，讲"吴起儒服，以兵机见魏文侯"（《图国》），同魏文侯和魏武侯讨论军事。文侯、武侯好儒术，吴起是儒家（从左丘明授《春秋》），彼此谈得来。但谈来谈去，从今本看，并不精彩。今本《吴子》讲仁义治兵，爱兵如子，重赏轻罚，的确有儒家色彩。但它讲用兵，还是主张"暴必以诈服，逆必以权服"（《图国》），甚至主张学恐怖分子，"使五万之众，而为一死贼"（《励士》）。其实是个法术派的儒家。它的六篇，有三段话是重见于今《六韬》，似与《太公》有一定关系。我们可以把它当兵略类型的兵书，把它当《孙子兵法》的参考书来读。

（2）**《尉缭》。**是尉缭与梁惠王（即魏惠王）的问对，背景在战国中期，年代或晚于《吴起》。此书也是中等规模的兵书，只有31篇，半为兵略，半为军令，重要性也不能同齐兵书相比。但它是古代形势家中惟一保留的古书，讲军令的部分，可以反映战国中晚期的制度，还是比较宝贵。我们可以把它当制度类型的兵书，与《司马法》做比较研究。

此外，属于魏系，还有传出李悝的《李子》和传出信陵君的《魏公子》，都已亡佚。

（三）赵系统的兵书。《七略》著录，只有两种，都是战国末年的东西。一种是《荀子·议兵》，一种是《庞煖》。前者是荀卿和临武君的辩论之辞。临武君所倡是战国以来的攻夺变诈之兵，荀卿不以为然，大讲三代王者之师、司马九伐之法，坚决反对之。二氏所辩，实乃古代"军法"与当代"兵法"之争，或《司马法》与《孙子兵法》之争，这种争论一直延续于后世。比如宋代兴立武学，颁刻《武经》，很多儒生非议之（这是《孙子》辨伪的根源）。宋儒对这两本书，厚此薄彼，厚爱《司马法》，而轻诋《孙子》，源头是在这里。今本《司马法》和《吴子》都是选本，可能经过这种阅读口味的选择。后者传出赵将庞煖，庞煖师事鹖冠子，与楚国有关。今《鹖冠子》有庞子与鹖冠子的问对，以及庞焕、庞煖与赵武灵王、赵悼襄王的问对，或即其书。还有人认为，临武君就是庞煖。[1]

（四）其他佚书。

（1）**燕国**。有《苏秦》（权谋）。苏秦是燕国有名的纵横家，今《鬼谷子》即《苏秦》遗篇。[2]

（2）**晋国**。晋有《孙轸》（权谋）、《师旷》（阴阳）、《苌弘》（阴阳）。孙轸即城濮之战的先轸，[3]师旷和苌弘是晋国有名的数术家。

（5）**秦国**。有《公孙鞅》（权谋）、《繇叙》（形势）。公孙鞅即商鞅，繇叙是秦穆公的谋臣。今《商君书》与《公孙鞅》是否有关，也值得研究。

（6）**吴国**。有《五子胥》（技巧）。"五子胥"即伍子胥，是吴国的名臣。严可均《全上古三代秦汉三国六朝文》卷六有伍子胥《水战法》佚文。其书或与水战法有关。

（7）**越国**。有《范蠡》（权谋）、《大夫种》（权谋）。"大夫种"即文种。范蠡、文种，也是越国的名臣。它们的书都已亡佚。

（8）**楚国**。有《鹖冠子》（权谋）、《楚兵法》《景子》（形势）、《蒲苴

---

〔1〕 钱穆《先秦诸子系年考辨》，北京：中华书局，1985年，下册，482—484页。

〔2〕 参看：余嘉锡《古书通例》，上海：上海古籍出版社，1985年，43—46页。

〔3〕 孙轸见《孙膑兵法·陈忌问垒》，见银雀山汉墓竹简整理小组编《孙膑兵法》（普及本），北京：文物出版社，1975年，51—53页。

子兵法》（技巧）。鹖冠子是楚道家，庞焕、庞煖的老师，上面已说。景子可能是楚将景阳，蒲苴子兵法是楚之善弋者。

此外，《七略》中还有很多依托的兵书或国别不详的兵书，这里就不再一一介绍。

附录五：银雀山汉简《地典》

者为阳。秋冬为阴，春〔夏为阳〕……（2572）

……南北为经，东〔西为纬〕……（2514）

……〔□□为〕败。高生为德，下死为刑。四两顺生，此胃（谓）黄帝之胜经。·黄帝召地典而问焉，……（0473）

……〔黄帝〕曰："吾将兴师用兵，乱其纪（1204）刚（纲），请问其方？"地典对曰："天有寒暑，地有兑（锐）方。天……（1016）

二时，地有六高六下。上帝以战……（0673）

自降北。吾不顿（钝）一兵杀一人，而皮（破）军杀将，……（0839）

皆下，左右高。左右下，前后高。前后下，左右圖。……（1026）

得高之利也。行□之所……（2429）

……战必胜，得高之害〔也〕。……（3285）

曰林胜城，五曰城胜薜，六曰薜〔胜〕……（0713）

……〔十曰〕□胜奚（溪），十一曰奚（溪）（2575）

……〔十〕二曰□胜泽。此……（3861）

胜沟。此十二者，地之贫（分）也。凡高之属，无时左之。胜下之属，无时〔右〕……（0472）

……陵而战，敌君（军）分（奔）走。（1986）

……左丘而战，得敌司（2964）马。仳（背）陵而战，……（3275）

战，得其丞下。化（背）邑而战，将取尉旅。……（0648）

……化（背）邑而战，得其旅主。左邑火陈（阵）。敌人奔走。右水而战，氏（是）胃（谓）顺□，大将氏（是）取。……（0545）

其忌。"地典对曰："丘上莫生，其名为秃丘。……（0637）

死。山陵丘林，其名为……（2613）

……者为阴地，（3843）

……为□地。□……（4404）

……中有阳……（4679）

……生。然而大阳者死，大阴者死。……（2931）

……弃去而居之死。水而不留（流），其名为槜，其骨（孤）独居之死。此胃（谓）大阳者死，大阴者〔死〕。……（0530）

……黄帝曰："吾……（4509）

……黄帝曰："大乎□……（3962）

……北。"地典曰："上帝审此，以战必尅（克），以攻必取。（0723）

……化（背）之胜。虽六月不可逆水南乡（向），二月不可逆奚（溪）南乡（向），上帝之禁，下□……（0540）

……□□军法，令毋登丘而塪（呼），毋遂……（2601）

……□□军法，令毋登丘而塪（呼），毋遂……（2688）

……居箇（涸）鱼，毋居……（1755）

……箇（涸）泽，□……（4056）

不可食，击之必尅（克），赏……（2527）

……其土主左……（3407）

……山，林赍（坟）草泽，氏（是）胃（谓）……（2861）

……有水，其名曰□……（2804）

道，此之谓……（3889）

黄……

地……（4074）〔案：此系篇题，书于简背〕

第十二讲

简帛古书导读六：方术类

　　我们要谈的最后两方面是数术和方技，古人也把它们合称为"方术"。这两方面的发现很多，而且可以估计，今后还会不断出土，无论就材料的数量而言，还是就门类的覆盖面而言，都是简帛古书中最突出的一类。我把它们合在一起讲，尽量简短。

　　"数术""方技"这两个词，还有"方术"这个词，都是已经死亡的词汇，在现代汉语中没有对应术语，翻成英文或其他语言也非常困难。[1]我们只能模糊地说，它们是古代与宇宙万物（或天地之道）和人体健康（或医药养生）有关的两门学问（参看附录一、附录二）。这两门学问，本来是对应于现代人说的自然科学（至少从研究对象和研究范围讲，是对应于这一概念）。但当时的知识系统，还是在古老思维的支配下，它又和各种神秘推测，即今人目为"迷信"的活动（占卜、相术和厌胜）纠缠在一起，同巫术、礼仪、宗教有

_____

〔1〕 西方语言中有表示这些概念下各分支的类似术语，但没有完全对应的总体概念。

关，既是科技史的资源，也是宗教史的资源。[1]二者混而不分，恰恰是古代思想的特点。中国是这样，西方也是这样。科学取而代之，是"日凿一窍而混沌死"。但我们要研究现代科学以前的科学，[2]还非得从混沌入手（这是研究早期，到处都会碰到的问题）。

　　研究简帛古书中的方术，只是近年兴起的一门学问。我在这上面下过一点功夫，深知这是个大有可为的领域。[3]最初，我对它的接触，纯粹是不得已。不得已，是这类书太多，战国秦汉经常出土，令人应接不暇，不读不行；读吧，术语艰涩，内容冷僻，不专门研究，又看不懂。另外，过去对这类知识，大家一直有成见，觉得研究什么不好，非研究它，里面全是黄、赌、毒，迷信和糟粕，顾虑、禁忌一大堆。怕和禁的结果，反而引起我的好奇。不读不知道，一读才发现，有趣的东西非常多，稍加涉猎，就有很多收获。当然，近年来，大家的思想比较解放，情况有所改观。很多人都意识到，这是个值得开掘的领域。它的开掘，我认为，有四个方向，一是古文字和古文献的方向，即对文本本身进行释读和考证，包括术语解释和方法复原，这是研究的基础；二是科技史的方向，即沙里淘金，从中寻找科技史的资料；三是宗教史的方向，关注点是它和早期巫术的关系及道教产生的背景，宝贝反而是"沙里淘金"剩下的"沙"；[4]四是思想史的方向，即从"术"和"教"的关系入

────────────────

〔1〕世界上的"科学"原来都离不开"迷信"。"科学"区别于"迷信"，与正统宗教区别于杂祠淫祀相类似（中国禁止"左道"也与西方的"猎巫"相似）。观史志著录可知，中国科学史也有类似过程。

〔2〕我们最好不用"伪科学"（pseudo-science），而用"原科学"（proto-science）。

〔3〕李零《中国方术考》（修订本）和《中国方术续考》，北京：东方出版社，2001年。

〔4〕对历史学家来说，"去粗取精"，"厚今薄古"，都是属于"以今人之心度古人之腹"，最多偏见，最难操作。而在我国，经五四运动洗礼，尤以科学、宗教的"二元对立"对方法论破坏最大。近世治中国宗教史者，常以某些大宗教为预设前提，用先入为主和排他性的狭窄定义来判断宗教的有无（而且是就高不就低），因此常把不能符合这些标准的活动统统指为"邪教"或比较低级的"民间宗教"（这些都是"异教"概念的翻版），甚至会有"中国早期无宗教"或"释道之前无宗教"说（那将把中国变成独一无二的怪物）。"中国无宗教"论和"中国无科学"论是出于同样的文化立场和同样的方法论（照此推论，中国将"一无所有"）。前几年，法国远东学院和香港中文（转下页）

手，把方术纳入巫术、礼仪、宗教的背景去考虑，借以恢复古代思想的知识系统，探索古今中外的"人心同理"。[1]它们是由浅入深，互为表里的四个层次。现在缺乏的是后两个层次，特别是最后这个层次（参看附录三）。

　　研究方术，出土的东西看不懂，主要有两个原因，一是宋以前的古书大多亡佚，缺乏对照；二是宋以后的传统，和早期的东西，和现在的理解，已经前后脱节。虽然现在，大家是靠竹简帛书和敦煌古书来填补空白，好像早期的这个领域是新发现，但实际上，它和宋以来的古书是一脉相传。书虽然亡佚，但方术的传统没有断。我们要研究出土发现，除竹简帛书本身，还是要对比传世文献，借晚期文献，解读早期文献，把前后贯穿打通，在连续性中看差异，不能新旧如水火，早归早，晚归晚，以为毫不相干。[2]另外，值得注意的是，方术文献，很多是实用手册和教科书式的东西，作者不重要（多是依托），书名也不重要（多用类名），比其他古书，"经典化"的程度低，淘汰的速度快，但我们不要以为，它们只是实用的东西。其实，它们也有自己的理论体系。比如阴阳五行说就是中国古代技术的通用理论，不但渗透于数术、方技，而且在兵书四门中也是独占一门（即其"阴阳"类），[3]在古代知识系统中是半壁

大学宗教系曾联合召开"宗教与中国社会"国际学术讨论会（香港中文大学祖尧堂，
2000 年 5 月 29 日—6 月 2 日），会议主题之一就是反省这类说法。在那次会上，我们
还讨论了 common religion 的概念，有些学者认为它可以破"民间宗教"说或"大小传
统"说，但这一概念的内涵，至今缺乏明确界说。宗教是个历史变化最多，社会层次
也最复杂的现象，与其从定义出发，不如从实际归纳。

〔1〕 参看：李零《绝地天通》，《法国汉学》第 6 辑，北京：中华书局，2002 年，565—580 页。

〔2〕 我国学者对史料的运用，常常疏于年代的鉴定，早晚不分一锅粥，西方汉学家强调"同
期史料"说（用同一时期的史料讲同一时期的事），对我们是解毒剂。但他们的方法也有
毛病，过分强调分裂，过分抹杀连续，分得太细，切的太碎，实际上是"刻舟求剑"（从
根子上讲，这是其"现代性"的表现）。其实，以晚推早，乃是人类学的基本方法。

〔3〕 兵阴阳是以数术为方法，而数术书中也经常有占同用兵的内容。如何区分兵阴阳与讲占
星、候气、式法、选择的书，历来是个问题。比如许保林《中国兵书知见录》（北京：
解放军出版社，1988 年）、刘申宁《中国兵书总目》（北京：国防大学出版社，1990 年），
其书目中的这一类，很多就在疑似之间，我们只能从其主从关系做大致划分。

江山，讲宇宙论（古人叫"天论"）离不开，讲自然哲学（古人叫"道论"）也离不开。过去，学者谈这类问题，注意的是"流"（《汉志·诸子略》中以邹衍等人为代表的阴阳家），而不是"源"。其实，阴阳家的背景是数术之学。舍数术谈阴阳五行，谈先秦诸子的天道观，理解都不免空疏。

下面，我把有关发现，做一概括介绍。[1]

我们先讲数术。《汉志·数术略》是把数术分为六类，即天文、历谱、五行、蓍龟、杂占、形法。这六大类，后世的分类和名称有不少变化，有些名称更通俗明白。这里，相互参校，斟酌其宜，我把它们分为类似的六类。

（一）天文类（《汉志》同）

中国古代的天文学和占星候气分不开：占星，是占日月五星、二十八宿，以及彗星、流星等妖星（即"彗孛"）；候气，是占日食、月晕、虹霓和各种云气（即"祲祥"）。其中既有天文学（astronomy）的成分，也有占星术（astrology）的成分，并涉及气象学的知识。它和以下的很多占卜不同，不光用推算，也依赖观察。阅读这类材料，大家可参看汉代文献《淮南子·天文》《史记·天官书》和唐代文献《开元占经》《乙巳占》。其发现主要有：

（1）马王堆帛书《五星占》和《天文气象杂占》（篇题皆补加）。[2]

----

[1] 有关著作，数量很大，以下所列，只是最低限度的参考书，主要是原始材料的出处和某些比较重要的参考书，其他均请参看本书第三讲，以及拙作《中国方术考》《中国方术续考》的引述和讨论。另外，数术部分，还可参看刘乐贤《简帛数术文献探论》（武汉：湖北教育出版社，2003年）中的有关介绍。刘书后出，在材料上有所补充。

[2] 马王堆汉墓帛书整理小组《马王堆汉墓帛书〈五星占〉释文》，《中国天文学史文集》，北京：科学出版社，1978年，1—13页；国家文物局古文献研究室《西汉帛书〈天文气象杂占〉释文》，《中国文物》第1期，北京：文物出版社，1979年，26—29页；《马王堆汉墓文物》，154—160页。

前者，是用岁星（木星）、荧惑（火星）、填星（土星）、太白（金星）、辰星（水星）占行师用兵（主客胜负、阴阳顺逆），并附五星行度表。古人说"太白主兵"，此书于五星，讲太白最多。传世文献，与此有关，除上面说的几部书，还有唐李筌的《太白阴经》。李筌是唐代著名的兵阴阳家，尝援数术以注《孙子兵法》，正是以"太白"题书。后者，整理者定的篇名，可能是以"天文"指彗星，"气象"指"云气"，不太像古代书名。此书也与行师用兵有关，内容是讲云气和彗星，参考史志著录，也许题为《云气彗星图》更好。[1]研究这类发现，除上面提到的两本书，敦煌卷子唐《郡县公廨本钱簿、占云气书》（敦煌市博物馆藏），其中的《占云气书》是同类作品，亦可参看。[2]

（2）银雀山汉简《占书》（篇题是补加）。内容是讲祲祥和分野，和上《天文气象杂占》是类似的书。其材料尚未正式发表，只有《银雀山汉简释文》所收未经排序的简文。

（3）双古堆汉简《五星》《星占》。尚未发表，只有介绍。[3]

（二）历算类（《汉志》叫"历谱"）

是以历法、星度、谱牒、日晷和算术为主。历法的实物是各种年表、月表。星度是关于日月、五星、二十八宿行度的推算。谱

---

[1] 参看：顾铁符《马王堆帛书〈云气彗星图〉研究》，收入中国社会科学院考古研究所编《中国古代天文文物论集》，北京：文物出版社，1989 年，35—45 页。案："云气"，主要指"日旁气"，古人也叫"祲"。《周礼·春官·视祲》掌"十辉之法"述之，分为十类，其中包括虹霓，不包括日月食和彗孛。"视祲"也叫"望气"。参看：《汉志·数术略》和《隋书·经籍志》天文类的有关书目，这里不再一一列举。

[2] 甘肃藏敦煌文献编委会等编《甘肃藏敦煌文献》，兰州：甘肃人民出版社，1999 年，第6 卷，228—231 页。

[3] 胡平生《阜阳双古堆汉简数术书简论》，《出土文献研究》第 4 辑，北京：中华书局，1998 年，12—30 页。

牒分世谱和年谱，世谱无年，但年谱有年，往往与"历"相配。此类，后世入于史部（《隋志》已然，盖沿《史记》之例），大多以为"谱"就是单独的家谱、族谱，有世无年。其实，以当时的眼光看，"谱"却是与"历"相配，与"历"相近，属于历法的同类。汉代，"历""谱"有别，但关系密切，既可分言，也可连言，连言的"历谱"，其实就是《史记》十表类的东西。《史记》十表，有世表、年表和月表，其中《十二诸侯年表》和《六国年表》，分国记事，就是典型（《六艺略》的《春秋》和汲冢出土的《纪年》其实也是这种东西，只不过前者是被尊奉为经典，后者是西晋才出土）。它们和连言的"历谱"是一回事。日晷，相当《隋志》的"漏刻"，也是用来计算一日之内的时间划分。另外，与历法和星度的计算有关，还有"算术"。这是它们的相互关系。这类发现，除敦煌汉简、居延汉简，以及其他秦汉墓葬历年发现的历表、算术书和九九表，[1] 主要有：

（1）双古堆汉简《年表》《楚月》《天历》《算术书》（篇题皆补加）。均未发表，只有介绍。[2]《年表》，形式与《史记》的《十二诸侯年表》和《六国年表》相似，整理者的定名就是参考《史记》的年表，这种理解非常正确。学者把此书归入谱牒类，按当时的概念讲是对的，[3] 但我们不能把它理解为后世只讲世系不讲年代的家谱，以为和历法、历表类的东西无关。《楚月》，是秦楚月名对照表，这种对照表应与历法有关，但同样的对照表也见于睡虎地秦简《日书》，它与下面的选择类也有关系。《天历》，也与历法有关。《算术书》，据说与《九章算术》内容相似。

---

〔1〕 张永山《汉简历谱》，收入《中国科学技术典籍通汇·天文卷》，石家庄：河北教育出版社，第一册，1997年，215—261页。
〔2〕 胡平生《阜阳汉简〈年表〉整理札记》，《文物研究》第七期，合肥：黄山书社，1991年，392—402页。
〔3〕 刘乐贤《简帛数术文献探论》，22—23页。

（2）张家山汉简《算术书》（篇题是补加）。[1]此书和《九章算术》也内容相似，年代也更为接近，对算学史的研究非常重要。

（三）选择类（《汉志》叫"五行"）

是从前者派生。它是模仿天文、历算，占验时日吉凶。模拟手段有两种，一种是式盘（模仿宇宙的圆盘），是模仿天道运行；一种是历书，是模仿历术推算。两者都有很多派别和很多方法。古代讲这类数术，有两种书，一种是式法书，讲用式盘推算时日吉凶的方法；一种是历书，则简便易行，或讲日禁，或讲月忌，令人开卷即得，立见吉凶。式法书和历书是相互匹配。现在的发现主要是后一种。此外，还有阴阳、风角、五音、刑德等有关数术，也属于这一大类。所以，我是把这一大类分为三个小类。

（甲）时令类

是以四时十二月的选择（"月忌"）为主。其发现主要有：

1. 战国文献

有子弹库楚帛书。[2]这批帛书，有好几件，一件大体完整，即大家熟知的"楚帛书"，它是按"式图"（式盘的图式）来组织其图案、文字。外面一圈，是以十二月神，分列四方（各三个），代表四时十二月，旁注各月宜忌，可能就是古人说的"转位十二神"（《数术略》"五行"类有《转位十二神》）或与之类似的神煞（类似"建除十二神"或"丛辰十二神"）。中央是表现阴阳顺逆，方向颠

---

[1] 张家山二四七号汉墓竹简整理小组《张家山汉墓竹简〔二四七号墓〕》，北京：文物出版社，2001 年，247—272 页。

[2] 参看：李零《楚帛书的再认识》，收入《李零自选集》，桂林：广西师范大学出版社，1998 年第二版，227—262 页；《中国方术考》，178—196 页；《中国方术续考》，322—324 页。

倒的两篇文字，内容与边文相应。长的一篇讲"岁"（讲岁行的顺逆），短的一篇讲"时"（讲四时的创造）。另外几件，还没有全部打开，打开的碎片，有一件画有十二月图（标有楚国的十二月名各两圈），是按五行讲各月宜忌。前者与月令类的古书大体相似，可试题为《四时时令》（按四时分配十二月和二十四节气）。后者与《管子》的《幼（玄）官（宫）》和《幼（玄）官（宫）图》大体相似，可试题为《五行时令》（按五行分配十二月和三十节气）。它们是古代时令的两大类型。现在我们熟悉的是前一类型，出土发现提醒我们，后一类型也很重要。

2. 汉代文献

（1）银雀山汉简《禁》《三十时》《迎四时》《四时令》《五令》《不时之令》（《四时令》以下，篇题皆补加）。这批材料尚未正式发表，只有《银雀山汉简释文》所收未经排序的简文。[1]其中《三十时》是按五行和三十节气讲四时十二月，与上《五行时令》是同类文献。但汉代更流行的还是四时时令。[2]

（2）双古堆汉简《楚月》（篇题是补加）。列有秦楚月名对照表，也是有关文献，现在尚未发表，只有简单介绍。[3]

（乙）日书类

是以日辰的选择（"日禁"）为主。其发现主要有：

1. 战国文献

（1）九店楚简《日书》（篇题是补加）。[4]它和上述楚帛书不同，不是以月为主，而是以日为主。此书与下睡虎地秦简《日书》相

〔1〕 参看：李零《读几种出土发现的选择类古书》，收入所著《中国方术续考》，321—338 页。

〔2〕 敦煌悬泉置汉代遗址房屋 F26 南墙上发现的汉平帝元始五年（公元 5 年）王莽上呈的《使者和中所督察诏书四时月令五十条》，也是属于四时时令。参看：中国文物研究所等编《敦煌悬泉月令诏条》，北京：中华书局，2001 年。

〔3〕 胡平生《阜阳双古堆汉简数术书简论》。

〔4〕 湖北省文物考古研究所等编《九店楚简》，北京：中华书局，2000 年，46—140 页。

似，也是讲日辰选择，但比较简略。睡虎地秦简《日书》是由"历忌总表"和"杂忌"（详下），互为经纬，外加其他数术构成，此书类似，也列有两套楚国的"历忌总表"，一套是建除表，一套是丛辰表，书中并有讲四时吉凶、相宅、朝夕启闭和岁、行等方面的内容，但属于"杂忌"的内容较少，只有讲裁衣的一段。

（2）上博楚简《日书》（篇题是补加）。与其他简文合抄（正背连抄），尚未发表。它是由一个讲二十八宿占的片断和一个讲裁衣宜忌的片断而构成，篇幅很短，只是摘抄。

2. 战国秦文献

（1）放马滩秦简《日书》（分甲、乙本，篇题皆补加）。[1]内容与下睡虎地秦简《日书》相似。发表者为甲本，乙本只有介绍。

（2）王家台秦简《日书》（篇题是补加）。[2]内容与下睡虎地秦简《日书》相似，只有简单介绍。

3. 秦代文献

（1）睡虎地秦简《日书》（分甲、乙本，甲本的篇题是补加）。[3]它的主体是由我称为"历忌总表"和"杂忌"的两部分而组成，并包含一些讲方向之忌，以及占梦、相宅、厌劾、祠禳，表面上与日辰无关，但其实是有关的内容（按阴阳五行理论，方向是对应日辰，其他数术也是相互渗透，相互匹配）。"历忌总表"，既含楚国的建除、丛辰，也含秦国的建除、丛辰，是以日辰为纲，选择事项为纬，按日辰循环的周期（如建除十二值或丛辰十二值），讲哪些日子干什么好，哪些日子干什么不好。"杂忌"是以选择事项为纲，日辰为纬，即按选择事项，分门别类，讲它们的好日子和坏日子（"良日"和"忌日"）。这两种日书，是目前公布最早，内容最有系统，研究者也最多

---

〔1〕 秦简整理小组《天水放马滩秦简甲种〈日书〉释文》，收入甘肃省考古研究所编《秦汉简牍论文集》，兰州：甘肃人民出版社，1989年，1—6页；何双全《天水放马滩秦简综述》，《文物》1989年2期，23—31页。

〔2〕 荆州地区博物馆《江陵王家台一五号秦墓》，《文物》1995年1期，37—43页；

〔3〕 云梦睡虎地秦墓编写组《云梦睡虎地秦墓》，北京：文物出版社，1981年。

的日书，现已形成日书研究的范本。其甲本没有篇题；乙本有，作
"日书"二字。这是学者为此类文献定名的依据，后来推而广之，指
所有这类文献。其实，它是此类书籍的共名，即书籍类型的名称。

（2）周家台秦简《日书》（篇题是补加）。[1]与睡虎地秦简《日
书》不太一样，其中比较有特色的东西是它讲"二十八宿占"的
部分。这类内容，不但见于上博楚简《日书》，也见于睡虎地秦简
《日书》，但此种比较详细。

（3）岳山秦牍《日书》（篇题是补加）。[2]主要是讲各种"良
日"，即干各种事情的良辰吉日，是"杂忌"类的摘抄。

4. 西汉文献

有双古堆汉简、八角廊汉简、虎溪山汉简、孔家坡汉简和香
港中文大学文物馆藏汉简中的《日书》（篇题皆补加）。[3]这些材
料，现在只有最后一种已正式发表，其他只有介绍。另外，虎溪山
汉简中的《日书》，现在从有关介绍看，其实有篇题，是叫《阎氏
五胜》，我们已经指出，其内容是讲五行相胜，即《汉志·兵书略》
"阴阳"类小序所说"因五胜"的"五胜"，并非日书。[4]相反，尚
未发表的双古堆汉简《向》篇，倒是属于日书内容之一种。

5. 王莽时期的文献

有磨咀子汉简《日书》（篇题是补加）。[5]是一个"杂忌"类的

---

〔1〕 湖北省荆州市周梁玉桥遗址博物馆编《关沮秦汉墓简牍》，北京：中华书局，2001年，104—126页。

〔2〕 湖北省江陵县文物局等《江陵岳山秦汉墓》，《考古学报》2000年4期，537—563页。

〔3〕 胡平生《阜阳双古堆汉简数术书简论》；定县汉墓竹简整理组《定县四〇号汉墓出土竹简简介》，《文物》1981年8期，11—19页；湖南省文物考古研究所等《沅陵虎溪山一号汉墓发掘简报》，《文物》2003年1期，36—55页；张昌平《随州孔家坡墓地出土简牍概述》，《古代文明研究通讯》总第六期（2000年9月），41—43页；陈松长编著《香港中文大学文物馆藏简牍》，香港：香港中文大学文物馆，2001年，17—51页。

〔4〕 参看：李零《参加"新出简帛国际学术讨论会"的几点感想》，收入所著《上博楚简三篇校读记》，台北：万卷楼图书有限公司，2002年，143—156页。案：最近，刘乐贤《虎溪山汉简〈阎氏五胜〉及相关问题》（《文物》2003年7期，66—70页）讨论此书，他也不赞同把此书定名为《日书》。

〔5〕 中国科学院考古研究所等编《武威汉简》，北京：文物出版社，1964年，136—139页。

摘抄。

　　另外，敦煌、居延等边塞遗址出土的汉简，其中也有日书类残简，与上面的发现大同小异，[1]这里不再一一介绍。

（丙）其他

　　在《汉志·数术略》中，除可能属于式法、选择类的古书，还有些是讲阴阳、刑德、风角、五音、灾异等术，这些也是相关的数术。其发现主要有：

　　（1）马王堆帛书《阴阳五行》（分甲、乙本，篇题是补加）和《刑德》（分甲、乙、丙三本，篇题是补加）。[2]前者，最近有部分发表，改题为《式法》。我认为，从内容看，此书似更接近选择，而不是式法。另外，古书一直有以"阴阳书"泛称时令的习惯，《汉志》也是把此类归入"五行"类（隋唐史志袭其例），与旧名相比，新名未见得更好。[3]

　　（2）银雀山汉简《曹氏阴阳》《阴阳散》《为政不善之应》《人君不善之应》《天地八风五行客主五音之居》（《为政不善之应》《人君不善之应》的篇题是补加）。[4]这里面，《曹氏阴阳》《阴阳散》是讲阴阳，《为政不善之应》《人君不善之应》是讲灾异，《天地八风五行客主五音之居》是讲风角、五音。这批材料尚未正式发表，只有《银雀山汉简释文》所收未经排序的简文，其中《天地八风五行客主五音之居》比较重要。

　　（3）双古堆汉简《刑德》（篇题是补加）。尚未发表，只有介绍。[5]

　　（4）尹湾汉简《神龟占》《六甲占雨》《博局占》《刑德行时》

────────────

〔1〕　参看：刘昭瑞《居延新出汉简所见方术考释》，《文史》第43辑，北京：中华书局，1997年，49—59页。
〔2〕　傅举有、陈松长《马王堆汉墓文物》，长沙：湖南出版社，1992年，132—145页。
〔3〕　参看：李零《参加"新出简帛国际学术讨论会"的几点感想》。
〔4〕　参看：李零《读几种出土发现的选择类古书》和《读银雀山汉简〈三十时〉》，收入《中国方术续考》，321—338、395—415页。
〔5〕　参看：胡平生《阜阳双古堆汉简数术书简论》。

《行道吉凶》（前三种是合抄于 9 号木牍的正背，篇题皆补加；后两种是书于竹简，有篇题）。[1] 这几种数术书，年代属西汉晚期，其中《神龟占》和《博局占》是新发现的占法，比较重要。特别是后者，可能更重要。古代六博，下法失传，其博局设计，向有"规矩纹"或"TLV 纹"等俗称，棋子行走的顺序是什么样，不知道。过去，《西京杂记》卷四引许博昌口诀曾提到博局九位，学者试图复原，也不成功。得此发现，才真相大白。[2]

（四）卜筮类（《汉志》叫"蓍龟"）

"卜"是用龟甲或兽骨占卜，"筮"是用蓍草或竹木小棍占卜，都是中国最古老也最有特色的占卜形式，在星算类的占卜流行之前，它早就出现，而且长期占据统治地位。比如读《左传》《国语》，我们都有这个印象。考古发现也证明，卜法至少已有五千年以上的历史，筮法至少已有三千年以上的历史。但中国的卜法，盛于商周，而衰于西汉，西周以后的情况不太清楚，只有零零星星的偶然发现，汉以后则更为模糊，有关文献，除《史记·龟策列传》，只有宋以后元以来的个别传本。筮法，也是盛于商周，与卜法并用。现在从考古发现看，商周时期，是用十位数字卦；春秋战国以来，流行两位数字卦。两位数字卦，有《周易》《连山》《归藏》。

---

[1] 连云港市博物馆等编《尹湾汉墓简牍》，北京：中华书局，1997 年，123—126、145—147 页。

[2] 参看：李学勤《尹湾汉墓简牍》，《文物》1997 年 1 期，125—126 页；李零《读几种出土发现的选择类古书》，《简帛研究》第三辑，南宁：广西教育出版社，1998 年，96—104 页；刘乐贤《尹湾汉墓出土数术文献初探》，收入《尹湾汉墓简牍综论》，北京：科学出版社，1999 年，175—186 页；曾蓝莹《尹湾汉墓〈博局占〉木牍试解》，《文物》1999 年 8 期，62—65 页；李解民《〈尹湾汉墓《博局占》木牍试解〉订补》，《文物》2000 年 8 期，73—75 页；李零《跋中山王墓出土的六博棋局》，《中国历史文物》2002 年 1 期，8—15 页。

后来十位数字卦衰落（可能最后是亡于西汉），两位数字卦流行，才有《周易》为主，三易并用的局面。西汉以来，《周易》地位更突出，逐渐淘汰《连山》《归藏》。《连山》亡于南北朝，《归藏》亡于唐，宋以来，才有《周易》的独步天下。这种局面给很多人造成印象，好像《周易》以外无筮法，这是不对的。我们应该"跳出《周易》看《周易》"。这两种占卜，传世文献空白很多，考古发现格外重要。但目前的发现还比较有限。它们是：

（甲）卜法类

上博楚简《卜书》（篇题是补加）。内容与《龟策列传》的某些描述相似，尚未发表。

（乙）筮法类

（1）王家台秦简《归藏》（篇题是补加）。[1]它填补了"三易"研究的一个空白，意义很重大，一是证明了《归藏》佚文的可靠性；二是发现了它和《连山》佚文的相似性，引起我们对《连山》佚文的重新考虑；三是使我们对"三易"的区别和关联有新的认识。我认为，三易并行，基础是两位数字卦，差别是，《连山》与《归藏》相近，和《周易》差距较大。

（2）马王堆帛书《六十四卦》（篇题是补加）。[2]其文字内容与《周易》一致，似可定为《周易》，但卦序排列与今本不同，是类似孟喜、京房卦气说的一种早期排列，它是属于汉代的儒门易，还是数术易，似乎难以断定。其实，汉代的这两个传授系统，并无截然界限。我们的看法，它至少是《周易》的一种改编本，并具有一定的数术色彩。

---

〔1〕 王明钦《试论〈归藏〉的几个问题》，收入谷方等编《一剑集》，北京：中国妇女出版社，1996年，101—112页；王明钦《王家台秦墓竹简概述》，《古代文明研究》总第六期（2000年9月），36—39页。
〔2〕 马王堆汉墓整理小组《马王堆帛书〈六十四卦〉释文》，《文物》1984年3期，1—8页。

（3）双古堆汉简《周易》（篇题是补加）。[1] 竹简残损严重，卦序已难恢复。其特点是，每卦经文后皆附占卜之辞，文句类似日书类文献，可见这也是用《周易》于占卜，具有浓厚的数术色彩。

此外，我们应当说明的是，这些出土简本，其卦画皆作两位数字卦。它们不但与商周甲骨、铜器，以及战国楚简上的十位数字卦写法一致，也与上博楚简《周易》的卦画相同，还没有一个例外，这也说明，它们是同一源流的不同分支。

（五）杂占类（《汉志》同）

《汉志》的"杂占"类，主体是占梦和厌劾祠禳。占梦，是与心理问题有关（现代心理学也很重视释梦）。厌劾祠禳，是用咒语、符箓、魔术和祷祠，即人类学家称为"语言巫术"或"转移巫术"的手段，为人驱除鬼祟、疾病等危害人的东西（鬼祟为因，疾病为果）。它和上述占卜不同，基本属于巫术。这类数术，战国秦汉，地位较低，但从起源上讲，却是最老牌的数术。其发现主要有：

（1）睡虎地秦简《日书》甲、乙本都有的《梦》篇和甲本独有的《诘》篇，前者是讲占梦，后者是讲厌劾祠禳。

（2）马王堆帛书《避兵图》（篇题是补加）。[2] 是以太一神、四个武弟子和三龙的图像避兵。我是把它看作中国早期的符箓。

此外，在马王堆帛书中，还有所谓《符箓》和《木人占》（篇题皆补加），可能也是属于这一类，但前者有图而无文字说明，内容性质不详，现在的定名还很有问题。[3]

---

〔1〕 中国文物研究所古文献研究室、安徽省阜阳市《阜阳汉简〈周易〉释文》，收入陈鼓应主编《道家文化研究》第 18 辑，北京：生活·读书·新知三联书店，2000 年，15—62 页。
〔2〕《马王堆汉墓文物》，35 页。
〔3〕 前者，见《马王堆汉墓文物》，162 页；后者，见陈松长《帛书史话》，北京：中国大百科全书出版社，2000 年，59—61 页。

（六）相术类（《汉志》叫"形法"）

《汉志》的"形法"，是以相地形、相宅墓，即后世所谓"看风水"的数术为主体，也包括相人畜、相器物等其他一些内容。但目前的发现主要是后一类。前一类内容，反而是见于上述日书。如九店楚简《日书》（简45—59）和睡虎地秦简《日书》（甲本《置室门》）就属相宅。它和上述占卜不同，占卜是以推算为特点，它是以观察为特点。其发现主要有：

（1）马王堆帛书《相马经》（篇题是补加）。已发表。[1]

（2）双古堆汉简《相狗经》（篇题是补加）。尚未发表，只有介绍。[2]

（3）银雀山汉简《相狗方》（篇题是补加）。尚未正式发表，只有《银雀山汉简释文》所收未经排序的简文和刘英杰、张惠民的辑本。[3]

（4）居延汉简《相宝剑刀》（篇题是补加）。[4]已发表。

上述六类，出土发现最多是选择类。现在，真正讲式法的书，似乎尚未发现，但我曾指出，它和选择类的古书，在战国秦汉是互为表里。读后一类书，式法（特别是"式图"）是理解的关键。当然，这种说法也要有所限定，因为，从《左传》等书的描述看，春秋已有择日之说，其形式比较类似上述日书的"杂忌"部分。[5]我很怀疑，早期日书可能是从日常生活总结，"历

---

〔1〕 参看：马王堆汉墓帛书整理小组《马王堆汉墓帛书〈相马经〉释文》，《文物》1977年8期，17—22页。

〔2〕 参看：胡平生《阜阳双古堆汉简数术书简论》。

〔3〕 李零、刘乐贤主编《中国方术概观》相术卷（刘英杰编），北京：人民中国出版社，1993年，11—12页。

〔4〕 甘肃省文物考古研究所等编《居延新简》，北京：文物出版社，1990年，98页。除过去提到的一些研究著作，最近又有新作，如：陈力《〈居延新简〉相利善刀剑诸简选释》，《考古与文物》2002年6期，70—73页。

〔5〕 刘瑛《读〈左传〉的择日历忌》，《文史》第54辑，北京：中华书局，2001年，53—64页。

忌总表"是在它们的基础上整合而成，而不是相反（先有"历忌总表"，再推"杂忌"）。事实上，即使战国秦汉，这两个部分，也从来没有完全整合，彼此冲突在所难免。加之，数家的派别很多，使冲突更为复杂（司马迁在《龟策列传》中就已谈过这类问题）。当时的择日之说，还没有后来那种系统的面貌，也不一定和式法匹配（当时有没有式盘也是问题），它的系统化和完善化，以及与其他数术相互渗透，相互匹配，形成更大的网络，可能是在稍后。

下面，再讲一下方技。

《汉志·方技略》把方技分为四类，即医经、经方、房中、神仙。前两类是医术，后两类是养生。医经是理论性和综合性的医书，包括脉学和针术，本草和药学，以及其他一些内容。经方是针对病症的医方，是医经的具体应用。房中是男女交接之术。神仙是神仙家的养生术，包括服食、行气、导引。这里面，房中的地位，前后变化较大：西汉时期，和医术关系大；东汉时期，和神仙关系大；魏晋以来，融入神仙道教，和服食、行气、导引，同为神仙家的炼养功夫。这里分为六类：

（一）医 经

现在的发现主要是脉书和针灸书，并有少量本草类的内容。

（1）马王堆帛书《足臂十二脉灸经》《阴阳十一脉灸经》（分甲、乙本）、《脉法》《阴阳脉死候》（篇题皆后加）。[1] 马王堆医书有十四种，十种是帛书，四种是竹木简（篇题皆后加），这四种属

---

〔1〕 马王堆汉墓帛书整理小组编《马王堆汉墓帛书》〔肆〕，北京：文物出版社，1985年，1—21、87—91 页。

于脉书和针灸书，学者多有论述。[1]

（2）张家山汉简《脉书》（篇题是后加）。[2]亦属脉书和针灸书。

（3）双古堆汉简《万物》（篇题是后加）。[3]关于此篇的性质，学者有争论，我认为，还是属于本草类的古书。

（二）医　方

也是以马王堆帛书最集中。其发现主要有：

（1）马王堆帛书《五十二病方》《养生方》《杂疗方》《杂禁方》（篇题皆后加）。[4]这类医方，有些是用药物，有些是用祝由。药物，除一般的治病之药，有些是房中用药，即春药、媚药（催欲剂）和补药。其中讲"轻身益力""疾行善走"的方子，每每都以乌喙为主药，更是属于兴奋剂，不但给人吃，还给马吃；不但用于治病，而且用于房中，当时号称"百药之长"，其实是毒药。祝由，与数术类的厌胜比较相似，也属于巫术的范畴，但厌胜是针对一切祸害，包含较广，而祝由是针对疾病，范围较狭。中国的医事制度，历来都设有祝由科。它在今天被视为荒诞，但在古代却有心理治疗的作用。今人讲心理治疗，都很强调接受原则，这和"信则灵，不信则不灵"是一致的。因为古人是生活在鬼怪无所不在的精神气氛下，身体出了问题，头脑出了问题，在他们看来，必须驱鬼除邪，

---

〔1〕 除后参考书所列研究马王堆帛书之专著，还可参看马继兴《双包山汉墓出土的针灸经脉漆木人形》，《文物》1996 年 4 期，55—65 页；马继兴《双包山西汉墓出土经脉漆木人形的研究》，《新史学》八卷第二期（1997 年 6 月），1—57 页；He Zhiguo and Vivienne Lo, "The channels: a preliminary examination of a Lacquered figurine from the Western Han Period," *Early China*, vol.21（1996），pp.81–123.

〔2〕 张家山二四七号汉墓竹简整理小组编《张家山汉墓竹简〔二四七号墓〕》，北京：文物出版社，2001 年，233—246 页。

〔3〕 阜阳汉简整理组《阜阳汉简〈万物〉》，《文物》1988 年 4 期，36—47 转 54 页。

〔4〕《马王堆汉墓帛书》〔肆〕，1985 年，23—82、97—129、157—160 页。

转移灾祸，所以祝由对他们来说，非常重要。西方学者也承认，现代宗教和现代医学，其实仍有这类作用（巫祝和巫医的作用）。[1]

（2）双古堆汉简《杂方》（篇题皆后加）。尚未发表，只有介绍。[2]

（3）旱滩坡汉简中的医方。[3]这是东汉墓出土的医方，其中有"白水侯方"，是唐代仍在使用的方子。其中有肉苁蓉，也是唐代常用的房中药。它在医方中取代乌喙，成为常见药物，是值得注意的现象。

此外，敦煌、居延等边塞遗址出土的医方，材料比较零散，与上面的发现大同小异，这里也不再一一介绍。

（三）服　食

是用吃东西（吃特殊食品和特殊药物）的办法，求养生延命，不老神仙。在神仙家中是最重要的一类。汉代以来，神仙家推崇仙药，首先是丹砂，其次是金玉、五芝和其他一些东西，地位远在行气、导引、房中之上。前者是"高科技"，非大富大贵不配吃。后者是"无本生意"，更适合民间。后来，前者演变为外丹术，后者演变为内丹术（唐代皇帝服丹，吃死一大堆，故宋以来，内丹术转兴）。现在，丹经类的作品尚未发现，发现者只有双古堆汉简《万物》，以及马王堆帛书《五十二病方》《养生方》和《杂疗方》中的某些有关内容。

---

〔1〕罗伊·波特（Roy Porter）《剑桥医学史》（*The Cambridge Illustrated History of Midicien*，Cambridge：Cambridge University Press 1996），张大庆等译，长春：吉林人民出版社，2000 年，135 页。

〔2〕文物局古文献室等《阜阳汉简简介》，《文物》1983 年 2 期，21—23 页。

〔3〕甘肃省博物馆等编《武威汉代医简》，北京：文物出版社，1975 年。

（四）行　气

是用呼吸吐纳的办法（传统行气有所谓"六字气"），求养生延命，不老神仙，相当近人所谓"气功"的"静功"。其发现主要有：

（1）马王堆帛书《却谷食气》（篇题是后加）。[1]"却谷"，也叫"辟谷""断谷"或"绝谷"，是少吃谷物或不吃谷物；"食气"，是食"天地六气"，即沆瀣、朝霞、铣光、端阳、输阴、输阳。其内容合于《陵阳子明经》。

（2）双古堆汉简《行气》（篇题是后加）。尚未发表，只有介绍。[2]

（五）导　引

是用屈伸俯仰的办法（传统导引有所谓"熊经鸟伸""五禽戏""八段锦"，等等），求养生延命，不老神仙，相当近人所谓"气功"的"动功"。其发现主要有：

（1）马王堆帛书《导引图》（篇题是后加）。[3]属导引类。

（2）张家山汉简《引书》（篇题是后加）。[4]属导引类。

（六）房　中

主要集中于马王堆帛书。马王堆帛书有医书十四种，半数与房中有关。《十问》《合阴阳》《天下至道谈》是直接讲房中，《养生

---

〔1〕《马王堆汉墓帛书》〔肆〕，83—86 页。

〔2〕《阜阳汉简简介》。

〔3〕《马王堆汉墓帛书》〔肆〕，93—95 页。

〔4〕《张家山汉墓竹简〔二四七号墓〕》，283—300 页。

方》(篇末有描述女性生殖器结构部位的插图，我叫《牝户图》)、
《杂疗方》《杂禁方》也有这方面的内容。《胎产书》(附《人字图》
和《禹藏图》，前者是补加，后者有图题)虽然是讲妇人产子，但
按史志分类，也属于房中书。这批古书讲房中技巧，有些术语非常
难懂，我下了很大功夫，才把它们考证出来。大家读马王堆房中
书，必须借助晚期文献，一是要看《医心方》，二是要看《素女妙
论》。此外，两汉时期的著录，魏晋南北朝的道教文献，以及隋唐
史志，前后演变，都要查考。这里面，比较重要的经典，是道教所
传"房中七经"，《医心方》所引，《素女妙论》所传，很多都是来
源于它。我对有关佚文做过全面搜集，详细考证，为大家省去很多
翻检之劳。

　　房中书的流传，对学术传统的连续性是很好的说明。这里有
两个例子，一个例子是，我们比较马王堆帛书和"房中七经"的佚
文，它们在术语和体系两方面都非常相似，一直到隋唐还是如此。
甚至到明末，《素女妙论》里面，还是这一套。过去，大家读不懂
马王堆房中书，主要是术语难懂。比如它讲女子阴道的十个术语，
我拿"房中七经"的佚文比，解决不了，最后发现，开锁的钥匙是
在《素女妙论》(因为前者都是片断，后者保留了系统)。[1]另一个
例子是《胎产书》附的《人字图》，据刘乐贤先生考证，这样的图，
直到今天还在用，不仅港台的历书有，彝族的历书也有。[2]这种连
续性，时间跨度有两千多年。它说明，用晚期文献解读早期文献，
只要有必要的历史限定，还是完全可行，也完全合法(它和人类学
的方法完全一致)。

　　另外，上博楚简有《彭祖》(篇题是补加)，也是与养生有关的
古代佚篇。彭祖，见于马王堆帛书《十问》、张家山汉简和其他古
书，是古代著名的老寿星。汉代的神仙家对他极为称道。他和房中

---

〔1〕 李零《中国方术考》(修订本)，北京：东方出版社，2001年，382—433页。
〔2〕 刘乐贤《睡虎地秦简〈日书〉研究》，台北：文津出版社，1994年，186—197页。

有密切关系。如上面说的"房中七经"，其中就有《彭祖经》。但此篇只是一个泛论养生的残篇，篇幅很短。

方术好玩，也很枯燥。好玩，是里面有很多敏感的东西。比如黄、赌、毒，就和方术有不解之缘。占卜和赌博，毒药和医学，在发生原理上也密不可分，直到今天还是如此。房中讲男欢女爱、生儿育女，也是牵涉甚广，涉及医学，涉及文学，涉及宗教，涉及性别研究和女权问题，还有家庭婚姻的演化史。这些善恶美丑只在一念之差，放之则不可收，禁之又不能绝的东西，处处埋藏着人类的永恒主题，当然会引起我们的兴趣。但这个领域也非常枯燥，它有很多技术细节，研究起来，令人乏味。比如，讲数术要画干支表，讲方技要列药物名，古代术语也令人头疼。小孩见了就躲，流氓见了就烦，如果没有学术兴趣，肯定看不下去。学者详细罗列，反复推算，"为方术而方术"，读者会犯困，杂志也不愿登。这是实话。

我希望大家都能读点方术，读过以后，化腐朽为神奇，从人类的兴奋点上，也从人类的基本弱点上，认真体会一下，什么叫"生活中的思想史"。

【参考书】

（一）综论

1. 李零《中国方术考》（修订本），北京：东方出版社，2001 年（初版：李零《中国方术考》，北京：人民中国出版社，1993 年）。

2. 李零《中国方术续考》，北京：东方出版社，2001 年。

3. Michael Loewe and Edward L.Shaughnessy ed.，*The Cambridge History of Ancient China*，Chapter 12：Warring States Natural Philosophy and Occult Thought by Donald Harper，Cambridge：Cambridge University Press 1999，pp.813–884.

（二）数术

1. Noel Barnard，*The Chu Silk Manuscript：Translation and Commentary*，Canberra：Australian National University 1973.

2. 李零《长沙子弹库战国楚帛书研究》，北京：文物出版社，1985 年。

3. 吴九龙《银雀山汉简释文》，北京：文物出版社，1985 年。

4. 睡虎地秦墓整理小组编《睡虎地秦墓竹简》，北京：文物出版社，1990 年。

5. 傅举有、陈松长《马王堆汉墓文物》，长沙：湖南出版社，1992 年。

6. 饶宗颐、曾宪通《楚地出土文献三种研究》，北京：中华书局，1993 年。

7. 连云港市博物馆等编《尹湾汉墓简牍》，北京：中华书局，1997 年。

8. 连云港市博物馆等编《尹湾汉墓简牍综论》，北京：科学出版社，1999 年。

9. 湖北省荆州市周梁玉桥遗址博物馆编《关沮秦汉简牍》，北京：中华书局，2001 年。

10. 刘乐贤《睡虎地秦简〈日书〉研究》，台北：文津出版社，1994 年。

11. 张永山《汉简历谱》，《中国科学技术典籍通汇·天文卷》，第一册，石家庄：河北教育出版社，1997 年，215—261 页。

12. 胡文辉《中国早期方术与文献丛考》，广州：中山大学出版社，2000 年。

13. 彭浩《张家山汉简〈算术书〉注释》，北京：科学出版社，2001 年。

14. 中国文物研究所等编《敦煌悬泉月令诏条》，北京：中华书局，2001 年。

15. 陈松长《香港中文大学文物馆藏简牍》，香港：香港中文大学文物馆，2001 年。

16. 张家山汉简二四七号汉墓整理小组编《张家山汉墓竹简〔二四七号墓〕》，北京：文物出版社，2001年。

17. 胡平生、张德芳《敦煌悬泉汉简释粹》，上海：上海古籍出版社，2001年。

18. 刘乐贤《简帛数术文献探论》，武汉：湖北教育出版社，2003年。

（三）**方技**

1. 甘肃省博物馆等编《武威汉代医简》，北京：文物出版社，1975年。

2. 马王堆汉墓竹简整理小组编《马王堆汉墓帛书》〔肆〕，北京：文物出版社，1985年。

3. 周一谋、萧佐桃《马王堆医书考注》，天津：天津科学技术出版社，1988年。

4. 马继兴《马王堆古医书考释》，长沙：湖南科学技术出版社，1992年。

5. 魏启鹏、胡翔骅《马王堆医书校释》〔壹〕〔贰〕，成都：成都出版社，1992年。

6. 高大伦《张家山汉简〈脉书〉校释》，成都：成都出版社，1992年。

7. 高大伦《张家山汉简〈引书〉校释》，成都：巴蜀书社，1995年。

8. Donald Harper，*Early Chinese Medical Literature：The Mawangdui Medical Manuscripts*，London：Kegan Paul International 1998.

9. 韩健平《马王堆古脉书研究》，北京：中国社会科学出版社，1999年。

10. 李建民《死生之域——周秦汉脉学之源流》，台北："中央研究院"历史语言研究所，2000年。

附录一：方术的概念与分类[1]

　　我们用的"方术"一词，是借自《后汉书·方术列传》。它是把擅长数术、方技的两类人放在一块讲，把"方术"当这两门学问（或技术）的总称。这种用法可以追溯到西汉武帝时或更早。[2]数术和方技，来源都很古老，但见于文献记载，其兴盛和发达，还是到春秋战国，特别是秦汉以来。后世以"数术"指星算、占卜，"方技"指医药、养生，这样的用法大概是到汉代才固定下来。

---

〔1〕　参看：李零《中国方术续考》，3—10页。这里是它的节录和改编。

〔2〕　在先秦古书中，"方术"有两种含义。一种是对"道术"而言，如《庄子·天下》说"天下之治方术者多矣，皆以其有为不可加矣。古之道术者果恶乎在？曰：无所不在"，"道术"是无所不包的大理论，"方术"只是一隅之术，比较专门和具体。另一种是指治术，如《荀子·尧问》《韩非子·外储说左上》和《吕氏春秋·不苟》，它们提到的"方术"就都是指统治之术。这些都与我们说的"方术"不尽相同。我们说的"方术"，用法比较明确，专指数术、方技，是见于《后汉书·方术列传》。但类似用法在西汉时期就已存在。例如《史记·秦始皇本纪》提到"文学方术士"，就是合并"文学士"与"方士"两者而言之。所谓"方术士"分两种人，一种是"候星气"者（姓名无考），擅长"数术"；一种是入海求仙，寻献奇药者（如徐福、韩终、卢生、侯生之流），擅长"方技"。他们的特长正与《方术列传》同，显然有别于列为博士官的周青臣、淳于越等"文学士"。《史记·封禅书》说"苌弘以方事周灵王"，"周人之言方怪者自苌弘"，这种"方"也应当是"方术"。"方术"可以简称"方"，就像"方术士"，后世多称"方士"，道理是一样的。又《史记·孝武本纪》说"少翁以方术盖夜致王夫人及灶鬼之貌云"（《封禅书》无"方"字），也提到"方术"。《方术列传》说"汉武帝颇好方术，天下怀协道艺之士，莫不负策抵掌，顺风而届焉"，李贤注说"《前书》武帝时少翁、栾大等以方术见"，看来它的"方术"概念是本之《汉书》，《汉书》是本之《史记》。

在中国的典籍中，方术之书本来是重要读物，战国秦汉时期很流行，出土物很多，当时的读书人，一半是这种人。如秦始皇手下的"文学方术士"，"文学士"是一半，"方术士"是另一半。汉代儒生，顾颉刚先生称为"方士化的儒生"。[1]西汉时期，"孝武时有董仲舒、夏侯始昌，昭、宣则眭孟、夏侯盛，元、成则京房、翼奉、刘向、谷永，哀、平则李寻、田终术"（《汉书·眭两夏侯京翼李传》赞），均和方术有密切关系。《后汉书·方术列传》，也是一半一半，前二十三人是经艺、方术两栖的儒生，后二十一人是流散民间的神仙家。唐代读方术的也还比较多。但宋以来，情况不同，方术书，正经读书人都不读，重视者只有少数供奉朝廷的专家，以及间巷卖卜，江湖行医的术士。这种趋势是积渐而成。过去，讲图书分类的，大家都知道，刘向、刘歆和班固，他们是把古书分为六类，前三类是属于"学"，后三类是属于"术"。汉以来的知识结构，大家看重的是"学"，即六艺、诸子、诗赋（略相当于后来的经、史、子、集），而不是"术"，即兵书、数术、方技。这个知识结构，里面有意识形态存焉，利禄所在，趋之若鹜。在这种导向下，过去的读书人，他们首先要读的当然是"正经之书"，只有绝望仕途，失意科场，才会喜欢其他书。我国的思想异端，他们读子史，读词章，风花雪月，儿女情长，也自有其乐趣，但几乎没有人要读兵书、数术、方技，特别是最后两类书。古代喜欢方术的人，现在看来，都是有宗教兴趣的人，有科技兴趣的人。贾宝玉式的人物还不是它的读者。

方术没人读，还有一个原因是近代化。近代以来，欧风东渐，美雨西来，照理说，这类读物应该走红。因为传教士是最有宗教热情也很精通科学的人，他们吸收的信徒都是这种坯子。但问题是，人家的宗教是人家的宗教，人家的科学是人家的科学，他们来了以后，方术的地盘反而更小。五四以来，我们崇拜德先生、赛先生。他们的宗教对读书人影响不大，影响最大还是科学。但科学对方术是取而代之，方术更没市场。习惯上，我

---

〔1〕 顾颉刚《五德终始说下的汉代政治》,《古史辨》第五册，上海：上海古籍出版社，1982 年，404—617 页。

们是把科学当作与宗教完全相反的东西。

"数术"，[1]见于《汉书·艺文志》，是个单独的门类。刘向、刘歆父子为之设有《数术略》，收录其书。《后汉书·方术列传》和《七录》也用"数术"，应是比较早的说法。"数术"作"术数"，见《晋中经簿》，也为后世沿用。两种写法都很古老。"数术"这个词，很容易让人联想到"数学"或"算术"，但它所谓"数"却并不限于数字概念，还包括"理数"（逻辑）和"命数"（机运）；所谓"术"，也不是一般的推算，而是指占卜。当然，古人认为占卜也是"算"，比如大家说诸葛亮"能掐会算"，就是这种"算"，术家称为"内算"。

中国古代的"数术"，门类很多，《汉志·数术略》分为六类，即"天文""历谱""五行""蓍龟""杂占""形法"，其实归纳一下，主要是三大类：

（一）占卜。是以推算为主，又分：

（1）星算类。包括天文历算、占星候气、式法选择（即用式盘或日书来选择时日）等术，大体相当《数术略》的"天文""历谱""五行"三类。〔案：早期天文历算和占星等术不分，这里放在占卜类〕

（2）卜筮类。包括龟卜（用龟甲占卜）、筮占（用蓍草或筹策占卜）等术，大体相当《数术略》的"蓍龟"类。

（3）杂占类。包括占梦、占耳鸣、占目瞬（占眼睛跳）、占嚏（占打喷嚏）等术，大体相当《数术略》的"杂占"类。这类占卜与人的心理状态和身体状况有很大关系。近代弗洛伊德创精神分析法就是从释梦入手，古代的释梦也有精神分析的意义。

（二）相术。古代的"数"和"象"有关，天有天象，地有地形，人有面相手相，虽宅墓、六畜、刀剑也都各有各的"相"。古人于推算之外，

---

〔1〕"数术"，除见于《墨子·节用上》（作"数术而起与"），含义比较模糊外，先秦古书多作"术数"。"术数"见于《墨子·非儒下》，《管子》的《形势解》《明法解》，《韩非子·奸劫弑臣》，《鹖冠子·天则》，皆人主御臣之术，和《汉书·艺文志》的"数术"不一样。

也使用"观"或"相"。其中除观验天象属天文，其他入于相术，《数术略》叫"形法"，自成一类。

（三）厌劾祠禳。"厌劾"是"厌劾妖祥"，"厌"是镇压之义，"劾"是驱除之义，"妖祥"是鬼怪邪魅。"祠禳"是"祷祠祈禳"，"祷祠"是求告神祖，"祈禳"是禳除凶祟。它们与"占卜"类的最后一类有关，在《数术略》中是附于"杂占"类。这类占卜，因为涉及人的心理、病理，往往使用驱邪巫术，它同"方技"中的祝由密不可分，也是比较特殊的一类。

但它们当中，占卜始终是主体性的东西，门派分化最厉害。

"方技"，[1] 见于《汉书·艺文志》，也是专门的一类，有《方技略》收录其书。但《史记·扁鹊仓公列传》已有"方伎"一词，比它更早，只是写法略微不同罢了。"方技"的"方"应同"医方"的概念有关。但古人所谓"方"涵盖甚广，不只限于配伍成剂的药方，还泛指各种处方。

中国古代的"方技"也有许多门类，《汉志·方技略》分为四类，即医经、经方、房中、神仙，其实归纳一下，主要是三大类：

（一）医药和服食。二者都是以"药"为中心，只不过前者是以却病延年为主，草木之药为主；后者是以不老成仙为主，金石之药为主。前者大体相当《方技略》的"医经"和"经方"，后者则入于《方技略》的"神仙"类。中国炼丹术中的外丹术就是与后一类内容有关。

（二）行气、导引、房中。"行气"是"呼吸吐纳之术"（呼吸类），"导引"是"屈伸俯仰之术"（体操类），"房中"是"男女交接之术"（性技巧类）。其特点是不假外物（食物和药物），属于"无本生意"。前两种是入于《方技略》的"神仙"类，后一种大体相当《方技略》的"房中"类〔案：《方技略》把"房中"排在"神仙"之前，主要是因为在西汉的技术概念中，"房中"更近于医学〕。当然，这一大类和前一大类也有交叉，例如房中使用

---

〔1〕 "方技"，见于《墨子·迎敌祠》（作"牧贤大夫及有方技者"），似是技艺之称。古书以"方技"指医药养生之术，如同《汉书·艺文志》所用，年代较早还是《史记·扁鹊仓公列传》，但字作"方伎"。

媚药。中国炼丹术中的内丹术就是与这三类技术有关。

（三）**祝由**。是一种祝诅术，即用诅咒、符水等巫术为人治病。它同厌劾类的巫术性质相通，也是以驱除邪魅为主，但不同点是，厌劾类的巫术，其对付范围比较广，并不限于治病，而祝由则专以治病为主。例如古代有所谓"避兵术"（即所谓"刀枪不入"那一套）就是属于厌劾之术，但它和祝由还不一样。祝由是古代的心理治疗，它和现代的心理治疗有共通之处，就是它们都以心理接受为前提（"信则灵，不信则不灵"）。古人的心理问题是"心里有鬼"，所以装神弄鬼的一套对他们特别灵。

中国的数术、方技之书，和今天的理工科书籍一样，淘汰和更新的速度很快。早期的书大多都已散亡。如从《汉志》的著录看，留下的书就很少，《数术略》只有《山海经》,《方技略》只有《黄帝内经》。[1]

---

[1]《汉志》之后，要看《隋志》著录的有关书籍。参看：姚振宗《隋书经籍志考证》，收入《二十五史补编》，北京：中华书局，1999 年，第四册，5039—5904 页。

附录二：方术发展的脉络[1]

　　研究方术的起源，现在还有许多困难。过去我们的读物主要是宋元以后的东西，现在有不少出土发现（如战国秦汉出土的某些古书，以及敦煌卷子中的某些古书），可以弥补我们的知识。虽然，到目前为止，我们还讲不清上述各个门类，它们的起源到底有多早，但后世的"大术"原来往往是"小术"，原来的"小术"后世往往是"大术"，这个规律还是比较明显。

　　例如，在《数术略》中，"数术"是以属于"星算类"的"天文""历谱""五行"三类排列最前，门派最多，地位最重要；属于"卜筮类"的"蓍龟"次之；属于"杂占"类的占卜和"厌劾祠禳"类的"杂占"又次之；属于"相术类"的"形法"是列在最后。两汉盛言灾异，天象预报、天气预报、地震预报和灾情预报同时也是政治预报，当然第一类占卜最吃香，但它们在历史上的"得志"先后却正好相反。因为以人类学的知识判断，占梦、厌劾和相术同原始巫术关系最密切，肯定是最老牌的数术。而考古发现证明，卜约出现于5500年前，筮约出现于3500前，也不晚于商代。星算类的发达反而最后，主要还是在战国秦汉时期。阴阳五行学说的流行就是以此为背景，图谶之说的流行也是以此为背景。同样，"方技"史的发展也有类似情况。在《方技略》中，"行气""导引""房中""祝由"，地位要低于"医经"和"经方"，但讲"得志"先后，恐怕也是相

---

[1]　参看：李零《中国方术续考》，3—10页。这里是它的节录和改编。

反。早期人类缺医少药，天太冷了就抻胳膊踹腿，哪儿不舒服了就来点祝由术，使用"毒药""针石"全是后来的事，《素问·上古天真论》把这一点讲得很清楚。

中国的"方术"当然不等于现代的科学技术，但也未必可以称之为"巫术"。就总体而言，它不但同民族志上习见的那种原始巫术（如所谓"萨满"）有相当距离，而且同战国秦汉时期的巫术也有很大区别。读《周礼》《史记》《汉书》，我们不难发现，战国时期的"巫觋"，主要是祝宗卜史的属吏，他们多供事于各种祠祭之所，负责祈雨、禳灾、除病、降神一类事，地位并不是很高。技术也主要是围绕着太公射丁侯、苌弘射狸首这类把戏（见《太平御览》卷七三七引《六韬》佚文和《史记·封禅书》），即我们所说数术三类中的最后一类和方技三类中的最后一类，都是层次较低的方术，即使从内容上看也无法涵盖方术的全部内容。

战国秦汉以降，方术的门类进一步分化。如天文历算同式法选择逐渐疏远，草木之药与金石之药也拉开距离，卜筮分家，卜衰筮兴，等等。宋以来的大趋势是：天文历算和狭义的"数术"分家，自成门类；医药之学也日益排斥房中等术，把它们从史志著录中挤掉。结果是把这些"不登大雅之堂"的东西甩给道教和民间宗教，最后消释混融于明中叶以后传入的西洋科技。

由于中国方术的外部格局和内部格局都是一变再变，后人常常是拿晚期概念去曲解早期。例如，就连清代最好的校雠学家章学诚，他在这个问题上都不免糊涂。在《校雠通义》一书中，章氏曾持"数术附经"之说以非班志，谓"以道器合一求之"，"阴阳"（当作"五行"）、"蓍龟""杂占"当附《易经》，"历谱"当附《春秋》，"五行"当附《尚书》，"天文"和"形法"乃后世天文地理之书，应自立门类。这种理解就包含了两方面的曲解：一方面是儒家"人文精神"的曲解，一方面是后世"科学精神"的曲解。

今天，我们对方术的理解，要注意这种"逆溯的误差"，不要以今人之心度古人之腹。

附录三：研究中国早期宗教的三个视角[1]

最后，研究中国古代方术，我们还要注意它与巫术和礼仪的关系，特别是这三个方面与中国早期宗教是什么关系。因为研究任何一种文化，都离不开对其宗教的理解。如果你不理解这个民族的宗教，也就不能理解这个民族的文化。而且越是古老的文化，这个问题就越突出。方术、巫术和礼仪。它们合在一起，构成了我们讨论中国早期宗教的三个不同视角。

对于研究中国宗教，巫术虽有一定重要性，但更重要的是，我们应当考虑礼仪和方术的意义。特别是对商周以来的宗教，巫术是太低的估计。我们的发展水平，哪怕是商周时代的水平，都绝对不能用热带丛林式的东西去解释。对于重建早期中国宗教，我们最好是像二郎神，脑袋上有三只眼。而且在这三只眼中，礼仪和方术更重要。如果只有巫术一只眼，肯定看不清。

下面做一点解释。

（1）**巫术**。以"高级宗教"看，当然不算宗教，或者只能算"低级宗教"。但它对研究早期宗教确实有用，特别是对研究礼仪、方术的起源很有用。比如巫术包括祝诅和占卜两个分支，前者发展为礼仪，后者

---

[1] 参看：李零《绝地天通——研究中国早期宗教的三个视角》，《法国汉学》第6辑，北京：中华书局，2002年，565—580页。这里是它的节录和改编。

发展为方术，就是比较明显的事情。但我们应当注意的是，巫术在礼仪、方术发达起来之后仍然存在，特别是在民间有很大影响，和"左道"的概念（类似西方所谓的"异教"或"邪教"）一直有关，汉以来的律令都是禁之惟恐不及，害怕借它煽动造反（主要是出于国家安全的考虑，而不是宗教的考虑）。而且同是巫术，前礼仪、方术时代和后礼仪、方术时代，情况也大不一样。后世的巫术是屈从于礼仪、方术，受贬斥和压制，善的一面（白巫术）被取而代之，恶的一面（黑巫术）被渲染突出，整个形象被"恶魔化"。比如汉代的巫，台湾的林富士先生做过研究。[1]当时北有胡巫，南有越巫，全国各地有各种各样的巫。这些巫不但地位不高，早就是祝宗卜史的附庸，而且经常受打击，情况和欧洲中世纪的猎巫相似（但不是宗教迫害，而是政府出于安全考虑，不得不采取的措施，更何况他们还经常卷入当时的宫廷阴谋）。萨满说不但不能解释后一类巫术，也不能解释礼仪和方术，特别是礼仪、方术和国家的关系，以及它们的社会政治意义。

（2）**礼仪**。当然比巫术要高，但也不能等同于宗教。"礼仪"在中国很重要，这点早期传教士看得很清楚（因为他们有宗教立场，有宗教敏感，有传教可行性的实际考虑），比我们现在看得还清楚；但"礼仪"是什么，是宗教还是非宗教，他们争论很大（著名的"礼仪之争"）。[2]中国的礼仪，有国家大典（封禅、郊祀之仪和各种朝仪），有民间礼俗，有道教科仪，当然和宗教崇拜有一定关系。但中国礼仪的特点，是既拜神也拜人，早期是拜"天、地、祖"，晚期是拜"天、地、君、亲、师"。"天""地"当然是神，但"祖"或"君、亲、师"却是人。总趋势是"天地"淡出，下降；"祖"变成"君、亲、师"，上升。秦汉以下是家庭为本，大家没有共同的"祖"，忠君孝亲尊师是读书人所奉，他们崇拜的是皇上、父母和老师，愚夫愚妇才求神拜佛（特别是妇女，包括皇帝的妈妈和老婆）。因此利玛窦说我们宗教感太差，佛教、道教只是儒家的两

---

〔1〕 林富士《汉代的巫者》，台北：台湾大学历史学研究所硕士论文，1987年。
〔2〕 礼仪之争，参看：李天纲《中国礼仪之争》，上海：上海古籍出版社，1998年。

翼。这没有错。鲁迅在《我的第一个师父》中说，龙师父的屋里有块金字
牌位，上面写的就是"天地君亲师"。[1]这是中国礼仪的特色，早在《荀
子·礼论》中就有类似说法。[2]我们中国，士农工商，读书人是头等公民，
四民之中没有僧侣，这是研究中国礼仪必须考虑的问题。但我们不能说中
国的礼仪就绝对不是宗教。我们既不能说礼仪就是宗教，也不能说礼仪就
不是宗教。这好像是个大麻烦。但对研究宗教来说，这不一定是坏事，反
而可能是一条好的思路，起码是和中国特点对路的想法。

（3）**方术**。方术也是"四不像"。它不但和巫术有关，和道教、前道
教有关，而且和中国历史上的科学也有不解之缘。因为天文历算和针石医
药，我们今天叫"科学"，原来却是属于方术的范围。可惜的是，现在研
究科学史的，他们的科学观念太强，总是把它当作"伪科学"。这是现代
对古代的偏见。比如李约瑟（Joseph Needham）的《中国科技史》（*Science
and Civilizations in China*，Cambridge University Press），就是带着"科学"
眼镜到中国找"科学"。他倒是帮我们找了一大堆"科学"，也提高了我们
在科学史上的地位。但这些"科学"是从哪里来的呢？其实很多都是出自
《道藏》和其他方术类的古书，都是从"伪科学"的垃圾堆里捡回来的。
只不过，人们总是淘出金子就忘了沙子，以为金沙不是沙。其实如果没有
淘金者，金子原来也是沙。更何况，"科学"和"方术"的关系比金、沙
的关系还复杂（可以比作"五花肉"，几乎没法割开来）。另外，它的各种
门类还有交叉感染的趋同和节外生枝的分化，其中也包括比较"科学"的
方术和其他方术的分化。但尽管如此，我们还是应该明白，不仅古代的
方术和宗教有不解之缘，而且就是近代的科学也和宗教有不解之缘。五四
以来，大家有一个误区，就是以为"赛先生"到中国来，它的责任是反
宗教。但我们不要忘记，利玛窦到中国传教，他借助的正是科学。在他看

---

〔1〕《鲁迅全集》，北京：人民文学出版社，1958 年，第六册，464 页。

〔2〕《荀子·礼论》："礼有三本：天地者，生之本也；先祖者，类之本也；君师者，治之本
　　也。无天地恶生？无先祖恶出？无君师恶治？三者偏亡，焉无安人。故礼上事天，下
　　事地，尊先祖而隆君师，是礼之三本也。"《诸子集成》，北京：中华书局，1954 年，第
　　二册，233 页。

来，科学乃是传教最有利的武器。[1]

以中国的经验来看，巫术的历史遗产，是经礼仪的制度化和方术的技术化，把它压低为最低层次，才发生飞跃性的转变，上升为更为高级的信仰活动。它为道教的产生提供了本土资源。

---

〔1〕参看：裴化行《利玛窦评传》，北京：商务印书馆，1993 年，上册，274 页。

结语：古代学术遗产的重新理解

　　现已出土的简帛古书对认识古代学术遗产有什么意义，这是介绍过上述内容之后，大家自然而然会想到的问题。我想试着把它总结一下，说说我对这个问题的初步理解，非常肤浅的理解。这里，我的感想是粗线条的，与其看作归纳和总结，不如看作问题和思考。因为这些古书虽然已有一定数量，在古书的各个门类都形成了必要的支点，但它们的数量还非常有限，基本上都是单篇，很多都残缺不全，远远不能同现存的100多种传世文献相比（它们中的很多都是大部头，一本书就顶出土发现的一大批古书），更不用说同上万卷的西汉宫廷的藏书相比。跟古代拼数量，把希望寄托于所有细节的复原，只能使我们陷入非常悲观的境地。在我看来，简帛古书的发现，它的意义，它最重要的意义，并不是发现了多少以前从未见过的怪字，也不是找到几个罕见的古本，为我们重新阅读现存古书增添了校勘和注释的线索。我认为，其挑战主要还是来自虚的方面，即我们对古书体例，对文本演变，对古代思想的多样性和复杂性，以及其他许多带有规律性的问题，借材料的更新，可以换一下眼光。务虚胜于务实。

　　别的不说，光是对"古书经典化"的认识，对我们启发就很大。

它使我们注意到，现存文本的品种和面貌，都不完全是自然选择的结果，而在很大程度上是人为选择的结果。经典的形成只是在既定的文化结构和思想氛围下增加了解释的复杂性，相对于思想的原创过程，它反而比较单调，也比较乏味（只能开掘内涵，不能拓展外延），失去原有的丰富性和多样性。我们保留什么，放弃什么，强调什么，淡化什么，这些都决定了我们日后的阅读口味和文化口味，让我们专拣我们爱吃的东西吃，忌口越来越多。在思想的十字路口上，我们必须选择，但选择将意味着失去选择（得之于此则失之于彼）。将来缺什么补什么，一切新资源的开掘，都和这种口味分不开。一种是返回头去，从原有资源开掘（如假道济儒），一种是摆脱原有资源，寻找新的资源（如假释济儒），甚至反求诸己，干脆从自身开掘（如对曾子和子思的强调）。中国文化的口味是什么，这要从古代学术遗产去反复体会，拿留下的东西（传世古书）和丢掉的东西（出土发现的古书）反复比照。我说的遗产，不是说有哪些哪些书，而是说在这些书里，在这些书外，作为有精神魅力的思潮，作为有概括能力的理论，可以长久留下来，反复影响人们的东西。

比如，中国古代学术，前面是分六大类，这六大类又可合并为两大类，一类是先秦的诸子百家学说（包括其经典和史料），一类是当时的实用知识和实用技术（包括其理论和方法）。前者传诸后世，主要是儒、道二家，其他流派，皆隐退或消亡。后者传诸后世，主要是源自治国用兵之术的谋略思想和源自数术方技之学的阴阳五行说，它们是从古代技术中提炼出来的具有理论色彩的东西，书虽然反复更新，但支配性的思想并没有变。它们都是阅读选择的结果。这是我们的文化赖以作为基础的东西。我叫"四大遗产"。

（一）儒家思想。儒家对后世影响最大，一是它给我们留下的经典最多，对衔接传统和传播文化有很大影响；二是它讲"学而优则仕"，和古老的贵族制度相反，不问出身，只凭读书取仕，这个制度很重要；三是它"不语怪神，罕言性命"，"敬鬼神而远之"，这种淡化宗教的态度，影响也至为深远。它给我们留下的是书，是读书的制度和读书的态度，但明确的思想遗产是什么，反而有点说不清，"仁"很抽象，"礼"很空虚，大部分都不能切合于后来的社会实际，完全是靠解释系统来支撑。汉唐以来，儒家在整个文化结构中的地位，当然是支配性的，除了国家性的宗教，没有任何东西可以相比，但它不是宗教，不是哲学，更不是实用的技术与指导。这样的思想，优点也是缺点，它有三个比较薄弱的地方，一是哲学的薄弱，二是宗教的薄弱，三是实用技术和理论的薄弱。宋学假释济儒，假道济儒，从孟子上探子思、曾子和孔子，大谈易理和心性之学，就是看到了它的薄弱。清代初年，有些学者提倡经世致用，也是有感于此。明末来华的传教士，最初看不起儒家，觉得其所言所行，都是庸言庸行，没什么精彩过人之处（比如，与他们的古典作家相比）。黑格尔也是打心眼里瞧不起孔子。现在四个世纪过去了，西方读者对儒家还是打不起精神。在西方书店出售的汉学译本中，《论语》的地位远不是那么高，它不但不能同《易经》和《老子》相比（在黑格尔的书中，《易经》《老子》的地位已在《论语》之上），就是和《孙子》相比也不如，一般人几乎毫无了解。他们对儒家的尊重，基本上是一种客气（利玛窦时就有的客气）。他们是把儒学当中国人的文化感情来尊重，当入乡随俗便于接近中国的手段来尊重。这是我们应该保持清醒的地方。现在，由于简帛古书的发现，使我们恢复了对大小戴记的信心，恢复了对"七十子"的热情，恢复了对儒家复杂性的认识，让我们知道，儒家对宇宙本体论，对心性之学也有其关心。这对重新认识儒家当然有积极意义。但问题是，它究竟证实了宋学制造的儒家形象，或发现了儒家的本来面目，还只是让我们看到了它的另一个思想侧面，让我们发现了我们曾经拥有但后来又失去的东西。宋以来的儒学，和我们最近的儒学，它们和孔子时代的儒学，和战国时期的儒学，和汉唐时期的儒学，差距是什么。这是我们应该认真思考的问题。

（二）道家思想。本来也是一股很大的潮流。战国晚期的诸子百家之说，在很大程度上是以它为轴心。它和很多的思想流派，和很多的知识门类，一直保持着密切接触（后世的道教接受了这一遗产，它是比较开放的体系，除了儒家，什么都收），在宇宙本体论上，在生命现象的研究上，在治国用兵的智慧运用上，都有很多长处。先秦时代，它比儒家退得更远也进得更多，名曰无为而实则有为。汉武帝以降，道家和刑名法术之学摘钩，和儒家交叉换位，地位大不如前，但仍然是合格的"在野党"，所有儒家的薄弱环节，几乎都是由它来补充。东汉以来，它还演化为中国惟一的本土宗教，填补了王莽改制后中国社会下层的精神空虚。在外来资源（如佛教）开掘之前，它是惟一与儒家互补的东西。其重要性，无论怎么考虑，都不容低估。出土文献给我们印象最深的是，它有很多哲理深刻的道论，这些道论的存在，不仅可以帮助我们理解《老子》产生的思想背景，也可以帮助我们理解《老子》传播的思想气氛。中国古代哲人在理论上的追求到底有多远，它所依托的古代知识体系到底有多大，当时的思想派别是何等错综复杂，这些都要从道家入手，才容易看得比较明白。我曾经说过，道家是中国古代"现代化"的产物。西方世界对中国古代思想的一见钟情，主要还是这个侧面。

（三）谋略思想（法术思想和兵术思想）。中国的法术思想和兵术思想特别发达，前一类东西，在欧洲是 16 世纪才发展起来的东西（马基雅维利）；后一类东西，在欧洲是 19 世纪才发展起来的东西（克劳塞维茨、若米尼）。特别是兵学，在中国尤其发达。但中国的法术，自秦朝灭亡，背上黑锅，一直是阴谋，不是阳谋，是阴柔内向，藏在里面的东西。中国的军事传统是真正的古典传统，特别是谋略思想，更是如此。它是本来意义上的阴谋，但比前者要坦诚和公开，有白纸黑字写在书面上。其经典主要是先秦时期的兵书，两千年后还是读两千年前的书。但在中国文化的结构中，这类思想的发展，基本上是笺释性的，整个地位是处于下降和萎缩的趋势。偃武修文，是中华文明的基本走向。中国的军事技术本来很发达，但和指挥艺术有点脱节，战略战术是笼罩在古典思想的氛围里，而技术则是当代的东西。这门技术和刑名法术是互为表里，和道家也有密切关系。中国的斗争艺术非常发达，战争也是人类发展的永恒主题，西方世界对它的尊重也是理所当然。

（四）阴阳五行说（提炼自数术方技）。是中国的自然哲学和技术理论。它在数术方技之学（也包括兵学中的技术门类）中是惟一通用的理论，从先秦两汉到清代，始终保持其传统。其经典化和兵书不能相比。它不是以一本书或几本书而出现，放在实用技术之上。专门讲阴阳五行，这样的经典没有，但它的影响却无所不在。由于实际操作的需要，数术方技，它们一直是按门类划分其范围，各自有各自的经典。阴阳五行理论，和谋略思想不同，它不是与技术的层面脱节，而是广泛渗透于技术之中，就像神经和体液在身体中的分布。这是它的特点。数术方技之书，出土发现很多，我们要分析和理解这个理论，从早的材料看比晚的材料更清楚，也更单纯。这样的东西，在西方人的眼里，是和东方神秘主义有关，是和他们寻找中国宗教、科学和哲学三方面的异质性有关，当然也是吸引他们的地方。他们对《易经》的迷恋，本来是迷宋学解释下的《易经》，图学解释下的《易经》，根子也在阴阳五行说。

他们对我们有许多谬奖错爱。

在这本讲义即将结束的地方，我特别希望提到的是，我们对我们自己的口味，以及西方口味和我们的不同，恐怕值得认真反省一下。借他们的眼睛，想自己的问题（借中外的差别想古今的差别）。我这样讲的意思，是想提供另外一条思路，即我们和他们，在古代世界的起跑线上，曾经有很多人心同理的相似，但选择使我们分道扬镳。考古告诉我们的是我们忽略了的东西，现实告诉我们的也是我们忽略了的东西。

被忽略的东西，当时好像不重要，但将来可能最重要。

和最初的提法有关，现在也许比较容易理解，为什么我说，我们要讨论的是一个"寻找回来的世界"。

从简帛古书看古书的经典化

一

今天，我想跟大家讨论一下我正在思考的一个问题，即题目所示：从简帛古书看古书的经典化。

首先，我想讲一下"经典化"的概念，什么叫"经典化"。

现在，研究古书，我们总要查考，每个历史时期都有什么书。但是，大家知道，宋以前的古书，史志著录，多是空目，书已经没有了，很多古书都被淘汰掉了。留下的古书，即传世的古书，只是其中一部分。我们说的简帛古书，和这种古书不一样，它们是失而复得的东西，是我们从古代的垃圾箱里捡回来的东西。有位西方考古学家说，考古研究的对象，不是别的，就是垃圾。这对很多迷恋考古又不了解考古的人，无疑是一盆凉水。当然，垃圾里面也有好东西。过去，鲁迅先生说，有些叫花子，很有经验，他们专门盯着某些败落的有钱人家，在他们的房前屋后转悠。转悠来，转悠去，常有意外收获。这些人家，过去很阔，后来败落，把很多东西扔出来，里面尽是好东西。古人经常说"地不爱宝"。"地不爱宝"，多半就是碰上这种败家的气候。比如，王国维盛称的"五大发现"，基本上都是1900年左右的发现，当时的中国，就正在败家，它们都是败出来的东西。"文化大革命"，天下大乱，我们也有很多考古发现。银雀山汉简、马王堆帛书，就是那个时期的发现。

"经典化"（classicize）这个概念，当然是从西方来的。西方所谓的"经典"或"古典"（classics），经常是指希腊、罗马的东西。这些东西，实际上是欧洲文艺复兴以来，14—16世纪，相当于我国元朝和明朝那一段，他们认祖归宗，重新发现的古代，重新接续的传统。他们是把希腊、罗马当作典范和标准。古典主义（classicalism）与复古（archaism）有关。习惯上叫做"古典"或"经典"的东西，是经时间淘洗可以长驻人心的东西；失而复得可以传之永久的东西。但古老的东西，不一定是经典。经典的东西，也不一定古老。比如说，古典音乐就是18世纪晚期和19世纪早期的音乐，它与流行音乐不一样。还有梁思成设计的大屋顶，1959年的十大建筑，有人叫"新古典建筑"，也是属于这类东西。光是古老，并不一定就是经典。老派的东西，有时是很新的创造，即"发明的传统"（invention of tradition）。

其实，我们的经典，作为书本的经典，它的形成，主要是汉代。大部分经典，被人尊奉为经典，是在这个时期。而汉代，李学勤先生讲过，如果你理解当时的气氛，也是一种文艺复兴，也是一种传统的断裂和重新接续。它有一点像我们的考古发现，也是一种"寻找回来的世界"。经典的东西，实际上，有旧典也有新典，有古典也有今典。光有古还不行，它能够传下去，能够留下来，是经过筛选。这样一种东西，年代可以晚，但它有一个特点，就是和短暂流行的东西不一样。比如，技术性的东西经常换，艺术风格经常换，就是与经典存在矛盾的概念。一个东西，它要成为经典，多少应该有点稳定性。很多古书，之所以能传下来，产生持续的影响，不但经反复筛选，而且被不断改编。然而，一旦进入经典化，人们对它的改编，就少得多了；不属于经典的，大家改它，还容易一点。

研究简帛古书，经典化是个重要概念。其实，在《简帛古书与学术源流》里，我已经多次谈到过这个概念。来国龙先生跟我说，这个概念很重要，李先生，你怎么不专门就这个问题好好谈谈呢？我说，对对，应该谈一下。但我只零零碎碎谈过一点，一直没有机会，就这个问题做系统讨论。今天是个机会，我想把我最近的一些考虑，盘旋脑际很不成熟的想法，跟大家交流一下。

二

谈到古书的经典化，我们应该对古书有个大概的数字估计。我想说句心里话，古代著录的书，如果都保存下来，是非常可怕的，书太多了。考古也是，如果古代的东西都保存下来，我们就生活在八宝山里了，就完全被古人的东西埋没了，这很恐怖。命中注定，古代的东西，有很多很多，必定是要淘汰的。只有经过淘汰，剩下来的东西才会弥足珍贵，成为我们说的国宝。这些东西，很多就是经典的东西。比如说，上面讲的经典形成时期，汉代的时候，我们能知道的古书，大部分都著录在《汉书·艺文志》当中。《汉书·艺文志》里有多少书，大家要有一个概念。这个数字是，它大约有600多种，13000多卷。这个统计，只是大概。刘歆是一个数字（603种，13217卷），班固是又一个数字（677种，12994卷）。搞《汉志》的人，统计数字也不太一致，但大体上是这么多。古人说，"读万卷书，行万里路""读书破万卷，下笔如有神"。你要知道，读万卷书，就等于说，把西汉国家图书馆的藏书看了一遍。这是不得了的事。实际上，古人没有留下这么多书，现在留下来的书，先秦两汉，连东汉都加上，也不过115种，只有原来的六分之一还不到。如果把东汉的书去掉，就更少了。所以，我们现在看到的，只是相当少的一部分。

除了经历史淘汰，剩下来的古书，还有我们从垃圾箱里捡回来的古书，就是我们讲的简帛古书。这些，现在主要有20批。现在，简帛古书的发现，是以加速度在增长。这100多年，是越发现越多，越发现越快。比如上海博物馆收藏的楚国竹简，我能分出来的种类至少有100种。当然，这100多种，全都是单篇。这是90年代的发现。比它早一点，也是90年代，郭店楚简，只发现了18种。这两批加起来，数量已经很大。因为70年代的发现，比如著名的马王堆帛书，也只有50多种，当时最多。其他，银雀山汉简只有20多种，双古堆汉简只有10多种，都比它少。70—80年代，所有发现加起来，也超不过100种。70年代以前，全部发现加起来，也到不了100种。全部出土古书，我估计，大概超不过300种。你别看传世古书，先秦两汉，只有115种，但这些古书，很多都是大部头。《墨子》有71篇，《管子》有43篇，《庄子》有33篇，《荀子》有32篇，《韩非子》有55篇，《吕氏春秋》有160篇。光这6种书，就有394篇。一篇比一篇，出土发现和传世古书，根本没法比。

现在有简帛热，但我们要有清醒估计，不要光是跟着材料跑。有时候，我甚至有一种想法，简帛古书，出就出吧，但不要出得太多，还是让我们保持一点饥饿感，更好。德国谚语说，饥饿是最好的厨师。我们的肚子和食品，经常有矛盾：有好吃喝的时候，我们没有好肚子；有好肚子的时候，我们又没好吃喝。我觉得，上面说的数字，有这样一个数量，已经不错了。我们要跟古人拼数量，那是没有希望的。你跟司马迁比，跟刘向、刘歆比，跟班固比，看谁见的古书更多，这个不容易做到。高玉宝，如果是书香门第，书太多，他可能就不想读书了。我也想象过，如果有一天，我们真的突然打开一个宝库，发现多如山积的古书，这件事，太恐怖，我就要考虑洗手不干了。少，是一种吸引力。我在我的书里强调，也许更重要，是利用这些出土线索去探索，保持一点探索欲，务虚比务实更重要。我想探索的是，古书的体例和某些带规律性的东西。比如我们今天讲的经典化问题，就是一个带规律性的问题。

说到"经典化"，还有一个比较值得注意的现象，就是有时候，书是越读越大，知识分子有这个倾向。本来经典不太长，加上很多的注疏，就变得很长。注疏之学是章句之学，把它弄得越来越大。经典本身，也是从五经、九经到十三经，从《史记》变成二十四史，洋洋大观。我们今天的出版界，特别希望出大典，什么都是大典，怎么读得过来呢？如果都变成大典，就等于变成档案，你只能束之高阁了，好像过去冬天买好多白菜，储存在家里。我写过一篇小文章，叫《书不是白菜》，就是讲这个问题。这是一种趋势。

和这种趋势相反，我们看到，还有一些经典，其实是很小的，不仅有"大典"，还有"小典"。比如老百姓，他们就受不了长篇累牍的东西。"少则得，多则惑。"他们希望，书是越短越好，甚至只有几句顺口溜，可以拿来背诵，最好。很多经典，"大典""小典"还互为依存。比如，《共产党宣言》很短，《资本论》很长；《毛选》有四卷，林彪说，战士都是急用先学，他就编一本小红书，即《毛主席语录》。可见"大典"和"小典"是互为依存。《论语》很短，它就是依托庞大的儒家经典，作为思想精华，搁在前面，让入门者先读。《老子》也是，道教有了以后，也有后来编为《道藏》的一大批道书作支撑。"大典"的存在，使"小典"更突出。这种"小典"，是保留节目，它比"大典"有更多的读者。

"古典"和"经典"，本来跟"流行"是矛盾的。但实际上，在经典里面，这种小而精的东西，流行性很强。这一点，也可以从古书的篇幅上看到。比如"十三经"里面，最大的经是《左传》，19万多字，《论语》只有15836字。这15000多字，已经很大，我现在在北大讲《论语》，一个学期只能讲"半部《论语》"。再比如，《老子》，唐以来的通行本是4999字，还不到5000字，马王堆本比它多，乙本有5467多字，也只有5000多字。还有《孙子兵法》，今本有三个本子，有的不到6000字，有的比6000字多一点。银雀山本，残缺得比较厉害，估计在5700字左右。古人说，《孙子》

五千言，《老子》五千言，都很短。还有《易经》，马王堆本，张政烺先生叫《六十四卦》，因为卦序和今本不一样，他不愿意用《周易》的名字，其实文字本身，还是《易经》。这个《易经》有4900多字。一部《论语》，它的篇幅可以顶这三本书。

传统的经典概念，现在正在变化。我们的经典，传到国外，译为英文的汉学典籍，可以提供一种参考。他们读得最多的，首先是《老子》，其次是《易经》，再次是《孙子》。《论语》的地位是在这三本书的后面。《论语》，作为中国的"意识形态"，人家也重视，但重视的是汉学家，不是大众。它在大众里面几乎没有影响。四部经典，排在前三位的，都是五千言的小书。古代，5000字就能成为一部经典，今天，只能算一篇短文。人家写5000字，就能讲出那么多道理，我们怎么这么笨？我觉得，在古书的流传中，这些古书为什么能形成后世尊奉的经典？这个现象值得探讨。

下面，我想按古书的类别，一类一类，分别讨论一下。

三

第一，是六艺类的古书。其实，六艺类的古书，战国就有。当时，《庄子》就已经管它叫六经，已经有六经这个说法。孔子之前，比他更早，《国语》里面，申叔时有"九艺"，他的九门课，实际上已包含六艺的基本内容。当时，不仅有这样几门课，也有这几类书。这都是不争的事实。

古代六艺，汉代只有五经，乐没有经典。五经里面，《诗经》《尚书》《周易》是经典中的经典，最古老。《仪礼》和《春秋》，在当时是"今典"，不是真正的"古典"。当时诸子盛称，主要是《诗》《书》，其次是《易经》，再其次才是《仪礼》和《春秋》。

现在，《诗经》《尚书》还没发现。我们看到的，只是简帛古书中引用的《诗经》《尚书》。这些引文，虽然只是一鳞半爪，还是有值得注意的地方。因为过去的辨伪，好多疑案都"平反"了。古文经，像《左传》《周礼》，都平反昭雪了，只有《尚书》，还是一个不能平反的东西。我们不是说，它的内容都是可靠的东西，一定就是西汉本的原貌。但过去辨伪学讲的真伪概念，今天要重新考虑。比如陈寅恪先生对《尚书》的看法，就比较公允。鉴别伪书，目的是定出年代，看它在什么时间条件下可以应用，如果把它判为伪书，扔到垃圾箱里，就失去意义了。《古文尚书》，就算是编订于魏晋时期，也还是相当古老。过去，《尚书》辨伪，主要是查它的哪一句话，什么书里有。但这是一种反客为主的方法，在方法上实有探讨的余地。比如，就算某书中有某句话，也不一定就是抄这本书，还有很多可能。你怎么知道，魏晋时候的人，他们都能看到什么样的古书呢？

古人早就有辑佚工作，人们一直就在把古代的零章碎句，甚至是完整的书，重新加以改造。这样的书，如果套用真伪的概念，用这样的概念去衡量，有时候是冤哉枉也。比如《论语》的最后一篇是《尧曰》，《尧曰》前面的三条，是引用《尚书》。一般都说，今本《汤诰》是抄《论语》的第二条，但这句话，不仅见于《论语》，还见于《国语》《墨子》《吕氏春秋》《论衡》《国语》明说，它就是《汤誓》。这是《论语》编写时能看到的古书。它总不是伪造的吧？所以，今天古书的很多引文，实际上并不像我们想象的那么简单。辑本和改编本是不是叫伪书，也值得重新考虑。因为，如果这样的书叫伪书，那么，很多兵书和医书，也得叫伪书。《诗》《书》虽无完书出土，但《诗》《书》的引文，还是给我们提供了一些值得思考的线索。

《易经》，我们比较幸运，现在居然有了三个本子：上海本、马王堆本和双古堆本。比较这三个本子，我们发现，《周易》的经典化，在战国时期已经完成，基本上已经定型。经典化，书和书，不一样。我们说，多数古书，是在两汉时期，这并不是说，比它早没有，比它晚也没有。我并不是说，每本书，我的估计都是这样。

还有，就是《仪礼》，我们也有武威汉简的本子。这个本子也很重要。因为，今古文的融合，这是关键时期。对于研究今古文的融合，这个本子很重要。

《春秋》，我们现在还没见到。

六艺类的经典，有些虽然还没发现，但对于研究"经典化"，却最重要。因为它是经典中的经典，最早稳定下来，最早不让人随便改。

四

在我的书里面，我专门立了"史书"一类。有些同行感到非常奇怪，因为《汉书·艺文志》里没有史书这一类，史书是附于"春秋"，你为什么不搁到"春秋"类？这个问题，当然可以讨论。我在这里做一点解释。

我把史书立为一类，主要有三点考虑。

第一，《汉书·艺文志》所反映的分类是汉代的分类，西汉晚期的分类，在它之前，在战国时代，是不是把所有史书都放进六艺类，完全没有证据。

第二，申叔时讲"九艺"，"九艺"中的"世""语""故志""训典"都是史书类的古书，明明白白有别于"春秋"，可以作为反证。

第三，这类出土发现正日益增多，当年，马王堆帛书中，出现《春秋事语》《战国纵横家书》，大家还当新鲜事，现在，上海简又有很多这种书，我们才知道，先秦时期，这类古书多得很。这么多古书，都塞进"春秋"类，实在装不下，也根本不妥当。

总之，我们把史书分出，绝不是一时疏忽，连后世分类的基本概念都不懂，或为了牵合后世史书的概念，而是考虑到早期史书的客观存在，考虑到实际研究的方便。

我们指出，申叔时"九艺"，其中的"语"很重要，实际上是非常活跃的一种史书，但它没有成为一种经典。

我说它重要，是指它活跃，不是说当时，它是什么经典。其实，越是活跃的东西，才越不是经典。史书的经典化，当然比较晚。《隋书·经籍志》才有史书这一类。《隋志》以来的正史是汉以来的史书，不是上面说的史书。上面说的史书，反而是降为附庸，即所谓古史和杂史。它是因为汉以来的"近现代史"大膨胀，"春秋"类装不下，才立出这一类。我们不能认为，《隋志》始立史书，早期就没有史书，有，也一定要归入"春秋"类。其实，早期古书，史书是最大的一类，"春秋"这个鞋太小，我们没有必要削足适履。

正史的经典是《史记》，《史记》以下有二十四史，这和古史是两码事。

五

诸子类，余嘉锡先生强调，诸子就是后世的"文集"。这个比喻对我很有启发。但文集重在辞章，重在文学，和诸子不同。我觉得，与诸子更接近，还是后世的稗官野史、笔记丛谈。这类作品，古人叫诸子传记，包括《论语》《孟子》。诸子和传记本来就是一大类。区别只在，《论语》《孟子》可以附经，其他子书，经过"罢黜百家、独尊儒术"，被排除于经书之外。诸子是松散的文体，比如《论语》，就是杂乱无章的语录，几乎接近"小杂感"，一节一节，中间都是断开的。后世笔记，想到哪儿是哪儿，一条条记下来，积少成多，稍微排排顺序，剪辑一下，来点"蒙太奇"，正是这样的东西。

今天，大家都看到了，郭店楚简、上博楚简，其中有很多儒家的子书。这些子书，不但形式像《论语》《礼记》《大戴礼》，而且内容也有关。这一点，对我们有很多启示。它不仅让我们重新考虑，《礼记》《大戴礼》，和《论语》一样，也是较早的史料，在史料价值上也有同样的重要性，更重要的是，还让我们思考，它和《论语》到底是什么关系。其实，汉代早期，《论语》和大、小戴《记》都叫"记"，它们是一类东西。我们甚至考虑，也许《论语》就是这类古书的选粹。汉文帝时，五经之学未备，最先立的博士，是传记博士。当时有四大传记。四大传记，是《论语》《孝经》《尔雅》《孟子》。其中排在第一位，就是《论语》。当时的小学，最先学，是认字和算数，读《仓颉》《急就》一类小学书，背干支表和九九表。然后就是读《论语》《孝经》。五经，是后面的课程。宋代也是先"四书"后"五经"。《论语》当时不是经，只是和读经有关的一本子书。

同样，道家也是这样。道家的《老子》，后来成为经典，是靠道教。要是没有道教，《老子》的地位不会那么突出。对于道教来说，它也是《论语》那样的东西。

上面，我们说过，经典有大典和小典。过去说，"诸子短书"，似乎诸子是用很短的简写成。但战国时期，什么书用大简，什么书用小简，我们还看不出什么规律。我们只知道，遣册和占卜简，往往是用大简。有些语录体，是写在短简上，写在当时的袖珍本上。

战国秦汉的短简，六寸到八寸的短简，确实值得注意。比如《论语》，汉代的规定，据说是抄在八寸简上，就是袖珍本。定县八角廊汉简的《论语》简，是写在七寸的简上，连八寸都不到，可以证明这一点。这种书，还有一点发现，也是抄语录。比如郭店楚简的四种《语丛》，就是用六七寸的短简抄写，往往两三根简，抄一个短章。这里值得注意的是，它们不但形式与《论语》有相似之处，而且内容也有关。这些都可以帮助我们理解，《论语》这样的书是怎么产生的。实际上，后来我们也有袖珍本，《毛主席语录》就是这样的书。

历代经典，都和筛选有关，和"选学妖孽"有关。5000字，已经很短，还有人从这里头选成语。比如《论语》中的很多话，都变成成语，还被用来起名字，很多人的名字，就是从《论语》来的。

六

人文类的书，除去六艺、诸子，还有诗赋。人们心目中的经典，主要是前面讲的六艺、诸子。诗赋也有经典化吗？这个问题，还值得讨论。

诗赋是文学类的作品。文学的特点是，它有流行性，和技术的东西一样，容易变。这样的东西，和经典的概念有矛盾。但经典都是千挑万选的结果，诗赋也一样有删选。历代的文选、诗选，对作品都有鉴选和淘汰，这就是文学的经典化。《诗经》《楚辞》和《文选》都是"选学妖孽"，选的本身，就是经典化过程。

《汉志》里的文学作品，诗和赋，我在我的书中做过一点讨论，主要是从它和后世文学体裁的关系讨论。我谈到诗、赋的关系，楚赋和秦赋的关系，它们的关系很复杂。《诗经》的删选，不管是不是孔子干的，它本身就是经典化。六艺的经典化，也包括这一种。人称《诗》三百篇，《书》百篇，都是选的结果。

《楚辞》对后世影响很大，也有经典性，但它是怎么形成的，是不是就像有些文学家说的，屈原之前没有这种体裁，完全是屈原的发明？我不相信是这样。上博楚简，其中有《楚辞》式的作品，虽然它的年代，不一定比《楚辞》早多少。但我认为，《楚辞》只是一个楚辞类作品的选本，既不是楚辞的全部，也不是楚辞的开始。

《文选》叫"选"，更说明问题，早期作品，很多都是"选学妖孽"，早期是这样，晚期更是这样。

当然，有人不满意选，会强调全，明明已经删掉了，还要辑佚，千方百计，一定要把扔掉的东西全都找回来。考古和这种工作最相似，它也是一种辑佚的工作。

七

《汉书·艺文志》的六类，前三略是人文类，后三略是技术类。后面三种也很重要。

我们讲经典化，不要光盯着六艺、诸子、诗赋。实际上，兵书、数术、方技，古代的技术书，它们也有它们的经典化，尤其是兵书。

兵书，是跟人有关的学问。关于人，古代只有两门学问，治国和用兵。治国，管仲、商鞅的书，战国晚期很流行，但汉代，法是藏在儒的后面，阴谋诡计，上不了台面。治国的东西，一向没有经典。赵普说，半部《论语》治天下，要说经典，儒经就是经典。这是它和兵书不同的地方。

兵书，是讲杀人艺术，它讲的事很残酷，但谁都离不开，古今中外，可以公开谈。中国的兵学特别发达，对比欧洲，非常突出。我国的兵书，从汉到清，有4000多种。欧洲不是这样，希腊、罗马，他们是拿史书当兵书，层次太低，战略文化不发达。中国的兵书，特点是尚谋略，它的经典化，完成很早。宋《武经七书》，七本书里，有五本都是先秦古书，两千多年后的军人，还是读这些经典。

古人对军事很重视。当然，孔子对它不甚热衷，足食、足兵和民信，三者去一，他首先是去兵。和他相反，道家对军事更重视。《鹖冠子》说，天地人，人最重要；人道，兵最重要。我们中国人，特别重视兵书，这是儒家以外的传统。兵书的经典，宋以来，有《武经七书》。《武经七书》的七本书，先秦地位最高的是《孙子》。《孙子》是经典中的经典。

中国的兵学经典形成于战国时期。战国时期，杀人盈野，特别是末年，秦灭六国，光是四大战役，就杀了上百万人，每次战役，都是几十万对几十万。欧洲战争史，18 世纪以前，很少有十万人参战。我国兵书发达，这是基本背景。当时，贵族传统大崩溃，大家讲兵不厌诈，诸子百家，也提供了思辨的武器。它的特点是尚谋轻技，权谋、形势，一直是摆在阴阳、技巧之上。经典都是谋略的经典。

战国时期，各国都有兵法，成就最大是齐国。齐国人，今天的山东人，一般印象，老实巴交，但古人说"齐人多诈"，非常狡猾。齐国经济发达，学术发达，也给兵法创造了有利条件。齐国兵法有三大经典：《司马法》《孙子兵法》《太公兵法》（《孙子兵法》分《吴孙子》《齐孙子》，根子都是齐）。齐国以外，魏国的兵书，《吴子》《尉缭子》，也很有名。它们流行于战国和汉代。汉代的《三略》，是《太公》三书的余绪。唐代的《李卫公问对》，是评论古代兵书的优劣和当代用兵的得失。这些，就是《武经七书》的七本书。战国末年，韩非说，孙子、吴起的兵法最流行。汉代，则是三大经典。西汉初，张良、韩信整理兵书，这是第一次整理。张良是学《太公兵法》，韩信是学《司马法》《孙子兵法》，他们学的就是三大经典。张良、韩信后，有杨仆的整理。杨仆之后，有任宏的整理。任宏定兵书四门，曰权谋、形势、阴阳、技巧。权谋是兵书四门的核心，三大经典是权谋的核心，《孙子兵法》又是三大经典的核心。东汉末，曹操对兵书的整理，最重要。它和汉武帝的"罢黜百家、独尊儒术"有共同点。他是罢黜其他兵书，独尊《孙子》十三篇，这个意义很伟大。

西汉时，《孙子》十三篇和其他的孙子书就已经分开，是独立的一部分，已经形成一个相对稳定的文本系统。曹操作注后，变化更小。其他兵书不一样。

技术书，改编是家常便饭。《司马法》本来有 155 篇，部头很大，今本只有 6 篇。《吴子》本来有 48 篇，今本只有 5 篇，现在的本子是唐代陆希声的一个选本或改编本。如果用辨伪学家的眼光看，这些都是伪书。但你要说这些都是伪书，古代的技术书就都是伪书。因为所有的技术书都是不断被改编和改写。

还有，《六韬》跟原来的《太公》到底是什么关系，也非常复杂。原来的《太公》，包括三种，其中有一种叫《太公兵法》。《六韬》是不是等于《太公兵法》？还值得研究。但这本书也是不断被改编，可以肯定。宋《武经七书》本的《六韬》和唐人引用的《六韬》（《群书治要》所引），和敦煌本《六韬》就很不一样，更不用说先秦。它是屡屡被改。《孙子》不一样，我们看西汉本，和今本大体相同。

兵书的经典化，还有一点，和儒经形成对照。儒经是知识分子的读物，它的经典化，是和注疏的不断膨胀相呼应。但《孙子兵法》相反，宋神宗刻《武经七书》，是把注删掉，因为它的读者是军人。最初，还有曹操注，后来就连曹操注也删掉，完全是白文本。汉代的三次整理，加上曹操的整理，加上唐代的整理，加上宋代的整理，是一个很长的过程。但曹操的整理最关键。

所有古书的经典化，都包含淘汰。比如《孙子兵法》，西汉末，有吴、齐两种。《吴孙子兵法》，十三篇之外，有很多佚篇；《齐孙子》，也另为一书。现在留下来，只有《孙子》十三篇。此事与曹操有关。曹操编《孙子略解》，只对十三篇作注。别的，他看不上，另外编个《续孙子兵法》。《吴孙子》佚篇，淘汰；《齐孙子》，也淘汰。十三篇以外的东西，都被淘汰了。20 世纪 70 年代，发现《孙膑兵法》，大家兴奋得不得了，但我读《孙膑兵法》，感觉是精彩之处很少，卑之无甚高论。孙膑有名，吴起有名，但他们留下的兵书，都不太精彩。可见存优汰劣，也并不尽然。我们倒垃圾，有时也会把宝贝当破烂扔了。比如原来编在《孙膑兵法》里，后来抽掉的《奇正》篇，就是一个宝贝。我认为，它的水平完全可以和《孙子》十三篇媲美，但它被扔掉了。

古书之传与不传，有幸与不幸。研究"经典化"，既要研究哪些东西被留下来，还要研究哪些被淘汰，为什么被淘汰。

兵书是很好的例证。

八

最后，我再简单说一下"数术"和"方技"。

"数术"和"方技"，也可统称为"方术"。

数术书，是研究天地万物之理的书。现在传世的古书，只有一本，就是《山海经》。其他古书，《汉志》著录的数术书，都已散亡。研究数术，我们读的书，主要是宋以来的，而且主要是明清的东西。唐代的，你都很难找到，更不用说汉代的。考古发现找回来的书，战国秦汉的简帛古书，敦煌出土的纸写本古书，对我们的知识是很大的补充。但这些都是被淘汰的东西。

数术是技术。汉代的知识，唐代的知识，现在主要是靠出土发现来补充。但这些都不是什么新知识，只是寻找回来的知识。它们和晚期的知识，是一脉相承的连续传统。古代技术书，和现代一样，也是不断更新，不断淘汰。它的特点是没有经典。每个新时期，都用新知识写新书，更新速度很快。我们今天的技术书还是这样。一个搞自然科学的人，几年就过时，很正常。数术，不光是技术，也有理论。比如阴阳五行理论，就是所有数术家共用的理论。大家要注意，数术虽有这个理论，但阴阳五行理论，却没有经典，它只是像血液一样渗透在所有数术的毛脉里，本身没有经典，这是它的特点。所有技术书，它们的共同点是，道惟求旧，器惟求新。数术也是这样。它的术经常变，但阴阳五行理论不变。数术的基本特点是，它有它的道，但这个道却没有经典。

方技的情况，和数术不一样。方技是和医学有关的学问。现在传世的古书，它留下的东西，也只有一本，就是《黄帝内经》。《黄帝内经》，当然是经典。还有一些书，像《神农本草》《灵枢》，也是经典。但我们说过，技术的特点是变化快，医学的经典和六艺、诸子不同，它的改变非常大。比如，马继兴先生写的《中医文献学》，里面有个表，是《黄帝内经》版本演变的表。你看看这个表，就会知道，它的变化有多复杂。一棵大树，枝枝杈杈，分分合合，有如乱麻。这些变化，可不是一般的字句变化，而是结构性的变化。如果用简单的辨伪学眼光看，你只能说，它是伪书。但它不是，肯定不是。

另外，还有个方面，很少有人提到，我对中国古代房中书做过彻底调查。房中是有经典的。中国的房中书形成于东汉时期，大盛和稳定是在魏晋。这些书，后来成为天师道的经典。天师道的说法，是叫"房中七经"。就像兵书的《武经七书》，也有七部书。我写过一篇文章，讲东汉和魏晋的房中书，基本上把脉络理出来了。中国的房中术很发达，它有一套经典，不奇怪。

另外，我提到数术里有阴阳五行理论，阴阳五行理论也支配着方技的发展，是它们共同的理论。虽然，我们说，阴阳五行理论没有经典，但为什么没有经典？还是一个值得研究的问题。

今天讨论方术，对过去的学术史是一个重要补充。但方术不是一个孤立的东西。它和很多问题都有关。现在的读者，算命看病，是最低层次。其次，是当古文字材料，重在占卜方法的复原。再次，是当科技史资料，沙里淘金。但我认为，最重要的还是宗教史的研究。中国的宗教，特点是借术立教。东汉方士，很多都是如此。研究阴阳五行理论，以前有一种看法，阴阳自阴阳，五行自五行，一出《易传》，一出《洪范》，合二而一，整合者是先秦哲学家，特别是阴阳家（如邹衍）。我不同意这种看法。我认为，这类理论，都是从方术当中提炼出来，不是思想家的创造。但马克教授来我们历史系演讲，他认为阴阳五行理论，是宇宙论的东西，形而上的东西，肯定还是知识精英的创造。马克教授和夏德安教授，他们都很强调一个概念，即 common religion。他们认为，中国根本就不存在民间宗教，统治者和老百姓是信一样的宗教，并把方术本身当作宗教。方士是有知识的人，当然是精英。我和他们的看法不太一样。这里不能详谈。

九

最后，我想简单总结一下，说说我对问题的大致印象。

第一，中国的经典化，各类古书，参差不齐。我们的经典，主要是形成于汉代，大格局是汉代定下来的。然后经过魏晋，经过隋唐，最后到宋代，很多经典被固定下来。书的种类和文本的面貌，大体稳定下来，这点很重要。但是，经典化是一种结构性的变化，不能够完全盯住一本书来谈。它能留下来的东西，有个背景，是要把别的东西去掉，或贬低到附庸的地位。如汉武帝"罢黜百家，独尊儒术"，他要把儒家突出出来，就一定要罢黜百家。乐山大佛，他在下面看，是"众生平等"；他在上面坐，是"唯我独尊"。经典里面，一定有这种结构和次序。儒家六艺，是经典中的经典，别的都是陪衬。这是基本结构。

第二，中国的经典化，六艺、诸子最突出，其中篇幅很短的那些经典，影响特别大，比如《易经》，比如《论语》《孟子》，它们配合着经典，地位很突出。比它低一点，是领着道教大军的《老子》，也是一股很大的势力。和这类古书相比，其他类别，经典化的程度要低一些。技术书，只有兵书和医书，经典化比较强。数术的特点，是没有经典化。

第三，中国的经典化，对维持中国文化的连续性很重要。比如，中国的读书人，两千多年，一直是以六艺之书和《论语》《孟子》为取仕之道，拥有最大的读者群。它的阅读就有连续性。中国的军人，两千年后还是读两千年前的兵书。医书和房中也是如此。虽然数术没有经典，但它的基础理论，也是两千多年，一脉相承。比如，睡虎地秦简《日书》中的《人字图》，其术还保存在港台和彝族的历书中；马王堆帛书中的咒语，清代还在传。房中，宋元明清，变化很大，但早期的说法，照样有保留。当年，读马王堆房中书，很多术语，简直就是天书，看不懂，我是靠日本保存的明代抄本《素女妙论》，才把它解读出来。

连续性，汉学家最忌讳，他们喜欢强调同期史料，强调时间的精确性。时间是什么？是逝者如斯的水流，"抽刀断水水更流"。"刻舟求剑"，未必就有精确性。有人说，用晚期讲早期，是史料误用，犯规。但这正是人类学的基本方法。

十

中国的经典，今天已经发生很大变化。首先是五四运动，从根本上改变了我们对经典的看法。《论语》是典型的"中国意识形态"。五四运动把《论语》从圣人之书、圣人之言的地位上拉下来，引起的是整个文化结构的改变。这一变化，今天仍是引起很多争论的问题。我认为，五四运动，非常伟大，绝不像有些人所说，是中国的万恶之源。蒋介石说，五四运动不好，主要是导致了赤化。对革命，反对共产主义，是否定五四运动的主要借口。

儒经和儒书，现在和其他子书是平起平坐，我赞同。

今天，如果让我推荐，我会推荐四本书，作为今日之经典。第一是《老子》，第二是《易传》，第三是《孙子》，第四是《论语》。其他诸子，可以精挑细选，编一本《诸子选粹》。再下来，可以读《史》《汉》，背唐宋诗词。古典小说，也很重要。我坚决不赞成，让现在的小孩，一上来就背《诗》《书》，背三礼，背《春秋》三传；也不赞成，拿过去的蒙学课本给他们当启蒙课本。

关于"经典化"，今天只能讲这些，欢迎大家批评。

（清华大学历史系博士生张瑞龙
据录音整理，并经作者审订）

后 记

　　我听说，有位学者，晚年患痴呆症，前兆是疯狂回忆，特别是穷追不舍，跟刚刚消逝的记忆过不去，急了还请人帮忙，就像萨特在一本小说里写的（名字忘掉了），一个人待在屋里，马上回忆，马上回忆，想把刚才发生的事，一件件追回来。我在想，历史学家会不会也有这样的冲动。

　　我还记得很多刚刚发生的事，书以外的大事和小事，虽然没有直接关系，但对我却不可或缺，全是可以称为"我的写作背景"，对我极为珍贵的东西。什么时间，什么地点，就在我的身边，到底发生了什么，值得记录下来，就像人称良史的"董狐之笔"，把它老老实实记下来。因为书只不过是过眼云烟，写完就完了，但写书的感受却值得纪念。

　　身体不好。去年年底，黑便，昏倒在医院，点滴，胃镜，终于明白是胃溃疡。服药，检查，再服药，再检查，碳13测定，一直是阳性，直到突发"非典"，不敢去医院。然后"春来了，春来了。春天来了，多么美好"，我却喷嚏不止，涕泗横流，皮肤瘙痒，双目红肿，鼻子好了嗓子坏，嗓子好了气管坏，一会儿旱了，一会儿涝了，如此循环往复。两个多月，过敏症又犯了。如今，天已大热，饮食起居，小心伺候，自觉转愈。但病去如抽丝，丝还没有尽，轻咳微喘，喉咙里面，虫吟小榭，憋久了喉糖压一压，免得招人白眼。

这是今年上半年的感觉。

有些朋友听说，纷纷表示关心，频频加以劝说：你已功成名就，无虞职称头衔，还写什么劲？悠着点吧。我说，是是，我已悠起来了，每天写一点，只是消磨时光。多少年来，虚名假位，不高不低；工资奖金，不多不少，我是欣然受之，从没想过为什么写作，也没想过为谁写作。给，我写；不给，我也写。写得太多，只是情不能已。活着死了有人指摘，都不去理它。

五年多了，哩哩啦啦，眼看就要写完了，离登顶还有两三米（还有很多脚注要核对，有些新材料也要补充）。我想，快了快了，我要解脱了，所以提前在这里，讲一点即时的感受。

在疾病中写作，不太愉快，但和世界人民的苦难相比，和中国人民的倒霉相比，这点小事算什么？当我生病时，伊拉克战争爆发，很多人死掉了，也被忘掉了；然后是"非典"，又是很多人死掉了，也被忘掉了。而且，事情并没有结束。我理解，这是命运之手，借灾难以平衡发展（发展的利益高于一切，对吗）。虽然，我什么宗教也不信。

生活单调，不出门，幸有电视相伴。我们都瞪大了眼睛看，这个世界真奇怪。

战争和疾病，突然成了所有人的话题。而且，个个都像哲学家，竟从这些古老平凡的事情悟出了那么多向来很少有人注意的道理。我觉得，这里面的学问真是太大。和这样的学问相比，我谈的那点事，还算是学问吗？

过去，在美国，我曾为电视台经年累月的法庭辩论感到困惑不解，比如轰动一时的辛普森案、莱温斯基案，但所有美国人却聚精会神，视如好莱坞大片，而且是长篇连续剧，好像听说书那样，不断有"下回分解"。大家都说，现实世界和虚拟世界的界限正日益模糊。我们进入的是"太虚幻境"吧？记得有一次，那个服装大师，叫什么来着，忘掉了，他的突然被杀，在很多人看来，真是期待已久，大片又要推出。各种消息猜测说，请注意请注意，杀手可是不停变脸换衣裳，随时随地，不定从哪儿冒出来，说不定就在你身边。等把胃口调起来，人却突然被抓，虎头蛇尾，草草结束，让人大失所望。

现在，我们有了世界共享的大片。

几年前，我用山西土话翻译"globalization"，叫"一球样"，G8丰富了我的联想（什么叫"大势所趋"）。围绕美国的形象和榜样，大家面红耳赤，观战的比打仗的还着急。有人正在讨论，中国要不要加入新的"八国联军"。

生病、观战、躲"非典"，这就是我的写作背景。写完之后，坚决不谈学术，就像打太极拳那样，转上多少圈，回到原地。

在本书写作中，我曾得到许多学者的无私帮助，特别是北京大学历史系的荣新江先生曾帮我查核补改本书第一讲所附《现存先秦两汉古书一览表》中的敦煌、吐鲁番等地出土古写本的著录情况；北京大学中文系的张鸣先生曾以书信的形式答疑解难，为本书第十讲撰写了附录一《张鸣论和声概念书》；北京大学中文系的于迎春先生也向我介绍了文学史界研究汉诗的现状。很多同学帮我查核材料，我的学生王艺、韩巍、徐刚帮我查补全书脚注中留下的空白和复印有关资料；其他同学，如陈明、李若辉、高原乐，也为修改、补充和核对第一讲的附录花费了不少精力。他们都帮我不少忙。生病期间，同学们也很关心我的健康，徐刚还起早摸黑帮我挂号。

我铭感在心。

2003 年 6 月 5 日写于北京蓝旗营寓所

索引

这一索引所收范围只限本书所见术语、概念、人名和有关发现中最重要者。其中不包括书名。书名，请看脚注所引和各讲后面的参考书，这里不再列入。全部词条按汉语拼音顺序排列。